CONTRIBUIÇÕES SOCIAIS NO SISTEMA TRIBUTÁRIO

JOSÉ EDUARDO SOARES DE MELO

CONTRIBUIÇÕES SOCIAIS NO SISTEMA TRIBUTÁRIO

*7ª edição,
revista, atualizada e ampliada*

CONTRIBUIÇÕES SOCIAIS NO SISTEMA TRIBUTÁRIO
© José Eduardo Soares de Melo

1ª edição, 1993; 2ª edição, 1996; 3ª edição, 2000; 4ª edição, 2003;
5ª edição, 2006; 6ª edição, 2010.

Direitos reservados desta edição por
MALHEIROS EDITORES LTDA.
Rua Paes de Araújo, 29, conjunto 171
CEP 04531-940 – São Paulo – SP
Tel.: (11) 3078-7205 – Fax: (11) 3168-5495
URL: www.malheiroseditores.com.br
e-mail: malheiroseditores@terra.com.br

Composição: PC Editorial Ltda.
Capa: Vânia Amato

Impresso no Brasil
Printed in Brazil
02.2018

Dados Internacionais de Catalogação na Publicação (CIP)

M528c Melo, José Eduardo Soares de.
Contribuições sociais no sistema tributário / José Eduardo Soares de Melo. – 7. ed., rev., atual. e ampl. – São Paulo : Malheiros, 2018.
424 p. ; 21 cm.

Inclui bibliografia.
ISBN 978-85-392-0410-6

1. Contribuições sociais (Direito tributário) - Brasil. 2. Direito tributário - Brasil. I. Título.

CDU :336.2(81)
CDD 343.8104

Índice para catálogo sistemático:
1. Contribuições sociais (Direito tributário) : Brasil   34:336.2(81)
(Bibliotecária responsável: Sabrina Leal Araujo – CRB 10/1507)

*A Roque Antonio Carrazza e Elizabeth Nazar Carrazza,
exemplos de dedicação ao ensino do Direito,
o meu imenso agradecimento pelo incentivo
e as oportunidades acadêmicas.*

*A Diva e Meméia, minhas queridas mães,
mestras de vida, pelas lições de desprendimento
e firmeza de caráter.*

*A Márcia, Eduardo e Fábio, meus filhos, alegrias de
minha vida, com todo amor.*

SUMÁRIO

Capítulo I – Noções Introdutórias

1. Conceito constitucional de "tributo" 13
2. Princípios constitucionais 21
3. A denominação dos tributos 25
4. A destinação do tributo 33
5. Classificação dos tributos 40

Capítulo II – Espécies Tributárias

1. Imposto 48
   1.1 A capacidade contributiva e a vedação de confisco 49
2. Taxa 55
   2.1 Pedágio 58
   2.2 Preço público 60
   2.3 Tarifa 66
   2.4 Jurisprudência 67
3. Empréstimo compulsório 76
4. Contribuição de melhoria 81
5. Contribuições
   5.1 Natureza jurídica e espécies 87
   5.2 Destinação constitucional das contribuições vinculadas à Seguridade Social 100
   5.3 A não correspondência com imposto de destinação específica 103
6. Parafiscalidade 107

Capítulo III – Espécies de contribuições 115

1. Contribuições de custeio. Espécies
   1.1 COSIP 116
   1.2 Contribuição confederativa 119
2. Contribuições sociais genéricas
   2.1 FGTS 120

2.2 **Salário-Educação**
    2.2.1   Aspectos da ilegitimidade na Constituição anterior . 123
    2.2.2   A questionável juridicidade na Constituição de 1988 125
    2.2.3   Vícios da Lei 9.424/1996 126
    2.2.4   Estrutura normativa vigente 130
2.3 *Contribuições destinadas a entidades privadas. Sistema "S" (Serviços Sociais Autônomos)*
    2.3.1   A recepção de normas anteriores à Constituição 131
    2.3.2   As empresas prestadoras de serviços 135

3. **Contribuições de Intervenção no Domínio Econômico (CIDEs)** 142
   3.1 *Pressupostos* 142
   3.2 *O AFRMM e a relação com o ICMS*
       3.2.1   Contornos legais 146
       3.2.2   Natureza jurídica 148
       3.2.3   AFRMM e lineamentos do ICMS 150
   3.3 *Contribuição ao IAA* 153
   3.4 *FUST* 155
   3.5 *FUNTTEL* 157
   3.6 *Financiamento ao Programa de Estímulo à Interação Universidade/Empresa para Apoio à Inovação (Tecnologia)* 158
   3.7 *Operações com petróleo, gás natural (e seus derivados) e álcool combustível* 162
   3.8 *CONDECINE* 165
   3.9 *SEBRAE* 167
   3.10 *INCRA* 171

4. **Contribuições de Interesse de Categorias Profissionais ou Econômicas**
   4.1 *Contribuições profissionais* 174
   4.2 *Contribuições sindicais* 177

5. **Contribuições à Seguridade Social**
   5.1 *Elementos* 178
       5.1.1   Sujeição ativa 178
       5.1.2   Sujeição passiva
           5.1.2.1 Empregador, empresa, entidade equiparada, importador e equiparado 184
                  5.1.2.1.1 *A inexistência de empregados* .. 189
                  5.1.2.1.2 *A substituição tributária e a retenção na fonte* 191
           5.1.2.2 Folha de salários e rendimentos do trabalho 196
           5.1.2.3 Trabalhadores 203
           5.1.2.4 Receita de concurso de prognósticos 206

5.2 COFINS
　　5.2.1　Faturamento. Conceito 207
　　　　　5.2.1.1　Lei Complementar 70/1991 212
　　5.2.2　Receita
　　　　　5.2.2.1　Nova estrutura normativa 214
　　　　　5.2.2.2　Vícios da Lei federal 9.718/1998 215
　　　　　5.2.2.3　A Emenda Constitucional 20/1998 caracteriza a inconstitucionalidade da Lei 9.718/1998 217
　　　　　5.2.2.4　A Emenda Constitucional 20/1998 contém vício formal 220
　　　　　5.2.2.5　A receita total como base de cálculo 223
　　　　　　　　　5.2.2.5.1　Venda inadimplida e cancelamento de venda 237
　　　　　5.2.2.6　Exclusões da base de cálculo 238
　　　　　5.2.2.7　O aumento da alíquota da COFINS ofende o princípio constitucional da isonomia 242
　　　　　5.2.2.8　Operações imobiliárias e atividades de construção 245
　　　　　5.2.2.9　Sociedades civis profissionais 249
　　5.2.3　Sistemática vigente 253
5.3 CSLL
　　5.3.1　Lucro. Conceito 257
　　5.3.2　Estrutura normativa 261
　　5.3.3　A compensação da CSLL com a COFINS 261
5.4 PIS
　　5.4.1　Previsão constitucional 264
　　5.4.2　O PIS na Constituição de 1967 264
　　　　　5.4.2.1　A natureza tributária 266
　　　　　5.4.2.2　A mudança da natureza jurídica para contribuição (não tributária) 267
　　　　　5.4.2.3　A não recepção da lei complementar pela Emenda 8/1977 268
　　　　　5.4.2.4　A incidência sobre a receita bruta 268
　　5.4.3　O PIS na Constituição de 1988
　　　　　5.4.3.1　A aplicação da Lei Complementar 7/1970 . 270
　　　　　5.4.3.2　A evolução da estrutura normativa 272
　　　　　5.4.3.3　Alíquotas 275
　　　　　5.4.3.4　Base e cálculo 275
　　　　　5.4.3.5　Prazo de recolhimento 275
　　　　　5.4.3.6　Operações imobiliárias 281
　　　　　5.4.3.7　Sistemática vigente 281

10   CONTRIBUIÇÕES SOCIAIS NO SISTEMA TRIBUTÁRIO

5.5   *PASEP* 283
      5.5.1   Contribuintes e responsáveis 284
      5.5.2   Folha de salários 284
      5.5.3   Base de cálculo 284
      5.5.4   Alíquota 285
5.6   *Seguro de Acidente do Trabalho*
      5.6.1   Evolução legislativa a partir da Constituição Federal de 1988 285
      5.6.2   Sistemática vigente a partir de 2010 293
5.7   *Cessão de mão de obra, retenção na fonte compensação* 294
5.8   *Sociedades cooperativas* 298
5.9   *Serviço Social Rural* 300
5.10   *Contribuição residual* 301
5.11   *Fontes alternativas de custeio da Seguridade Social* 302

6. **Importação**
   6.1   *Fundamentos jurídicos* 303
   6.2   *Fatos geradores* 306
   6.3   *Sujeitos passivos* 307
   6.4   *Bases de cálculo* 307
   6.5   *Alíquotas* 310
7. **Retenção na Fonte** 310

Capítulo IV – Aspectos das Contribuições Sociais

1. **Instituição, majoração ou extinção das contribuições sociais. Instrumentos normativos**
   1.1   *Lei* 313
   1.2   *Medida provisória* 315
   1.3   *Lei complementar* 319
2. **Não cumulatividade**
   2.1   *Previsões constitucionais* 328
   2.2   *Conceito e natureza* 329
   2.3   *Operacionalidade (IPI e ICMS). Distinção necessária* 333
   2.4   *Contribuições sociais* 334
        2.4.1   CIDE-Combustíveis 336
        2.4.2   PIS 337
        2.4.3   COFINS 348
        2.4.4   PIS e COFINS-Importação 353
3. **Anterioridade** 354
4. **Imunidade, isenção e não incidência**
   4.1   *Imunidade. Conceito* 361
   4.2   *Imunidade. Requisitos* 366

4.3 Operações com energia elétrica, serviços de telecomunicações, petróleo, combustíveis e minerais 374
4.4 Isenção 376
4.5 Não incidência 383
5. **A isonomia tributária e as contribuições de diferentes setores de atividades econômicas** 383
6. **Categoria especial de contribuinte** 394

Capítulo V – Conclusões 396

BIBLIOGRAFIA 403

Capítulo I
NOÇÕES INTRODUTÓRIAS

1. Conceito constitucional de "tributo". 2. Princípios constitucionais. 3. A denominação dos tributos. 4. A destinação do tributo. 5. Classificação dos tributos.

1. Conceito constitucional de "tributo"

Orlando Gomes elucida que "o conceito é uma abstração, esquematizada para simplificar, que permite, pelo processo da generalização, as construções ou teorias";[1] tendo Tércio Sampaio Ferraz Júnior informado que "a função do conceito é permitir ao jurista operar relações, ao apresentar conjuntos normativos".[2]

A entidade "tributo" encontra-se plasmada na Constituição, de conformidade com as finalidades e competências outorgadas às pessoas jurídicas de direito público interno.

O Estado necessita de recursos para poder atingir seus objetivos fundamentais, consistentes na construção de uma sociedade livre, justa e solidária, no desenvolvimento nacional, na erradicação da pobreza e marginalização, na redução das desigualdades sociais e regionais, bem como na promoção do bem-estar da coletividade (art. 1º, § 3º, da CF). Suas receitas podem ser originárias (exploração de bens e serviços do próprio Poder Público) e derivadas (provenientes de bens integrados no patrimônio de terceiros).

As atividades desenvolvidas pelo Poder Público sempre acarretam ônus que, normalmente, são suportados pelos particulares, concorrendo estes com a participação de seus bens, que ingressarão no patrimônio público.

1. *Introdução ao Direito Civil*, 9ª ed., p. 8.
2. *Introdução ao Estudo do Direito. Técnica, Decisão, Dominação*, p. 144.

A absorção de valores pecuniários decorre de diversas causas, como (a) contratos administrativos (alugueres, doações, juros, laudêmios, foros, preços), (b) fianças, cauções, depósitos, (c) multas decorrentes de sanções, (d) indenizações, (e) adjudicações e (f) tributos.

Sacha Calmon explicita que

> se o Estado, tirante a sua condição de donatário, não está nem arrecadando bens pecuniários vacantes, nem recebendo multas, nem sendo indenizado em tempo de guerra ou de paz, nem percebendo pecúnia *extra contractu*, tudo o mais que entra como receita, excluídas as "entradas" de caixa, tais como cauções e fianças, ou é tributo ou é enriquecimento sem causa. A questão é de ontologia jurídica e não de técnica legislativa.[3]

Geraldo Ataliba mostra interessante processo para efeito de reconhecimento de tributos, salientando que toda vez que alguém esteja colocado na contingência de ter comportamento específico de dar dinheiro ao Estado (ou a entidade dele delegada por lei) deverá inicialmente verificar se se trata de (a) multa, (b) obrigação convencional, (c) indenização por dano, (d) tributo.[4]

O sistema constitucional tributário, constituído por princípios e regras específicas, é expressamente disciplinado em capítulo próprio da Constituição Federal (arts. 145-156) e em demais normas esparsas (arts. 7º, III, 195, 212, § 5º, 239, §§ 1º e 4º, e 240 e Emendas Constitucionais 39/2002 e 45/2004). Assim, os lineamentos, os contornos, as balizas e os limites da tributação encontram-se estatuídos na Constituição. O exame da matéria tributária impõe, necessariamente, a análise e a compreensão dos princípios e normas hauridos na Constituição, como lei fundamental e suprema do Estado, conferindo poderes, outorgando competências e estabelecendo os direitos e garantias individuais.

A Constituição contém conceitos dogmáticos, compreendendo verdades normativas, que devem ser rigorosamente obedecidas por todos os destinatários e perseguidas até as suas últimas consequências. É inadmissível o hermeneuta tomar como ponto de partida norma infraconstitucional (a lei), posto que esta deve sempre estar fundamentada em norma de escalão superior (a Constituição).

Declara Geraldo Ataliba que,

> sendo a Constituição lei suprema, superior às demais, deve prevalecer sobre todas as normas, o que requer a desassombrada ação de uma Ma-

---

3. *Comentários a Constituição de 1988 – Sistema Tributário*, 3ª ed., p. 13.
4. *Hipótese de Incidência Tributária*, 6ª ed., 16ª tir., p. 36.

gistratura culta e imparcial – objetiva e subjetivamente imparcial, como quer Balladore Palieri, para ver configurado o Estado de Direito – (...).[5]

A propósito da supremacia judicial como sistema de constitucionalidade das leis, Pinto Ferreira ressalta sua

importância extraordinária para a sociedade moderna com a intangibilidade da Constituição, segundo o pensamento de Richard Grou; por ser juridicamente inviolável e acima das demais leis, somente por ser bem defendida por intermédio do bom funcionamento do sistema da supremacia judicial.[6]

E a temática do "Estado de Direito" constitui um dos corolários da supremacia da Constituição, merecendo exame detido de Nélson de Souza Sampaio, que vislumbra seu cerne no "reconhecimento, respeito dos direitos fundamentais, garantido pela divisão das funções ou competências estatais entre diferentes órgãos".[7]

Como o mesmo autor aduz que a Administração Pública, subordinada à lei, é um dos corolários do Estado de Direito e que esta pode mais facilmente violar os direitos fundamentais, proclama a diminuição desse perigo, "submetendo-se à lei e responsabilizando-a pelas infrações cometidas".[8]

Aponta, ainda, como garantias:

a) os remédios processuais para restaurar os direitos fundamentais violados; b) as garantias organizacionais decorrentes da partilha das funções do Estado em vários órgãos, de modo que não amesquinhe, nem muito menos anule, os outros, mas todos se limitem mutuamente, por um sistema de fiscalização e controle recíprocos; c) a legalidade da Administração e sua responsabilidade pela prática de atos legais.[9]

Eduardo García de Enterría alega que

la supremacía de la Constitución sobre todas las normas y su carácter central en la construcción y en la validez del ordenamiento en su conjunto obligan a interpretar éste, en cualquier momento de su aplicación, por operadores públicos y por operadores privados, por tribunales o

5. *República e Constituição*, 3ª ed., p. 19.
6. "Princípio da supremacia da Constituição e controle das leis", *RDP* 17/32.
7. "Estado de Direito. Conceito e características", *RDP* 45-46/10-11.
8. Idem, p. 12.
9. Idem, p. 16.

por órganos legislativos o administrativos en el sentido que resulta de los principios y reglas constitucionales, tanto los generales como los específicos referentes a la materia de que se trate. Este principio es una consecuencia derivada del carácter normativo de la Constitución y de su rango supremo y está reconocido en los sistemas que hacen de ese carácter un postulado básico.[10]

O autor dedica um capítulo de seu estudo à hermenêutica e supremacia constitucional, afirmando: "El origen del principio que impone la interpretación conforme a la Constitución de todo el ordenamiento está en el proceso de constitucionalidad de las leyes".[11]

E, num plano de direito positivo, Diva Malerbi realça que

a Constituição de 1988, que é a fonte de todo o Direito Brasileiro, diz, de forma inaugural, como vai ser posto o novo ordenamento. Ela é a fonte primeira de toda a produção jurídica no país, e podemos tirar daí mais um princípio: o da supremacia da Constituição. Primeiro princípio, a supremacia da Constituição em relação a todo e qualquer ato estatal.[12]

Em consequência, resulta positivado que o ordenamento jurídico tem como sustentáculo as balizas constitucionais, seus inúmeros princípios (explícitos e implícitos), organizados como base de uma autêntica sociedade democrática.

Na pena de Celso Bastos:

A Constituição é o marco a partir do qual erige-se a ordem jurídica. Seria um contrassenso admitir-se que o que lhe vem abaixo – devendo portanto sofrer o seu influxo – viesse de repente a insurgir-se contra esta ordem lógica, fornecendo critérios para a inteligência do próprio preceito que lhe serve de fundamento de validade.[13]

Cristalinamente, enfatiza ser lógico que a regra é que a Constituição não pode ser interpretada a partir da legislação infraconstitucional, devendo, outrossim, considerar o sistema jurídico como um todo harmônico, coerente, cabendo ao intérprete analisar as normas neste contexto múltiplo de preceitos inseridos num conjunto orgânico.

10. *Curso de Derecho Administrativo*, 3ª ed., p. 85.
11. García de Enterría, idem, ibidem.
12. "Segurança jurídica e tributação", *RDTributário* 47/203.
13. *Curso de Direito Constitucional*, p. 100.

Os preceitos jurídicos são comparados com os demais dispositivos do ordenamento, havendo íntima conexão entre os princípios, posto que "o direito objetivo não é um conglomerado caótico de preceitos; constitui vasta unidade, organismo regular, sistema, conjunto harmônico de normas coordenadas, em interdependência metódica".[14]

E, na órbita dos métodos interpretativos, Ricardo Lobo Torres informa que

> o sistemático não é apenas o lógico. Possui dimensão valorativa pois visa a compreender a norma dentro do sistema jurídico, que é aberto, direcionado para os valores – especialmente a justiça e a segurança – e dotado de historicidade. Fala-se hoje menos em método sistemático que em sistema de métodos. A ideia de diretriz é a de unidade entre os vários ramos do Direito e as respectivas teorias, unidade essa que não é fechada, por ser rica de sentido. O método sistemático, enfim, incorpora o critério teleológico, donde se conclui que do sistema jurídico emana a dimensão econômica e financeira.[15]

Desse modo, toda a estrutura jurídica tributária deve assentar-se nos postulados da Constituição, razão pela qual compreendo que o estudo versando sobre "contribuições sociais" deva considerar, fundamentalmente, os lindes constitucionais.

Nesse momento, constata-se que o conceito de soberania não é ilimitado, e que o poder fiscal se concretiza através de normas jurídicas que, no âmbito tributário, objetivam transferir dinheiro dos particulares para os cofres públicos.

Geraldo Ataliba decreta:

> (...) o conceito de tributo é constitucional. Nenhuma lei pode alargá-lo, reduzi-lo ou modificá-lo. É que ele é conceito-chave para demarcação das competências legislativas e balizador do "regime tributário", conjunto de princípios e regras constitucionais de proteção do contribuinte contra o chamado "poder tributário", (...).

E acrescenta que "só é possível obter um conceito jurídico de tributo e – via de consequência – de direito tributário como conclusão de alentado e ingente estudo do direito constitucional positivo".[16]

---

14. Carlos Maximiliano, *Hermenêutica e Aplicação do Direito*, p. 161.
15. *Normas de Interpretação e Integração do Direito Tributário*, p. 85.
16. *Hipótese...*, 6ª ed., 16ª tir., pp. 32-33.

Salienta, ainda, Ataliba:

> As normas tributárias, portanto, atribuem dinheiro ao Estado e ordenam comportamentos, dos agentes públicos, de contribuintes e de terceiros, tendentes a levar (em tempo oportuno, pela forma correta, segundo os critérios previamente estabelecidos e em quantia legalmente fixada) dinheiro dos particulares para os cofres públicos.[17]

Infere-se que a Constituição não cria tributos, mas outorga competências às pessoas jurídicas de direito público relativamente a diversas materialidades. E tal asserção permite traçar a nota marcante e distintiva do tributo, em confronto com os demais tipos de ingressos no patrimônio público.

A compulsoriedade constitui elemento essencial do tributo, traduzida numa obrigação de dar dinheiro ao Erário.

Embora as diversas obrigações cometidas aos particulares tenham como sujeito de direito o Estado e decorram de lei (ou contrato também submetido à lei), as de natureza "compulsória" contêm uma índole coativa, independente da vontade do seu devedor. Para tanto, basta a ocorrência concreta do pressuposto de fato previsto hipoteticamente na lei para gerar a obrigação tributária.

O art. 3º do CTN estatui que

> tributo é toda prestação pecuniária compulsória, em moeda, ou cujo valor nela se possa exprimir, que não constitua sanção de ato ilícito, instituída em lei e cobrada mediante atividade administrativa plenamente vinculada.

Apesar de representar simples preceito didático – posto que não é próprio da lei definir –, o conceito de tributo se adapta aos traços constitucionais.

Sob esse prisma, Geraldo Ataliba procede a arguta análise da definição, evidenciando o significado de seus elementos:

> *Obrigação* – vínculo jurídico transitório, de conteúdo econômico, que atribui ao sujeito ativo o direito de exigir do passivo determinado comportamento e que a este põe na contingência de praticá-lo, em benefício do sujeito ativo.

---

17. Idem, p. 30.

Pecuniária – circunscreve-se, por este adjetivo, o objeto da obrigação tributária: para que esta se caracterize, no direito constitucional brasileiro, há necessidade de que seu objeto seja: o comportamento do sujeito passivo consistente em levar dinheiro ao sujeito ativo.

"Ex lege" – a obrigação tributária nasce da vontade da lei, mediante a ocorrência de um fato (fato imponível) nela descrito. Não nasce, como as obrigações voluntárias (*ex voluntate*), da vontade das partes. Esta é irrelevante para determinar o nascimento deste vínculo obrigacional.

Que não se constitui em sanção de ato ilícito – o dever de levar dinheiro aos cofres (Tesouro = Fisco) do sujeito ativo decorre do fato imponível. Este, por definição, é fato jurídico constitucionalmente qualificado e legalmente definido, com conteúdo econômico – por imperativo da isonomia (art. 5º, *caput* e inciso I, da CF), não qualificado como ilícito. Dos fatos ilícitos nascem multas e outras consequências punitivas, que não configuram tributo, por isso não integrando seu conceito, nem submetendo-se a seu regime jurídico.

Cujo sujeito ativo é em princípio uma pessoa pública – regra geral ou o sujeito ativo é uma pessoa pública política ou "meramente administrativa" – como bem designa às autarquias Ruy Cirne Lima. Nada obsta, porém, a que a lei atribua capacidade de ser sujeito ativo de tributos a pessoas privadas – o que, embora excepcional, não é impossível – desde que estas tenham finalidades de interesse público. Configura-se, assim, a parafiscalidade (v. Roque Carrazza, *O Sujeito Ativo da Obrigação Tributária*, 1977, pp. 25 a 33).

Cujo sujeito passivo é uma pessoa posta nesta situação pela lei – a lei designa o sujeito passivo. A lei que qualifica o sujeito ativo explícito, "o destinatário constitucional tributário". Geralmente são pessoas privadas as colocadas na posição de sujeito passivo, sempre de pleno acordo com os desígnios constitucionais. Em se tratando de impostos, as pessoas públicas não podem ser sujeito passivo, devido ao princípio constitucional da imunidade tributária (art. 150, VI). Já no que se refere a tributos vinculados, nada impede que, também, pessoas públicas deles sejam contribuintes.[18]

Oportuno trazer à sirga pertinente observação de Paulo de Barros Carvalho no sentido de que

o vocábulo "tributo" experimenta nada menos do que seis significações diversas, quando utilizado nos textos do direito positivo, nas lições da doutrina e nas manifestações da jurisprudência. São elas: "quantia em

---

18. *Hipótese...*, 6ª ed., 16ª tir., pp. 35-36.

dinheiro", "prestação correspondente ao dever jurídico do sujeito passivo", "direito subjetivo de que é titular o sujeito ativo", "sinônimo de relação jurídica tributária", "norma jurídica tributária" e "norma, fato e relação jurídica".[19]

Luciano da Silva Amaro critica a definição do art. 3º do CTN por haver "redundância da expressão 'prestação pecuniária em moeda'"; por haver impropriedade e redundância da expressão "prestação compulsória"; além disso, o credor do tributo não foi mencionado e a exigência da atividade administrativa de cobrança; sugerindo a seguinte definição:

> Tributo é a prestação pecuniária não sancionatória de ato ilícito, instituída em lei e devida ao Estado ou a entidades não estatais de fins de interesse público.[20]

As considerações expendidas têm o escopo de positivar que a tributação tem como raiz a sistemática constitucional, de cujos princípios e regras se permite conhecer a entidade tributária e distingui-la de demais obrigações, bem como as características de cada tributo.

Esta situação consubstancia regime jurídico, caracterizado por postulados especiais, constitucionalmente estabelecidos, constituindo o "regime de direito público uma unidade normativa formada por princípios e regras caracterizados pela supremacia do interesse público sobre o interesse privado e por restrições especiais, firmados uns e outros em função da defesa de valores especialmente qualificados no sistema normativo".[21]

Estes regimes, conforme apregoa Geraldo Ataliba,

> erigem-se sobre princípios constitucionais impostergáveis pela Administração e pelo próprio legislador. Daí a absoluta necessidade de sua estrita observância. De outro lado, esses regimes próprios, específicos e exclusivos constituem um esquema balizador da tributação, que engendra direitos públicos subjetivos dos contribuintes, que não podem ser, pelo legislador e pelo administrador, ignorados, diminuídos, modificados, alterados, comprimidos ou deformados.[22]

---

19. *Curso...*, 17ª ed., 2005, p. 19.
20. "Conceito e classificação dos tributos", *RDTributário* 55/243-246.
21. Celso Antônio Bandeira de Mello, *Prestação de Serviços Públicos e Administração Indireta*, 2ª ed., p. 19.
22. *Hipótese...*, 6ª ed., 16ª tir., p. 124.

O regime de direito tributário abrange todos os tipos de tributos contidos na Constituição Federal, a despeito de suas variadas denominações, e os respectivos princípios, competências, materialidades e direitos individuais, que norteiam a atividade impositiva.

Roque Carrazza considera que, "realmente, o que define uma entidade do Direito não é a denominação que recebe (ou qualquer outra característica), mas o seu regime jurídico, isto é, o complexo de normas que sobre ela incidem, moldando-lhe as feições".[23]

Celso Antônio Bandeira de Mello preceitua:

> Entende-se por regime jurídico o sistema de princípios e normas que disciplinam e regulam um objeto no Direito. Para encontrá-lo é via idônea tanto a perquirição do próprio sistema normativo como o conjunto das leis, quanto o exame da natureza peculiar do instituto examinado, uma vez que esta se define através das categorias jurídico-positivas e lógico-positivas.[24]

Sob essa ótica, hão que ser considerados os princípios gerais aplicáveis a todas as categorias jurídicas, os postulados específicos de direito público e as regras constitucionais básicas para a instituição de tributos em caráter geral.

Tributo é a receita pública derivada do patrimônio dos particulares, de caráter compulsório, prevista em lei e devida de conformidade com as materialidades e respectivas competências constitucionais, sendo pautada por princípios conformadores de peculiar regime jurídico.

2. *Princípios constitucionais*

O sistema jurídico contempla uma ampla gama de preceitos, comandos, normas e princípios dispostos nas inúmeras manifestações de direito público. O elenco de regras constantes do universo jurídico deve respaldar-se em normas de outra categoria, de índole superior, constituindo o alicerce, a base, o fundamento do edifício jurídico, tendo por finalidade formar e informar as demais regras ditadas pelos órgãos competentes.

A Constituição – segundo lição de Geraldo Ataliba – "é o conjunto ordenado e sistemático de normas, constituído em torno de princípios

---

23. *O Sujeito Ativo da Obrigação Tributária*, p. 50.
24. *Natureza e Regime Jurídico das Autarquias*, p. 414.

coerentes e harmônicos, em função de objetivos socialmente consagrados".[25] Corporificando um plexo de normas regedoras dos poderes e direitos, a Constituição abarca os mandamentos lineares, a estrutura do Estado Federal, a forma republicana de governo, enunciando o modo de manifestação dos entes públicos.

Geraldo Ataliba esclarece melhor que,

> se sistema é um conjunto ordenado de elementos segundo uma perspectiva unitária (Teran, *Filosofía del Derecho*, p. 146), o sistema constitucional tributário é o conjunto ordenado das normas constitucionais que tratam da matéria tributária, matéria esta tomada como princípio de relação que as unifica.[26]

O sistema escalonado de normas, como se apresenta a Constituição, representa uma autêntica pirâmide jurídica, que, visualizada de baixo para cima, compreende, num patamar inicial, seu próprio alicerce, denominado "princípios".

Destacando os ensinamentos de Lourival Villanova, o mestre Ataliba ensina que:

> O sistema jurídico – ao contrário de ser caótico e desordenado – tem profunda harmonia interna. Esta se estabelece mediante uma hierarquia segundo a qual algumas normas descansam em outras, as quais, por sua vez, repousam em princípios que, de seu lado, se assentam em outros princípios mais importantes. Dessa hierarquia decorre que os princípios maiores fixam as diretrizes gerais do sistema e subordinam os princípios menores. Estes subordinam certas regras que, à sua vez, submetem outras.[27]

No mesmo trabalho o autor assinala a preeminência dos princípios como "linhas mestras, os grandes nortes, as diretrizes magnas do sistema jurídico. Apontam os rumos a serem seguidos por toda a sociedade e obrigatoriamente perseguidos pelos órgãos do governo (...); têm que ser prestigiados até as últimas consequências".[28]

A seu turno, Agustín Gordillo leciona que "o princípio é ao mesmo tempo norma e diretriz de um sistema, informando-o visceralmente".[29]

---

25. *Sistema Constitucional Tributário*, p. 8.
26. Idem, ibidem.
27. *República e Constituição*, 3ª ed., p. 34.
28. Idem, p. 35.
29. *Introducción al Derecho Administrativo*, 2ª ed., vol. I, p. 176.

Celso Antônio Bandeira de Mello pondera que princípio

é, por definição, mandamento nuclear de um sistema, verdadeiro alicerce dele, disposição fundamental que se irradia sobre diferentes normas compondo-lhes o espírito e servindo de critério para exata compreensão e inteligência delas, exatamente porque define a lógica e a racionalidade do sistema normativo, conferindo-lhe a tônica que lhe dá sentido harmônico.[30]

A Lei das Leis encerra princípios de natureza variada, de forma explícita, implícita, expressa, sendo certo que os direitos e garantias da Constituição "não excluem outros decorrentes do regime e dos princípios por ela adotados ou dos tratados internacionais em que a República Federativa do Brasil seja parte" (§ 2º do art. 5º da CF).

Pinto Ferreira mostra que

a ciência do direito constitucional induz da realidade histórico-social os lineamentos básicos, os grandes princípios constitucionais que servem de base à estruturação do Estado. Os princípios essenciais assim estabelecidos são os *summa genera* do direito constitucional, fórmulas básicas ou postos-chaves de interpretação e construção teórica do Constitucionalismo.[31]

Comentando essa postura, José Afonso da Silva argumenta que, em realidade, consubstanciam princípios universais por serem induzidos do direito constitucional comparado, e que nem todos são encontrados em todos os sistemas. Assevera ser possível afirmar que tais princípios e outros, como o do sistema de governo, sua forma, a repartição ou colaboração de Poderes etc., formam temas de uma Teoria Geral do Direito Constitucional, por envolver conceitos gerais, relações, objetos, que podem ter seu estudo destacado na dogmática jurídico-constitucional.[32]

A eficácia iminente dos princípios na interpretação das normas constitucionais é realçada por Souto Maior Borges ao sublinhar que "é o princípio que iluminará a inteligência da simples norma; que esclarecerá o conteúdo e os limites da eficácia de normas constitucionais esparsas, as quais têm que se harmonizar com ele".[33]

Celso Antônio destaca que

---

30. *Curso de Direito Administrativo*, 33ª ed., 2ª tir., p. 54.
31. *Princípios Gerais de Direito Constitucional Moderno*, 5ª ed., vol. I, pp. 50-51.
32. *Aplicabilidade das Normas Constitucionais*, 8ª ed., 2ª tir., pp. 118-119.
33. *Lei Complementar Tributária*, p. 14.

violar um princípio é muito mais grave que transgredir uma norma qualquer. A desatenção ao princípio implica ofensa não apenas a um específico mandamento obrigatório, mas a todo o sistema de comandos. É a mais grave forma de ilegalidade ou inconstitucionalidade, conforme o escalão do princípio atingido, porque representa insurgência contra todo o sistema, subversão de seus valores fundamentais, contumélia irremissível a seu arcabouço lógico e corrosão de sua estrutura mestra.³⁴

Roque Carrazza elabora precioso estudo sobre a temática do princípio, conceituando-o como

> enunciado lógico, implícito ou explícito, que, por sua grande generalidade, ocupa posição de preeminência nos vastos quadrantes do Direito e, por isto mesmo, vincula, de modo inexorável, o entendimento e a aplicação das normas jurídicas que com ele se conectam.³⁵

Assinala o autor "ser inconcebível um princípio jurídico em estado de isolamento, estando sempre relacionado com outros princípios e normas que lhe dão equilíbrio e proporção e lhe reafirmam a importância, não sendo a Constituição mero ajuntamento de preceptivos, cada qual girando em estreita órbita sem sofrer qualquer atração dos demais".³⁶ Como conclusão registra que

> os princípios atuam como vetores para soluções interpretativas e os constitucionais compelem o jurista a direcionar seu trabalho para as ideias matrizes contidas na Magna Carta. As próprias normas constitucionais, sempre que possuem pluralidades de sentidos, devem ser interpretadas de modo consentâneo com os princípios da Carta Fundamental, que, justamente, por sua superior dignidade, lhes servem de baliza.³⁷

Enterría afirma que

> la Constitución asegura una unidad del ordenamiento esencialmente sobre la base de un "orden de valores" materiales expreso en ella y no sobre las simples reglas formales de producción de normas. Estos valores no son simples retórica, no son – de nuevo hemos de impregnar esta falaz doctrina, de tanta fuerza inicial entre nosotros – simples principios "programáticos", sin valor normativo de aplicación posible: por el contrario, son justamente la base entera del ordenamiento, la que ha de

---

34. *Curso...*, 33ª ed., 2ª tir., p. 991.
35. *Curso de Direito Constitucional Tributário*, 31ª ed., p. 49.
36. *Princípios Constitucionais Tributários e Competência Tributária*, pp. 9 e 11.
37. Idem, p. 11.

prestar a este su sentido propio, la que ha de presidir, por tanto, toda su interpretación y aplicación.[38]

A natureza e a finalidade dos princípios são diversificadas, em razão do que em um estudo sintético, infelizmente, não cabe deter-se em verificações profundas que cada um deles enseja, especialmente nos seus desdobramentos e aplicações constantes na renovação da ordem jurídica.

Paulo de Barros Carvalho concebe que, "em termos de direito positivo, princípios são normas jurídicas portadoras de intensa carga axiológica, de tal forma que a compreensão de outras unidades do sistema fica na dependência da boa aplicação daqueles vetores (...)". Acrescentando que "saber se uma norma consubstancia ou não determinado princípio é uma decisão eminentemente subjetiva, de cunho ideológico".[39]

Tércio Sampaio Ferraz Júnior aponta que

o conteúdo axiológico do direito deve ser tomado num sentido negativo, como direito de não ser discriminado, cujo conteúdo é o dever (do Estado e dos demais concidadãos) de omitir discriminações. Num sentido positivo também é um direito ao máximo de condições e oportunidades e de participação nos benefícios, cujo conteúdo é o dever (do Estado e demais concidadãos) de agir de modo a propiciá-los.[40]

Os tópicos seguintes servem para examinar os princípios gerais e específicos mais intimamente vinculados à tributação relativa às contribuições sociais, procurando realçar sua superior aplicação, com embasamento constitucional.

3. A denominação dos tributos

A figura tributária nunca pode ser caracterizada pela simples nominação expressada na norma, uma vez que não tem força legal alguma para disciplinar o regime jurídico aplicável à espécie tributária, muito menos os princípios a serem considerados.

O batismo legal dado aos tipos de receita pública, por si só, nada representa, a não ser mero ponto de referência para seus destinatários.

A Constituição relacionou diversos tipos de tributos, a saber: (a) impostos (arts. 145, I, 153, 155 e 156); (b) taxas (art. 145, II), em razão do

---

38. *Curso de Derecho Administrativo*, 3ª ed., p. 35.
39. "Sobre os princípios constitucionais tributários", *RDTributário* 55/154.
40. *Constituição de 1988 – Legitimidade, Vigência e Eficácia – Supremacia*, p. 321.

exercício do poder de polícia, ou pela utilização, efetiva ou potencial, de serviços públicos específicos e divisíveis, prestados ao contribuinte ou postos à sua disposição; (c) contribuição de melhoria (art. 145, III), decorrente de obras públicas; (d) pedágio (art. 150, V), pela utilização de vias conservadas pelo Poder Público; (e) empréstimos compulsórios (art. 148), para atender a despesas extraordinárias, decorrentes de calamidade pública, de guerra externa ou sua iminência (I), e no caso de investimento público de caráter urgente e de relevante interesse nacional (II); (f) contribuições sociais genéricas, de intervenção no domínio econômico e de interesse de categorias profissionais ou econômicas, como instrumento de sua atuação nas respectivas áreas (art. 149); (g) contribuição para o custeio de Previdência e Assistência Social, em benefício dos servidores dos Estados, Distrito Federal e Municípios (art. 149, § 1º); (h) Contribuição para o Custeio do Serviço de Iluminação Pública, em benefício dos Municípios e do Distrito Federal (art. 149-A); (i) contribuições sociais (art. 195) do empregador, da empresa e da entidade a ela equiparada na forma da lei, incidente sobre a folha de salários e demais rendimentos do trabalho pagos ou creditados, a qualquer título, à pessoa física que lhes preste serviços, mesmo sem vínculo empregatício; a receita bruta ou o faturamento e o lucro (I); do trabalhador e dos demais segurados da Previdência Social (II); sobre a receita de concursos de prognósticos (III); do importador de bens ou serviços do exterior (IV); e sobre as atividades do produtor, parceiro, meeiro e arrendatário rurais em regime de economia familiar (§ 8º); (j) contribuições para planos de Previdência (art. 202), Salário-Educação (art. 212, § 5º), PIS/PASEP, destinados ao seguro-desemprego e abono salarial, e desenvolvimento econômico (art. 239), às entidades privadas de serviço social e de formação profissional vinculadas ao sistema sindical (art. 240).

A análise sistemática dos tributos permite captar o elemento primordial, a nota distintiva, de cada um deles, não obstante certas semelhanças que possam existir entre eles. Daí, então, revelada sua essência, é possível considerar o título "constitucional" como um verdadeiro dogma, aplicável a todas as demais exações que apresentem idêntica natureza.

Os impostos – como será analisado em capítulo subsequente – representam um tipo de tributo que tem como elemento fundamental um ato, negócio ou situação pertinente a uma pessoa privada (sempre respaldada em substrato econômico), sem qualquer participação direta e imediata do Poder Público.

Embora possam conter materialidades próprias dos impostos e das taxas, as contribuições apresentam característica especial inerente à sua afetação normativa a uma específica destinação.

Portanto, como regra geral, a edição de leis dispondo sobre exações contendo características básicas dos impostos – ou mesmo das contribuições sociais, por exemplo, ainda que intituladas diferentemente – será tratada de conformidade com seus regimes jurídicos peculiares.

Nesse particular, Celso Bastos afirma que, "na medida em que a Constituição conferiu regimes próprios a cinco modalidades tributárias diferentes, importa conhecer o respectivo regime jurídico. Não nos parece que seja, portanto, uma questão de palavras diferentes a encobrir coisas idênticas".[41]

Luciano da Silva Amaro entende que

o problema da classificação não se resolve se se atentar apenas para o rótulo que é dado às pretensas "espécies". A História e o Direito Comparado registram denominações que, em dado momento, ou em certo lugar, têm sentidos análogos ou opostos: tributos, impostos, taxas, contribuições, exações, cotizações, capitações, quintos, dízimos, vigésimas, centésimas, direitos, tarifas, direitos senhoriais, regalias, derramas, ajudas, donativos, empréstimos forçados ou compulsórios, confiscos – todas essas expressões e inúmeras outras representam, aqui ou ali, ontem e hoje, as prestações pagas pelos súditos do Estado, ao rei ou ao senhor.[42]

Agustín Gordillo aponta que,

como expressa Hospers, as palavras não são mais que rótulos nas coisas: colocamos rótulos nas coisas para que possamos falar delas, e, daí por diante, as palavras não têm mais relação com as coisas do que as que têm rótulos de garrafas com as próprias garrafas. Qualquer rótulo é conveniente na medida em que nos ponhamos de acordo com ele e o usemos de maneira consequente. A garrafa conterá exatamente a mesma substância ainda que coloquemos nela um rótulo distinto, assim como a coisa seria a mesma ainda que usássemos uma palavra diferente para designá-la.[43]

Adverte Carlos Maximiliano que "não é o nome que dá essência à coisa, a coisa é o que é pela sua morfologia ou elementos componentes".[44] Enquanto Francisco Morato salienta que "bem frágil seria a garantia constitucional se a pudessem tornar inútil mediante simples mudança de rótulo".[45]

41. *Curso de Direito Constitucional*, p. 146.
42. "Conceito e classificação de tributos", *RDTributário* 55/273.
43. *Princípios Gerais de Direito Público*, p. 2.
44. *Comentários à Constituição Brasileira*, 2ª ed., p. 194.
45. "Do lançamento, sob falso nome, de um tributo municipal", *Miscelânea Jurídica* I/145.

Gilberto de Ulhôa Canto é claro: "(...) um tributo não segue a sorte do nome que se lhe queira dar. Não será taxa somente porque assim se denominou, do mesmo modo que, reciprocamente, como imposto também não se há de o ter apenas porque assim batizado".[46]

Também pontifica Aliomar Baleeiro:

> Não poderia ter efetividade, nem sobrevivência, o sistema tributário nacional instituído pela Constituição, com evidentes e confessados propósitos políticos, como a implantação do regime federativo, se fosse lícito ao legislador ordinário aluí-lo, pela troca de nomes de cada tributo para a invasão do campo tributário reservado a competência diversa. A jurisprudência do Supremo Tribunal Federal fulminou de inconstitucionalidade, no regime constitucional anterior, várias usurpações dessa natureza.[47]

O tipo tributário é reconhecido por intermédio de sua essência jurídica, haurida exclusivamente do texto constitucional, razão pela qual Roque Carrazza argumenta que,

> por mais cediço que possa parecer, o nome que um instituto jurídico recebe não é suficiente para desvendar a sua estrutura, até porque, infelizmente, a impropriedade técnica é um dos traços mais marcantes das nossas leis. O que define a natureza de uma exação é, apenas, a consistência material de sua hipótese de incidência.[48]

Elucida Karl Larenz que

> o legislador serve-se da linguagem corrente porque na medida em que se dirige ao cidadão deseja ser entendido por ele. Para além disso, serve-se em grande escala de uma linguagem técnico-jurídica, na qual ele se pode expressar com mais precisão, e cujo uso o dispensa de muitos esclarecimentos circunstanciais. No entanto, também esta linguagem técnica se apoia na linguagem geral, uma vez que o Direito, que a todos se dirige e a todos diz respeito, não pode renunciar a um mínimo de compreensibilidade geral (...). Por este motivo, a linguagem das leis não pode afastar-se tanto do uso linguístico geral como ocorre com a linguagem de algumas ciências. A linguagem jurídica é um caso especial da linguagem geral, não é uma linguagem simbolizada, completamente desligada dela. Isto tem como consequência (...) que não é capaz de alcançar a exatidão de

---

46. *Temas de Direito Tributário*, vol. III, p. 51.
47. *Direito Tributário Brasileiro*, 2ª ed.
48. *O Sujeito Ativo da Obrigação Tributária*, p. 52.

uma linguagem simbolizada, de maneira que os seus termos continuam a necessitar de interpretação.[49]

No mesmo diapasão Sacha Calmon: "O nome que se dê ou deixe de dar a tal prestação (tributos, ônus, contribuição, óbolo, empréstimo compulsório, *et caterva*) tampouco tem importância. Será apenas uma denominação formal que não lhe afetará a *essentialia*".[50]

Nessa trilha específica, Amílcar de Araújo Falcão já havia observado que "é certo que o imposto não se define ou conceitua com base na sua denominação, no seu *nomen juris*; a definição é dada através do fato gerador adotado e respectiva base de cálculo".[51] Em face do que Geraldo Ataliba conclui que "de nada adianta o legislador dar nome diverso às entidades que cria. Os problemas da Dogmática não se resolvem pela taxinomia, advertiu Agostinho Alvim".[52]

Traduzindo verdadeira norma programática, o Código Tributário Nacional expressou que "a natureza jurídica específica do tributo é determinada pelo fato gerador da respectiva obrigação, sendo irrelevante para qualificá-lo a denominação" (art. 4º, I – grifei).

Nem sempre será fácil compreender, no discurso normativo, o significado das palavras, no contexto em que se inserem, alcançar a categoria jurídica onde se enquadram, seu verdadeiro sentido semântico, o rigor técnico, ou mesmo seu sentido vulgar.

Américo Lacombe assevera que

> qualquer hermeneuta está ciente de que as palavras utilizadas pela Constituição devem ser entendidas no seu sentido popular, vulgar, e não no seu sentido técnico, uma vez que a Constituição é uma carta política elaborada para o povo. Assim como o intérprete deve entender as palavras da lei no seu sentido técnico, deve entender as palavras da Constituição no seu sentido vulgar, salvo quando o sentido técnico é inequívoco.[53]

Profundo conhecedor do assunto, Paulo de Barros Carvalho, em capítulo específico dedicado à "Linguagem do Legislador e do Jurista", assim se exprime:

> A linguagem do legislador é uma linguagem técnica, o que significa dizer que se assenta no discurso natural, mas aproveita em quantidade

---

49. *Metodologia da Ciência do Direito*, 2ª ed., p. 280.
50. *Comentários à Constituição de 1988 – Sistema Tributário*, 3ª ed., p. 15.
51. *Sistema Tributário Brasileiro*, p. 362.
52. *Hipótese de Incidência Tributária*, 6ª ed., 16ª tir., p. 139.
53. "Taxa e preço público", *Caderno de Pesquisas Tributárias* 10/10.

considerável palavras e expressões de cunho determinado, pertinente ao domínio das comunicações científicas. Os membros das Casas Legislativas, em países que se inclinam por um sistema democrático de governo, representam os vários segmentos da sociedade (...). Ponderações desse jaez nos permitem compreender o porquê dos erros, impropriedades, atecnias, deficiências e ambiguidades que os textos legais cursivamente apresentam. Não é, de forma alguma, o resultado de um trabalho sistematizado cientificamente (...). Ainda que as Assembleias nomeiem comissões encarregadas de cuidar dos aspectos formais e jurídico-constitucionais dos diversos estatutos, prevalece a formação extremamente heterogênea que as caracteriza.[54]

E prossegue o autor:

Mas, enquanto é lícito afirmar-se que o legislador se exprime numa linguagem livre, natural, pontilhada, aqui e ali, de símbolos científicos, o mesmo já não se passa com o discurso do cientista do Direito. Sua linguagem, sobre ser técnica, é científica, na medida em que as proposições descritivas vêm carregadas de harmonia dos sistemas presididos pela lógica clássica, com as unidades de conjunto, arrumadas e escalonadas segundo critérios que observam, estritamente, os princípios da identidade, da não contradição e do meio excluído, que são três imposições formais do pensamento no que concerne às proposições apofânticas.[55]

Anteriormente Becker já havia elucidado que

tanto o jurista que procura palavras e frases apropriadas para criar a regra jurídica, quanto o jurista que analisa a incidência daquela regra jurídica, devem sempre ter presente que a linguagem, embora indispensável, é um instrumento insuficiente para transmitir a ideia em toda a sua integridade. A linguagem não é um meio de transporte da ideia, mas um instrumento fecundador pelo qual o cérebro portador de uma ideia faz com que no cérebro de outro indivíduo germine e se desenvolva uma ideia análoga. Não somente a fórmula e a linguagem das regras jurídicas, mas qualquer expressão de linguagem sofre sempre – e necessariamente – deste defeito de insuficiência com relação à ideia que procura exprimir e que, consequentemente, sempre impõe ao interlocutor (intérprete) a exigência de integrar e completar aquela ideia.[56]

A propósito da Teoria da Linguagem, Roque Carrazza procede a percuciente análise e demonstração de sua aplicação ao Direito, louvando-se

---

54. *Curso de Direito Tributário*, 19ª ed., p. 5.
55. Idem, p. 6.
56. *Teoria Geral do Direito Tributário*, p. 107.

em Genaro Carrió, ressaltando, para certas palavras, o atributo da indeterminação (*vaguedad*), salientando ser "sempre possível, pois, sabermos o que significa uma palavra, ainda que, para tanto, devamos invocar o que ela não significa. Nisto estamos com o preclaro administrativista lusitano Afonso Rodrigues Queiró quando salientava que 'muitas vezes não se pode dizer o que uma coisa é, mas pode-se dizer o que não é'".[57]

E Genaro Carrió adverte que as linguagens naturais contêm palavras ambíguas e vagas. Para ele é *ambígua* a palavra que possa ter distintos significados, segundo os diferentes contextos em que esteja inserida, ou distintos matizes de significado em função desses diversos contextos, como a palavra "direito". Palavra *vaga* é aquela cujo foco de significado é único, e não plural nem parcelado, mas cujo uso como de fato se emprega faz com que seja incerta ou duvidosa a inclusão de um fato ou de um objeto concreto dentro de seu campo de ação, deixando-os em uma "zona de penumbra" que circunda a área de significado claro da palavra (como as palavras "noite", "dia", "jovem", "velho", "alto", "baixo").[58]

As considerações doutrinárias, por si sós, já seriam mais do que suficientes para servir como um alerta, um verdadeiro norte para qualquer aplicador e intérprete de normas, procurando, com ingente esforço e cautela, compreender os vocábulos e expressões dentro do contexto do ordenamento jurídico.

A complexa engrenagem jurídica implica uma árdua e enorme tarefa cometida ao destinatário das normas, consistente no objetivo fundamental de conferir segurança e certeza ao Direito.

É cediço que os preceitos jurídicos nem sempre são claros e precisos, revelando ambiguidades e imperfeições, primando por redação defeituosa, omissões e contradições entre diplomas vigentes, especialmente porque frutos da atividade humana. O magistrado, a autoridade pública e o particular devem, sempre, descobrir o real sentido da regra jurídica, apreender seu significado e extensão.

Interpretar – na lição de Carlos Maximiliano – "é explicar; dar o significado do vocábulo, atitude ou gesto; reproduzir por palavras o pensamento exteriorizado; mostrar o sentido verdadeiro de uma expressão; extrair, de frase, sentença ou norma, tudo o que nela se contém".[59]

A atividade interpretativa não pode e nem deve ser exercida de modo desordenado, precipitado, atabalhoado, às carreiras, impondo-se

---

57. *Curso de Direito Constitucional Tributário*, 31ª ed., p. 101, rodapé.
58. *Notas sobre Derecho y Lenguaje*, 2ª ed., pp. 136-138.
59. *Hermenêutica e Aplicação do Direito*, p. 23.

uma postura científica e obediência aos postulados da Hermenêutica, cujo objeto é o estudo e a sistematização dos processos aplicáveis à interpretação.

Luís Fernando Coelho assinala que

> o ato de interpretar corresponde a uma atividade do conhecimento, pela qual o sujeito, enquanto desentranha o sentido da norma jurídica, com vistas à sua aplicação potencial ou natural, participa do fenômeno jurídico; essa forma de conhecimento, que é ao mesmo tempo criação e participação, situa-se, como vimos, no plano dogmático.[60]

O hermeneuta deve considerar o sentido da norma, num contexto dinâmico, sua permanente renovação e interação, porque os comandos que nela se contêm impõem uma atualização, adaptada à realidade social.

A mutabilidade dos acontecimentos e as transformações sociais obrigam à apreensão dos fenômenos segundo uma atualidade, pois é cediço que não só os fatos, como os conceitos (noções de bons costumes, ordem pública etc.), são plenamente alteráveis. Esta diretriz tem a virtude de justificar o entendimento de que nada interessa a *mens legislatoris* (vontade do legislador), mas somente a *mens legis* (vontade da lei).

A intenção do legislador e o seu desejo são elementos totalmente irrelevantes para captar o sentido jurídico da norma, pois somente importa o Direito "posto", sua sistematização e permanente revigoração. Daí por que perene o aforismo "a lei é mais sábia do que o legislador".

O dogma axiológico *in claris cessat interpretatio* ("disposições claras não comportam interpretação") deve ser aceito com extrema cautela, uma vez que "o conceito de clareza é relativo: o que a um parece evidente, antolha-se obscuro e dúbio a outro, por ser este menos atilado e culto, ou por examinar o texto sob um prisma diferente ou diversa orientação".[61]

Acrescento que é importante pesquisar o sentido da expressão legal, desvendar seu conteúdo e, sobretudo, a existência de utilização tradicional de vocábulos no sistema. Antes de tudo, deve ser verificado se o texto constitucional oferece conceitos seguros, uniformes, como é o caso dos tributos. Se tal desiderato for viável, há que se pesquisar na legislação ordinária as expressões e os conceitos acolhidos de forma pacífica, como é o caso de "empregador", "faturamento", "salários" etc.

---

60. *Lógica Jurídica e Interpretação das Leis*, p. 57.
61. Carlos Maximiliano, *Hermenêutica...*, p. 55.

Atente-se, todavia, para a colocação de Celso Bastos e Carlos Ayres Brito no sentido de que a Constituição incorpora palavras e expressões de uso comum com o entendimento vulgar que delas se tem, apontando, como exemplos das primeiras, palavras como "povo", "Democracia", "liberdade" etc.; e das segundas, "taxas", "impostos", "lei complementar".[62]

Importante tomar em conta a diretriz consagrada no Código Tributário Nacional (art. 109), *verbis*: "Os princípios gerais de direito privado utilizam-se para pesquisa da definição, do conteúdo e do alcance de seus institutos, conceitos e formas, mas não para definição dos respectivos efeitos tributários".

Na qualidade de aplicadores e intérpretes dos preceitos normativos, os seus destinatários não devem se impressionar pelos títulos que sejam dados a certas figuras exacionais, como "Adicional ao Frete para Renovação da Marinha Mercante" e "Salário Educação", que não têm identidade nominal com as espécies descritas na Constituição.

Também não deve causar estranheza o rótulo "Custeio para o Serviço de Iluminação Pública", à exação de âmbito municipal, porque pode revelar a essência de imposto disfarçado, em razão de caracterizar serviço público genérico prestado à coletividade.

Na análise específica do plexo de normas regradoras das "contribuições" ter-se-á oportunidade de aplicar estas singelas regras, com o escopo de evitar atropelos, equívocos, a fim de serem mantidos os objetivos de segurança e certeza do Direito, como é sempre importante repisar.

4. A destinação do tributo

A norma jurídica descreve uma figura composta de aspectos pessoais, materiais, quantitativos, temporais e espaciais, de modo hipotético, que, ocorrida no mundo fenomênico, terá a virtude de irradiar a obrigação de recolher dinheiro aos cofres públicos. Mediante o cumprimento do mencionado ônus esta situação procedimental quadra-se ao regime jurídico próprio, de natureza tributária, compreendido como "o conjunto de princípios e normas constitucionais que regulam o exercício da tributação (ação de tributar, que, nos termos da Constituição, é privativamente estatal)".[63]

---

62. *Interpretação e Aplicação das Normas Constitucionais*, pp. 24-26.
63. Geraldo Ataliba, *Hipótese de Incidência Tributária*, 6ª ed., 16ª tir., p. 160.

Encontra-se arraigado na doutrina o entendimento de que, para fins de caracterização do tributo, é irrelevante o destino do produto de sua arrecadação.

A tipologia tributária é definida, basicamente, pela materialidade e sua respectiva dimensão (fato gerador e base de cálculo, respectivamente), numa adequada correlação lógica. Os elementos fático-jurídicos anteriores e posteriores ao nascimento e à extinção do tributo não teriam qualquer implicação de índole tributária, representando aspectos de natureza política, social, econômica, financeira etc.

Na lição de Becker: "Uma vez efetuada a prestação, a relação jurídica tributária se extingue. O que acontece depois com o bem que dava consistência material ao tributo, acontece em momento posterior e em outra relação jurídica, esta última de natureza administrativa".[64] Tal posição encontra amparo no Código Tributário Nacional, ao estabelecer que "a natureza jurídica específica do tributo é determinada pelo fato gerador da respectiva obrigação, sendo irrelevante para qualificá-la a destinação legal do produto da sua arrecadação" (art. 4º, II).

Será que essa diretriz representa uma verdade científica e um dogma? Será que esse posicionamento jurídico não passa de um preconceito passível de desmistificação, uma vez que o próprio texto constitucional indica direção própria?

Deslindar essa controvérsia não constitui fácil empreitada, tendo em vista a postura assumida por eminentes mestres, sedimentada por construções jurídicas após vários anos de intenso labor científico.

Embora Geraldo Ataliba pondere que o art. 4º, II, do CTN seja disposição didática lapidar, e não norma, aduz tratar-se de "oportuno preceito didático, doutrinariamente correto",[65] enfatizando que "é absurdo, despropositado, anticientífico, ilógico e primário recorrer a argumento ligado ao destino que o Estado dá aos dinheiros arrecadados, para disso pretender extrair qualquer consequência válida em termos de determinação da natureza específica dos tributos. As espécies tributárias se reconhecem pela natureza da materialidade da h.i."[66] – concluindo que "a destinação não integra o regime jurídico tributário".[67]

Observo, contudo, que, em sua clássica obra, assevera que "o preceito do inciso IV do art. 167 da Constituição veda à lei prescrever

---

64. *Teoria Geral do Direito Tributário*, pp. 260-261.
65. *Hipótese...*, 6ª ed., 16ª tir., p. 158.
66. Idem, ibidem.
67. Idem, ibidem.

destinação ao produto da arrecadação de impostos. Essa vedação não é aplicável à lei que cuida de contribuições. Ela é, aliás, a própria razão de ser da instituição do tributo".[68]

Paulo de Barros Carvalho pontifica que "o destino que se dê ao produto da arrecadação é irrelevante para caracterizar a natureza jurídica do tributo. Coincide, a ponto, com o limite do campo de especulação do Direito Tributário, que não se ocupa de momentos ulteriores à extinção do liame fiscal".[69]

E Aires Barreto, de longa data, já havia registrado que "a destinação do produto da arrecadação, qualquer que seja, é irrelevante para qualificar a natureza jurídica do tributo. É nula a influência da afetação das receitas públicas na atribuição de substância tributária a determinado instituto jurídico".[70]

Sacha Calmon ministra que

> o retorno, sob forma de assistências diversas e aposentadoria, tal como nas taxas (uma licença, um alvará, um serviço de apanho de lixo), é irrelevante para caracterizar a espécie tributária, a teor do Código Tributário Nacional. O destino da arrecadação é providência da tesouraria, embora a razão de ser da competência encontre nos fins a justificação para instituir contribuições parafiscais.[71]

Roque Carrazza argumenta que

> a destinação legal de um tributo não altera a natureza jurídica do mesmo. Deveras, extinta a obrigação tributária, é logicamente inadmissível que exerça qualquer influência sobre ela a posterior afetação, a uma certa finalidade, da receita obtida. Esta ideia, aliás, vem solenemente proclamada no art. 4º, inciso II, do Código Tributário Nacional.[72]

Berliri observa que a destinação "não pode ser critério jurídico diferenciador, pois o contribuinte não pode controlar o destino de suas prestações; porque, ainda que pudesse fazê-lo, como regra, o descumprimento dos objetivos do legislador não autorizaria reclamar o que pagou".[73]

---

68. Idem, p. 200.
69. *Curso de Direito Tributário*, 19ª ed., pp. 30-31.
70. "Contribuições especiais Fundo PIS/PASEP", *Caderno de Pesquisas Tributárias* 2/26.
71. *Comentários à Constituição de 1988 – Sistema Tributário*, 3ª ed., p. 39.
72. *O Sujeito Ativo da Obrigação Tributária*, p. 38.
73. *Principios de Derecho Tributario*, vol. I, pp. 204-214.

A ousadia de minha parte em qualificar o destino como elemento considerável na caracterização integral do tributo é justificada pelo objetivo de sempre questionar e repensar velhos e tradicionais conceitos, pois na escola de Geraldo Ataliba "não é possível construir uma ciência operante e útil do direito tributário se não dissiparmos os preconceitos".[74]

E, nesse passo, não se deve esquecer os ensinamentos de que, salvo para fins didáticos, o direito tributário não constitui ramo autônomo, porque não possui institutos jurídicos próprios.

Ainda é Geraldo Ataliba quem raciocina:

> Cientificamente, não há distinção possível entre a matéria tributária e a administrativa, porque ontologicamente os respectivos sistemas de normas obedecem ao mesmo regime, informam-se pelos mesmos princípios gerais e adotam as mesmas categorias e institutos gerais. São relações entre parte e todo (sobre o regime jurídico administrativo, v. Celso Antônio Bandeira de Mello, *Curso de Direito Administrativo*, 12ª ed., Malheiros Editores, 2000, pp. 25 a 55 [*33ª ed., 2ª tir., pp. 29-97*]).[75]

Todavia, Luciano da Silva Amaro pondera que "o banimento do critério da destinação, com suposto fundamento no art. 4º, II, do CTN, parece partir da equivocada premissa (não expressamente assumida) da autonomia do direito tributário, como se o tributo, como fenômeno jurídico, se contivesse todo (e se esgotasse) na relação obrigacional tributária", configurando-se uma "exacerbação nacionalista do direito tributário".[76]

A circunstância de a Constituição Federal prever a figura do "direito tributário" (art. 24, I), como se se tratasse de corpo de normas distinto dos demais modelos jurídicos, e até mesmo um capítulo específico para o Sistema Tributário Nacional (arts. 145-162), não é suficiente para apartá-lo de outros campos do Direito e conferir-lhe autonomia científica.

É cediço que o denominado "direito tributário" constitui um Direito de superposição, gravando realidades pertinentes a demais categorias jurídicas, como os negócios civis (compra e venda, doação etc.), ou compreendendo institutos pertinentes ao direito administrativo (lançamento), bem como utilizando regras do processo civil para realizar a liquidação do crédito tributário, ou, ainda, do campo penal, no tocante às sanções pela violação das obrigações e deveres acessórios.

74. Geraldo Ataliba, *Hipótese...*, 6ª ed., 16ª tir., p. 19.
75. *Hipótese...*, 6ª ed., 16ª tir., p. 41.
76. "Conceito e classificação de tributos", *RDTributário* 55/285.

É verdade que, ao lado de princípios constitucionais aplicáveis a todos os sistemas jurídicos (legalidade, tipicidade, irretroatividade), encontram-se previstos os postulados específicos na órbita tributária (não cumulatividade, imunidade, capacidade contributiva etc.).

Portanto, se há dificuldade em definir os contornos, os limites, enfim, um âmbito próprio do "direito tributário", não seria desarrazoado conceber certas situações como peculiares às espécies tributárias. Melhor esclarecendo, é o caso da previsão do destino dos valores tributários, sua afetação à Receita Federal ou à Seguridade Social, como medida apta (ou não) para configurar uma determinada espécie tributária.

Sob esse prisma, há que convir que todos os tributos acabam tendo um destino determinado: (a) os impostos servem para atender às necessidades gerais da coletividade; (b) as taxas são utilizadas para retribuir os ônus inerentes ao exercício regular do poder de polícia e os serviços públicos específicos e divisíveis, prestados ou postos à disposição dos particulares; (c) a contribuição de melhoria relaciona-se com a valorização do bem particular em razão de obra pública; (d) os empréstimos compulsórios visam a atender a calamidades públicas como guerra externa, ou sua iminência, e investimento público de caráter urgente e de relevante interesse nacional; e (e) as contribuições objetivam a regulação da economia, os interesses de categorias profissionais e o custeio da Seguridade Social, num âmbito mais abrangente.

A assertiva de que a destinação do tributo é matéria afeta aos direitos financeiro e administrativo, e que não tem conotação alguma com a identificação de cada tipo tributário, deve ser aceita com reserva e cautela.

Como mencionado em parágrafo precedente, as causas dos tributos não se assentam, de forma inexorável e exclusiva, nas materialidades previstas no texto constitucional – ou seja, os negócios jurídicos, as situações patrimoniais e atividades públicas específicas –, mas na sua vinculação aos destinos (gerais para os impostos, e específicos para as taxas, empréstimos compulsórios, contribuições de melhoria e sociais).

Por esse motivo, Luciano da Silva Amaro obtempera que

> o próprio critério da destinação do tributo (tão vilipendiado por alguns autores e aparentemente excomungado pelo art. 4º, II, do CTN) está na base de todas as classificações dos tributos, inclusive nos modelos binários, embora se apresente transcodificado no plano normativo (através da referibilidade do tributo a um "dever correspectivo do Estado" ou a um "fato ou coisa estatal", ou a uma "atuação estatal divisível").[77]

77. "Conceito...", *RDTributário* 55/284.

Sabe-se que os princípios de direito privado e de direito público são distintos, plasmando-se na autonomia da vontade e na estrita legalidade, respectivamente. Do mesmo modo, as normas financeiras possuem diretrizes diferenciadas das tributárias, de conformidade com os princípios hauridos na própria Constituição.

Entretanto, o que interessa distinguir é (I) a previsão constitucional do destino do tributo e (II) sua efetiva utilização, ou seja: (a) a lei ordinária que instituir a exação tributária deverá estabelecer o destino do tributo, se este for previsto na Constituição, sob pena de desvirtuá-lo, tornando-o ilegítimo; (b) a má aplicação do tributo, ingressado na burra do governo, constitui ato administrativo nocivo, danoso, ilegal, caracterizando desvio de finalidade.

Trata-se de situações distintas, inconfundíveis no âmbito jurídico e cronológico, pois concernem, respectivamente, a anterior exercício da atividade do Legislativo (estipulando o destino do tributo) e posterior atuação do Executivo (aplicando os recursos). O dado financeiro (destino do produto da arrecadação do tributo) integra o ordenamento jurídico, e passa a ser juridicizado pela via do ato competente (lei) ínsito ao tributo.

Luciano da Silva Amaro esclarece que "há situações em que a destinação do tributo é posta pela Constituição como aspecto integrante do regime jurídico da figura tributária, na medida em que se apresenta como condição, requisito, pressuposto ou aspecto do exercício legítimo (isto é, constitucional) da competência tributária".[78] E complementa:

> Se a destinação integra o regime jurídico da exação fiscal, não se pode circunscrever a análise de sua natureza jurídica ao *iter* que se inicia com a ocorrência do fato previsto na lei e termina com o pagamento do tributo (ou com outra causa extintiva da obrigação), até porque isso levaria o direito tributário a ensimesmar-se a tal ponto que negaria sua própria condição de ramo do Direito, que supõe a integração sistemática ao ordenamento jurídico total.[79]

Esta peculiar e excepcional situação tem o condão de conectar o destino do tributo à própria figura impositiva tributária, segundo seu peculiar regime jurídico.

Por isso, Marco Aurélio Greco, ao pesquisar o critério de verificação da constitucionalidade das contribuições no regime atual da

---

78. Idem, ibidem.
79. Idem, p. 285.

Constituição de 1988, vislumbra no destino da arrecadação um conceito fundamental, salientando que

o critério do artigo 4º do CTN pode ser adequado para os impostos mas, para as contribuições, é ao contrário. Para as contribuições, o destino da arrecadação é um elemento essencial à definição da figura. Se a razão de ser da contribuição é existir uma finalidade a um determinado grupo, e a exigência do pagamento é feita em solidariedade ao grupo à luz da finalidade, o destino da arrecadação deve ser a favor desse mesmo grupo, na busca da finalidade. Daí o requisito de o destino da arrecadação ser elemento essencial no caso das contribuições.[80]

Misabel Derzi também contempla o tema sob forma diversa da diretriz tradicional, a destrinçar a diferença existente entre os impostos com destinação específica e as contribuições, assinalando que estas "não têm mais a destinação como mero motivo que induziu o legislador a produzir a norma. A destinação funda, na Constituição, a regra de competência da União, seu conteúdo e limites, submetendo as contribuições a um regime constitucional especial".[81] E – observando que a Constituição (art. 165, § 5º) estabeleceu que "a lei orçamentária compreenderá o orçamento fiscal da União, o orçamento de investimento das empresas estatais e o orçamento da Seguridade Social" – pondera que, "em razão do tratamento especial que conferiu à Seguridade Social, cessa a sujeição ativa da União para cobrar, arrecadar e administrar o produto advindo dessas contribuições sociais".[82]

Na mesma trilha encontra-se Luciano da Silva Amaro ao sublinhar que "a Constituição Federal caracteriza as contribuições sociais pela sua destinação, vale dizer, são ingressos necessariamente direcionados a instrumentar (ou financiar) a atuação da União (ou dos entes políticos, na específica situação prevista no parágrafo único do art. 41), no setor da ordem social".[83]

Essas considerações demonstram que as contribuições destinadas ao custeio da Seguridade Social só podem revestir a natureza de autênticas "contribuições" se a respectiva lei instituidora contiver expressamente o destino dos respectivos valores.

80. Exposição em *Seminário da Academia Brasileira de Direito Tributário* realizado em 22.11.1991, São Paulo (inédito), e *Contribuições (Uma Figura "Sui Generis")*, 1ª ed., São Paulo, Dialética, 2000, pp. 239-240.
 81. "Contribuição para o FINSOCIAL", *RDTributário* 55/208.
 82. Idem, p. 214.
 83. "Conceito...", *RDTributário* 55/269.

Hugo de Brito Machado, julgando processo perante o Tribunal Regional Federal da 5ª Região, enfatizou que:

> É da essência do regime jurídico específico da contribuição para a Seguridade Social a sua destinação constitucional. Não a destinação legal do produto de sua arrecadação, mas a destinação constitucional, vale dizer, o vínculo estabelecido pela própria Constituição entre a contribuição e o sistema de Seguridade Social, como instrumento de seu financiamento direto pela sociedade. O fato de a lei destinar recursos do orçamento da União para a Seguridade Social configura forma indireta de financiamento desta pela sociedade. Não teria, nem poderia ter, a virtude de transformar as exações arrecadadas pela União em contribuições sociais.[84]

Destarte, está demonstrado que a questão é repleta de controvérsias, não podendo aceitar-se, de forma absoluta, a regra inserta no inciso II do art. 4º do CTN. Além de esse preceito legal não encontrar fundamento de validade no texto constitucional, as contribuições possuem uma característica especial, uma situação sobremodo peculiar como requisito de sua validade, qual seja, a vinculação de sua receita à Seguridade Social, em orçamento próprio.

Conquanto o tipo tributário seja identificado por sua materialidade, umbilicalmente ligada à base de cálculo, na contribuição o produto de sua arrecadação deve estar expressamente previsto na lei que a instituiu. Se isto não ocorrer estará desconfigurada esta espécie tributária, e agredido o texto constitucional.

5. *Classificação dos tributos*

A classificação permite encontrar as notas iguais e distintivas do objeto estudado, facilitando seu conhecimento específico, para permitir a aplicação do Direito pautada pelos critérios de segurança e certeza, supremos objetivos da justiça.

É cediço que reina manifesta divergência doutrinária a respeito da classificação dos tributos, gerando dúvidas e incertezas no tocante aos princípios, à sistemática e ao regime jurídico a ser trilhado.

As posturas antagônicas e dessemelhantes não devem ser objeto de preocupação, mas até mesmo denotam cunho salutar, pois demonstram o interesse dos estudiosos do Direito na busca da verdade científica.

---

84. Pleno, voto proferido na AMS 976, j. 12.5.1990, in *Arguições de Inconstitucionalidade do TRF-5ª Região*, pp. 125 e ss.

Ressalta Geraldo Ataliba que "o ponto de partida de qualquer especulação jurídica é a lei. Assim, as considerações políticas, econômicas, financeiras, administrativas etc., que motivaram o legislador e lhe determinaram o comportamento, se esgotam na fase pré-legislativa e nenhuma ingerência exercem sobre os processos exegéticos, de cunho dogmático, que informam o trabalho científico-jurídico que tem lugar depois de posto o Direito (*jus positum*)".[85] O texto constitucional – ressalta o autor – consagra uma determinada classificação e atribui regimes jurídicos diferentes a serem aplicados às espécies tributárias.[86]

As classificações das normas tributárias, em nossa visão, devem tomar como ponto de partida a Constituição Federal, mediante plena compatibilização vertical com os demais preceitos espalhados no ordenamento jurídico. Por isso que Roque Carrazza indica que "uma classificação jurídica, no entanto, deverá necessariamente levar em conta o dado jurídico por excelência: a *norma jurídica*".[87]

Lourival Villanova verifica, também, que "o objeto possível do conhecimento jurídico deve ser o dado positivo, cujos limites não é lícito ultrapassar. Há que limitar-se, o sujeito, ao dado, como ele parece e nos limites em que aparece. Toda a realidade jurídica esgota-se no fenômeno jurídico".[88]

E, para Celso Antônio, "em Direito, a operação lógica de classificar, por força há de se ater às características de 'direito', isto é, dos institutos e categorias, cujos ingredientes componentes são sistemas de normas, processos que definem um conjunto de efeitos imputáveis a determinadas situações e relações".[89]

A importância das classificações reside, sobretudo, na sua utilidade, na fixação de critérios seguros e uniformes para interpretar e aplicar as regras de cada tipo tributário, consoante seu peculiar regime jurídico.

Para Baleeiro:

> As classificações em geral mal disfarçam seu conteúdo arbitrário, em razão das dificuldades de estremar os caracteres específicos das supostas "espécies", que, muitas vezes, são formas híbridas e consorciações, em que ora prepondera um, ora outro, dos diversos elementos formadores; (...) quaisquer que se mostrem as dificuldades e defeitos das

---

85. *Hipótese de Incidência Tributária*, 6ª ed., 16ª tir., p. 123.
86. Idem, p. 124.
87. *Curso de Direito Constitucional Tributário*, 31ª ed., p. 623.
88. *Sobre o Conceito de Direito*, p. 75.
89. *Natureza e Regime Jurídico das Autarquias*, p. 361.

classificações, estas são necessárias, quer do ponto de vista científico, quer do ponto de vista da aplicação prática.[90]

A tarefa classificatória nunca pode consistir na simples leitura de preceito específico do texto constitucional, impondo-se ao agente classificador o conhecimento amplo das espécies tributárias, segundo suas notas características, mediante harmônica e adequada sistematização.

Assim, a circunstância de a Constituição de 1988 dispor (art. 145) que os tributos são "impostos, taxas e contribuição de melhoria" não é suficiente para apreender todas as espécies tributárias contidas na Carta Magna. O texto contém diversos tipos de exações fiscais, com características especiais, como empréstimos compulsórios (art. 148, I e II) e contribuições especiais (arts. 7º, III, 149, 149-A, 195, I-IV, e § 4º, 201, § 1º, 212, § 5º, 239 e 240 e Emendas Constitucionais 39/2002 e 45/2004).

Luciano da Silva Amaro analisa as diversas figuras tributárias, vislumbrando percalços para proceder a uma devida classificação, pois certos caracteres às vezes se repetem, e por vezes se diferenciam entre elas. Em capítulo dedicado às "Classificações Partidas e Pluripartidas", mostra que o

> grande divisor de águas das classificações dadas pela doutrina está em que alguns autores escolhem uma única variável como elemento distintivo, enquanto outros optam pela utilização de mais de uma variável. É óbvio que, adotada só uma variável (por exemplo, a característica "x"), os tributos só poderão receber uma classificação binária, dado que a pergunta sobre a existência de "x" em dado tributo só admite uma de duas respostas: "sim" ou "não". Se a variável eleita for a característica "y" (diversa de "x") cada conjunto terá um rol diferente de figuras. Só haverá coincidência em relação às figuras que, cumulativamente, apresentarem as características "x" e "y".[91]

E prossegue:

> Os autores que se utilizam de mais de uma variável para classificar os tributos (fato gerador, destinação, restituibilidade etc.) irão, logicamente, identificar três, quatro, "n" conjuntos, conforme a maior ou menor especificidade dos critérios analíticos que sejam eleitos. O problema que se põe é sobre qual seja o "verdadeiro" critério técnico ou jurídico. É claro que, se o direito positivo ditar um critério, esse será o critério jurídico (positivo), o que não nos impedirá de examinar se ele é útil,

---

90. *Uma Introdução à Ciência das Finanças*, 10ª ed., vol. II, pp. 106-133.
91. "Conceito e classificação de tributos", *RDTributário* 55/279.

técnico, adequado etc. Já vimos que o art. 4º do CTN quis dar um critério (e proibir outros) e demonstramos que esse preceito é insuficiente para distinguir todas as diferentes figuras previstas na Constituição.[92]

Ao concluir seu pensamento, coloca que "os critérios de classificação dos tributos não são certos ou errados. São mais adequados, menos adequados, (a) no plano da teoria do direito tributário ou (b) no nível do direito tributário positivo, como instrumento que permita (ou facilite) a identificação das características que devem compor cada espécie de tributo (no plano teórico ou num dado sistema jurídico-positivo)".[93]

Discorrendo sobre a classificação bipartida dos tributos, Celso Bastos indaga se ela é útil ou não à luz do direito positivo brasileiro, respondendo: "Para nós, a resposta é negativa. Na medida em que a Constituição conferiu regimes próprios a cinco modalidades tributárias diferentes, importa conhecer o respectivo regime jurídico. Não nos parece que seja, portanto, uma questão de palavras diferentes a encobrir coisas idênticas".[94]

A exata classificação da espécie tributária tem repercussões, uma vez que a repartição de competências e a decorrente instituição no ordenamento se fundam nessa classificação. Entre os adeptos da corrente bipartida (impostos e taxas) encontram-se Alberto Xavier,[95] Pontes de Miranda,[96] Alfredo Augusto Becker[97] e Eduardo Marcial Ferreira Jardim.[98]

Ensina Becker:

> No plano jurídico, todo e qualquer tributo pertencerá a uma destas duas categorias: imposto ou taxa. A serena análise científico-jurídica, em cada caso singular, revelará que inexiste terceira categoria ou categoria mista. Os chamados "tributos parafiscais", "contribuições de melhoria", "empréstimos compulsórios" e "monopólios fiscais", ao serem dissecados pelo método científico (não pelos tradicionais "métodos" híbridos que confundem os critérios e conceitos da Ciência das Finanças Públicas com os do direito tributário, desnudando-se da *camouflage* político-fiscal ou histórica, filosófica ou simplesmente retórico-acadêmica), mostram verdadeiros impostos ou taxas.[99]

92. Idem, p. 280.
93. Idem, ibidem.
94. *Curso de Direito Constitucional*, p. 146.
95. *Manual de Direito Fiscal*, vol. I, p. 42.
96. *Comentários à Constituição de 1969*, 3ª ed., vol. II, pp. 362 e 371.
97. *Teoria Geral do Direito Tributário*, p. 346.
98. *Instituições de Direito Tributário*, p. 189.
99. *Teoria Geral...*, p. 346.

Interessante, ainda, conhecer as obras de B. Cocivera,[100] Berliri[101] e Sainz de Bujanda.[102]

Geraldo Ataliba esclarece que "o critério jurídico da classificação dos tributos está na consistência do aspecto material da hipótese de incidência".[103] E, embora assinale que "a Constituição de 1988 refere-se a impostos, taxas e contribuições, adotando o *critério tricotômico*",[104] realiza sua classificação em *vinculados* (taxas e contribuições) e *não vinculados* (impostos). Veja-se idêntica postura em Aires Barreto,[105] Américo Lacombe[106] e Sacha Calmon.[107]

Roque Carrazza aduz:

> De acordo com as premissas por nós eleitas, os tributos, no Brasil, ou são *impostos*, ou são *taxas* (de serviço ou de polícia), ou são *contribuição de melhoria*.
>
> De fato, como procuramos demonstrar, os *empréstimos compulsórios* são *tributos restituíveis*; as *contribuições parafiscais*, tributos arrecadados por pessoa diversa daquela que os instituiu; e os *impostos extraordinários*, simples impostos que, criados pela União, na iminência ou no caso de guerra externa, não precisam respeitar o *princípio da reserva das competências impositivas*. As *contribuições* referidas no art. 149 e seu § 1º da CF são *tributos* (impostos ou taxas), *qualificados por sua finalidade*.[108]

Rubens Gomes de Sousa proclamou a desnecessidade teórica de discriminar as espécies de tributos que podem ser agrupados em uma figura unitária. Para efeito de discriminação de rendas é útil a indicação de espécies distintas. Segue, entretanto, a concepção tripartite (impostos, taxas e contribuições).[109]

Na corrente tricotômica temos ainda Gian Antonio Micheli,[110] Giannini,[111] Sergio Francisco de la Garza,[112] José Afonso da

---

100. *Principii di Diritto Tributario*, 1ª ed., vol. I, pp. 165-170.
101. *Principii di Diritto Tributario*, vol. II, pp. 209-214.
102. "Estructura jurídica del sistema tributario", *Revista de Derecho Financiero y de Hacienda Pública* IX/41, nota 4.
103. *Hipótese...*, 6ª ed., 16ª tir, p. 130.
104. Idem, p. 125.
105. *Base de Cálculo, Alíquota e Princípios Constitucionais*, p. 27.
106. "Taxa e preço público", *Caderno de Pesquisas Tributárias* 10/8.
107. *Comentários à Constituição de 1988 – Sistema Tributário*, 3ª ed., p. 11.
108. *Curso...*, 31ª ed., pp. 766-767.
109. *Compêndio de Legislação Tributária*, p. 163, e "Natureza tributária das contribuições ao FGTS", *RDA* 111/35.
110. *Corso di Diritto Tributario*, pp. 74-75.
111. *Istituzioni di Diritto Tributario*, 8ª ed.
112. *Derecho Financiero Mexicano*, 4ª ed., pp. 365-366.

Silva,[113] José Geraldo Rodrigues de Alckmin,[114] José Luis Pérez de Ayala e Eusebio González.[115]

Numa visão quinquipartida (impostos, taxas, contribuições de melhoria, contribuições, empréstimo compulsório) leiam-se Ives Gandra da Silva Martins[116] e Cláudio Santos.[117]

Atento a tais ensinamentos, tão claros e precisos, constato que a sede da classificação encontra-se no direito positivo, de conformidade com os vários tipos de exações tributárias.

Não discordo da diretriz de que os tributos são *vinculados* (consistentes numa atuação estatal ou repercussão desta) ou *não vinculados* (consistentes num fato qualquer que não uma atuação estatal), preconizada por Geraldo Ataliba.[118] Também não ignoro que as classificações têm ainda peculiar implicação no que concerne aos princípios norteadores da utilização de princípios pertinentes às figuras tributárias (capacidade contributiva para os impostos; remunerabilidade para as taxas; e proporcionalidade para as contribuições de melhoria).

Penso, todavia, que existem distintas características nas "contribuições sociais, corporativas, econômicas" e nos "empréstimos compulsórios", que impõem tratamento específico.

Realmente, ao dispor sobre "empréstimo compulsório", o art. 148 da CF deixa nitidamente implícito ser indispensável que na lei federal instituidora haja expressa previsão das características do "empréstimo forçado" (prazo, forma de reembolso e remuneração). Essa situação é deveras importante, e tem o condão de tipificar e especificar o "empréstimo compulsório" como tributo; tanto que o Supremo Tribunal Federal decretou a inconstitucionalidade do empréstimo compulsório que estabeleceu a remuneração em quotas do FND, ao invés de moeda corrente.

O mesmo se verifica com as "contribuições sociais para o custeio da Seguridade Social, as de intervenção no domínio econômico ou de interesse de categorias profissionais ou econômicas" (arts. 195 e 149), em que a legislação infraconstitucional deve, também, determinar o destino específico e direto aos entes beneficiados.

113. *Sistema Tributário Nacional*, p. 12.
114. *Os Tributos e sua Classificação*, 1ª ed., pp. 42-45.
115. *Curso de Derecho Tributario*, 1ª ed., vol. I, pp. 210-211.
116. *As Contribuições Especiais numa Divisão Quinquipartida dos Tributos*.
117. "As contribuições sociais na Constituição", *Caderno de Pesquisas Tributárias*
118. *Hipótese...*, 6ª ed., 16ª tir., p. 132.

No caso específico das contribuições sociais, previstas no art. 195 da CF, é imprescindível que o montante exigido reverta diretamente às entidades da mesma "seguridade", integrando seu específico orçamento (art. 165, § 5º, III). A omissão desse insuperável requisito normativo implica desnaturar o tipo tributário de "contribuição" para imposto residual, por exemplo; e, desse modo, poderiam ficar desatendidos os requisitos previstos no art. 154, I, da CF.

Não se trata, em absoluto, de elemento financeiro – que seria mais consentâneo à aplicação de recursos –, mas, certamente, de circunstância inerente à própria norma impositiva.

O fato de as contribuições sociais revestirem a materialidade de impostos (ou taxas) e, então, seguirem seus respectivos princípios (capacidade contributiva ou remunerabilidade) não significa a inexistência de personalidade tributária e características para as contribuições (no caso, o destino dos respectivos valores).

Oportuno salientar o voto do Min. Carlos Velloso (relator no RE 138.284-8-CE, Pleno), no Supremo Tribunal Federal, relativo ao questionamento da Lei 7.689/1988, no sentido seguinte:

> As diversas espécies tributárias, determinadas pela hipótese de incidência ou pelo fato gerador da respectiva obrigação (CTN, art. 4º), são as seguintes: a) os impostos (CF, arts. 145, I, 154, 155 e 156); b) as taxas (CF, art. 145, II); c) as contribuições, que podem ser assim classificadas: c.1) de melhoria (CF, art. 145, III); c.2) parafiscais (CF, art. 149), que são: c.2.1) sociais: c.2.1.1) de Seguridade Social (CF, art. 195, I, II e III); c.2.1.2) outras de Seguridade Social (CF, art. 195, § 4º); e c.2.1.3) *sociais gerais* (o FGTS, o Salário-Educação – CF, art. 212, § 5º; contribuições para o SESI, SENAI, SENAC – CF, art. 240); c.3) especiais: c.3.1) de intervenção no domínio econômico (CF, art. 149); e c.3.2) corporativas (CF, art. 149).

Os impostos implicam diversas classificações:

a) *direto*, quando o valor econômico é suportado exclusivamente pelo contribuinte, como é o caso do IPVA (Imposto sobre a Propriedade de Veículos Automotores – art. 155, III, da CF). O proprietário do automóvel arca com o ônus do tributo, cujo valor não é repassado a terceiros;

b) *indireto*, quando a respectiva carga financeira tem condição de ser transferida a terceiro, em situação relativa ao IPI (Imposto sobre Produtos Industrializados, art. 153, IV, da CF). O contribuinte é o industrial, que fica obrigado a recolher o seu respectivo valor, mas pode ser ressarcido (financeiramente) por ocasião do pagamento do preço pelo adquirente;

c) *pessoal*, quando a quantificação do tributo decorre de condições peculiares ao contribuinte, relativamente ao IR (Imposto sobre a Renda e Proventos de Qualquer Natureza, art. 153, III, da CF);

d) *real*, quando o montante do tributo leva em conta o valor da coisa, como é o caso do IPTU (Imposto sobre a Propriedade Predial Territorial Urbana – art. 156, I, da CF), consoante diretriz judicial (RE 153.771-0-MG, j. 20.11.1996).

Capítulo II
ESPÉCIES TRIBUTÁRIAS

1. Imposto: 1.1 A capacidade contributiva e a vedação de confisco. 2. Taxa: 2.1 Pedágio – 2.2 Preço público – 2.3 Tarifa – 2.4 Jurisprudência. 3. Empréstimo compulsório. 4. Contribuição de melhoria. 5. Contribuições: 5.1 Natureza jurídica e espécies – 5.2 Destinação constitucional das contribuições vinculadas à Seguridade Social – 5.3 A não correspondência com imposto de destinação específica. 6. Parafiscalidade.

1. Imposto

Imposto, segundo a definição do Código Tributário Nacional (art. 16), é o tributo cuja obrigação tem por fato gerador uma situação independente de qualquer atividade estatal específica relativa ao contribuinte. Esse conceito guarda plena consonância com as diretrizes constitucionais, que apenas indicam as materialidades relativas às competências dos Poderes Públicos (arts. 153, 155 e 156 da CF).

O fato imponível não se refere a um comportamento das pessoas jurídicas de direito público interno; ao contrário, prende-se a um fato, ato, situação, inerente a um particular, indicativos de sua capacidade contributiva (art. 145, § 1º, da CF).

Roque Carrazza elucida que "é a capacidade contributiva que, em matéria de impostos, atende às exigências do princípio da igualdade, realizando o ideal republicano de afastar, também na tributação, privilégios sem causa de pessoas ou categorias de pessoas".[1]

O Estado não oferece qualquer utilidade, comodidade ou serviço fruível (direto ou mediante relação indireta), não havendo vinculação alguma entre o pressuposto de fato previsto na norma instituidora do imposto e a atuação estatal.

---

1. *Curso de Direito Constitucional Tributário*, 31ª ed., p. 630.

ESPÉCIES TRIBUTÁRIAS

O autor ensina que

a Constituição, implicitamente, determina que a lei coloque na hipótese de incidência dos impostos *fatos regidos pelo direito privado*, isto é, da esfera pessoal dos contribuintes, e, portanto, desvinculados da ação do Estado (esta, sim, regida pelo *direito público*). Realmente, o Texto Magno, nos mencionados arts. 153, 155 e 156, autoriza o legislador ordinário a adotar, como *hipótese de incidência de impostos*, o fato de alguém (a) importar produtos; (b) exportar produtos; (c) auferir rendimentos; (d) praticar operações de crédito; (e) ser proprietário de imóvel rural; (f) praticar operação mercantil; (g) ser proprietário de veículo automotor; (h) ser proprietário de imóvel urbano; (i) prestar, em caráter negocial, serviços de qualquer natureza etc.[2]

Acentua que "todos estes fatos, como facilmente podemos perceber, têm a propriedade de, em si mesmos, revelar ou, pelo menos, fazer presumir a capacidade econômica das pessoas que os realizem (capacidade contributiva). Melhor dizendo, são *fatos-signos presuntivos de riqueza* (Becker) (...)".[3]

Realmente, os atos e operações acima elencados não denotam participação alguma do Estado, sendo certo que o imposto destina-se a gravar a riqueza do contribuinte, que é o "objeto deste tributo".[4]

Como arremate, Geraldo Ataliba salienta que:

Impondo a Constituição que, sempre que possível, os impostos tenham "caráter pessoal", está postulando incessante empenho do legislador no sentido de aprimorar a legislação, para ir atendendo às peculiaridades, características e singularidades dos contribuintes, de modo a considerar suas diferenças – de cunho econômico –, fazendo com que a carga tributária de cada qual reflita suas condições individuais.[5]

1.1 A capacidade contributiva e a vedação de confisco

O princípio da capacidade contributiva, que se entrelaça com o princípio da vedação de confisco, representa um dos fundamentos basilares da tributação, como corolário do princípio da isonomia, verdadeiro sinônimo da justiça fiscal. Constitui o elemento básico de onde defluem

---

2. Roque Carrazza, *Curso*..., 31ª ed., pp. 630-631.
3. Idem, ibidem.
4. Ferreiro Lapatza, *Curso de Derecho Financiero Español*, 7ª ed., pp. 442-443.
5. *Hipótese de Incidência Tributária*, 6ª ed., 16ª tir., p. 143.

as garantias materiais diretas, de âmbito constitucional, como a generalidade, igualdade e proporcionalidade.

É elementar que só cabe imposição tributária quando se está diante de fatos, atos, operações, situações e estados que denotem fundamento econômico (riqueza), jamais tendo cabimento incidir tributo sobre qualidades pessoais, físicas ou intelectuais.

Considerando-se que a tributação interfere no patrimônio das pessoas, de forma a subtrair parcelas expressivas de bens, não há dúvida de que será ilegítima (e inconstitucional) a imposição de encargos superiores às forças desse patrimônio. Os direitos individuais compreendem o absoluto respeito à garantia de sobrevivência, devendo ser preservado um *quantum* mínimo para a subsistência de quaisquer categorias de contribuintes.

Embora sempre estivesse implícito o postulado da "capacidade contributiva" nos ordenamentos constitucionais anteriores, a Constituição Federal de 1988 estatuiu que: "Sempre que possível, os impostos terão caráter pessoal e serão graduados segundo a capacidade econômica do contribuinte, facultado à Administração Tributária, especialmente para conferir efetividade a esses objetivos, identificar, respeitados os direitos individuais e nos termos da lei, o patrimônio, os rendimentos e as atividades econômicas do contribuinte" (§ 1º do art. 145). O limite da tributação é, inexoravelmente, a capacidade econômica do contribuinte, um verdadeiro imperativo para os destinatários das normas, como o legislador, o administrador fazendário e o Judiciário.

A expressa diretriz constitucional revela imprecisão e vaguidade e, de certa forma, um antagonismo; pois se, de um lado, é determinante, de outro, apresenta condição (ou situação) que já traduz possibilidade de difícil positivação.

Convém, antes de tudo, traçar os lineamentos da capacidade econômica como sendo, basicamente, a aptidão que determinadas pessoas têm para contribuir com as necessidades públicas. Constitui tarefa difícil, pois o vocábulo "econômica" foge dos quadrantes do Direito, além de não possuir a mesma natureza de capacidade "financeira", que é entendida como a existência de dinheiro suficiente para arcar com o ônus fiscal e que, de per si, não significa deva haver adequada mensuração do tributo em relação ao montante (implícito) de sua materialidade.

É imperioso que haja uma correlação lógica, uma especial proporcionalidade, entre a base de cálculo e sua materialidade a ser suportada pelo contribuinte.

A inexistência de numerário (elemento financeiro) não eliminaria o dever imputado ao sujeito passivo da obrigação tributária. O contribuinte não deve arcar com determinado volume tributário simplesmente porque tem dinheiro para tanto; é imprescindível (e jurídico) que a exigência fiscal deva corresponder a um percentual do fato imponível (traduzido monetariamente), no caso de exação vinculada. Do mesmo modo, a capacidade econômica (existência de um patrimônio abrangendo bens e direitos de qualquer natureza) é também estranha à justa participação na carga tributária.

A distribuição equitativa das cargas tributárias, como medida de necessidade (para o Estado) e justiça (para os contribuintes), não pode tomar em conta a riqueza (ou pobreza) das pessoas. É induvidoso que a participação das pessoas deve refletir ou representar uma parcela das materialidades tributárias, porque sempre traduzem – é bom repetir – fatos, atos, operações, estados e situações de natureza econômica.

A questão complexa não se circunscreve, propriamente, à obrigação da pessoa de recolher dinheiro aos cofres públicos (tributo), em decorrência de ter sido eleita (legalmente) como sujeito passivo (ou responsável) da carga tributária. Impõe-se solucionar em que medida deva ocorrer essa obrigação, tendo em vista os aspectos pessoais vinculativos e o tipo de tributo que enseja tal graduação.

Hugo de Brito Machado analisou o aspecto "medida da capacidade contributiva", tomando em conta os elementos consideráveis como "renda pessoal", "patrimônio", "renda monetária líquida", "consumo" – todos eles insuficientes isoladamente para atingir o desiderato perseguido. Sublinhou que "a capacidade contributiva deve ser medida de diversas formas, tendo-se em vista esses diversos indicadores, razão pela qual afasta a ideia de um imposto único".[6]

A tributação quantifica-se por uma base de cálculo (à qual se aplica uma alíquota), salvo os casos excepcionais de alíquota fixa; e, como esta nada mais é do que o próprio valor (econômico) da materialidade, sempre será possível medir a intensidade (econômica) de participação do contribuinte no montante do tributo.

A cláusula "sempre que possível" não pode jamais vislumbrar a eventual impossibilidade de tal mensuração (como se poderia pensar), ou seja, casos em que nem sempre é possível avaliar o cunho pessoal e o envolvimento econômico do devedor do imposto.

6. *Os Princípios Jurídicos da Tributação na Constituição de 1988*, 5ª ed., pp. 85-87.

Como a estrutura da norma jurídica tributária sempre revela a intensidade econômica do ônus imputado ao contribuinte, forçoso defluir o entendimento de que sempre é possível apreender as características pessoais básicas e a capacidade econômica do sujeito passivo, ainda que possam ocorrer algumas dificuldades práticas.

Da pauta constitucional das competências das exações não vinculadas (impostos e determinadas contribuições) pode ser que surja algum entrave para aferir o cunho pessoal ou a capacidade econômica.

No Imposto de Renda é mais fácil medir a capacidade de contribuir, pelo fato de tomar como fato imponível o acréscimo do patrimônio da pessoa dentro de um quadro comparativo no início e no fim de um determinado período de tempo.

Nessa espécie de imposto a condição pessoal do contribuinte é elemento significativo da regra de tributação. Entretanto, nos cognominados impostos indiretos ou objetivos (cuja terminologia, em si, não seria aceitável, por não apresentar cunho científico) a aferição da riqueza não considera a pessoa (sujeito passivo), mas os negócios envolvendo as coisas, os bens.

Constitui difícil mister penetrar no universo das atividades empresariais dos contribuintes, conhecer complexos aspectos societários, ou sua intimidade pessoal, com o fito de avaliar a carga fiscal. É possível que nos lindes da economia, em um determinado momento histórico do país, seja possível aquilatar o limite máximo suportável financeiramente.

A expressão "sempre que possível" não pode significar uma porta aberta para o legislador e para o administrador fazendário que, num comportamento parcial, omisso ou, mesmo, de negligência, venham instituir impostos (ou contribuições) totalmente divorciados da específica realidade tributária, sem qualquer vínculo ou conexão com o agente passivo, desprezando o efetivo gravame patrimonial.

"Sempre que possível" significa o ingente e exaustivo esforço do legislador para delinear o ônus tributário com a maior segurança (possível) e com a menor margem de engano (também possível), a fim de que o contribuinte participe das necessidades coletivas (interesse público) com suportável parcela de seu patrimônio, como estudado anteriormente.[7]

O princípio que veda o confisco no âmbito tributário (art. 150, IV, da CF) está atrelado ao princípio da capacidade contributiva, positivan-

---

7. José Eduardo Soares de Melo, "Capacidade contributiva", *Caderno de Pesquisas Tributárias* 14/148.

do-se sempre que o tributo absorva parcela expressiva da renda ou da propriedade do contribuinte, sendo aferido, principalmente, pelo exame da alíquota (no caso de imposto e das contribuições) ou da base de cálculo (no caso da taxa).

O princípio também é aplicável às contribuições sociais que tenham materialidades pertinentes aos impostos, tais como a COFINS (art. 195, I, "b", da CF), e ao PIS (art. 239 da CF) relativamente ao faturamento e à receita.

Aliomar Baleeiro esclarece que "tributos confiscatórios são os que absorvem todo o valor da propriedade, aniquilam a empresa ou impedem o exercício da atividade lícita e moral".[8]

É tormentosa a tarefa de fixar o limite para o confisco, pois se uma alíquota de 30% pode não representar confisco para o contribuinte do Imposto de Renda, a alíquota de 20% sobre o valor venal do imóvel, sem dúvida, caracterizará confisco da propriedade; o mesmo ocorrendo com a estipulação de alíquota de 20% sobre o faturamento, ou 50% sobre o lucro (relativamente às contribuições previstas no art. 195, I, da CF).

Marçal Justen Filho observa que o "risco de aniquilamento da riqueza surge pela existência de alíquota tão elevada que possa acarretar a apropriação integral (ou quase-integral) da riqueza descrita na materialidade da hipótese de incidência".[9]

A razão dessa aparente incongruência (alíquota menor representar confisco, enquanto alíquota maior não implicar esse efeito) repousa na circunstância de que a renda deriva do produto do capital e do trabalho (ou da combinação de ambos), *ex vi* do art. 43, I, do CTN, representando parcela da riqueza produzida. Ao contrário, a propriedade imobiliária mantém-se estática (salvo os casos de locação, em que se repassa ao locatário o encargo financeiro atinente ao tributo), não gerando nova riqueza. Assim, à medida que a Municipalidade cobra o Imposto sobre a Propriedade, é subtraída uma parcela desse patrimônio, que será substancial quanto maior for o gravame tributário.

Preciosas as lições de Marçal Justen:

> Essa riqueza se encontra descrita na materialidade da hipótese de incidência. Deve-se atentar para a "renovabilidade" da riqueza descrita na materialidade da hipótese de incidência. Ou seja, a potencialidade de a situação de riqueza produzir-se e se reintegrar. Tratando-se de riqueza

---

8. *Limitações Constitucionais ao Poder de Tributar*, 6ª ed., p. 237.
9. "Capacidade contributiva", *Caderno de Pesquisas Tributárias* 14/364-366.

"não renovável" tanto mais fácil verificar-se efeito confiscatório. Uma alíquota de 50% – admissível em certas hipóteses – poderá configurar-se como confiscatória quando, por exemplo, o tributo incidir sobre a propriedade. Já a tributação sobre a riqueza "renovável" altera a configuração do problema. O desfalque da riqueza, produzido pela tributação, não caracteriza destruição ou apropriação integral por parte do Estado. Mesmo no tocante à riqueza "renovável" impõe-se a distinção sobre a "essencialidade" da riqueza. Assim, a situação economicamente relevante deve ser distinguida conforme envolva titularidade jurídica de riqueza essencial à manutenção e sobrevivência. Afaste-se, desde logo, o sofisma de que a "essencialidade" da riqueza tributada depende da situação do titular. Evidentemente, a "essencialidade" vincula-se a considerações objetivas, tendo em vista o risco de desnaturação da própria condição humana (ou societária).[10]

E prossegue o autor:

Portanto, a tributação incidente sobre "riqueza renovável não essencial" é menos sujeita a produzir efeito confiscatório. O contrário se passa quando a materialidade da hipótese de incidência descreve situação de riqueza "não renovável" ou de "riqueza renovável essencial". Mesmo estabelecida essa diferenciação, não se pode extrair diretamente da Constituição limite numérico para fixação de alíquota. Existem limites genéricos, cabendo ao legislador a liberdade para escolha de alíquotas. Essa escolha será válida e constitucional enquanto não atinja o ponto de reconhecimento de existência de destruição da riqueza.[11]

Alíquotas e bases de cálculos excessivas, sobre as materialidades tributárias, representarão considerável (e condenável) subtração ao patrimônio dos contribuintes. Poderão, em muitos casos, prejudicar a livre atividade empresarial, ainda que os valores tributários sejam trasladados, direta ou indiretamente, a terceiros, dentro de um ciclo negocial. Todavia, é difícil precisar o volume máximo da carga tributária, ou estabelecer um limite de intromissão patrimonial – enfim, o montante que pode ser suportado pelo contribuinte.

O Poder Público há que se comportar pelo critério da razoabilidade, a fim de evitar as insolvências, as quebras das pessoas jurídicas, bem como permitir a subsistência das pessoas físicas, posto que a tributação não pode cercear o pleno desempenho das atividades privadas e a dignidade humana.

10. Idem, p. 366.
11. Idem, ibidem.

2. Taxa

Taxas constituem tributos decorrentes da prestação de serviços públicos específicos e divisíveis, prestados ao contribuinte ou postos à sua disposição; ou relativos ao exercício regular do poder de polícia (art. 145, II, da CF; e art. 77 do CTN).

O Código Tributário Nacional (art. 79) considera como serviços públicos os:

> I – utilizados pelo contribuinte: a) efetivamente, quando por ele usufruídos a qualquer título; b) potencialmente, quando, sendo de utilização compulsória, sejam postos à sua disposição mediante atividade administrativa em efetivo funcionamento; II – específicos, quando possam ser destacados em unidades autônomas de intervenção, de utilidade ou de necessidades públicas; III – divisíveis, quando suscetíveis de utilização, separadamente, por parte de cada um dos seus usuários.

Os serviços remunerados pelas taxas são aqueles de que o particular frui isoladamente (licença para identificação, certidão, fornecimento de água etc.), ao passo que os serviços indivisíveis (impossíveis de serem utilizados individualmente), como o de segurança pública, são reembolsados pelos impostos. Ou, como esclarece Geraldo Ataliba:

> A taxa pela disponibilidade do serviço só é exigível quando o serviço é, por lei administrativa válida (conforme a Constituição), obrigatório. É o caso, por exemplo, do abastecimento de água, coleta de esgoto, vacinação, identificação, enterramento de mortos, internação de loucos ou portadores de doenças contagiosas, remoção de lixo, demolição de edifícios perigosos, destruição de aparelhos e instrumentos danosos ao meio ambiente, apreensão de objetos instrumentais de delitos etc.[12]

A opinião de Roque Carrazza é no sentido de que "não é qualquer serviço público que possibilita a tributação por via de taxa de serviço, mas, tão somente, o serviço público específico e divisível, conforme, aliás, preceitua a segunda parte do inciso II do art. 145 da CF".

E prossegue:

> Portanto, os serviços públicos dividem-se em *gerais* e *específicos*. Os serviços públicos gerais, ditos também *universais*, são os prestados *uti universi*, isto é, indistintamente a todos os cidadãos. Eles alcançam a comunidade, como um todo considerada, beneficiando número inde-

---

12. *Hipótese de Incidência Tributária*, 6ª ed., 16ª tir., p. 157.

terminado (ou, pelo menos, indeterminável) de pessoas. É o caso dos serviços de iluminação pública, de segurança pública, de diplomacia, de defesa externa do país etc. Todos eles não podem ser custeados, no Brasil, por meio de taxas, mas, sim, das receitas gerais do Estado, representadas, basicamente, pelos impostos, (...).

Complementa seu raciocínio:

Já, os serviços públicos específicos, também chamados *singulares*, são os prestados *ut singuli*. Referem-se a uma pessoa ou a um número determinado (ou, pelo menos, determinável) de pessoas. São de utilização individual e mensurável. Gozam, portanto, de *divisibilidade*, é dizer, da possibilidade de avaliar-se a utilização efetiva ou potencial, individualmente considerada. É o caso dos serviços de telefone, de transporte coletivo, de fornecimento domiciliar de água potável, de gás, de energia elétrica etc. Estes, sim, podem ser custeados por meio de taxas de serviço.[13]

Ressalvo que, posteriormente, o fornecimento de energia elétrica passou a ser tributado pelo ICMS (art. 155, § 3º, da CF de 1988).

A seu turno, o "poder de polícia" (CTN, art. 78) é

a atividade da Administração Pública que, limitando ou disciplinando direito, interesse ou liberdade, regula a prática de ato ou abstenção de fato, em razão de interesse público concernente à segurança, à higiene, à ordem, aos costumes, à disciplina da produção e do mercado, ao exercício de atividades econômicas dependentes de concessão ou autorização do Poder Público, à tranquilidade pública ou ao respeito à propriedade e aos direitos individuais ou coletivos.

Geraldo Ataliba entendera o seguinte:

Poder de polícia é a atividade estatal, sempre e necessariamente fundada na lei, tendente a limitar a propriedade "tendo em vista assegurar igualdade no seu exercício, compatibilizar os interesses dos que exercem liberdade e propriedade, assegurar a ordem pública (Ruy Cirne Lima) e garantir a supremacia do interesse público sobre o privado, de tal sorte que a liberdade e a propriedade sejam asseguradas a todos os integrantes da comunidade" (Celso Antônio, Elementos de Direito Administrativo, 1ª ed., 1980, pp. 164 e ss.; cf. Celso Antônio, *Curso de Direito Administrativo*, 12ª ed., Malheiros Editores, 2000, p. 675 [33ª ed., 2ª tir., 2017, p. 866]).[14]

---

13. *Curso de Direito Constitucional Tributário*, 31ª ed., pp. 633-634.
14. *Hipótese...*, 6ª ed., 16ª tir., p. 157.

Depois de indicar a origem do vocábulo "polícia", Ruy Cirne Lima esclarece: "Entende-se por essa palavra toda restrição ou limitação coercitivamente posta pelo Estado à atividade ou propriedade privada, para o efeito de tornar possível, dentro da ordem, o concorrente exercício de todas as atividades e a conservação perfeita de todas as propriedades privadas".[15]

Para Roque Carrazza "a taxa de polícia pressupõe o efetivo exercício de atividades ou diligências, por parte da Administração Pública, em favor do contribuinte, removendo-lhe obstáculos jurídicos, mantendo-os, fiscalizando a licença que lhe foi concedida etc.". Assinala, outrossim, referindo-se a Régis Fernandes de Oliveira, que o exercício regular do poder de polícia "se consubstancia num 'documento, denominado alvará, que implica uma exceção, manutenção ou fiscalização de exceção aberta'", e, remetendo ainda ao mesmo autor, sublinha que não é o simples ato do Poder Público que enseja a cobrança da taxa de polícia, mas o desempenho efetivo da atividade dirigida ao administrado. Esta exação só poderá ser exigida quando a pessoa política competente, atuando, "'remover obstáculo criado pela norma geral, mantê-lo ou fiscalizar a autorização ou a licença expedida'".[16-17]

A distinção entre taxa e imposto – para Rubens Gomes de Sousa – reside em ser aquela um tributo vinculado, ao passo que este é um tributo sem vinculação;[18] tendo Amílcar de Araújo Falcão explicado, pormenorizadamente, que

> os fatos geradores dos impostos são sempre acontecimentos (fatos, atos ou negócios) que denotem, simplesmente, uma capacidade econômica: venda, consignação, exportação, produção, rendimento ou renda. Na taxa o fato gerador tem que ser uma ocorrência relacionada com a utilização, provocação ou disposição do serviço ou atividade do Estado: a invocação do funcionamento da Justiça, regularização de instrumentos de medição e pesagem etc. (...). Pouco importará o *nomen iuris* que o legislador confira a determinado tributo.[19]

Héctor Villegas também observa idêntica diretriz ao qualificar a taxa, entre outros fatores, pela vinculação a uma atuação estatal:

---

15. *Princípios de Direito Administrativo*, 5ª ed., p. 107; 7ª ed., p. 306.
16. *Curso...*, 31ª ed., p. 637.
17. V. Régis Fernandes de Oliveira, *Taxa de Polícia*, pp. 36-39 e 42.
18. "Sujeito passivo das taxas", *RDP* 16/351.
19. *Introdução ao Direito Tributário*, pp. 15-21.

En tercer lugar, la noción de tasa que propugnamos conceptúa que su hecho generador es la actividad que el Estado cumple y que está vinculada con el obligado al pago. La actuación estatal vinculante es quizás el elemento caracterizador más importante para saber si al enfrentarnos con determinado tributo estamos realmente ante una tasa.[20]

Antonio Berliri: "O pagamento da taxa deve constituir uma condição necessária para obter um benefício; portanto, não é possível uma taxa sem que se tenha um benefício correspondente do contribuinte".[21]

Giampetro Borrás: "o tributo que se paga em razão de um serviço desenvolvido pelo Estado, para o obrigado".[22]

Fonrouge: "é a prestação pecuniária exigida compulsoriamente pelo Estado, em virtude de lei, pela realização de uma atividade que afeta especialmente o obrigado".[23]

A. D. Giannini não encontra outra característica essencial da taxa fora da correlação entre *la tassa e l'esplicazione di un'attività dell'ente pubblico*, conceituando como "prestação pecuniária devida a uma entidade pública em virtude de uma norma legal e na medida em que esta estabeleça, pela realização de uma atividade da própria entidade que afeta de modo particular o obrigado".[24]

Benedetto Cocivera: "é uma prestação pecuniária, devida a entidade pública, com base no seu poder originário ou derivado, no modo, limite e caso fixados pela lei, em que o particular se serve ou provoca uma atividade administrativa".[25]

A taxa é a remuneração de uma atividade vinculada ao Poder Público (serviço público, específico e divisível, efetivo ou potencial, incluindo-se o concernente ao poder de polícia), regendo-se pelo princípio da retributividade.

2.1 Pedágio

O art. 150, V, da CF estabelece a vedação de impor limitações ao tráfego de pessoas e bens por meio de tributos interestaduais ou inter-

---

20. *Curso de Finanzas, Derecho Financiero y Tributario*, p. 174.
21. *Principii di Diritto Tributario*, vol. 2, p. 319.
22. *Las Tasas en la Hacienda Pública*, 1ª ed., p. 229.
23. *Conceitos de Direito Tributário*, p. 198.
24. *Istituzioni di Diritto Tributario*, 8ª ed., p. 42.
25. *Principii di Diritto Tributario*, 1ª ed., vol. I.

municipais, ressalvada a "cobrança de pedágio pela utilização de vias conservadas pelo Poder Público".

Considerando que o pedágio foi elevado à estatura constitucional, torna-se conveniente examinar sua natureza jurídica e os princípios que lhe são aplicáveis. Como sua materialidade centra-se na "utilização de vias conservadas pelo Poder Público", é revelada nitidamente a figura da taxa, em razão dos mencionados serviços.[26-27]

Tal "conservação" significa "manter, preservar, resguardar de dano ou deterioração. Mais do que meros reparos, a conservação supõe a manutenção das vias públicas em estado normal de utilização (pista de rolamento livre de buracos e de outras imperfeições, acostamento, contenção de encostas, sinalização horizontal e vertical etc.)".[28] Argutamente observa que "não é a construção de uma estrada, de per si, que embasa a exigência do pedágio: essa obra pública pode dar lugar à contribuição de melhoria, exigível dos proprietários de imóveis adjacentes que, em decorrência, se tenham valorizado. Já o pedágio é cobrável de quem trafegue pela via pública e, por isso, frui a utilidade propiciada pela obra do Estado".[29] De modo sutil, Luciano da Silva Amaro distingue-o da taxa, porque, enquanto esta indica um serviço prestado ao indivíduo ou posto à sua disposição, com o pedágio isso não ocorre, porque "seu contribuinte utiliza um bem público, e paga por utilizar esse bem", o que é diferente.[30]

Sacha Calmon assevera que "modernamente o pedágio tanto pode ser preço como taxa, dependendo do regime jurídico que venha a ser adotado para instituí-lo e cobrá-lo (...)"; sendo que "o que autoriza a cobrança do pedágio – melhor seria chamá-lo rodágio, como quis Baleeiro – é o uso da via, e os serviços prestados".[31] E enfatiza que

> o pedágio no Direito Brasileiro não é taxa que se deva pagar para passar ou trafegar em estradas, ruas e logradouros, como poderiam sugerir os seus antecedentes históricos. Devemos advertir que o pedágio, enquanto taxa, é cobrado não pelo uso do bem público, ou seja, a rodovia, mas pelos especiais serviços que determinados tipos de estradas, mantidas

---

26. Geraldo Ataliba e Aires Barreto, "Pedágio federal", *RDTributário* 46/90.
27. Roque Carrazza, *Curso...*, 31ª ed., pp. 653-656.
28. Luciano da Silva Amaro, "Conceito e classificação de tributos", *RDTributário* 55/269.
29. Idem, p. 270.
30. Ob. cit., p. 269.
31. *Comentários à Constituição de 1988 – Sistema Tributário*, 3ª ed., p. 71.

e conservadas pelo Poder Público, oferecem aos seus usuários (pistas duplas, iluminação feérica, vigilância constante, serviços de telefonia à margem, constante manutenção das pistas de rolamento e de placas ou signos de sinalização etc.).[32]

Peculiarmente fora observado que o pedágio, dependendo da hipótese, será uma "tarifa" quando se constituir na remuneração de concessionário; ou será uma "taxa" no caso de o Estado prestar serviço ou acobertar obras públicas por ele exploradas. Caracterizando-se como a retribuição da concessionária de obra viária, entende-se tratar-se de "tarifa", passível de revisão pelo próprio Executivo nos casos de eventos que afetem o equilíbrio econômico-financeiro estipulado, não podendo seguir o rígido regime tributário que é aplicável às taxas.[33]

Inclino-me pela característica do pedágio como "taxa", tendo em vista a inquestionável prestação de serviços de conservação de estrada, que tem o condão de abranger, implicitamente, a utilização do bem público, traduzindo-se em atividade do Poder Público sem característica privada, não podendo ensejar cobrança de preço.

Entretanto, a Lei Complementar 116, de 31.7.2003 (subitem 22.01), submete à incidência do ISS os serviços de exploração de rodovia, mediante cobrança de pedágio, envolvendo execução de serviços de conservação, manutenção, melhoramentos para adequação de capacidade e segurança de trânsito, operação, monitoração, assistência aos usuários e outros serviços definidos em contrato, atos de concessão ou de permissão ou em normas oficiais.

2.2 Preço público

Este tipo de receita pública merece especial análise, pelo fato de consubstanciar um regime jurídico distinto do da taxa.

As taxas remuneram os serviços públicos previstos constitucionalmente e os prestados sob regime de direito público, observando normas e princípios tributários e administrativos. Os preços públicos remuneram os serviços prestados sob o regime de direito privado, de conformidade com esquemas contratuais, como já ponderei anteriormente.[34]

32. Sacha Calmon, idem, p. 72.
33. Celso Antônio Bandeira de Mello, "Natureza jurídica do pedágio: Taxa? Preço?", *RTDP* 32/21-26.
34. José Eduardo Soares de Melo, "Taxa e preço público", *Caderno de Pesquisas Tributárias* 10/201.

Tais considerações procuram sintetizar o pensamento da doutrina dominante à luz dos critérios insculpidos no texto constitucional.

Marco Aurélio Greco ensina que "a prestação de serviço público deve necessariamente ser remunerada por taxas, inexistindo campo facultativo dentro do qual o Poder Público poderia escolher se instituiria um preço ou uma taxa por se tratar de *res extra commercium*".[35] Salienta que se rege pelo "princípio da indisponibilidade do interesse público, segundo o qual ela se dá em razão de um comando do ordenamento (que torna indisponível a prestação), e não de um interesse econômico ou ligado à obtenção do lucro, como ocorreria numa atividade reservada ao particular".[36]

De outro modo,

o Estado pode, atendidas as regras constitucionais, desempenhar atividade econômica, com intuito de lucro, tal como qualquer empresa privada, mas quando assim atuar os serviços que prestar serão idênticos àqueles que uma empresa privada poderia prestar, submetidos, portanto, ao regime jurídico de direito privado.[37]

Como já ponderei alhures,

tem-se tornado extremamente problemático caracterizar, de per si, a natureza dos serviços pelo simples exame de sua matéria, ou seja, saber se a comodidade ou utilidade prestadas a seus beneficiários ou usuários revela caráter público ou privado. O contexto das regras constitucionais fornece o arcabouço das funções essenciais das pessoas políticas, tais como assegurar a justiça, manter a segurança, velar pela Saúde Pública, manter as vias de comunicação, administrar o domínio nacional.[38]

Também havia apurado que

existem serviços que se situam em zona fronteiriça, onde não transparece, *prima facie*, o interesse público dominante, podendo o Governo atuar de forma suplementar da iniciativa privada. Numa outra extremidade percebe-se a execução de serviços explorados comercialmente, compatíveis com a livre iniciativa particular, não sendo prejudicados pelo desempenho simultâneo ou concomitante dos entes públicos.[39]

35. "Taxa e preço público", *Caderno de Pesquisas Tributárias* 10/144.
36. Idem, p. 114.
37. Idem, p. 119.
38. José Eduardo Soares de Melo, "Taxa...", *Caderno de Pesquisas Tributárias* 10/194.
39. Idem, ibidem, pp. 195-196.

Em linhas gerais, Gilberto de Ulhôa Canto assinalou que

> o critério que me parece mais preciso e correto para discernir as prestações pecuniárias da natureza dos preços públicos e das taxas consiste em determinar a natureza das atividades que lhes dão causa, sob o prisma da sua inerência às funções do Estado; onde há esse nexo necessário, então haverá taxa, ao passo que teremos preço público quando, pela sua menor importância coletiva ou pela falta da sua vinculação com os elementos próprios das funções estatais, o serviço pode ser cometido a particulares.[40]

Objetivamente, Luciano da Silva Amaro diz que

> não se discute sobre a diferença entre a taxa, como categoria tributária (obrigação *ex lege*, "compulsória"), e o preço (obrigação *ex contractu*, "voluntária"). A polêmica situa-se na definição dos critérios que devam ser utilizados para separar, de um lado, os serviços que podem (ou devem) ser submetidos a taxas e, de outro, os que podem (ou devem) ser sujeitos a preços públicos (tarifas).[41]

Marco Aurélio Greco procura encontrar critérios para distinguir as duas figuras, considerando "os campos constitucionais, as atividades não econômicas atribuídas ao Estado, as atividades econômicas expressamente atribuídas ao Estado, as atividades instrumentais"; e observa que "na atividade econômica o lucro é objetivo básico que se viabiliza pela prestação de utilidade (...)", enquanto "no serviço público o fim é a prestação de utilidade à coletividade que, para subsistir, permanecer como comunidade etc., necessita da cobrança de algo, como meio para tanto".[42]

Fundamentando-se nas concepções de Marco Aurélio Greco e Hamílton Dias de Souza, o mestre Geraldo Ataliba assinala que o preço não se confunde com a taxa porque constitui regime "típico de direito privado, informado pela autonomia da vontade, de que decorrem a liberdade de contratar e a liberdade contratual, inconviventes com o regime administrativo estritamente informador de toda atividade pública (...)".[43] Concluindo que: "Se se tratar de atividade pública (art. 175) o correspectivo será taxa (art. 145, II); se se tratar de exploração de atividade econômica (art. 173) a remuneração far-se-á por preço".[44]

---

40. "Taxa e preço público", *Caderno de Pesquisas Tributárias* 10/90.
41. "Conceito...", *RDTributário* 55/258.
42. "Taxa...", *Caderno de Pesquisas Tributárias* 10/126.
43. Geraldo Ataliba, *Hipótese*..., 6ª ed., 16ª tir., pp. 160-161; Marco Aurélio Greco e Hamílton Dias de Souza, *A Natureza Jurídica das Custas Judiciais*, pp. 54 e ss.
44. Geraldo Ataliba, *Hipótese*..., 6ª ed., 16ª tir., p. 170.

Ensina Roque Carrazza que "o preço deriva de um contrato firmado, num clima de liberdade, pelas partes, com o fito de criarem direitos e deveres recíprocos. Sobremais, as cláusulas desta obrigação convencional não podem ser alteradas unilateralmente por qualquer dos contraentes, que devem observar, com fidelidade, o que pactuaram. Destarte, as prestações de cada uma das partes equivalem-se em encargos e vantagens, sendo umas causa e efeito das outras",[45] como a "contrapartida de uma prestação contratual voluntária".[46] E prossegue: "Diferentemente ocorre com a taxa, que, nascida da lei, sobre ser compulsória, resulta de uma atuação estatal desenvolvida debaixo de um regime de direito público e relacionada, 'diretamente e imediatamente', ao contribuinte".[47]

Didaticamente, Sacha Calmon expõe que "o dilema resolve-se pela opção do legislador. Se escolher o regime tributário das taxas ganha a compulsoriedade do tributo (...)", sendo que "ao jurista cabe distinguir a taxa do preço exatamente pelo regime jurídico de cada qual. O preço é contratualmente acordado. A taxa é unilateralmente imposta pela lei. O primeiro parte da autonomia da vontade, a segunda é heterônoma".[48]

Na temática da compulsoriedade, veja-se estudo de Caio Tácito intitulado "Taxa, imposto e preço público".[49]

Cumpre sublinhar, outrossim, que a nota distintiva da "taxa" e do "preço público" não reside no caráter obrigatório ou facultativo dos serviços, como estratificado na Súmula 545 do Supremo Tribunal Federal, *verbis*: "Preços de serviços públicos e taxas não se confundem, porque estas, diferentemente daqueles, são compulsórias e têm sua cobrança condicionada à prévia autorização orçamentária, em relação à lei que as instituiu".

A estrutura normativa do serviço, e, consequentemente, a relação jurídica (prestador/usuário), é arquitetada pelo legislador segundo um esquema de imperatividade, ou plasmado no princípio da autonomia da vontade.

O regime jurídico-administrativo tem como conteúdos fundamentais o princípio da supremacia do interesse público sobre o particular e a indisponibilidade dos interesses públicos, erigidos como autênticos dogmas, privilégios, imprescindíveis para o regular desempenho das atividades da Administração.

45. *Curso...*, 31ª ed., p. 643.
46. Idem, p. 644.
47. Idem, p. 643.
48. *Comentários...*, 3ª ed., pp. 52-53.
49. *RDA* 44/518.

Acoplado a esses princípios, o plexo de postulados constitucionais tributários conforma o regime jurídico de direito público, irradiados em diversos outros princípios, a saber: legalidade, isonomia, anterioridade, uniformidade, tipicidade, vedação de confisco, capacidade contributiva, privilégio da Administração, autotutela, presunção de legitimidade, controle e continuidade administrativa etc.

Por outro lado, nos serviços prestados sob a tutela de direito privado denota-se, basicamente, a ausência de privilégio do Poder Público; no objetivo financeiro, preocupação de lucro, atendendo-se a esquema contratual: remunera-se pelo preço (contrapartida de prestação em regime de liberdade de contratar).[50]

Lembra Gilberto de Ulhôa Canto que "os pronunciamentos da Corte que deram a origem à aprovação da referida Súmula apreciaram situações ocorridas sob a égide da Constituição de 1946, cujo art. 30, III, deixava margem para entendimento desse tipo e até desafiava o intérprete a bem entender qual a natureza do seu comando".[51]

Marco Aurélio Greco esclareceu que tal situação

> foi substancialmente alterada com o advento da Emenda Constitucional 18, de 1965, que, modificando o sistema constitucional tributário, eliminou a categoria das "outras rendas", sendo que hoje o critério relevante não é mais o de saber se o pagamento é voluntário ou compulsório, mas sim de verificar se a atividade concretamente executada pelo Poder Público configura um serviço público ou não.[52]

Flávio Bauer Novelli assinala que: "A despeito de ser a taxa um tributo, e, enquanto tal, uma prestação pecuniária compulsória (CTN, art. 3º), o critério da compulsoriedade (que inspira e domina tanto a Súmula 545 quanto o RE 89.876) não parece bastar a uma segura distinção, no plano jurídico, entre essa e o 'preço público'".[53]

Claramente, Américo Lacombe expõe seu pensamento:

> Sendo o sistema jurídico uno e pleno, ele sempre oferece critérios para distinguir seus diversos institutos. O nosso sistema constitucional conceitua taxa com precisão. Não oferece um conceito de preço. Este

---

50. José Eduardo Soares de Melo, "Taxa...", *Caderno de Pesquisas Tributárias* 10/198-200.
51. "Taxa...", *Caderno de Pesquisas Tributárias* 10/88.
52. Exposição em *Seminário da Academia Brasileira de Direito Tributário*, São Paulo, 22.11.1991 (inédito), p. 110.
53. "Taxa. Apontamentos sobre seu conceito jurídico", *RDTributário* 59/113.

será encontrado no direito privado. Taxa é tributo. O seu regime jurídico é de direito público, mais especificamente de direito tributário. É um tributo em cuja norma está feita a previsão, no núcleo do seu antecedente normativo, de uma atuação estatal diretamente referida ao sujeito passivo, que realiza a hipótese de incidência por um ato de livre vontade, como em qualquer tributo. Preço é uma contraprestação por um serviço particular ou por uma compra e venda, ou retribuição por um serviço, o regime jurídico é o direito privado.[54]

Esta questão já foi solucionada pelo Supremo Tribunal Federal, ao decidir a exigência da tarifa de limpeza urbana, na forma seguinte:

Em face das restrições constitucionais a que se sujeita a instituição de taxa, não pode o Poder Público estabelecer, a seu arbítrio, que à prestação de serviço público específico e divisível corresponde contrapartida, sob a forma, indiferentemente, de taxa ou de preço público.

Sendo compulsória a utilização do serviço público de remoção de lixo – o que resulta, inclusive, de sua disciplina como serviço essencial à Saúde Pública –, a tarifa de lixo instituída pelo Decreto n. 916, de 12.11.1976, do Poder Executivo do Município do Rio de Janeiro é, em verdade, taxa.

Inconstitucionalidade do referido decreto, uma vez que taxa está sujeita ao princípio constitucional da reserva legal. Recurso extraordinário conhecido e provido (Pleno, RE 89.876-RJ, *RTJ* 98/23).

José Juan Ferreiro Lapatza teve oportunidade de firmar as conclusões seguintes: 1ª) "el establecimiento de una tasa o de un precio para financiación de un servicio público por criterios apriorísticos (si estos no vienen impuestos por una norma constitucional) basados en pretendidas diferencias sustantivas de los servicios que con ellas se han de financiar"; 2ª) "la diferencia tasa/precio es una diferencia de régimen jurídico: la tasa es un tributo; el precio la contraprestación debida en un contrato".[55]

Os preços são absolutamente adequados como instrumento à percepção da receita decorrente de serviço ou atividade monopolizada, permanecendo como prestações contratuais decorrentes do exercício livre da vontade.[56]

---

54. "Taxa e preço público", *Caderno de Pesquisas Tributárias* 10/21.
55. "Tasas y precios", *RDTributário* 55/25.
56. Fabiano Verli, *Taxas e Preços Públicos*, p. 72.

A aferição pelo Inmetro de bombas de combustíveis em postos distribuidores não foi considerada atividade prestada sob forma de serviço público posto à disposição do usuário. O preço cobrado por essa aferição independe de lei e não se sujeita ao princípio da anterioridade, tratando-se, por conseguinte, de preço público (STJ, 2ª T., REsp 223.655-ES, rel. Min. João Otávio Noronha, j. 3.5.2005, *DJU*-1 29.8.2005, p. 235).

Em síntese, em face da torrencial doutrina e jurisprudência, não se concebe e nem mais se justifica a confusão, a incerteza ou a dúvida a respeito das distintas naturezas de taxa e preço público, pautados por regimes e critérios jurídicos específicos.

Preço é a remuneração contratual livremente pactuada entre as pessoas públicas (despidas de privilégios) e os usuários de serviços realizados sob regime de direito privado, apesar de haver singela referência na Constituição Federal (art. 150, § 3º) ao caso de serviços relacionados com exploração de atividades econômicas regidas pelas normas aplicáveis a empreendimentos privados, fora do alcance da imunidade recíproca.

2.3 Tarifa

O vocábulo *tarifa* advém do árabe, possuindo um sentido etimológico ligado à ideia de pauta de preços de navegação, de direitos alfandegários, que a cidade de Tarife, fundada pelos mouros, exigia dos mercadores quando por lá passavam com suas embarcações (uma espécie de tributo-pedágio). Tarifa, assim, exprime a ideia de uma tábua, de lista ou relação em que se fixam cotas.[57]

Tarifa (arts. 150, § 3º, e 175, parágrafo único, III, da CF) é a remuneração devida pelos usuários de serviços públicos, explorados por concessionários ou permissionários, sob regime de direito administrativo.

Trata-se da modalidade de transferência da prestação do serviço público, por meio do qual o titular da competência atribui a outrem o seu desempenho, mas que não deve produzir modificação do regime jurídico que preside a prestação do serviço público, não acarretando a transformação do serviço em privado.

Em realidade, positive-se um regime jurídico complexo, porque, embora atue em nome próprio na sua relação com terceiros (usuários

---

[57] Bernardo Ribeiro de Moraes, "A transferência do pedágio – Uma injusta e ilegítima concessão", *RDT* 12/9.

dos serviços), o concessionário presta os serviços no interesse público, não sendo nem mais nem menos do que seria a Administração Pública.

O complexo de princípios e normas previsto na legislação regradora da concessão, e permissão, de prestação de serviços públicos, em consonância com os ditames constitucionais, traduz os critérios norteadores da mencionada prestação, evidenciando que os concessionários atuam como efetivos mandatários dos Poderes Públicos, como autêntica projeção ou prolongamento de sua personalidade.

2.4 Jurisprudência

Destaco as posturas judiciais de maior significação.

Supremo Tribunal Federal

• Viola a garantia constitucional de acesso à jurisdição a taxa judiciária calculada sem limite sobre o valor da causa. (Súmula 667)

• Taxa judiciária – Sua legitimidade constitucional, admitindo-se que tome por base de cálculo o valor da causa ou da condenação, o que não basta para subtrair-lhe a natureza de taxa e convertê-la em imposto – Precedentes. (ADI 948-GO, 9.11.1995, Rezek; ADI/MC 1.772-MG, 15.4.1998, Velloso)

• Legítimas em princípio, a taxa judiciária e as custas *ad valorem* afrontam, contudo, a garantia constitucional de acesso à jurisdição (CF, art. 5º, XXXV) se a alíquota excessiva ou a omissão de um limite absoluto as tornam desproporcionadas ao custo do serviço que remuneraram. Precedentes. (Repr 1.077-RJ, 28.3.1984, Moreira, *RTJ* 112/34; Repr 1.074, 15.8.1984, Falcão, *RTJ* 112/499; ADI 948-GO, 9.11.1995, Rezek; ADI/MC 1.378-5, 30.11.1995, Celso, *DJU* 30.5.1997; ADI/MC 1.651-PB, Sanches, *DJU* 11.9.1998; ADI/MC 1.772-MG, 15.4.1998, Velloso)

• Custas judiciais são taxas, do que resulta – ao contrário do que sucede aos impostos (CF, art. 167, IV) – a alocação do produto de sua arrecadação ao Poder Judiciário, cuja atividade remunera; e nada impede a afetação dos recursos correspondentes a determinado tipo de despesa – no caso, as de capital, investimento e treinamento de pessoal da Justiça – cuja finalidade tem inequívoco liame instrumental com o serviço judiciário. (Pleno, ADI 1.928-4/Medida Liminar, rel. Min. Sepúlveda Pertence, j. 19.4.1999, *DJU*-1 10.9.1999, p. 2)

• É inconstitucional a Taxa de Fiscalização dos Mercados de Títulos e Valores Mobiliários instituída pela Lei n. 7.940/1989. (Súmula 665)

• Taxa de Fiscalização Ambiental – Deferida medida liminar em ação direta de inconstitucionalidade ajuizada pela Confederação Nacional da Indústria – CNI para suspender a eficácia do art. 8º da Lei n. 9.960/2000 (acrescenta vários dispositivos à Lei n. 6.938/1981), que cria a Taxa de Fiscalização Ambiental – TFA, em favor do IBAMA, e dá outras providências.

O Tribunal reconheceu, à primeira vista, a plausibilidade jurídica da tese da inconstitucionalidade por ofensa ao princípio da isonomia, porquanto o valor da referida taxa é uniforme para todos os contribuintes, salientando, também, que o fato gerador da mencionada taxa é o exercício das "atividades potencialmente poluidoras ou utilizadoras de recursos ambientais", as quais não estão definidas na lei impugnada.

Considerou-se, ainda, a aparente ofensa ao art. 145, II, da CF, tendo em vista que o fato gerador da mencionada taxa é a atividade explorada pelo contribuinte, e não o serviço prestado pelo ente público no exercício do poder de polícia (Lei n. 6.938/1981, art. 17-B, § 1º, acrescido pelo art. 8º impugnado: "Constitui fato gerador da TFA o exercício das atividades mencionadas no inciso II do art. 17 desta Lei (...)"; art. 17, II: "(...) atividades potencialmente poluidoras e/ou extração, produção, transporte e comercialização de produtos potencialmente perigosos ao meio ambiente (...)". (ADI/Medida Cautelar 2.718-DF, rel. Min. Ilmar Galvão, j. 29.3.2000, *Informativo STF* 183, de 5.4.2000, *DJU*-1-E 11.4.2000, p. 7)

• Tributário – Taxa de Fiscalização de Obras – Município de Belo Horizonte – Lei n. 5.641, de 22.12.1989, art. 25, e correspondente Tabela I – Pretensa incompatibilidade com o art. 145, § 2º, da CF.

Tributo que, na conformidade dos dispositivos impugnados, é calculado em razão da extensão da obra, dado perfeitamente compatível com a exigência de divisibilidade do serviço público de fiscalização por ele remunerado, sem qualquer identidade com a base de cálculo do Imposto Predial.

Recurso não conhecido. (1ª T., RE 214.569-6, rel. Min. Ilmar Galvão, j. 13.4.1999, *DJU*-1 13.8.1999, edição extra, p. 18)

• Tributário – Lei n. 11.152, de 30.12.1991, que deu nova redação aos arts. 7º, I e II, 87, I e II, e 94 da Lei n. 6.989/1966, do Município de São Paulo – Imposto sobre a Propriedade Predial e Territorial Urbana – Taxas de limpeza pública e de conservação de vias e logradouros públicos.

Inconstitucionalidade declarada dos dispositivos sob enfoque. (...).

Os demais, por haverem violado a norma do art. 145, § 2º, ao tomarem para base de cálculo das Taxas de Limpeza e Conservação de Ruas elemento que o Supremo Tribunal Federal tem por fator componente da base de cálculo do IPTU, qual seja, a área do imóvel e a extensão deste no seu limite com o logradouro público.

Taxas que, de qualquer modo, no entendimento deste Relator, têm por fato gerador prestação de serviço inespecífico, não mensurável, indivisível e insuscetível de ser referido a determinado contribuinte, não sendo de ser custeado senão por meio do produto da arrecadação dos impostos gerais.

Recurso conhecido e provido. (Pleno, RE 199.969-1-SP, rel. Min. Ilmar Galvão, j. 27.11.1997, *DJU*-1 6.2.1998, p. 38)

• Constitucional – Tributário – Taxa de Licenciamento de Importação – Lei n. 2.145, de 1953, art. 10, com a redação da Lei n. 8.387, de 1991.

I – Licença ou guia de importação ou documento equivalente: a alteração do art. 10 da Lei n. 2.145, de 1953, pela Lei n. 8.387, de 1991, não mudou a natureza jurídica do crédito remunerador da atividade estatal específica, o exercício do poder de polícia administrativa, de taxa para preço público. Ofensa ao princípio da legalidade tributária (CF, art. 150, I; CTN, art. 97, IV), dado que a lei não fixa a base de cálculo e nem a alíquota. Inconstitucionalidade do art. 10 da Lei n. 2.145, de 1953, com a redação da Lei n. 9.387, de 1991.

II – Recurso extraordinário conhecido (letra "b"), mas improvido. (Pleno, RE 188.107-1-SC, rel. Min. Carlos Velloso, j. 20.3.1997, *DJU*-1 30.5.1997, p. 23.193)

• Taxa de Segurança contra incêndio do Estado – Sua inconstitucionalidade, por identidade de base de cálculo (valor unitário do metro quadrado) com a do Imposto Predial e Territorial *[sic]* urbano (art. 18, § 2º, da Constituição de 1967 – Emenda n. 1/1969). (Pleno, RE 120.954-2, rel. Min. Octávio Gallotti, j. 14.3.1996, *DJU*-1 13.12.1996, p. 50.179)

• Tributário – Município de Porto Alegre – Taxa de Fiscalização de Localização e Funcionamento – Escritório de Advocacia – Constitucionalidade.

O Supremo Tribunal Federal tem sistematicamente reconhecido a legitimidade da exigência, anualmente renovável, pelas Municipalidades, da taxa em referência, pelo exercício do poder de polícia, não podendo o contribuinte furtar-se à sua incidência sob alegação de que o ente público não exerce a fiscalização devida, não dispondo sequer de órgão incumbido desse mister.

Recurso extraordinário conhecido e provido. (1ª T., RE 198.904-1, rel. Min. Ilmar Galvão, j. 28.5.1996, *DJU*-1 27.9.1996, p. 36.171)

• Recurso extraordinário – Constitucional – Taxa de Melhoramento de Portos não tem a mesma base de incidência do Imposto sobre Importação.

Reiterada jurisprudência do Supremo Tribunal Federal.

Recurso conhecido e provido. (2ª T., RE 157.235-3, rel. Min. Maurício Corrêa, j. 16.5.1995, *DJU*-1 8.9.1995, p. 38.364)

• Tarifa de Limpeza Urbana – Em face das restrições constitucionais a que se sujeita a instituição da taxa, não pode o Poder Público estabelecer, a seu arbítrio, que à prestação de serviço público específico e divisível corresponde a contrapartida sob a forma, indiferentemente, de taxa ou de preço público. Sendo compulsória a utilização do serviço público de remoção de lixo – o que resulta, inclusive, de sua disciplina como serviço essencial à Saúde Pública –, a Tarifa de Lixo instituída pelo Decreto n. 916, de 12.11.1976, do Poder Executivo do Município do Rio de Janeiro, é, em verdade, taxa.

Inconstitucionalidade do referido decreto, uma vez que taxa está sujeita ao princípio constitucional da reserva legal.

Recurso extraordinário conhecido e provido. (Pleno, RE 89.876-RJ, *RTJ* 98/23)

• Taxa de Coleta de Lixo.

Ementa: Constitucional – Tributário – Taxa de Coleta de Lixo: base de cálculo – IPTU – Município de São Carlos/SP.

O fato de um dos elementos utilizados na fixação da base de cálculo do IPTU – a metragem da área construída do imóvel, que é o valor do imóvel (CTN, art. 33) – ser tomado em linha de conta na determinação da alíquota da Taxa de Coleta de Lixo não quer dizer que teria essa taxa base de cálculo igual à do IPTU: o custo do serviço constitui a base imponível da taxa. Todavia, para o fim de aferir, em cada caso concreto, a alíquota, utiliza-se a metragem da área construída do imóvel, certo que a alíquota não se confunde com a base imponível do tributo. Tem-se, com isto, também, forma de realização da isonomia tributária e do princípio da capacidade contributiva: CF, arts. 150, II, e 145, § 1º. (Pleno, RE 232.393-1-SP, rel. Min. Carlos Velloso, j. 12.8.1999, *DJU*-1 5.4.2002, p. 55)

A taxa cobrada exclusivamente em razão dos serviços públicos de coleta, remoção e tratamento ou destinação de lixo ou resíduos provenientes de imóveis, não viola o art. 145, II, da CF (Súmula Vinculante 19).

• O serviço de iluminação pública não pode ser remunerado mediante taxa. (Súmula Vinculante 41).

• Taxa de Combate a Sinistros.

Tributário – Taxa de Combate a Sinistros – Utilização de elementos da base de cálculo própria de impostos – Constitucionalidade.

I – Legitimidade da Taxa de Combate a Sinistros, uma vez que instituída como contraprestação a serviço essencial, específico e divisível – Precedentes.

II – Constitucionalidade de taxas que, na apuração do montante devido, adotem um ou mais dos elementos que compõem a base de cálculo própria de determinado imposto, desde que não se verifique identidade integral entre a base de cálculo da taxa e a do imposto. (1ª T., AgRg no

RE 525.706-1-SP, rel. Min. Ricardo Lewandowski, j. 26.5.2009, *DJe* 25.6.2009, pp. 90-91)

• Taxa sobre Atividades Notariais e de Registro

Constitucional – Ação direta de inconstitucionalidade – Inciso III do art. 4º da Lei n. 4.664, de 14.12.2005, do Estado do Rio de Janeiro – Taxa instituída sobre as atividades notariais e de registro – Produto da arrecadação destinado ao Fundo Especial da Defensoria Pública do Estado do Rio de Janeiro.

É constitucional a destinação do produto da arrecadação da taxa de polícia sobre as atividades notariais e de registro ora para tonificar a musculatura econômica desse ou daquele órgão do Poder Judiciário, ora para aportar recursos financeiros para a jurisdição em sim mesma.

O inciso IV do art. 167 da Constituição passa *ao largo* do instituto da taxa, recaindo, isto, sim, sobre qualquer modalidade de imposto.

O dispositivo legal impugnado não invade a competência da União para editar normas gerais sobre fixação de emolumentos. Isto porque esse tipo de competência legiferante é para dispor sobre relações jurídicas entre o delegatário da serventia e o público usuário dos serviços cartorários – Relação que antecede, logicamente, a que se dá no âmbito tributário da taxa de polícia, tendo por base de cálculo os emolumentos já legalmente disciplinados e administrativamente arrecadados – Ação direta improcedente. (Plenário, ADI 3.643-2-RJ, rel. Min. Carlos Britto, j. 8.11.2006, *DJU*-1 16.2.2007, pp. 19-20)

• Taxa de Expediente de Seguradoras.

Ação direta de inconstitucionalidade – Taxa de Expediente do Estado de Minas Gerais – DPVAT – Incidência da referida Taxa de Expediente sobre as sociedades seguradoras – Alegação de ilegitimidade ativa das entidades sindicais que fizeram instaurar o processo de fiscalização normativa abstrata – Inocorrência – Pertinência temática configurada – Alegada utilização do controle normativo abstrato para a defesa de interesses individuais e concretos – Não caracterização – Reconhecimento, pelo Relator da causa, de que se reveste de densidade jurídica a pretensão de inconstitucionalidade deduzida pelos litisconsortes ativos – Inobservância, na espécie, da relação de razoável equivalência que necessariamente deve haver entre o valor da taxa e o custo do serviço prestado ou posto à disposição do contribuinte – Ofensa aos princípios constitucionais da não confiscatoriedade (CF, art. 150, IV) e da proporcionalidade (CF, art. 5º, LIV) – Entendimento do Relator de que, não obstante configurado o requisito pertinente à plausibilidade jurídica, não se revela presente, no caso, o pressuposto do *periculum in mora* – Decisão do Plenário, no entanto, que reconheceu configurada, na espécie, a situação caracterizadora do *periculum in mora*, o que levou a não referendar, por tal razão, a decisão do Relator – Consequente deferimento da medida cautelar. (Plenário, QO em MC na ADI 2.551-1, rel. Min. Celso de Mello, j. 2.4.2003, *DJU*-1 20.4.2006, pp. 5-6).

Superior Tribunal de Justiça

• Tributário – Taxa – Estadia e pesagem de veículo – Terminal alfandegário.

É taxa e não preço público a exação correspondente ao uso compulsório de pátio que dá acesso a terminal alfandegário.

Recurso improvido. (1ª T., REsp 221.488-RS (99/0058787-1), rel. Min. Garcia Vieira, j. 16.9.1999, *DJU*-1 25.10.1999, p. 65)

• Tributário – Taxa de Licença de Publicidade – Base de cálculo – A Taxa de Licença de Publicidade não pode ter como base de cálculo "o espaço ocupado pelo anúncio na fachada externa do estabelecimento", porque o trabalho da Fiscalização independe do tamanho da placa de publicidade (CTN, art. 78) – Recurso especial conhecido e provido, em parte. (2ª T., REsp 78.048-SP (95.55741-0), rel. Min. Ari Pargendler, j. 18.11.1997, *DJU*-1 9.12.1997, pp. 64.657-64.658)

• Tributário – Taxas de Limpeza e Segurança – Fato gerador – Divisibilidade e especificidade dos serviços prestados – Sujeição ao pagamento das taxas – Precedentes.

I – Conforme jurisprudência deste Tribunal, nos serviços públicos inerentes à limpeza de vias públicas e logradouros e de segurança (prevenção e combate a incêndio) estão presentes os requisitos de especificidade e de divisibilidade (arts. 77 e 79 do CTN), sendo o fato gerador das mesmas "o exercício do poder de polícia, a utilização, efetiva ou potencial, do serviço público específico e divisível, prestado ao contribuinte ou posto à sua disposição".

II – Precedentes.

III – Recurso provido. (1ª T., REsp 109.325-SP (96.0061562-4-SP), rel. Min. José Delgado, j. 13.2.1997, *DJU*-1 22.4.1997, pp. 14.383-14.384)

• Tributário – Taxa de Conservação de Estradas de Rodagem – Inexistência de identidade de sua base de cálculo com a do Imposto Territorial Rural.

Elide a coincidência com a base de cálculo do Imposto Territorial Rural o fato de a Taxa de Conservação de Estradas de Rodagem ter como base o custo do serviço de manutenção de estradas de rodagem, independente da área do imóvel, resultante, sim, da divisão do número de propriedades rurais.

Recurso provido. Decisão unânime. (REsp 15.640-SP (91.0021130-3), rel. Min. Demócrito Reinado, j. 18.11.1996, *DJU*-1 16.12.1996, p. 50.750)

• Tributário – Taxas de Conservação de Vias Públicas e de Coleta de Lixo – Serviço divisível e específico.

1. Os serviços de conservação e limpeza de vias públicas podem ser destacados como beneficiando unidades imobiliárias autônomas, por serem suscetíveis de utilização de modo separado por parte de cada usuário.

2. Não afronta os arts. 77 e 79 do CTN a imposição de Taxas sobre Conservação de Vias Públicas e Coleta de Lixo tendo como base de cálculo o custo da atividade estatal, repartido entre os proprietários dos imóveis, tendo como critério a utilização do imóvel, se comercial ou residencial, em função de sua localização, área edificada, tendo-se em conta, ainda, a subdivisão da zona urbana, com aplicação anual, por metro quadrado, de um percentual da unidade fiscal criada pelo Município, obedecendo-se a um escalonamento previsto em lei.

3. Recurso provido. (1ª T., REsp 95.863-SP (96/0031317-2), rel. Min. José Delgado, j. 7.11.1996, *DJU*-1 9.12.1996, p. 49.210)

• Tributário – Taxa de Iluminação Pública – Ação de repetição de indébito – Especificidade e divisibilidade (arts. 77 e 79 do CTN) – Ilegalidade da cobrança.

À luz dos princípios legais estatuídos nos arts. 77 e 79 do CTN, os serviços de iluminação pública não têm o caráter de divisibilidade e especificidade, sendo ilegal a cobrança da respectiva taxa. Precedentes.

Recurso a que se nega provimento. Decisão unânime. (1ª T., REsp 83.129-RJ (95.0067624-9), rel. Min. Demócrito Reinaldo, j. 17.6.1996, *DJU*-1 19.8.1996, p. 28.439)

• Taxa de Ocupação do Solo.

Ementa: Tributário e administrativo – Taxa de Ocupação do Solo – Pagamento por empresa exploradora da comercialização de energia elétrica – Utilização de área situada no solo ou subsolo abrangidos por logradouros públicos – Mandado de segurança – Entendimento do Tribunal *a quo* – Fato gerador da cobrança de natureza administrativa – Denegação da segurança – Recurso ordinário.

I – A União, os Estados e o Distrito Federal e os Municípios poderão instituir "taxas, em razão do exercício do poder de polícia ou pela utilização, efetiva ou potencial, de serviços públicos específicos e divisíveis, prestados ao contribuinte ou postos à sua disposição" (arts. 145, II, da CF e 77 do CTN).

II – É ilegítima a cobrança de taxa instituída em lei municipal, para incidir na ocupação do solo pelas empresas dedicadas à comercialização de energia elétrica, se não restaram observados os pressupostos constitucionais e legais para configuração do fato gerador desta espécie de tributo.

Precedente jurisprudencial.

II – Recurso ordinário provido. (1ª T., ROMS 12.202-SE, rel. Min. Garcia Vieira, j. 18.6.2002, *DJU*-1 26.8.2002, p. 162)

• Tributário – Serviço de fornecimento de água e esgoto – Taxa – Natureza tributária – Precedentes.

1. O serviço de fornecimento de água e esgoto é cobrado do usuário pela entidade fornecedora como sendo taxa, quanto tem compulsoriedade.

2. Trata-se, no caso, de serviço público concedido, tem natureza compulsória, visando a atender a necessidades coletivas ou públicas.

3. Não tem amparo jurídico a tese de que a diferença entre taxa e preço público decorre da natureza da relação estabelecida entre o consumidor ou usuário e a entidade prestadora ou fornecedora do bem ou do serviço, pelo que, se a entidade que presta o serviço é de direito público, o valor cobrado caracterizar-se-ia como taxa, por ser a relação entre ambos de direito público; ao contrário, sendo o prestador do serviço público pessoa jurídica de direito privado, o valor cobrado é preço público/tarifa.

4. Prevalência no ordenamento jurídico das conclusões do X Simpósio Nacional de Direito Tributário, no sentido de que "a natureza jurídica da remuneração decorre da essência da atividade realizadora, não sendo afetada pela existência da concessão. O concessionário recebe remuneração da mesma natureza daquela que o Poder Concedente receberia, se prestasse diretamente o serviço" (*RF*, julho-setembro/1987, v. 299, p. 40).

5. O art. 11 da Lei n. 2.312, de 3.9.1954 (Código Nacional de Saúde), determina: "É obrigatória a ligação de toda construção considerada habitável à rede de canalização de esgoto, cujo afluente terá destino fixado pela autoridade competente".

6. Obrigatoriedade do serviço de água e esgoto – Atividade pública (serviço) essencial posta à disposição da coletividade para o seu bem-estar e proteção à saúde.

7. "A remuneração dos serviços de água e esgoto normalmente é feita por taxa, em face da obrigatoriedade da ligação domiciliar à rede pública" (Hely Lopes Meirelles, in *Direito Municipal Brasileiro*, 3ª ed., Ed. RT, 1977, p. 492).

8. "Se a ordem jurídica obriga a utilização de determinado serviço, não permitindo o atendimento da respectiva necessidade por outro meio, então é justo que a remuneração correspondente, cobrada pelo Poder Público, sofra as limitações próprias de tributo" (Hugo de Brito Machado, in "Regime tributário da venda de água", *Revista Jurídica da Procuradoria-Geral da Fazenda Estadual/Minas Gerais*, n. 05, p. 11).

9. Adoção da tese, na situação específica examinada, de que a contribuição pelo fornecimento de água é taxa.

10. Recurso especial não provido. (1ª T., REsp 636.300-MS, rel. Min. José Delgado, j. 4.11.2004, *DJU-1* 21.3.2005, p. 258)

• Tarifa Aeroportuária – Infraero – Taxa – Preço.

Ementa: 1. A utilização de áreas e espaços nos aeroportos é remunerada pelo pagamento de uma taxa, criada por lei (Lei n. 6.009/1973) e fixada por portaria do Ministério da Aeronáutica, ou por preço cobrado das instituições que exploram a utilização dos espaços chamados civis dos aeroportos, hoje sob a égide da Infraero.
3. No pagamento das tarifas aeroportuárias deve-se obedecer ao critério do serviço que é utilizado pelo contribuinte ou posto à sua disposição.
4. Empresa que se utiliza de áreas da zona primária e, eventualmente, de áreas de zona secundária sofre enquadramento mais oneroso que as empresas que só se utilizam de uma das áreas. (1ª S., MS 8.060-DF, rela. Min. Eliana Calmon, j. 28.8.2002, *DJU-1* 25.11.2002, p. 178)

• Taxa de Serviços prestados por órgãos de segurança pública

Ementa: 1. Ação direta de inconstitucionalidade – 2. Lei n. 13.084, de 29.12.2000, do Estado do Ceará – Instituição de Taxa de Serviços prestados por órgãos de segurança pública – 3. Atividade que somente pode ser sustentada por impostos – Precedentes – 4. Ação julgada procedente. (ADI 2.424-8, rel. Min. Gilmar Mendes, j. 1.4.2004, *DJU-1* 18.6.2004, p. 44)

• Tarifa de Água – Cobrança pelo consumo mínimo presumido – Legalidade – Precedentes. (1ª T., REsp 693.116-RJ, j. 17.2.2005, *DJU-1* 11.4.2005, pp. 202-203)

• Taxa de Fiscalização da Atividade Notarial e de Registro.

Ementa: 1. É constitucional a destinação do produto da arrecadação da Taxa de Fiscalização da Atividade Notarial e de Registro a órgão público e ao próprio Poder Judiciário – Inexistência de desrespeito ao inciso IV do art. 150; aos incisos I, II e III do art. 155; ao inciso III do art. 156 e ao inciso III do art. 153, todos da Constituição Republicana de 1988 – ADI 3.151-MT, rel. Min. Carlos Britto, Tribunal Pleno, STF, *DJU* 28.4.2006, p. 4. (2ª T., RMS 23.339-MT, rela. Min. Eliana Calmon, j. 3.9.2009, *DJe* 22.9.2009)

• Taxa de Utilização de Espaço Aéreo.

Ementa: Processual civil e tributário – Embargos de declaração – Rediscussão de questões decididas – Impossibilidade – Contradição – Não ocorrência – Art. 77 do CTN – Matéria constitucional – Art. 145, § 2º, da CF – Mandado de segurança – Utilização de espaço aéreo por concessionária de serviço público de energia elétrica – Passagem de cabos – "Retribuição pecuniária" – Ilegitimidade. (2ª T., EDecl no REsp 694.684-RS, rel. Min. Castro Meira, j. 18.4.2006, *DJU-1* 28.4.2006, p. 285)

• Taxa de Armazenagem Portuária.

Ementa: Tributário – Taxa de Armazenagem Portuária – Preço público – Possibilidade de criação por portaria.

1. À facultatividade da taxa afasta-se a sua natureza tributária, para situá-la como preço público.

2. Legalidade da fixação de alíquotas da Taxa de Armazenagem Portuária por meio de portaria ministerial, eis que se trata de preço público – Precedentes.

3. Recurso especial improvido. (2ª T., REsp 526.375-RJ, rela. Min. Eliana Calmon, j. 28.6.2005, DJU-1 15.8.2005, p. 239)

• Taxa de Classificação de Produtos Vegetais – Os produtos vegetais em estado bruto, assim como os produtos ou subprodutos deles resultantes após o processo de industrialização – no caso, algodão em pluma destinado à fabricação de fios e tecidos – sujeitam-se à incidência da referida taxa, instituída pelo art. 1º da Lei 6.305/1975. (REsp 614.009-PB, 2ª T., rel. Min. João Otávio Noronha, j. 6.2.2007, DJU-1 de 26.2.2007, p. 575)

3. Empréstimo compulsório

A Constituição Federal (art. 148) claramente dispõe que:

A União, mediante lei complementar, poderá instituir empréstimos compulsórios:

I – para atender a despesas extraordinárias, decorrentes de calamidade pública, de guerra externa ou sua iminência;

II – no caso de investimento público de caráter urgente e de relevante interesse nacional, observado o disposto no art. 150, III, "b".

A natureza tributária não decorre da singela circunstância de os "empréstimos" estarem previstos no capítulo do "Sistema Tributário Nacional", pois é cediço que a situação topográfica é irrelevante.

O que importa é a essência jurídica da exação. E, nesse passo, Roque Carrazza ensina que: "o empréstimo compulsório corresponde seja à noção genérica de tributo, contida na Constituição (relação jurídica que se estabelece entre o Poder Público e o contribuinte, tendo por base a lei, em moeda, igualitária e decorrente de um fato lícito qualquer), seja à definição de tributo que o art. 3º do CTN nos oferece (...)".[58] E salienta que o "empréstimo compulsório é uma prestação em dinheiro que, nos

---

58. *Curso de Direito Constitucional Tributário*, 31ª ed., p. 669.

termos da lei (complementar), a União coativamente exige das pessoas que praticam certos fatos lícitos. Posto sob o regime tributário, o empréstimo compulsório é um tributo".[59]

De há muito se encontra superada a Súmula 418 do Supremo Tribunal Federal ("O empréstimo compulsório não é tributo e sua arrecadação não está sujeita à exigência constitucional da prévia autorização orçamentária").

Examinando o denominado "empréstimo-calamidade" (Decreto-lei 2.047/1983), editado na vigência da Emenda Constitucional 1/1969, e atendendo à minha indagação pessoal, Roque Carrazza esclarecera que para elidir a citada Súmula bastaria exibir a referida Constituição, que, em seu art. 21, § 2º, II, mandava aplicar aos empréstimos compulsórios o regime tributário.[60]

Sobre esse tema, o Supremo Tribunal Federal firmou a diretriz seguinte:

> Empréstimo compulsório – Decreto-lei n. 2.047, de 20.7.1983 – Súmula n. 418. A Súmula n. 418 perdeu validade em face do art. 21, § 2º, II, da CF (redação da Emenda Constitucional n. 1/1969). (Pleno, RE 111.954-3-PR, rel. Min. Oscar Corrêa, j. 1.6.1988, v.u., *Lex-JSTF* 118/184205, outubro/1988)

Os estudos revelam a existência de várias correntes doutrinárias distintas a respeito da natureza jurídica dos empréstimos compulsórios: (a) contratual, tanto quanto os empréstimos públicos em geral;[61] (b) requisição em dinheiro; (c) tributo.[62]

José Afonso da Silva, até a 22ª edição do seu *Curso de Direito Constitucional Positivo* (pp. 686687) filiava-se à doutrina contratual, sustentando que

> a Constituição, como as anteriores, *não submeteu o empréstimo compulsório ao conceito de tributo*. Ao dizer que "a União, os Estados, o Distrito Federal e os Municípios poderão instituir os seguintes tributos", só indicou, como tais, os impostos, as taxas e a contribuição de melhoria. Não incluiu aí o empréstimo compulsório. A doutrina dominante,

---

59. Idem, ibidem.
60. "Empréstimo compulsório", *RDTributário* 2728/205.
61. Griziotti, *Princípios de Política, Derecho y Ciencia de la Hacienda*, p. 400; San Tiago Dantas, *Problemas de Direito Positivo – Estudos e Pareceres*, p. 14.
62. Amílcar de Araújo Falcão, "Empréstimo compulsório é tributo restituível. Sujeição ao regime jurídico tributário", *RDP* 6/2247.

no entanto, o tem como um tipo de imposto; portanto, há de considerar normal não o ter inscrito no art. 145, de vez que, segundo essa opinião, lá se encontra no conceito de imposto. *Não é o nosso entendimento, que o estima como uma forma de contrato de empréstimo de direito público* (grifos nossos).

A partir da 23ª edição, José Afonso da Silva passou a aceitar a tese contrária, mas com ressalvas, ao afirmar que

> o *empréstimo*, para os fins do art. 148, I, não está sujeito a essa limitação, [*do art. 150, III, "b", da CF*] como se expressa o § 1º do art. 150, num contexto em que se concebe o empréstimo compulsório como tributo – acolhendo, assim, a posição da doutrina dominante, diante do que me rendo, embora entenda que a melhor concepção seria mesmo a de *contrato de empréstimo de direito público*.[63]

Os tributaristas, entretanto, sustentavam a inexistência de relação contratual nesse empréstimo, porquanto o aspecto coativo desnaturava o contrato, consubstanciado na autonomia da vontade, como afirmaram Amílcar de Araújo Falcão,[64] Becker,[65] Graziani,[66] Luigi Einaudi,[67] Ataliba[68] e João Mangabeira,[69] como apontado por Roberto Rosas.[70]

Oportuno destacar alguns excertos doutrinários. Alcides Jorge Costa:

> Os empréstimos compulsórios são tributos e, por isso, são-lhes aplicáveis todas as regras constitucionais pertinentes à instituição e cobrança de tributos. Dizer que o empréstimo compulsório é um tipo misto de empréstimo e de imposto pode ser afirmação válida sob o ponto de vista da Ciência das Finanças, mas nada significa sob o aspecto jurídico, que não admite um hibridismo dessa ordem.[71]

63. *Curso de Direito Constitucional Positivo*, 40ª ed., pp. 720-721.
64. "Natureza jurídica do empréstimo compulsório e empréstimo compulsório no Direito Comparado. Experiência brasileira", *RDP* 4/7.
65. *Teoria Geral do Direito Tributário*, p. 357.
66. *Istituzioni di Scienza delle Finanze*, p. 625.
67. *Corso di Scienza delle Finanze*, p. 727.
68. *Sistema Constitucional Tributário Brasileiro*, p. 289.
69. "Empréstimo compulsório é tributo e deve obedecer ao regime tributário", *RDP* 19.
70. "Empréstimo compulsório na Emenda Constitucional 1 à Constituição de 1967", *RDP* 11/179181.
71. "Natureza jurídica dos empréstimos compulsórios", *RDA* 70/111.

Pontes de Miranda (citado por Aliomar Baleeiro):

Trata-se de tributo com cláusula de restituição, mas nem por isso deixa de ser tributo e não se elimina a fiscalidade.[72]

Amílcar de Araújo Falcão:

a conclusão definitiva de ser o empréstimo compulsório um verdadeiro tributo, um autêntico tributo restituível, devendo, pois, sujeitar-se ao regime jurídico próprio dos tributos.[73]

João Mangabeira:

Ora, o contrato, sejam quais forem as modificações que sua teoria, seu conceito, sua aplicação ou suas consequências tenham sofrido no curso do tempo ou das mutações do meio econômico-social, o contrato, seja de que espécie for, será sempre criado por um ajuste de vontades.[74]

Semelhante postura assumiu Ruy Barbosa Nogueira.[75]

Apesar de configurar-se como tributo, questiona-se a respeito de sua tipificação, posto que, "de acordo com sua hipótese de incidência e base de cálculo, pode revestir a *natureza jurídica* de imposto (caso mais frequente, por sua produtividade substancial), de taxa ou de contribuição de melhoria" – conforme Roque Carrazza.[76]

Sacha Calmon segue na trilha de "impostos ou taxas, ontologicamente falando",[77] e que "o ser restituível conforma qualidade secundária, sem afetar a *essentialia* da espécie tributária. Em regra se qualifica como impostos restituíveis".[78]

Sob esse prisma, constata-se que a Constituição, em verdade, não indica e nem pressupõe a materialidade tributária inerente ao empréstimo compulsório. Daí ter Luciano da Silva Amaro aduzido que

o fato gerador do empréstimo não é a guerra, nem a calamidade pública, nem o investimento público, embora ele só possa ser instituído à vista

---

72. Aliomar Baleeiro, *Limitações Constitucionais ao Poder de Tributar*, 6ª ed., p. 246.
73. "Empréstimo compulsório é tributo restituível....", *RDP* 6/2247.
74. "Empréstimo compulsório...", *RDP* 19/309.
75. *Curso de Direito Tributário*, 5ª ed., 1990, p. 111.
76. *Curso...*, 31ª ed., pp. 675-676.
77. *Comentários à Constituição de 1988 – Sistema Tributário*, 3ª ed., p. 11.
78. Idem, p. 159.

dessas situações. A calamidade, a guerra e o investimento, nas circunstâncias previstas, condicionam o exercício da competência tributária (isto é, só se pode instituir o empréstimo se presente uma das situações referidas), e direcionam a aplicação do produto da arrecadação (vale dizer, absorvem, necessariamente, os recursos arrecadados) (...) à lei (complementar) que instituir o empréstimo compulsório caberá definir-lhe o fato gerador.[79]

O empréstimo compulsório é um autêntico tributo, de características especiais, porque o elemento "restituível" não pode ser, pura e simplesmente, desconsiderado na norma jurídica (tributária), que deve estabelecer, de modo específico e exaustivo, as condições de restituição do valor mutuado (ainda que coativamente), de modo a se recompor o patrimônio do contribuinte em sua situação original (anterior à ocorrência do empréstimo).

Esta é a nota distintiva do empréstimo compulsório com relação às demais modalidades tributárias, não se podendo cogitar da restituição como um dado exclusivamente financeiro.

Tanto isto está correto que se a hipótese de incidência legal não prever o retorno da quantia mutuada, em dinheiro (com todos os acréscimos pertinentes, a fim de restabelecer o valor original), estará sendo plenamente descaracterizada a figura do "empréstimo compulsório", positivando-se sua inconstitucionalidade.[80] A propósito, Roque Carrazza:

(...) a restituição do empréstimo compulsório há de ser feita em moeda corrente, já que em moeda corrente é exigido. É, pois, um tributo restituível em dinheiro. A União deve restituir a mesma coisa emprestada compulsoriamente: dinheiro.

Não pode, portanto, a União tomar dinheiro emprestado do contribuinte, devolvendo-lhe outras coisas (bens, serviços, quotas etc.).[81]

Na realidade, o elemento financeiro é juridicizado, no âmbito específico da norma de incidência tributária.

Como tributo, "sujeita-se integralmente aos grandes princípios de contenção do poder de tributar: legalidade, anterioridade, irretroatividade (...) chamando pelo atendimento ao princípio da capacidade contribu-

79. "Conceito e classificação de tributos", *RDTributário* 55/265.
80. V. empréstimo compulsório incidente na aquisição de automóveis com resgate em quotas do Fundo Nacional de Desenvolvimento, STF, Pleno, RE 121.336, j. 11.10.1990.
81. *Curso...*, 31ª ed., pp. 672 e 676.

tiva",[82] se a materialidade prevista na sua norma instituidora concernir a situação afeta exclusivamente ao sujeito passivo, em razão mesmo da vedação de confisco.

Finalmente, observa-se, na pena de Roque Carrazza, que a União poderá criar empréstimos compulsórios concernentes aos próprios impostos federais, mas "não poderá, porém, fazê-lo sobre operações mercantis, prestações de serviços, propriedade territorial urbana, e assim por diante (já que tais fatos estão dentro da competência tributária de outras pessoas políticas)".

Obtempera, todavia, que "a parafiscalidade pode alcançar os empréstimos compulsórios".

E, didaticamente, faz uma advertência no sentido de que

> o empréstimo compulsório não se perpetua no tempo. Ele só pode continuar a ser cobrado enquanto estiver presente o pressuposto constitucional que ensejou sua criação. Assim, por exemplo, se for instituído um empréstimo compulsório no caso de investimento público de caráter urgente e de relevante interesse nacional, ele só será exigível enquanto esta situação perdurar.[83]

Tratando-se de exação cuja validação é finalística, e não causal (inexistência de específica previsão constitucional), poderá ser instituída em razão de materialidades pertinentes às competências da União (importação; exportação; renda e proventos de qualquer natureza; produtos industrializados; crédito, câmbio, seguro, títulos e valores mobiliários; e propriedade territorial rural).

4. Contribuição de melhoria

A Constituição Federal (art. 145, III) outorga competência à União, aos Estados, ao Distrito Federal e aos Municípios para instituir "contribuição de melhoria decorrente de obras públicas".

Embora seja extremamente conciso, é possível extrair do citado preceito os elementos constitutivos da figura tributária.

Na traça de Geraldo Ataliba, sua hipótese de incidência é a valorização imobiliária causada por obra pública, tendo como base imponível a "valorização" (diferença positiva de valor de um imóvel antes e depois

---

82. Sacha Calmon, *Comentários...*, 3ª ed., p. 148.
83. *Curso...*, 26ª ed., pp. 676-677 e 678.

da obra) e como sujeito ativo a pessoa que realiza a obra e sujeito passivo o dono do imóvel valorizado.[84]

Roque Carrazza explicita tal diretriz:

> A hipótese de incidência da contribuição de melhoria não é ser proprietário de imóvel urbano ou rural, mas a realização de obra pública, que valoriza o imóvel urbano ou rural. Sua base de cálculo, longe de ser o valor do imóvel (urbano ou rural), é o *quantum* da valorização experimentada pelo imóvel em decorrência da obra pública a ele adjacente. Ou, se preferirmos, é o incremento valorativo que a obra pública propicia ao imóvel do contribuinte.[85]

Sacha Calmon esclarece que o

> aspecto material da hipótese normativa (a descrição do fato jurígeno) é composto de (a) realização de obra pública mais (b) valorização ou benefício para os imóveis sitos na área de influência da obra. Na consequência da norma, onde encontra-se a prescrição do dever tributário a ser cumprido, a base de cálculo será a parcela do custo da obra, debitável ao contribuinte, ou a valorização específica que da obra resultar para o imóvel do contribuinte, dependendo do critério que presidir o elemento "b" da hipótese de incidência da contribuição de melhoria, conforme explicado *supra* (benefício ou valorização).[86]

Infere, portanto, que dois são os elementos nucleares da proposição constitucional: (a) obra pública e (b) valorização imobiliária.

Para a exata compreensão do tributo, e sua caracterização como espécie tributária, há que se distinguir os conceitos de serviços públicos (implicadores da taxa) e obra pública (contribuição de melhoria), como, aliás, alertado por Paulo de Barros Carvalho.[87] O serviço público já foi objeto de definição em tópico anterior, enquanto "obra pública" significa "a construção, edificação, reparação, ampliação ou manutenção de um bem imóvel, pertencente ou incorporado ao patrimônio público".[88]

Ainda Roque Carrazza observa que "qualquer obra pública *que provoca valorização imobiliária* autoriza a tributação por meio de contribuição de melhoria"; isto é, tanto as que causam proveito imediato

---

84. *Hipótese de Incidência Tributária*, 6ª ed., 16ª tir., p. 170.
85. *Curso de Direito Constitucional Tributário*, 31ª ed., p. 660.
86. *Comentários à Constituição de 1988 – Sistema Tributário*, 3ª ed., pp. 85-86.
87. *Curso de Direito Tributário*, 19ª ed., p. 42.
88. "Taxa de serviço", *RDTributário* 9-10/29.

(estradas, parques) como as que integram serviços gerais (centrais de energia, hospitais).[89]

É cediço que a obrigação cometida ao proprietário do imóvel só pode ser exigida uma vez concretizada a materialidade do tributo (realização de obra pública).

O elemento "valorização", entretanto, é que tem ensejado acirradas análises, para permitir o adequado cumprimento do desiderato constitucional e distingui-lo de outros tipos tributários. Ensina Geraldo Ataliba que

> é de sua natureza tomar por critério a valorização causada. A obra pode custar muito e causar diminuta valorização. Pode custar pouco e causar enorme valorização. O gabarito da contribuição de melhoria é sempre a valorização, não importando o custo da obra. Se este for posto como critério do tributo, estar-se-á desvirtuando, com interposição de critério de taxa e não de contribuição de melhoria.[90]

Em razão dessa arguta visão, há que se tomar em conta a preocupação de Sacha Calmon no sentido da "indefinição do texto constitucional brasileiro no que tange à contribuição de melhoria". Sob o suposto de que não teria especificado o tipo tributário adotado (recuperação de custos ou captação de mais-valias imobiliárias).[91] Evidente, ademais, que a "valorização" constitui elemento imprescindível para a concretização da norma impositiva desde que decorra inexoravelmente de uma obra pública, pois a simples valorização imobiliária só pode implicar com o IPTU (art. 156, I, da CF) ou com o ITR (art. 153, VI, da CF).

Geraldo Ataliba expende oportunas considerações a respeito do "princípio da atribuição de mais-valia imobiliária, gerada por obra pública",[92] assinalando que, "se o proprietário em nada concorre para a obra – que gera a valorização –, não é justo que se aproprie deste específico benefício", pertencendo à comunidade que custear a obra a "expressão financeira deste proveito".[93]

Relativamente à sua natureza jurídica, trata-se de "típico e perfeito tributo especial", no sentido de que não é imposto e não é taxa,[94] porque

---

89. *Curso...*, 31ª ed., p. 659.
90. *Hipótese...*, 6ª ed., 16ª tir., p. 171.
91. *Comentários...*, 3ª ed., pp. 76-77.
92. *Hipótese...*, 6ª ed., 16ª tir., p. 175.
93. Idem, p. 176.
94. Rubens Gomes de Sousa, "A Previdência Social e os Municípios", *RDP* 24/215.

nem decorre de uma atuação do próprio contribuinte, nem sequer de remuneração de serviço público. Na mesma linha expositiva encontra-se Geraldo Ataliba: "(...) porque sua hipótese de incidência não é a obra (h.i. de taxa), nem o mero enriquecimento do contribuinte (h.i. de imposto), mas a diferença de valor de uma propriedade antes e depois de uma obra".[95]

Outrossim, tem-se ponderado que "a contribuição de melhoria, ao ser cobrada pelos entes públicos, tem duas balizas claramente identificadas pela lei: (a) não poderá exceder o custo da obra (limite global); (b) não poderá exceder o benefício imobiliário (limite individual)".[96]

Oportuno considerar, ademais, o entendimento de que

é inconstitucional a lei que exija a contribuição de melhoria tomando por base exclusivamente a valorização, extrapolando o limite do custo da obra, uma vez que o valor excedente, além de desvirtuar a natureza específica do tributo, importaria a exigência do imposto pelo exercício da competência residual, naquilo que exceder o valor do custo da obra; ou importaria uma invasão de competência por parte dos Estados e Municípios, e "bitributação" no caso da União Federal, pois o "aumento patrimonial" é também fato gerador do Imposto de Renda e Proventos de Qualquer Natureza.[97]

Na doutrina estrangeira são colhidos diversos conceitos, a seguir transcritos.

La contribución por mejoras es una contribución compulsiva, proporcional al beneficio específico derivado, destinada a sufragar el costo de una obra de mejoramiento emprendida por el beneficio común.[98]

Las contribuciones de mejora son aquellas que deben pagarse por propietarios e poseedores de bienes inmuebles como consecuencia de la realización de una obra pública de planificación e urbanización.[99]

Podemos definir contribución como la compensación con carácter obligatorio al ente público con ocasión de una obra realizada por él con

---

95. *Hipótese...*, 6ª ed., 16ª tir., p. 174.
96. Rogério Vidal Gandra da Silva Martins, "A contribuição de melhoria e seu perfil no Direito Brasileiro", *Caderno de Direito Tributário e Finanças Públicas* 2/71.
97. Yoshiaki Ichihara, "Perfil da contribuição de melhoria", *Caderno de Direito Tributário e Finanças Públicas* 8/98.
98. Emilio Margai Manautou, *Introducción al Estudio del Derecho Tributario Mexicano*, 2ª ed., p. 123.
99. Sergio Francisco de la Garza, *Derecho Financiero Mexicano*, 4ª ed., p. 37.

fines de utilidad pública, pero que proporciona también ventajas especiales a los particulares propietarios de bienes inmuebles.[100]

(...) tributi di miglioria, e cioè dalle prestazioni pecuniaria e cui sono tenuti i proprietari di immobili per l'incremento di valore, derivate ai loro beni dall'esecuzione di un'opera pubblica.[101]

Geraldo Ataliba procede a amplo estudo sobre as origens da figura tributária e a equivocada adoção pela lei brasileira dos critérios de determinada legislação norte-americana que trata de financiamento convencional (contratual) de certos serviços públicos, ou obras de alcance limitado, de interesse de comunidades circunscritas.[102]

Não se deve perder de vista que a importância de se tratar de qualificação reside na especial circunstância de que são distintos os princípios jurídicos norteadores de cada tipo tributário: (a) *imposto* – capacidade contributiva do contribuinte; (b) *taxa* – retribuição ou remuneração dos serviços públicos específicos e divisíveis e poder de polícia; e (c) *contribuição de melhoria* – proporcionalidade ao benefício especial recebido pelo proprietário do imóvel em decorrência de obra pública realizada.

No espectro constitucional da contribuição de melhoria há que se registrar a total estranheza (patente inconstitucionalidade) das normas contidas no art. 82 do CTN, que estabelecem a necessidade de haver participação do sujeito passivo no que tange a projetos, obras, custos etc., contrariando a nota característica dos tributos (irrelevância e prescindibilidade do consentimento do contribuinte).

Registre-se a jurisprudência do Supremo Tribunal Federal, ementada da forma seguinte:

Constitucional – Tributário – Contribuição de melhoria – Valorização imobiliária – CF/1967, art. 18, II, com a redação da Emenda Constitucional n. 23/1983; CF/1988, art. 145, III.

I – Sem valorização imobiliária, decorrente de obra pública, não há contribuição de melhoria, porque a hipótese de incidência desta é a valorização e a sua base é a diferença entre dois momentos: o anterior e o posterior à obra pública – vale dizer, o *quantum* da valorização imobiliária.

II – Precedentes do Supremo Tribunal Federal: RMS ns. 115.863-SP e 116.147-SP (*RTJ* 138/600 e 614).

---

100. Luigi Einaudi, *Principios de Hacienda Pública*, p. 75.
101. Giannini, *Istituzioni di Diritto Tributario*, 8ª ed., 1965, p. 495.
102. *Hipótese...*, 6ª ed., 16ª tir., pp. 178-182.

III – Recurso extraordinário conhecido e provido. (2ª T., RE 114.069-1-SP, rel. Min. Carlos Velloso, j. 15.4.1994, *DJU* 30.9.1994)

Explicitando referida diretriz, o Superior Tribunal de Justiça decidiu o seguinte:

Tributário – Contribuição de melhoria.

1. A entidade tributante ao exigir o pagamento de contribuição de melhoria tem de demonstrar o amparo das seguintes circunstâncias: (a) a exigência fiscal decorre de despesas decorrentes de obra pública realizada; (b) a obra pública provocou a valorização do imóvel; (c) a base de cálculo é a diferença entre dois momentos: o primeiro, o valor do imóvel antes da obra ser iniciada; o segundo, o valor do imóvel após a conclusão da obra.

2. É da natureza da contribuição de melhoria a valorização imobiliária (Geraldo Ataliba).

3. Precedentes jurisprudenciais: (a) RE n. 116.147-7-SP, 2ª T., *DJU* 8.5.1992, rel. Min. Célio Borja; (b) RE n. 116.148-4-SP, rel. Min. Octávio Gallotti, *DJU* 25.5.1993; (c) REsp n. 35.133-2-SC, rel. Min. Mílton Pereira, 1ª T., j. 20.3.1995; (d) REsp n. 634-0-SP, rel. Min. Mílton Luiz Pereira, *DJU* 18.4.1994.

4. Adoção, também, da corrente doutrinária que, no trato da contribuição de melhoria, adota o critério de mais-valia para definir o seu fato gerador ou hipótese de incidência (no ensinamento de Geraldo Ataliba, de saudosa memória).

5. Recurso improvido. (1ª T., REsp 169.131-SP (98/0022538-2), rel. Min. José Delgado, j. 2.6.1998, *DJU*-1 3.8.1998, p. 143)

Peculiarmente, o Superior Tribunal de Justiça entendera o seguinte:

4. O Município está autorizado a promover a execução de obra de interesse público, como é o caso da destinada à coleta de esgotos, por meio da instituição da contribuição de melhoria, pois se cuida de uma das hipóteses de obra pública que está especificada no diploma legal de regência dessa espécie tributária.

5. Não há vedação legal a que o Município organize uma sociedade de economia mista e esta possa executar o serviço mediante a livre adesão dos particulares, ante a evidência de que a execução do serviço viria a valorizar os imóveis lindeiros. (2ª T., REsp 49.668-SP, rel. Min. Castro Meira, j. 15.4.2004, *DJU*-1 28.6.2004, p. 213)

Também decidira sobre a necessidade de lei específica para cada obra:

Tributário — Contribuição de melhoria — Lei específica para cada obra — Necessidade.

(...).

III — A questão a ser dirimida por esta Corte cinge-se à necessidade, ou não, de lei específica para exigência de contribuição de melhoria em cada obra feita pelo Município, ou seja, uma lei para cada vez que a Municipalidade for exigir o referido tributo em decorrência de obra por ela realizada.

IV — É de conhecimento comum que a referida contribuição de melhoria é tributo cujo fato imponível decorre de valorização imobiliária causada pela realização de uma obra pública. Nesse passo, sua exigibilidade está expressamente condicionada à existência de uma situação fática que promova a referida valorização. Este é o seu requisito ínsito, um fato específico do qual decorra incremento no sentido de valorizar o patrimônio imobiliário de quem eventualmente possa figurar no polo passivo da obrigação tributária; (...).

(...).

VI — Acrescente-se, ainda, que a cobrança de tributo por simples ato administrativo da autoridade competente fere, ademais, o princípio da anterioridade, ou não surpresa para alguns, na medida em que impõe a potestade tributária sem permitir ao contribuinte organizar devidamente seu orçamento, nos moldes preconizados pela Constituição Federal (art. 150, III, "a") (...). (1ª T., REsp 739.342-RS, rel. Min. Francisco Falcão, j. 4.4.2006, *DJU*-1 4.5.2006, p. 141)

5. Contribuições

5.1 Natureza jurídica e espécies

Conceitualmente, contribuição é o "tributo vinculado cuja hipótese de incidência consiste numa atuação estatal indireta e mediatamente (mediante uma circunstância intermediária) referida ao obrigado".[103]

O CTN (art. 81) dispusera que a contribuição de melhoria cobrada pela União, pelos Estados, pelo Distrito Federal, ou pelos Municípios, no âmbito de suas respectivas atribuições, é instituída para fazer face ao custo das obras públicas de que decorra valorização imobiliária, tendo como limite total a despesa realizada e como limite individual o acréscimo de valor que da obra resultar para cada imóvel beneficiado.

Embora entenda que "nenhum tributo até agora designado contribuição, no Brasil — salvo a de melhoria —, é contribuição verdadeira, no

---

[103]. Geraldo Ataliba, *Hipótese de Incidência Tributária*, 6ª ed., 16ª tir., p. 152.

rigoroso significado do conceito", Ataliba[104] aceita que "a Constituição de 1988 resgatou a boa doutrina tradicional e restaurou a certeza quanto à inquestionabilidade do cunho tributário das contribuições (parafiscais ou não)".[105] Aduz que

o uso da expressão "contribuição" induz o prestígio de um mínimo, pelo menos, daqueles elementos que constam da elaboração da Ciência das Finanças. Ou seja, há uma sugestão mínima que indica que as contribuições são tributos que não se confundem com os impostos ou com as taxas, na catadura geral e funcionalidade.[106]

Apesar de as concepções doutrinárias constituírem importantes suprimentos para a configuração do tipo tributário, importa examinar o texto constitucional, a positividade jurídica, para se extrair o cerne da exação fiscal.

A Constituição Federal de 1988 caracteriza as contribuições como tributos, em razão de sua natureza (receitas derivadas, compulsórias) e por consubstanciarem princípios peculiares no regime jurídico dos tributos, que se encontram esparramados ao longo do discurso constitucional.

Seu art. 149 estabelece:

Art. 149. Compete exclusivamente à União instituir contribuições sociais, de intervenção no domínio econômico e de interesse das categorias profissionais ou econômicas, como instrumento de sua atuação nas respectivas áreas, observado o disposto nos arts. 146, III, e 150, I e III, e sem prejuízo do previsto no art. 195, § 6º, relativamente às contribuições a que alude o dispositivo.

§ 1º. Os Estados, o Distrito Federal e os Municípios instituirão contribuição, cobrada de seus servidores, para o custeio, em benefício destes, do regime previdenciário de que trata o art. 40, cuja alíquota não será inferior à da contribuição dos servidores titulares de cargos efetivos da União. [*redação dada pela Emenda Constitucional 41, de 19.12.2003*]

§ 2º. As contribuições sociais e de intervenção no domínio econômico de que trata o *caput* deste artigo: I – não incidirão sobre as receitas decorrentes de exportação; II – incidirão também sobre a importação de produtos estrangeiros ou serviços; [*redação dada pela Emenda Constitucional 42, de 19.12.2003*] III – poderão ter alíquotas: a) *ad valorem*, tendo por base o faturamento, a receita bruta ou o valor da operação e,

---

104. Idem, p. 182.
105. Idem, p. 191.
106. Idem, pp. 194-195.

no caso de importação, o valor aduaneiro; b) específica, tendo por base a unidade de medida adotada.

§ 3º. A pessoa natural destinatária das operações de importação poderá ser equiparada a pessoa jurídica, na forma da lei.

§ 4º. A lei definirá as hipóteses em que as contribuições incidirão uma única vez.

O art. 149-A dispõe:

Art. 149-A. Os Municípios e o Distrito Federal poderão instituir contribuição, na forma das respectivas leis, para o custeio do serviço de iluminação pública, observado o disposto no art. 150, I e III.

Parágrafo único. É facultada a cobrança da contribuição a que se refere o *caput*, na fatura de consumo de energia elétrica (Emenda Constitucional 39, de 13.12.2002).

O art. 146, citado, trata de "normas gerais em matéria de legislação tributária", especialmente sobre:

a) definição de tributos e de suas espécies, bem como, em relação aos impostos discriminados nesta Constituição, a dos respectivos fatos geradores, bases de cálculos e contribuintes; b) obrigação, lançamento, crédito, prescrição e decadência tributários; c) adequado tratamento tributário ao ato cooperativo praticado pelas sociedades cooperativas.

Dispõe o art. 150 o seguinte:

Art. 150. Sem prejuízo de outras garantias asseguradas ao contribuinte, é vedado à União, aos Estados, ao Distrito Federal e aos Municípios: I – exigir ou aumentar tributo sem lei que o estabeleça; (...); III – cobrar tributos: a) em relação a fatos geradores ocorridos antes do início da vigência da lei que os houver instituído ou aumentado; b) no mesmo exercício financeiro em que haja sido publicada a lei que os instituiu ou aumentou; c) antes de decorridos noventa dias da data em que haja sido publicada a lei que os instituiu ou aumentou, observado o disposto na alínea "b".

Sacha Calmon afirma:

São aplicáveis às contribuições parafiscais (art. 149) todo um rol de princípios tributários. É preciso, contudo, examinar a questão levando em conta as espécies de contribuição existentes no quadro da Constituição de 1988: as sociais, as corporativas e as interventivas.

As corporativas, destinadas aos interesses dos corpos representativos de categorias econômicas e profissionais, assumem, muitas vezes, a feição de tributo de captação. Cada cabeça um tanto. Ora há um valor fixo em moeda ou em valor (índice) que nela se possa exprimir (dívida de dinheiro ou dívida de valor), ora há percentual sobre parcela do salário (um dia por ano, *v.g.*).

As sociais, em prol dos diversificados escopos do sistema de Seguridade Social, são as mais importantes, numerosas, e as que mais se aparentam com o feitio ontológico e jurídico-positivo dos impostos. Por causa disso a elas se aplicam com maior intensidade os princípios constitucionais regentes da tributação.[107]

Enfaticamente, declara:

Nos termos do art. 149 da CF, as contribuições parafiscais em geral estão submetidas aos princípios retores da tributação, e às normas gerais de direito tributário, isto é, ao Código Tributário Nacional. São, pois, ontológica e normativamente, tributos. Em relação a elas incidem os princípios da legalidade, anterioridade, intertempo de 90 dias, irretroatividade e os conceitos de tributo, lançamento, obrigação etc., enfeixados no Código Tributário Nacional.[108]

Pondera Misabel Derzi que o art. 149 "veio espancar definitivamente quaisquer dúvidas em torno da natureza tributária das contribuições", determinando "de forma expressa e literal que se apliquem às contribuições os mais importantes princípios constitucionais tributários – da legalidade e da irretroatividade –, além de todas as normas gerais de direito tributário".[109]

Roque Carrazza é categórico:

Com a só leitura deste artigo já percebemos que (...). Todas elas [*as contribuições*] têm natureza nitidamente tributária, mesmo porque, com a expressa alusão aos "arts. 146, III, e 150, I e III", ambos da CF, fica óbvio que deverão obedecer ao *regime jurídico tributário*, isto é, aos princípios que informam a tributação, no Brasil.[110]

Américo Lacombe pontifica que

---

107. *Comentários à Constituição de 1988 – Sistema Tributário*, 3ª ed., p. 37.
108. Idem, p. 169.
109. "Contribuições", *RDTributário* 48/222-223.
110. *Curso de Direito Constitucional Tributário*, 31ª ed., p. 684.

o regime jurídico tributário dessas contribuições não se discute mais. Ora, tudo aquilo que está sujeito ao regime jurídico tributário é tributo. Se vamos classificar as instituições pelo regime jurídico, e isto é o correto, a natureza de qualquer instituição é definida pelo regime jurídico ao qual elas estão submetidas, e, evidentemente, essas contribuições têm a natureza jurídica de tributos.[111]

Paulo de Barros Carvalho afirma que "não é de agora que advogamos a tese de que as chamadas contribuições sociais têm natureza tributária (...) subordinando-se em tudo e por tudo às linhas definitórias do regime constitucional peculiar aos tributos".[112]

Ives Gandra da Silva Martins entende que o art. 149

encerra polêmica acerca de terem, ou não, as contribuições sociais natureza tributária, polêmica essa suscitada pela Emenda Constitucional 8/1977. Agora, definitivamente consagrou-se sua natureza tributária. Mais do que isto, consagrou, o constituinte, serem as contribuições sociais espécies tributárias.[113]

"A Constituição de 1988 eliminou grande parte do interesse prático da citada controvérsia" − na luz de Alberto Xavier −, "pois não só incluiu expressamente as contribuições no Capítulo VI − 'Do Sistema Tributário Nacional', ao lado dos impostos, das taxas, das contribuições de melhoria, dos empréstimos compulsórios, como também explicitou quais os princípios e garantias constitucionais a que deverão se submeter (...), acrescentando que 'nenhuma dúvida pode hoje subsistir quanto à natureza tributária das contribuições'."[114]

Sem adotar uma postura rígida e intransigente, Marçal Justen Filho esclarece que:

> Ao determinar a submissão das contribuições ao regime tributário (com determinadas restrições), a Constituição confirmou que inexiste identidade total e rigorosa entre as duas figuras. Se as contribuições apresentassem configuração precisamente idêntica à dos demais tributos não teriam sentido as regras dos arts. 149 e 154. Seriam suficientes as regras sobre tributos, sem necessidade de "extensão" expressa, às "contribuições especiais", do regramento tributário. Logo, as contribuições

111. "Contribuições no direito tributário brasileiro", *RDTributário* 47/191.
112. *Curso de Direito Tributário*, 19ª ed., pp. 42-43.
113. *A Constituição Aplicada*, vol. 3 ("Contribuições Sociais"), p. 15.
114. *Temas de Direito Tributário*, p. 25.

especiais sujeitam-se ao regime tributário, mas com determinados temperamentos, derivados de suas características.[115]

As contribuições sociais destinadas ao custeio da Seguridade Social encontram-se regradas no art. 195 da CF:

Art. 195. A Seguridade Social será financiada por toda a sociedade, de forma direta e indireta, nos termos da lei, mediante recursos provenientes dos orçamentos da União, dos Estados, do Distrito Federal e dos Municípios, e das seguintes contribuições sociais: I – do empregador, da empresa e da entidade a ela equiparada na forma da lei, incidentes sobre: a) a folha de salários e demais rendimentos do trabalho pagos ou creditados, a qualquer título, à pessoa física que lhe preste serviço, mesmo sem vínculo empregatício; b) a receita ou o faturamento; c) o lucro; II – do trabalhador e dos demais segurados da Previdência Social, não incidindo contribuição sobre aposentadoria e pensão concedidas pelo regime geral de Previdência Social de que trata o art. 201; III – sobre a receita de concursos de prognósticos; IV – do importador de bens ou serviços do exterior, ou de quem a lei a ele equiparar. (...).

§ 8º. O produtor, o parceiro, o meeiro e o arrendatário rurais e o pescador artesanal, bem como os respectivos cônjuges, que exerçam suas atividades em regime de economia familiar, sem empregados permanentes, contribuirão para a Seguridade Social mediante a aplicação de uma alíquota sobre o resultado da comercialização da produção e farão jus aos benefícios nos termos da lei (*redação dada pela Emenda Constitucional 20, de 15.12.1998*).

Nesse passo, é de se indagar a razão de a Constituição Federal de 1988 ter disciplinado as contribuições de forma diferenciada; as sociais genéricas, as interventivas e as corporativas no art. 149 (capítulo do "Sistema Tributário Nacional"); e as sociais previdenciárias no art. 195 (capítulo da "Seguridade Social"). Trata-se de categorias diversificadas, sujeitas a regime jurídico e princípios de natureza diversa?

Esta distinção foi captada por Misabel Derzi ao precisar que estas contribuições (as do art. 195) estão "submetidas a um regime constitucional próprio, peculiar e diferenciado das demais contribuições sociais, ou de intervenção no domínio econômico, ou ainda corporativas".[116]
Argumenta, outrossim, que

o conceito de Seguridade Social varia de direito positivo a outro, dependendo o seu conteúdo do momento histórico e das experiências viven-

---

115. "Contribuições sociais", *Caderno de Pesquisas Tributárias* 17/151.
116. "Contribuição para o FINSOCIAL", *RDTributário* 55/198.

ciadas de país para país. Entre nós, pelo menos do ponto de vista formal e objetivo, a Seguridade Social abrange o conjunto de ações destinadas a assegurar os direitos relativos à Saúde, à Previdência e à Assistência Social (art. 149). Nela não estão incluídos o direito à Educação, à habitação e outros que compõem o conjunto da "Ordem Social" em todo o Título VIII da Constituição.[117]

Destaca que

o conceito de contribuições sociais é assim mais amplo do que aquele de contribuições sociais destinadas a custear a Seguridade Social. O art. 149 regula o regime tributário das contribuições sociais (de caráter não previdenciário), regime que é comum aos demais tributos. Elas custeiam a atuação do Estado em outros campos sociais, como Salário-Educação (art. 212, § 5º), o Fundo de Garantia por Tempo de Serviço (FGTS, no custeio da casa própria), *et alii*, e não são objeto de qualquer exceção, sujeitando-se de forma integral ao regime constitucional tributário, mormente ao princípio da anterioridade da lei tributária ao exercício financeiro de cobrança.[118]

Lapidarmente informa que "as contribuições sociais são os instrumentos tributários previstos na Constituição de 1988 para o custeio da atuação da União nesse setor. E dentro desse campo – o social – as contribuições financiadoras da Seguridade Social (Previdenciária, Saúde, Assistência Social) são tão só a espécie do gênero maior, contribuições sociais".[119]

As primeiras podem implicar uma "parafiscalidade facultativa", pois podem ser arrecadadas diretamente pela União, integrar seu orçamento fiscal e, depois, pelo mecanismo das transferências, ser repassadas ao órgão ou pessoa criada para administrar o serviço.

As contribuições sociais, especializadas pelo custeio da Seguridade Social, escapam ao clássico princípio da anterioridade da lei tributária ao exercício da cobrança (art. 195, § 6º) e não podem integrar o orçamento fiscal da União, sujeitando-se a uma "parafiscalidade necessária", razão pela qual não lhes é aplicável o art. 7º do CTN. O regime constitucional peculiar que lhes foi imposto está integrado pelos arts. 149, 165, § 5º, III, 167, VIII, 194 e 195 da CF.

Essas contribuições caracterizam-se por:

117. Idem, ibidem.
118. Idem, ibidem.
119. Idem, p. 199.

1) serem exceção ao princípio da anterioridade da publicação da lei tributária ao exercício da cobrança; 2) serem exceção à regra genérica de que a pessoa competente tem também capacidade tributária ativa, falecendo à União, por meio da Receita Federal, aptidão para cobrá-las e administrá-las fiscalmente; 3) sujeitarem-se ao mesmo regime dos impostos residuais, quanto à instituição de novas fontes.[120]

Também as contribuições dispostas no art. 195 da CF revestem natureza tributária, a despeito de não se compreenderem no específico capítulo do "Sistema Tributário".

O Plenário do *XV Simpósio Nacional de Direito Tributário*, realizado em São Paulo no ano de 1990, deliberou que, "à luz da Constituição de 1988, todas as contribuições sociais inseridas nos arts. 149 e 195 ostentam natureza tributária".[121]

Ives Gandra da Silva Martins preleciona:

O art. 195 cuida de norma de direito previdenciário e assistencial financeiro e tributário. No que concerne ao direito tributário, fez menção o *caput* do artigo que cuida das três bases de cálculo para efeito das contribuições sociais, a saber: faturamento, lucro e mão de obra; o que já no sistema anterior existia com o PIS, ou com a contribuição previdenciária. Há a destacar-se no dispositivo o fato de que a pretérita discussão sobre se a contribuição teria uma natureza dicotômica (taxa/imposto), ou não, fica no atual texto constitucional definitivamente solucionada. No texto pretérito a discussão ainda poderia ser colocada, em nível acadêmico, mas no atual o problema inexiste. As contribuições sociais, portanto, têm natureza tributária, não se encontram mais na parafiscalidade, isto é, à margem do sistema, mas a ele agregadas.[122]

E ressalta que "não procede, por outro lado, o argumento dos que entendem que as contribuições do art. 195 não são tributárias. Se não o fossem não haveria necessidade de referências aos arts. 154, I, e 150, III, 'b', em seu corpo. A referida menção conforma definitivamente sua natureza tributária".[123]

Todavia, não é pacífica a caracterização das "contribuições" como espécies tributárias, haja vista dissensão doutrinária calcada em argumentação de diferente matiz. Assim é que Ruy Barbosa Nogueira traça

120. Idem, ibidem.
121. *Caderno de Pesquisas Tributárias* 15.
122. *Sistema Tributário na Constituição de 1988*, 3ª ed., pp. 121-125.
123. Idem, pp. 121-124.

uma distinção: "As contribuições são tributos, salvo as destinadas ao custeio da Assistência Social, que, por estarem reguladas no art. 195, inserto no Capítulo II do Título VIII, pertinente à 'Ordem Social', têm outra natureza".[124]

Com postura marcante quanto à dissociação das contribuições no âmbito tributário, Luiz Mélega demonstra que, "embora fazendo parte do capítulo reservado ao 'Sistema Tributário Nacional', não figura entre as espécies tributárias definidas no art. 145 da Constituição Federal (ou CF), onde os tributos, no nosso entendimento, são apenas os impostos, as taxas e as contribuições de melhoria"; e que "não são elas espécies tributárias, embora não possam ser elas criadas ou majoradas sem a observância de determinados princípios que regem a instituição e majoração dos tributos".[125] Complementa que "inúmeras outras restrições ou limitações que gravam os tributos não se aplicam às contribuições no regime instituído pela Carta Política de 1988, ainda que seja devido às peculiaridades características, que lhes impedem de produzir determinados efeitos, específicos dos tributos. Não se aplicariam às contribuições, nessa linha de raciocínio, as limitações do poder de tributar referidas nos incisos IV e V do art. 150 do Estatuto Político. E a do inciso VI, por ser específica dos impostos".[126]

E finaliza:

> Não nos parece, por tudo quanto foi exposto, que se possa dar como certa a natureza tributária das contribuições na Carta Política de 5.10.1988. O tão só fato de o legislador constituinte tê-las subordinado a certos princípios tradicionais, que devem ser rigorosamente observados na instituição e cobrança dos tributos, não é suficiente para transformá--las em tributos. Esse fato é até uma indicação de que se quis negar-lhes a natureza tributária. Também não parece decisiva a circunstância de algumas delas situarem-se no capítulo reservado ao "Sistema Tributário Nacional". Não haveria mesmo campo mais apropriado para inseri-las, já que se assemelham aos tributos no que respeita a certas exigências.[127]

De modo assemelhado, Hamílton Dias de Souza: "(...) no direito positivo brasileiro não têm as contribuições caráter tributário, embora

---

124. *Curso de Direito Tributário*, 1989, p. 128, e artigo in *Repertório IOB de Jurisprudência*, 1ª quinzena de janeiro/1990, p. 13.

125. "Algumas reflexões sobre o regime jurídico das contribuições na Carta Política de 1988", *Direito Tributário Atual* 11-12/3.291.

126. Idem, p. 3.293.

127. Idem, p. 3.297.

participem elas, em parte, do regime peculiar aos tributos".[128] E suplementa:

> A contribuição não se caracteriza somente pelo seu fato gerador mas, sobretudo por sua finalidade, exteriorizada pela atividade estatal desenvolvida e que se conecta indiretamente com o sujeito passivo. Além disso, e exatamente por se tratar de exação causal, é traço característico das contribuições que o produto de sua arrecadação seja destinado à atividade estatal que é o seu pressuposto. Por essas razões, aliadas à redação do art. 149 da CF, que manda aplicar às contribuições apenas o disposto nos seus arts. 146, III, e 150, I e III, assim indicando que as demais regras constitucionais tributárias a elas não se aplicam, parece-me que entre nós não foram essas figuras tratadas como tributos.[129]

Na vigência da Constituição de 1967 Marco Aurélio Greco sustentava a natureza tributária das contribuições, pois seu art. 18 falava que,

> além dos impostos, as pessoas políticas poderão instituir as taxas, contribuições de melhoria, e depois, mais adiante, o art. 21 previa: "empréstimo compulsório, contribuições de intervenção, contribuições sociais" etc. Vejam que o ponto de partida da Constituição de 1967 era o conceito de *imposto*, que nitidamente é uma espécie do gênero de tributo. Então, o referencial da Constituição era uma espécie tributária e, além destas, outras; ao usar a ideia de "outras" permitia toda discussão doutrinária para tentar saber quais seriam estas "outras", quantas "outras" haveria, etc. Só taxa ou contribuição de melhoria, ou também empréstimo compulsório e contribuições sociais, de intervenção e profissionais.

Passados três anos da promulgação da Constituição de 1988 o autor reelaborou sua anterior concepção, entendendo, então, que (a) não são tributo; (b) o fato gerador não é tão relevante quanto possa parecer; (c) não há necessariamente atividade estatal; (d) a referibilidade não é indireta; são uma figura pecuniária compulsória, mas não tributária.

E afirma:

> Se formos à Constituição de 1988 o quadro é diferente. O art. 145 nos diz que a União, Estados, Distrito Federal e Municípios podem instituir os "seguintes" tributos. Sublinho: *os seguintes tributos*. Quais? Imposto, taxa e contribuições de melhoria. Este é um referencial que não posso ignorar; ou seja, a Constituição de 1988, no art. 145, está *dando*

---

128. "Contribuições sociais", *Caderno de Pesquisas Tributárias* 17/421.
129. Idem, p. 422, nota de rodapé 12.

o gênero (seguinte tributo) e as espécies (impostos, taxas e contribuição de melhoria).

Analisando os preceitos que tratam das contribuições, observa que,

se o 149 manda aplicar normas típicas de direito tributário, se ele manda aplicar as normas gerais de direito tributário, se ele manda aplicar a legalidade, se manda aplicar a anterioridade e a retroatividade para as contribuições, é porque elas não estão dentro do âmbito tributário. Se estivessem, não precisaria mandar aplicar; bastaria, para tudo ficar definido, que houvesse um eventual item IV no art. 145 e toda a sistemática subsequente estaria automaticamente aplicada.

E confessa, publicamente:

Não me convence mais a visão puramente positivista do Direito. Também me penitencio porque fui eu que produzi um dos primeiros textos do direito tributário nitidamente kelsenianos, nitidamente positivistas. Hoje, acho que não é a melhor visão. Por quê? Porque *regime jurídico* tem que ser diferenciado de *essência da figura*. A natureza de uma figura jurídica não é dada pelo seu regime jurídico; o regime jurídico é o perfil formal de uma determinada entidade, mas não é a própria entidade. Por exemplo, posso ter um título executivo que vai estar submetido a um determinado regime jurídico, mas cada título executivo é diferente; e não posso confundir o conceito de título com o regime jurídico a que o título vai estar submetido. Da mesma forma, a identificação do regime jurídico, a que está submetida uma determinada figura, logicamente – e não cronologicamente – é uma decorrência da natureza que ela tiver, mas não é a sua própria natureza.

Salienta que "regime jurídico não define a essência ontológica da coisa; define a feição formal à qual ela vai estar submetida, mas não que ela seja aquilo".

Em seu sentir:

O fundamental, no regime atual da Constituição de 1988, é achar critérios de verificação da constitucionalidade da arrecadação; outro, é a *existência* de um grupo social organizado; outro, é identificar a *integração* a esse grupo e, além disso, se este grupo existe para uma determinada finalidade, que haja o *atingimento* concreto do objetivo; além de que, e aqui ficam alguns *flashes*, tem de existir uma *proporcionalidade* entre a participação do grupo e a contribuição que é exigida de quem pertence àquele grupo, e assim como deve haver algum critério de *dimensiona-*

mento ligado ao benefício diferencial que aquele contribuinte tem por pertencer ao grupo.[130]

As transcrições dos excertos doutrinários permitem visualizar os aspectos fundamentais e peculiares das contribuições. Cumpre examiná-los, para encontrar sua real, verdadeira e efetiva natureza jurídica, salientando Hugo de Brito Machado que "só tem sentido prático porque define o seu regime jurídico, vale dizer, define quais as normas jurídicas àquilo aplicáveis".[131]

Hugo de Brito Machado insiste em que, "em face da Constituição Federal de 1988, restou desprovida de interesse no direito positivo brasileiro a polêmica em torno da questão de saber se as contribuições sociais são, ou não, tributo".[132] No dizer de Ataliba:

> Na medida em que a perquirição da natureza jurídica dos institutos tem a finalidade única de desvendar qual é o regime jurídico que o sistema lhes dispensa (Celso Antônio) fica superada (ou inutilizada) a perquirição da natureza das contribuições, de vez que a própria Constituição Federal foi taxativa a respeito, mandando aplicar-se-lhes o regramento jurídico tributário.[133]

É cediço que a indicação contida na legislação complementar (art. 5º do CTN, estabelecendo que os "tributos são impostos, taxas e contribuição de melhoria"), por si só, é insuficiente para esgotar a questão, atentando-se singelamente para o postulado da hierarquia normativa, uma vez que a Constituição elenca um espectro mais abrangente de tributos.

O elemento topográfico é de todo irrelevante para a caracterização de um instituto jurídico, ou o tipo tributário. A circunstância de as contribuições sociais estarem mencionadas nos quadrantes da "Seguridade Social" não pode ter a virtude de interferir na essência da figura jurídica.

Américo Lacombe ensina que

> o fato de estar colocado fora do capítulo do "Sistema Tributário" não tira, de nenhuma contribuição, de nenhuma obrigação de entregar di-

---

130. Marco Aurélio Greco, exposição em *Seminário da Academia Brasileira de Direito Tributário*.

131. "Contribuições sociais", *Caderno de Pesquisas Tributárias* 17/91.

132. Idem, p. 39.

133. Geraldo Ataliba e J. A. Lima Gonçalves, "Contribuição social na Constituição de 1988", *RDTributário* 49/48.

nheiro ao Poder Público, só por esse fato, a natureza tributária. E tanto não tira que logo nos parágrafos deste artigo temos o § 4º, que diz: a lei poderá instituir outras fontes destinadas a garantir a manutenção ou expansão da Seguridade Social, obedecido o disposto no art. 154, I.[134]

Não é fundamental a asserção de que as contribuições não são tributos porque não lhes são aplicáveis todos os princípios conferidos aos impostos e taxas. Cada tipo tributário apresenta uma conotação distinta, regras diferenciadas; enfim, não são rigorosamente idênticos. Exemplificativamente: (a) as imunidades genéricas só se aplicam aos impostos (art. 150, VI); (b) admite-se certa excepcionalidade ao princípio da legalidade para alguns impostos (art. 153, § 1º); (c) a anterioridade não se aplica a determinados impostos (art. 153, I, II, IV e VI); (d) as alíquotas seletivas só são previstas para o IPI (art. 153, IV, e § 3º, I), ICMS (art. 155, II, e § 2º, III), IR (art. 153, III, e § 2º) e IPTU (arts. 156, I, e § 1º, e 182, e §§ 2º e 4º).

Com extrema felicidade, Hugo de Brito Machado ponderou que

> o fato de não estarem sujeitas, por força de norma que estabelece expressa ressalva, a determinada norma que compõe o regime jurídico do tributo não significa que as contribuições de Seguridade Social estejam excluídas do regime tributário. Alguns impostos também estão excluídos do princípio da anterioridade (Impostos de Importação, IPI, por exemplo) e nem por isto se diz que deixaram de ser tributo. Estar sujeito ao regime jurídico tributário não quer dizer estar a ele submetido inteiramente. A ressalva, no caso, não exclui o regime jurídico tributário, mas o confirma. A exceção confirma a regra.[135]

O Supremo Tribunal Federal consagrara a *natureza tributária das contribuições sociais* (Pleno, RE 138.284-CE, rel. Min. Carlos Velloso, j. 1.7.1992, *DJU* 28.8.1992) (v. Capítulo I, item "5. Classificação dos tributos"), ressaltando-se o voto vencedor do Min. Relator:

> *As contribuições parafiscais têm caráter tributário.* Sustento que constituem essas contribuições uma espécie de tributo ao lado dos impostos e das taxas, na linha, aliás, da lição de Rubens Gomes de Souza ("Natureza tributária da contribuição do FGTS", *RDA* 112/27, *RDP* 17/305). Quer dizer, as contribuições não são somente as de melhoria. Estas são uma espécie do gênero contribuição; ou uma subespécie da espécie contribuição. (...).

134. "Contribuições...", *RDTributário* 47/192.
135. "Contribuições sociais", *Caderno de Pesquisas Tributárias* 17/91-92.

O citado art. 149 institui três tipos de contribuições: a) contribuições sociais; b) de intervenção; c) corporativas. As primeiras, as contribuições sociais, desdobram-se, por sua vez, em: a.1) contribuições de Seguridade Social; a.2) outras de Seguridade Social; e a.3) contribuições sociais gerais.

Embora essa decisão tenha sido proferida há muitos anos, e tenham sido criadas novas contribuições sociais, o Supremo mantém-se fiel à mencionada diretriz, sendo oportuna a leitura de estudo de Eduardo Maneira a respeito do mencionado julgado.[136]

5.2 Destinação constitucional das contribuições vinculadas à Seguridade Social

Diva Malerbi observou, em trabalho conjunto com os professores José Artur Lima Gonçalves e Estevão Horvat, dedicado ao perfil constitucional das "contribuições sociais", ainda inédito, que "a característica diferencial mais marcante das contribuições em relação aos impostos e às taxas reside na circunstância de ser ela – contribuição – necessariamente relacionada com uma despesa ou vantagem especial referidas aos sujeitos passivos respectivos (contribuintes) (...)" e que "(...) outro elemento normativo previsto na Constituição de 1988 como peculiar às contribuições é a prévia, expressa e inequívoca destinação da respectiva receita (...)"; concluindo que "nas contribuições sociais, ao contrário dos demais tributos, é relevante para caracterizar uma exação não só a finalidade para a qual foi ela instituída, como também a afetação de sua receita ao custeio da atividade estatal que é pressuposto de sua criação".[137]

Sob esse prisma, revela-se destituída de plena eficácia a regra inserta no art. 4º, II, do CTN, no sentido de que para qualificar a natureza jurídica específica do tributo é irrelevante "a destinação legal do produto de sua arrecadação".

As linhas básicas das contribuições (no caso, as de natureza social, do art. 195) repousam na sua vinculação com a Seguridade Social, sendo desnecessário argumentar-se com a existência de elementos e situações financeiras.

---

136. In Misabel Abreu Machado Derzi (coord.), *Construindo o Direito Tributário na Constituição – Uma Análise da Obra do Ministro Carlos Mário Velloso*, pp. 59-72.

137. ArgInconst na AMS 38.950-SP, rela. Juíza Lúcia Figueiredo, j. 12.12.1991, m.v.

Devem as contribuições integrar, de forma direta, o orçamento dos órgãos de Assistência Social, como estatuído no inciso III do art. 165 da CF.

No tocante ao destino dos dinheiros públicos, como nota caracterizadora e distintiva das contribuições relativamente aos demais tributos, Misabel Derzi esclarece que:

> a) a Seção II do Capítulo II das "Finanças Públicas" intitula-se "Dos Orçamentos", palavra plural indicativa de que a lei orçamentária anual federal contém três orçamentos distintos, inconfundíveis, para a preservação do caixa dos órgãos de Seguridade Social. O art. 165, § 5º, estabelece que a lei orçamentária compreenderá o orçamento fiscal da União, o orçamento de investimento das empresas estatais e o orçamento da Seguridade Social; b) o art. 167, VI, veda o desvio, a transposição ou a "transferência de recursos de uma categoria de programação para outra, sem prévia autorização legal". O inciso VIII proíbe a utilização, sem anuência legal, "de recursos dos orçamentos fiscal e da Seguridade Social para suprir necessidade ou cobrir déficit de empresas, fundações e fundos, inclusive dos mencionados no art. 165, § 5º". Com isso se coíbe o estorno dentro de um mesmo orçamento ou de um orçamento para outro; c) o art. 195 dispõe que a Seguridade Social será financiada por toda a sociedade de forma indireta, por transferências advindas dos orçamentos da União, dos Estados, do Distrito Federal e dos Municípios, e de forma direta, por meio de contribuições sociais, pagas pelos empregadores (sobre a folha de salários, o faturamento e o lucro), e pelos trabalhadores; d) a Constituição Federal assegura descentralização da gestão administrativa da Seguridade no art. 194, VIII, e garante a cada área gerenciamento de seus próprios recursos, no art. 195, § 2º.[138]

Não se discute, como regra geral, que são despiciendos os elementos financeiros, políticos, econômicos, existentes no mundo fenomênico antes de ser editada a norma jurídica tributária, e não se questiona – em princípio – que a utilização dos valores recolhidos aos cofres públicos não se insere na temática do Direito afeto ao tributo, que se preocupa com o nascimento e a extinção do crédito tributário,[139] como antes se apontara.

Luciano da Silva Amaro aponta que

> a destinação, em regra, não integra a definição do regime jurídico do tributo. Nesse caso, obviamente, não se cogitará de desvio de finalidade

---

138. "Contribuição para o FINSOCIAL", *RDTributário* 55/211-212.

139. Cf. José Eduardo Soares de Melo, "Contribuições", *VI Congresso Brasileiro de Direito Tributário*, p. 52.

para efeito de examinar a legitimidade da exação. O que se afirma é que a destinação, quando valorizada pela norma constitucional, como nota integrante do desenho de certa figura tributária, representa critério hábil para distinguir essa figura de outras, cujo perfil não apresente semelhante especificidade.[140]

Eduardo Marcial Ferreira Jardim admite que "as contribuições parafiscais e os empréstimos compulsórios são presididos por regime jurídico que qualifica a destinação do produto oriundo da respectiva arrecadação como requisito imprescindível para a configuração de seus desenhos".[141]

Realçando o aspecto financeiro, Hugo de Brito Machado conclui que

nada impede que o legislador colha elementos da Ciência das Finanças para melhor delinear o perfil das espécies de tributos. Assim, parece-nos que na verdade a Constituição Federal de 1988 consagra as contribuições sociais como tributo com natureza jurídica específica, determinada pelos dois elementos conceituais acima indicados. São instituídas para atingir apenas aquelas pessoas ligadas por interesses profissionais ou econômicos, e a respectiva receita tem fim específico.[142]

E completa seu raciocínio: "Tais contribuições caracterizam-se, portanto, simplesmente pelo fato de ingressarem diretamente naquele orçamento a que se refere o art. 165, § 5º, item III, da CF".[143]

Marçal Justen Filho também perfilha tal diretriz:

Nas contribuições especiais a própria competência legislativa tributária já nasce afetada a um certo fim, escolhido diretamente pela Constituição, e, ao transformar a vinculação do produto da arrecadação em elemento distintivo de uma espécie tributária, a nova Constituição impôs nova dimensão ao fenômeno.[144]

As contribuições sociais constituem tributos de características específicas, vinculados a despesa especial ou vantagem referida aos contribuintes e que podem implicar, ou não, atuação estatal.

140. "Conceito e classificação de tributos", *RDTributário* 55/286.
141. *Instituições de Direito Tributário*, p. 187.
142. "Contribuições sociais", *Caderno de Pesquisas Tributárias* 17/93-94.
143. Idem, p. 95.
144. "Contribuições sociais", *Caderno de Pesquisas Tributárias* 17/158.

São inconstitucionais a instituição, a cobrança, a arrecadação e a fiscalização das contribuições por órgãos da Administração direta, mesmo diante da expressa previsão legal de posterior repasse dos recursos à Seguridade, por violarem o art. 195, I, da CF, em razão de inexistência de financiamento direto.

5.3 A não correspondência com imposto de destinação específica

A circunstância de a Constituição haver moldado as contribuições a fatos geradores de impostos nem implica considerá-las como "impostos com destinação específica", nem as desnatura como autênticas contribuições.

A propósito, Misabel Derzi elucida que "não é fácil distinguir a natureza jurídica específica dos tributos, em especial, diferenciar as verdadeiras contribuições, dos impostos com destinação específica".[145] Esclarece que Giannini,[146] há muitos anos, na Itália, já ensinara que tais impostos, denominados comumente de *contribuições* pelo legislador, incidem sobre determinadas classes ou grupo de pessoas em cujo proveito há uma particular destinação, com a qual o grupo possa ter especial interesse, sem, entretanto, que a obrigação tributária seja medida pela vantagem do contribuinte. Nem a destinação particular do tributo, nem a limitação do círculo dos contribuintes alteram a característica essencial do imposto. E acrescenta que a verdadeira e própria contribuição constitui uma figura distinta do imposto porque, no seu fundamento jurídico, além da sujeição ao poder império, há uma particular vantagem do contribuinte, derivada da atuação do Estado, de modo que "o débito não surge se a vantagem falta ou se a despesa estatal não ocorre e a medida não é proporcional à vantagem ou à despesa". Também Villegas exige que o pressuposto configure "uma vantagem ou benefício específico, para o contribuinte, na contribuição".[147]

No entender de Misabel Derzi:

> São critérios norteadores para o reconhecimento dos impostos com destinação específica, frequentemente denominados de "contribuições":
> – o fato de a destinação do tributo, seu objeto social ou econômico, não alterar a estrutura interna básica da norma de comportamento que o disciplina, quer no pressuposto ou hipótese, quer nos aspectos quantitativos da obrigação;

---

145. "Contribuição para o FINSOCIAL", *RDTributário* 55/202.
146. *Istituzioni di Diritto Tributario*, 8ª ed., p. 5.
147. *Curso de Direito Tributário*, p. 28.

– se a obrigação do sujeito passivo surgir pela simples realização do pressuposto (como faturar, auferir lucros, remunerar empregados, produzir...), de forma juridicamente independente do emprego dado ao produto arrecadado;

– se a obtenção dos resultados sociais ou econômicos, almejados pelo legislador, não ensejar a repetição do indébito, pois a destinação é apenas motivo que induziu a produção da norma, e não pressuposto ou fato gerador;

– se o dever pecuniário não é quantificado de acordo com a vantagem ou benefício advindo da atividade estatal;

– se houver atuação do Estado que se refira a um terceiro (ou a um grupo "e não ao contribuinte").

E ressalta que,

assim, o art. 195, conjugado com o art. 56 do ADCT, veio constitucionalizar verdadeiros impostos, com destinação específica, como contribuição social da Seguridade Social. O fato de se tratar de uma falsa contribuição e de um verdadeiro imposto disfarçado, pois incidente sobre o faturamento ou lucro das empresas, foi superado pela Constituição de 1988, devendo receber o tratamento constitucional daquelas contribuições.[148]

Sublinha, ademais, que

em muitos casos, talvez na maioria, temos verdadeiros impostos com destinação específica. Entretanto, os impostos com destinação específica são vedados pela Constituição em vigor, assim como o eram na anterior. Dispunha o art. 62, § 2º, da CF de 1969: "Ressalvados os impostos mencionados nos itens XVIII e IX do art. 21 e as disposições desta Constituição e de leis complementares, é vedada a vinculação do produto da arrecadação de qualquer tributo a determinado órgão, fundo ou despesa (...)".[149]

A Constituição de 1988 cancelou a possibilidade da abertura de exceções ao princípio da não afetação da receita de impostos por meio de leis complementares, tornando-o absoluto. Assim reza o art. 167, IV:

São vedados: (...) IV – a vinculação de receita de impostos a órgão, fundo ou despesa, ressalvadas a repartição do produto da arrecadação

---

148. "Contribuição para o FINSOCIAL", *RDTributário* 55/206.
149. Idem, ibidem.

dos impostos a que se referem os arts. 158 e 159, a destinação de recursos para manutenção e desenvolvimento do ensino e para realização de atividades da administração tributária, como determinado, respectivamente, pelos arts. 198, § 2º, 212 e 37, XXII, e a prestação de garantias às operações de crédito por antecipação da receita, previstas no art. 165, § 8o, bem como o disposto no § 4º deste artigo

Acrescenta Misabel Derzi:

O que distingue, com nitidez, os impostos com destinação específica das contribuições é que aqueles integram o orçamento fiscal da União e as contribuições são parafiscais, não devem integrar o orçamento fiscal, mas o orçamento da Seguridade ou de outras autarquias e pessoas (CREA, OAB, CRM, CRO, SENAC, SESI etc.).[150]

A Constituição de 1988, ao incorporar definitivamente as contribuições previdenciárias ao Sistema Tributário, afastou a jurisprudência contrária do Supremo Tribunal Federal e, expressamente, legitimou a incidência sobre o lucro, o faturamento e a folha de salários – hipóteses desvinculadas de atuação estatal relativa ao obrigado – caracterizadora de impostos.[151]

Sujeitas, portanto, as contribuições, destinadas ao custeio da Seguridade Social, ao mesmo regime residual dos impostos [*sendo que*] com isso fica claro que a destinação é relevantíssima para alguns fins, como para a identificação de regime constitucional peculiar; e, se assim não procedermos, legitimaremos invasões de competências, duplas ou tríplices imposições, anulando o rígido princípio federal de discriminação.[152]

A doutrina apresenta alguma vacilação para caracterizá-las, de modo *sui generis*, vislumbrando, mesmo, sua inexistência como figura autônoma, por não estarem regradas por princípios próprios e exclusivos.

Roque Carrazza afirma que "as 'contribuições' referidas no art. 149 e seu § 1º da Constituição são *tributos* (impostos ou taxas), *qualificados por sua finalidade*".[153] Enquanto, para Geraldo Ataliba, "se o legislador – como é comum acontecer – limitou-se a dar desenho de imposto (necessariamente de competência da União, que a invocação da ideia de contribuição não autoriza a invasão de competência), o intérprete aplicará o regime do art. 149, combinado com o mínimo básico (n. 79.3)

150. Idem, p. 201.
151. Misabel Derzi, idem, p. 207.
152. Idem, ibidem.
153. *Curso...*, 31ª ed., p. 767.

se a finalidade for inserida no mesmo art. 149";[154] e acentua que, "se o imposto é informado pelo princípio da capacidade contributiva e a taxa informada pelo princípio da remuneração, as contribuições serão informadas por princípio diverso".[155]

Taxativa é a posição de Wagner Balera:

> Lançando mão de um tributo cuja natureza é de imposto, e não de contribuição social – o que faz, ao nosso ver, claramente, ao escolher o fato do lucro como hipótese de incidência de um tributo devido pelo empregador –, o constituinte não está criando um ser com natureza dúplice. Apenas indica que o produto da arrecadação do imposto sobre o lucro terá destinação específica: o custeio da Seguridade Social.[156]

Interessante a análise das materialidades e quantificações das contribuições, apuradas cientificamente por Sacha Calmon:

> As contribuições parafiscais ou apresentam como *fatos geradores* serviços paraestatais, específicos e divisíveis, efetivos ou potenciais, em favor de certos contribuintes, e nesse caso são taxas (se a base de cálculo for proporcional aos serviços prestáveis), ou apresentam como *fato gerador* situações próprias do contribuinte, independentemente de *qualquer atuação estatal relativa a ele, enquanto pagante*, tais como "ser empregado", "ser empregador", "faturar", "ter lucro", "empregar rurícolas" etc. As bases de cálculo colhem o "faturamento", "o lucro", a "folha de salários", "parte do salário", confirmando que se tributa *fato do contribuinte*. E, nesses casos, são impostos. Uma análise pormenorizada dos "fatos jurígenos" das contribuições parafiscais demonstra a assertiva de maneira matemática e contundente, sempre apontando para a espécie do *imposto afetado*.[157]

E, com argúcia, Gilberto de Ulhôa Canto:

> Sério equívoco da Carta de 1988 foi permitir, no inciso I do art. 195, a criação de contribuições incidentes sobre fatos geradores e bases de incidência típicas de impostos, gerando inúmeras oportunidades de confusão, que nos dias que correm têm sido motivo de incontáveis pleitos judiciais.[158]

---

154. *Hipótese...*, 6ª ed., 16ª tir., p. 194.
155. Idem, p. 195.
156. *Seguridade Social na Constituição de 1988*, p. 57.
157. *Comentários...*, 3ª ed., p. 185.
158. "Contribuições sociais", *Caderno de Pesquisas Tributárias* 17/40.

As contribuições tipificam-se como tributos, por traduzirem receitas públicas derivadas, compulsórias, com afetação a órgão específico (destinação constitucional), e por observarem regime jurídico pertinente ao sistema tributário.

6. Parafiscalidade

A sistemática financeira concernente à descentralização da arrecadação das receitas públicas tem gerado dificuldades na precisa caracterização jurídica das contribuições.

A palavra *parafiscalité* teria sido pela primeira vez empregada em 1947, no *Inventaire Schumann*, elaborado pelo Ministro da Economia francês que lhe deu o nome, sendo que

> a sua origem foi a desorganização que as guerras causaram nas coletividades, pela perda de vidas, de bens materiais, de habitações e de empregos, pela dispersão de pessoas e famílias e a incerteza do seu futuro, principalmente na Europa. Para enfrentar as necessidades de alojamento, alimentação, assistência médica, o Estado teve, subitamente, sem tempo, vagar ou inspiração para qualquer planejamento, que atender a milhões de pessoas de algum modo atingidas. Os recursos necessários ao custeio das atividades resultantes dos danos de guerra não poderiam provir de dotações orçamentárias normais. Por isso, urgência e presteza exigiram geração pronta de recursos e descentralização de métodos para torná-los disponíveis e aplicáveis aos fins a que destinados.[159]

A doutrina tem estudado com detença esta figura jurídica, conforme apurado nas obras de Emanuele Morselli,[160] Henry Laufenburger[161] e Jean Guy Merigot.[162]

No Brasil podem ser destacados diversos estudos realizados desde a anterior Constituição, como se contém nos trabalhos de Paulo César

---

159. Gilberto de Ulhôa Canto, Antônio Carlos Garcia de Souza e Marcelo Beltrão da Fonseca, "Contribuições sociais", *Caderno de Pesquisas Tributárias* 17/27.
160. "Le point de vue théorique de la parafiscalité", *Revue de Science et de Législation Financières* 43/84 e ss., e "Une réplique", *Revue de Science et de Législation Financières* 43/767 e ss.
161. "À propos du point de vue théorique de la parafiscalité", *Revue de Science et de Législation Financières* 43/340 e ss.
162. "Éléments d'une théorie de la parafiscalité", *Revue de Science et de Législation Financières* 41/131 e ss., com tradução de Guilherme dos Anjos ("Elementos de uma teoria da parafiscalidade") in *RDA* 33/34 e ss.

Gontijo,[163] Sylvio dos Santos Faria,[164] Emanuele Morselli,[165] Heron Arzua,[166] A. Theodoro Nascimento,[167] Hely Lopes Meirelles,[168] Geraldo Ataliba,[169] Ruy Barbosa Nogueira,[170] Rubens Gomes de Sousa[171] e Brandão Machado.[172]

A propósito, cito alguns conceitos:

É uma técnica que, em regime de intervencionismo econômico e social, visa a criar e utilizar receitas de aplicação específicas, extraordinárias, percebidas sob autoridade, à conta de órgãos de economia dirigida, de organização profissional ou de Previdência Social, seja pelos órgãos beneficiários diretamente, ou seja pelas repartições fiscais do Estado.[173]

A parafiscalidade consiste na atribuição do poder fiscal, pelo Estado, a entidade de caráter autônomo investida de competência para o desempenho de alguns fins públicos, geralmente os de Previdência Social e organização de interesse profissional em harmonia com o interesse público.[174]

Após proceder à distinção das necessidades públicas em *fondamentali* (que correspondem às finalidades do Estado de natureza essencialmente política) e em *complementari* (ligadas aos objetivos sociais e econômicos), Emanuele Morselli pondera, com agudeza, que a teoria da parafiscalidade está ligada às finanças complementares, concluindo que "a parafiscalidade é também tributária, pelas receitas que exige dos pertencentes aos grupos econômicos e sociais cuja necessidade particular satisfaça".[175]

    163. *A Parafiscalidade*, 1958.
    164. *Aspectos da Parafiscalidade*, 1955.
    165. *Parafiscalidade e seu Controle*.
    166. *Contribuição ao Estudo dos Tributos Parafiscais*, 1974.
    167. "Preços, taxas e parafiscalidade", vol. VII do *Tratado de Direito Tributário Brasileiro*, 1977.
    168. "Autarquias e entidades paraestatais", *RT* 322/19-43.
    169. "Regime constitucional da parafiscalidade", *RDA* 86/16 e ss.
    170. "Contribuições parafiscais", *RT* 321/38.
    171. "Natureza tributária das contribuições ao FGTS", *RDP* 17/305 e ss.
    172. *Direito Tributário Atual*, 1987/1988, e *Princípios no Direito Brasileiro e Comparado – Estudos em Homenagem a Gilberto de Ulhôa Canto*, pp. 62 e ss.
    173. Jean Guy Marigot, "Elementos...", *RDA* 33/62.
    174. Cláudio Pacheco, *Tratado das Constituições Brasileiras*, vol. III, p. 429.
    175. *Parafiscalidade e seu Controle*, p. 24.

Segundo se percebe, este fenômeno tem implicação específica com o aspecto pessoal da estrutura normativa tributária, no atinente ao seu sujeito ativo, inerente ao destino das receitas.

Amílcar de Araújo Falcão esclareceu serem as contribuições parafiscais

> verdadeiros tributos, cuja única peculiaridade relevante está em que a sua arrecadação e emprego do produto obtido são delegados a entes institucionalmente destacados do Estado e dotados de personalidade jurídica própria. Conforme os fatos geradores que lhes sejam atribuídos, definir-se-ão as contribuições parafiscais, *in genere*, como contribuição de melhoria, taxa ou imposto, e, nesse último caso, serão uma espécie caracterizada como imposto de categoria correspondente (sobre vendas e consignações, venda, consumo etc.). Logo, as contribuições parafiscais também estão sujeitas ao princípio da discriminação de rendas.[176]

O exato enquadramento jurídico da parafiscalidade circunscreve-se e decorre da análise e compreensão das figuras da *competência* e da *capacidade tributária*.

Roque Carrazza assevera que "a competência tributária é a aptidão para criar tributos descrevendo (ou alterando) por meio de lei (no caso, ordinária) seus elementos essenciais (hipótese de incidência, sujeito ativo, sujeito passivo, base de cálculo, alíquota)".[177] Situa o instituto da competência em um âmbito eminentemente constitucional, entendendo que o assunto foi esgotado pelo constituinte e que "em vão pois, buscaremos, nas normas infraconstitucionais (*v.g.*, nas contidas nas leis complementares), diretrizes a seguir, sobre a criação, *in abstracto*, de tributos. Neste campo, elas, na melhor das hipóteses, explicitam o que, porventura, se encontra implícito na Constituição (nada de novo, porém, podem agregar-lhe ou subtrair-lhe)".[178]

A doutrina estrangeira também tem perfilhado a mesma conceituação de competência, conforme se pode observar de trechos da citada obra de Carrazza, que, para melhor conhecimento, transcrevo: "O poder tributário (competência tributária) consiste na faculdade de exigir tributos ou estabelecer isenções, ou seja, no poder de sancionar normas jurídicas das quais deriva, ou pode derivar, a carga de determinados indivíduos ou categorias de indivíduos, a obrigação de pagar um imposto ou de respeitar um limite tributário". É, em suma, "o poder de gravar"

---

176. *Sistema Tributário Brasileiro*, pp. 53-54.
177. *Princípios Constitucionais Tributários e Competência Tributária*, p. 146.
178. Idem, p. 149.

(Fonrouge).[179] E prossegue: "Usualmente, a expressão 'poder tributário' (competência tributária) significa a faculdade ou possibilidade jurídica do Estado de exigir contribuições (tributos), das pessoas ou bens que se achem dentro de suas fronteiras ou limites territoriais" (Narciso Amorós Rica).[180] E, também, "o poder tributário (competência tributária) refere-se aos entes públicos que estão facultados a estabelecer tributos, vale dizer, a editar normas tributárias" (Sainz de Bujanda).[181] "A competência tributária é a faculdade que tem o Estado de criar unilateralmente tributos, cujo pagamento será exigido das pessoas submetidas à sua soberania" (Villegas).[182]

Outrossim, a indelegabilidade constitui uma das características fundamentais da competência, não podendo ser objeto de renúncia, muito menos de delegação a terceiros, posto que, "quando o Texto Magno outorga uma competência, ele tem em mira promover um interesse público, que só considera atingível por intermédio da atuação do titular escolhido (pessoa, órgão, autoridade etc.)".[183]

Roque Carrazza observa que

a indelegabilidade reforça a noção de que a competência tributária não é patrimônio absoluto da pessoa política que a titulariza. Esta pode exercitar a competência tributária, ou seja, pode criar o tributo, mas não tem a total disponibilidade sobre ela. Melhor dizendo, não é senhora do poder tributário (que se confunde com a própria soberania), mas titular da competência tributária, que está submetida às regras constitucionais.[184]

De forma bem oportuna, cita Celso Antônio Bandeira de Mello:

As competências públicas, outorgadas pela Constituição, não são bens disponíveis, não podem ser transacionadas gratuita ou onerosamente, pelas pessoas jurídicas públicas nelas investidas. É sabido e ressabido que sua disposição escapa ao alvedrio de quem as possui. Por isso não há muito como intercambiá-las. São comandos impositivos para as entidades que as receberam. Em nada se assemelham a bens jurídicos transmissíveis.[185]

---

179. *Conceitos de Direito Tributário*, p. 37.
180. *Derecho Tributario*, 2ª ed., p. 158.
181. "Poder financeiro", in *Notas de Derecho Financiero*, t. I, vol. 2º, p. 5.
182. *Curso de Direito Tributário*, p. 82.
183. Roque Antônio Carrazza, *Princípios...*, p. 179.
184. Idem, p. 181.
185. "Abastecimento de água. Serviço público. Regime jurídico das taxas", *RDP* 55-56/100.

São traços privativos da competência tributária, no Brasil: "a) a privatividade; b) a indelegabilidade; c) a imprescritibilidade; d) a inalterabilidade; e) a irrenunciabilidade; f) a facultatividade".[186]

É Roque Carrazza, ainda, quem ensina que "a capacidade tributária ativa é a aptidão de uma pessoa figurar no polo positivo da obrigação tributária. Correlaciona-se com o sujeito que ocupa a posição de credor dentro da obrigação tributária e que detém, portanto, a titularidade do direito subjetivo à prestação tributária".[187]

Oferece precisas considerações a respeito da transferência (ou delegação) de tal capacidade, na figura dos "auxiliares dos sujeitos ativos", como observa: "A arrecadação tributária é feita, em geral, pelo órgão destinatário do tributo, por meio de seus competentes órgãos. Nada impede, porém, que tal incumbência seja confiada a uma pessoa qualquer (pública ou privada), estranha à organização administrativa do mesmo". Conclui tratar-se do fenômeno da "parafiscalidade", definindo-o, mais especialmente, como "a atribuição, pelo titular da competência tributária, mediante lei, de capacidade tributária ativa a pessoas públicas ou privadas (que persigam finalidades públicas ou interesse público) diversas do ente impositor, que, por vontade dessa mesma lei, passam a dispor do produto arrecadado para a consecução dos seus objetivos".[188]

De modo abrangente, Paulo de Barros Carvalho entende que

> o sujeito ativo, que dissemos ser o titular do direito subjetivo de exigir a prestação pecuniária, no Direito Brasileiro, pode ser uma pessoa jurídica pública ou privada, mas não visualizamos óbices que impeçam venha a ser a pessoa física. Entre as pessoas jurídicas de direito público temos aquelas investidas de capacidade política de direito constitucional interno – dotadas de poder legislativo e habilitadas, por isso mesmo, a inovar a organização jurídica, editando normas. Há outras, sem competência tributária, mas credenciadas à titularidade de direitos subjetivos, como integrantes de relações jurídicas obrigacionais. Entre as pessoas de direito privado, sobressaem as entidades paraestatais, que, guardando a personalidade jurídica privada, exercitam tais funções de grande interesse para o desenvolvimento de finalidades públicas. Por derradeiro, e como já adiantamos, há possibilidade jurídica de uma pessoa física vir a ser sujeito ativo da obrigação tributária. A hipótese traz como pressu-

---

186. Roque Antônio Carrazza, *Princípios...*, p. 259.
187. *O Sujeito Ativo da Obrigação Tributária*, p. 101.
188. Idem, p. 40.

postos que tal pessoa desempenhe, em determinado momento, atividade exclusiva e de real interesse público.[189]

Geraldo Ataliba obtempera: "Se, entretanto, a lei quiser atribuir a titularidade da exigibilidade de um tributo a outra pessoa que não a competente para instituí-lo, deverá ser expressa, designando-a explicitamente; na maioria das vezes, assim configura a parafiscalidade".[190]

Em sentido oposto, Roque Carrazza compreende que "a parafiscalidade, embora passível de receber tratamento estritamente jurídico (e não apenas metajurídico, como, do primeiro súbito de vista, pode parecer), não pertence aos lindes do direito tributário", por entender que "a destinação legal de um tributo não altera a natureza jurídica do mesmo".[191]

A parafiscalidade, para Aires Barreto, resulta da conjugação dos seguintes fatores: "(a) atribuição a pessoas diversas do Estado de exações compulsórias e (b) que os recursos auferidos nessa condição destinem-se especificamente aos fins precípuos dos mesmos órgãos que os arrecadam".[192]

Dissentindo de consagrada postura de Baleeiro, que qualificou o termo "parafiscalidade" de neologismo afortunado, Geraldo Ataliba sublinha que

"contribuição parafiscal" parece ser fórmula mágica – como que um "abre-te-Sézamo" – que derroga os princípios constitucionais, arreda os direitos fundamentais, paralisa o regime tributário e exclui qualquer consideração jurídica. Quem a invoca, como num "passe" de prestidigitação, substitui ao senso jurídico o bom senso, que, em ciência, vale tanto quanto o palpite ou a hipótese não demonstrada.[193]

Singelamente, o autor coloca a parafiscalidade como "a atribuição, pela lei, da capacidade de serem sujeito ativo de tributos (...) pessoas diversas da União, Estados e Municípios", distinguindo-a da "fiscalidade", que é a "arrecadação de tributos próprios pelo Estado".[194] E salienta que "a circunstância de um tributo ser batizado de 'contribuição parafiscal' não implica necessariamente natureza específica de contribuição (art. 4º

---

189. *Curso de Direito Tributário*, 1977, p. 177.
190. *Sistema Constitucional Tributário Brasileiro*.
191. *O Sujeito Ativo...*, p. 38.
192. "Contribuições especiais Fundo PIS/PASEP", *Caderno de Pesquisas Tributárias* 2/26.
193. *Hipótese de Incidência Tributária*, 6ª ed., 16ª tir., p. 188.
194. Idem, p. 189.

do CTN), nem permite se posterguem as exigências constitucionais que disciplinam e limitam a tributação".[195]

Importante considerar a perene lição de Aliomar Baleeiro, apontando os quatro elementos como características das contribuições parafiscais:

a) delegação do poder fiscal do Estado a um órgão oficial ou semioficial autônomo; b) destinação especial ou "afetação" dessas receitas aos fins específicos cometidos ao órgão oficial ou semioficial investido daquela delegação; c) exclusão dessas receitas delegadas ao orçamento geral (seriam, então, "para-orçamentárias", "parabudgetárias", segundo Laferrière); d) consequentemente, subtração de tais receitas à fiscalização do Tribunal de Contas ou órgão de controle da execução orçamentária.[196]

O conceito de "parafiscalidade" há que ser repensado à luz do ordenamento constitucional vigente.

É inquestionável que a titularidade para instituir tributos é outorgada às pessoas políticas de direito público, de conformidade com a partilha das receitas estabelecida constitucionalmente.

Também não se discute que os Poderes Públicos podem transferir o direito de cobrar e arrecadar os valores tributários em razão de interesses operacionais, sem que tal procedimento acarrete mudança em sua titularidade jurídica.

Essa denominada *parafiscalidade* possui traços jurídicos especiais no que tange às contribuições em geral (art. 149), e em especial às contribuições "sociais" destinadas à Seguridade Social (art. 195).

Com efeito, como já havia me expressado,

os contornos, os lineamentos, as características, em suma, as notas distintivas das contribuições (no caso, as de natureza social), repousam na sua vinculação com a Seguridade Social, sendo despiciendo argumentar-se com elementos e situações meramente financeiras. Devem as contribuições integrar, de forma direta, o orçamento dos órgãos previdenciários, como estatuído no inciso III, § 5º, do art. 165 da CF.[197]

Esse mandamento constitucional representa autorização para que a norma das contribuições, necessariamente, disponha sobre a legitimida-

---

195. Idem, p. 190.
196. *Uma Introdução à Ciência das Finanças*, 2ª ed., vol. II, pp. 445 e 448.
197. José Eduardo Soares de Melo, "Contribuições sociais", *Caderno de Pesquisas Tributárias* 17/236.

de dos órgãos assistenciais para exigi-las, e ficar com o produto de sua arrecadação.

Consequentemente, não se está cogitando de simples expediente financeiro, de mera técnica de cobrança, ou facilidade operacional. Por inarredável diretriz constitucional, a lei deve contemplar o legítimo titular do direito à percepção do tributo (contribuição), observando rigorosamente o regime jurídico tributário.

Capítulo III
ESPÉCIES DE CONTRIBUIÇÕES

1. Contribuições de custeio. Espécies: 1.1 COSIP – 1.2 Contribuição confederativa. 2. Contribuições sociais genéricas: 2.1 FGTS – 2.2 Salário-Educação: 2.2.1 Aspectos da ilegitimidade na Constituição anterior – 2.2.2 A questionável juridicidade na Constituição de 1988 – 2.2.3 Vícios da Lei 9.424/1996 – 2.2.4 Estrutura normativa vigente – 2.3 Contribuições destinadas a entidades privadas. Sistema "S" (Serviços Sociais Autônomos): 2.3.1 A recepção de normas anteriores à Constituição – 2.3.2 As empresas prestadoras de serviços. 3. Contribuições de Intervenção no Domínio Econômico (CIDEs): 3.1 Pressupostos – 3.2 O AFRMM e a relação com o ICMS: 3.2.1 Contornos legais – 3.2.2 Natureza jurídica – 3.2.3 AFRMM e lineamentos do ICMS – 3.3 Contribuição ao IAA – 3.4 FUST – 3.5 FUNTTEL – 3.6 Financiamento ao Programa de Estímulo à Interação Universidade/Empresa para Apoio à Inovação (Tecnologia) – 3.7 Operações com petróleo, gás natural (e seus derivados) e álcool combustível – 3.8 CONDECINE – 3.9 SEBRAE – 3.10 INCRA. 4. Contribuições de Interesse de Categorias Profissionais ou Econômicas: 4.1 Contribuições profissionais – 4.2 Contribuições sindicais. 5. Contribuições à Seguridade Social: 5.1 Elementos: 5.1.1 Sujeição ativa – 5.1.2 Sujeição passiva: 5.1.2.1 Empregador, empresa, entidade equiparada, importador e equiparado: 5.1.2.1.1 A inexistência de empregados – 5.1.2.1.2 A substituição tributária e a retenção na fonte – 5.1.2.2 Folha de salários e rendimentos do trabalho – 5.1.2.3 Trabalhadores – 5.1.2.4 Receita de concurso de prognósticos – 5.2 COFINS: 5.2.1 Faturamento. Conceito: 5.2.1.1 Lei Complementar 70/1991 – 5.2.2 Receita: 5.2.2.1 Nova estrutura normativa – 5.2.2.2 Vícios da Lei federal 9.718/1998 – 5.2.2.3 A Emenda Constitucional 20/1998 caracteriza a inconstitucionalidade da Lei 9.718/1998 – 5.2.2.4 A Emenda Constitucional 20/1998 contém vício formal – 5.2.2.5 A receita total como base de cálculo: 5.2.2.5.1 Venda inadimplida e cancelamento de venda – 5.2.2.6 Exclusões da base de cálculo – 5.2.2.7 O aumento da alíquota da COFINS ofende o princípio constitucional da isonomia – 5.2.2.8 Operações imobiliárias e atividades de construção – 5.2.2.9 Sociedades civis profissionais – 5.2.3 Sistemática vigente – 5.3 CSLL: 5.3.1 Lucro. Conceito – 5.3.2 Estrutura normativa – 5.3.3 A compensação da CSLL com a COFINS – 5.4 PIS: 5.4.1 Previsão constitucional – 5.4.2 O PIS na Constituição de 1967: 5.4.2.1 A natureza tributária – 5.4.2.2 A mudança da natureza jurídica para contribuição (não tributária) – 5.4.2.3 A não recepção da lei complementar pela Emenda 8/1977 – 5.4.2.4 A incidência sobre a receita bruta – 5.4.3 O PIS na Constituição de 1988: 5.4.3.1 A aplicação da Lei Complementar 7/1970 – 5.4.3.2 A evolução da estrutura normativa – 5.4.3.3 Alíquotas – 5.4.3.4 Bases de cálculo –5.4.3.5 Prazo de recolhimento – 5.4.3.6 Operações imobiliárias – 5.4.3.7 Sistemática vigente – 5.5 PASEP: 5.5.1 Contribuintes e responsáveis – 5.5.2 Folha de salários – 5.5.3 Base de cálculo – 5.5.4 Alíquota – 5.6 Seguro de Acidente do Trabalho: 5.6.1 Evolução legislativa a partir da Constituição Federal de 1988 – 5.6.2 Sistemática vigente a partir de 2010 – 5.7 Cessão de mão de obra, retenção na fonte e compensação – 5.8 Sociedades cooperativas – 5.9 Serviço Social Rural –5.10 Contribuição residual – 5.11 Fontes alternativas de custeio da Seguridade Social. 6. Importação: 6.1 Fundamentos jurídicos – 6.2 Fatos geradores – 6.3 Sujeitos passivos – 6.4 Bases de cálculo – 6.5 Alíquotas. 7. Retenção na fonte.

1. Contribuições de custeio. Espécies

1.1 COSIP

A Emenda Constitucional 39, de 19.12.2002 (publicada no dia seguinte), introduziu preceito à Constituição Federal de 1988 (art. 149-A) dispondo sobre a *contribuição para custeio do serviço de iluminação pública*.

Entretanto, esta esdrúxula contribuição não se compadece com a sistemática constitucional tributária, porque reveste a fisionomia jurídica da malsinada Taxa de Iluminação Pública, com inconstitucionalidade decretada pelo Supremo Tribunal Federal na forma seguinte:

• Tributário – Município de Niterói – Taxa de iluminação pública – Arts. 176 e 179 da Lei municipal n. 480, de 24.11.1983, com a redação dada pela Lei n. 1.244, de 20.12.1993.

Tributo de exação inviável, posto ter por fato gerador serviço inespecífico, não mensurável, indivisível e insuscetível de ser referido a determinado contribuinte, a ser custeado por meio do produto da arrecadação dos impostos gerais.

Recurso não conhecido, com declaração de inconstitucionalidade dos dispositivos sob epígrafe, que instituíram a taxa no Município. (Pleno, RE 231.764-6, rel. Min. Ilmar Galvão, j. 10.3.1999, *DJU*-1 21.5.1999, p. 25)

• O serviço de iluminação pública não pode ser remunerado mediante taxa. (Súmula Vinculante 41 do STF)

Tendo o Supremo Tribunal Federal caracterizado a espécie tributária como "imposto" (exação não vinculada à atuação do Poder Público), não há embasamento constitucional para travesti-lo em outra espécie – "contribuição" –, como se a simples denominação pudesse alterar sua essência jurídica.

Despiciendo reproduzir os conceitos e as distintas características das referidas figuras tributárias, mostrando a nova contribuição, *prima facie*, que não atende aos pressupostos para sua previsão normativa, uma vez que não se direciona a um grupo determinado de pessoas (ao contrário, atende a um número infinito de pessoas); não causa benefício especial ao contribuinte (mas à coletividade); e nem se vincula a uma determinada entidade. Continua sendo caracterizado como imposto com destinação específica, de notória inconstitucionalidade.

É difícil conceber que os mais de 5.500 Municípios venham a instituir a mencionada contribuição de modo uniforme e homogêneo, observando a regular estrutura normativa, os princípios constitucionais e os critérios jurídicos adequados.

Nesse sentido, a Lei 13.479, de 30.12.2002, do Município de São Paulo, instituiu sua COSIP, sendo regulamentada pelo Decreto 56.751, de 29.12.2015, destacando-se os pontos seguintes:

a) Finalidade: custeio do serviço de iluminação pública, que compreende a iluminação de vias, logradouros e demais bens públicos, a instalação, a manutenção, o melhoramento e a expansão da rede de iluminação pública, além de outras atividades correlatas;

b) Contribuinte: todo aquele que possua ligação de energia elétrica regular ao sistema de fornecimento de energia;

c) Responsável: a concessionária de serviço público de distribuição de energia elétrica, competindo efetuar a cobrança na fatura de consumo de energia elétrica e repassar o valor do tributo arrecadado por conta do Tesouro Municipal especialmente designado para tal fim;

d) Valor: previsto na Lei 13.479, de 30.12.2002, ou seja, R$ 3,50 para consumidores residenciais; e R$ 11,00 para consumidores não residenciais, atualizados nos termos da lei, anualmente, pelo mesmo índice de reajuste da tarifa de energia elétrica.

Embora esteja prevista a destinação da contribuição a um "fundo especial", vinculado exclusivamente ao custeio do serviço de iluminação pública, ficando o Executivo obrigado a encaminhar à Câmara Municipal programa de gastos e investimentos e balancete anual, o fato é que sua instituição fora cometida a regulamento – o que fere o princípio da legalidade, com as naturais injuridicidades e inconveniências.

Argumenta-se que a competência para explorar os serviços e instalações de energia elétrica não é municipal e nem distrital, mas sim federal, nos termos do art. 21, XII, "b", da CF, ao dispor que compete à União explorar, diretamente ou mediante autorização, concessão ou permissão, os serviços e instalações de energia elétrica, e o aproveitamento energético dos cursos de água, em articulação com os Estados, onde se situam os potenciais hidroenergéticos.[1]

Assevera-se que a nova contribuição constitui-se numa fraude à coisa julgada, atingindo a independência do Judiciário; alveja o pacto federativo subjacente à partilha tributária, ao ensejar que uma tributação municipal restrinja o gasto de energia elétrica privativo de sujeição ao ICMS; somente um novo imposto residual poderia ser cogitado como a necessária fonte de custeio do serviço de iluminação pública; o munícipe não pode ser considerado contribuinte pelo fato de estar ligado à rede de fornecimento de energia domiciliar; e que a base de cálculo não pode alcançar as obras de extensão e melhoramento da rede elétrica pública, por serem encargos dos concessionários.[2]

Na ação civil pública promovida pelo Instituto Brasileiro de Defesa do Consumidor – IDEC em face da Prefeitura do Município de São Paulo relativamente à Lei 13.479/2002, o Superior Tribunal de Justiça deixou de apreciar pedido de suspensão de tutela antecipada em razão de competência do Supremo Tribunal Federal em matéria de índole constitucional (AgRg 60-2003/0235842-2, decisão do Min. Édson Vidigal, de 17.1.2005, *DJU* 2.2.2005).

O Supremo Tribunal Federal suspendeu os efeitos da decisão concessiva de tutela antecipada (ACP 724/2003) que obstara à cobrança da COSIP, sob o fundamento de que "a manutenção da medida antecipatória concorreria para o não cumprimento dos investimentos necessários ao custeio da iluminação de vias, logradouros e demais bens públicos, bem como à instalação, manutenção, melhoria e expansão da rede elétrica na cidade, necessários à segurança e bem-estar da população" (rel. Min. Sepúlveda Pertence, despacho de 27.1.2005, *DJU* 9.2.2005, p. 3).

O Supremo Tribunal Federal decidiu, a respeito de aspectos que estruturam o tributo:

> *Ementa*: Constitucional – Tributário – Recurso extraordinário interposto contra decisão proferida em ação direta de inconstitucionalidade estadual – Contribuição para o Custeio do Serviço de Iluminação Públi-

---

1. Eduardo Domingos Bottallo, "A Contribuição para o Custeio do Serviço de Iluminação Pública", *RDTributário* 87/327.
2. José Marcos Domingues de Oliveira, "A chamada Contribuição de Iluminação Pública – Emenda Constitucional 39, de 2003", in Marcelo Magalhães Peixoto e Édison Carlos Fernandes (coords.), *Tributação, Justiça e Liberdade – Homenagem a Ives Gandra da Silva Martins*, pp. 335-353.

ca/COSIP – Art. 149-A da CF – Lei Complementar n. 7/2002, do Município de São José/SC – Cobrança realizada na fatura de energia elétrica – Universo de contribuintes que não coincide com o de beneficiários do serviço – Base de cálculo que leva em consideração o custeio da iluminação pública e o consumo de energia – Progressividade da alíquota que expressa o rateio das despesas incorridas pelo Município – Ofensa aos princípios da isonomia e da capacidade contributiva – Inocorrência – Exação que respeita os princípios da razoabilidade e proporcionalidade – Recurso extraordinário improvido.

I – Lei que restringe os contribuintes da COSIP aos consumidores de energia elétrica do Município não ofende o princípio da isonomia, ante a impossibilidade de se identificar e tributar todos os beneficiários do serviço de iluminação pública.

II – A progressividade da alíquota, que resulta do rateio do custo da iluminação pública entre os consumidores de energia elétrica, não afronta o princípio da capacidade contributiva.

III – Tributo de caráter *sui generis*, que não se confunde com um imposto, porque sua receita se destina a finalidade específica, nem com uma taxa, por não exigir a contraprestação individualizada de um serviço ao contribuinte.

IV – Exação que, ademais, se amolda aos princípios da razoabilidade e da proporcionalidade.

V – Recurso extraordinário conhecido e improvido. (Plenário, RE 573.675-0-SC, rel. Min. Ricardo Lewandowski, j. 25.3.2009, DJe 21.5.2009, p. 26)

1.2 Contribuição confederativa

Não se qualifica como tributária a distinta contribuição social – de natureza facultativa – prevista no art. 8º, IV, da CF, que estabelece o seguinte:

É livre a associação profissional ou sindical, observado o seguinte: (...);

IV – a assembleia geral fixará a contribuição que, em se tratando de categoria profissional, será descontada em folha, para custeio do sistema confederativo da representação sindical respectiva, independentemente da contribuição prevista em lei.

O Supremo Tribunal Federal decidiu que esta *contribuição confederativa* não tem caráter tributário e nem é compulsória para os empregados não sindicalizados, em razão do que não é necessária a edição de lei para fixá-la, mas apenas resolução de assembleia geral, uma vez que se distingue da contribuição sindical de interesse das categorias profissionais, de natureza tributária, prevista no art. 149 da CF.[3]

E firmou a seguinte diretriz:

> A contribuição confederativa, de que trata o art. 8º, IV, da Constituição, só é exigível dos filiados ao sindicato respectivo. (Súmula Vinculante 40)

2. Contribuições sociais genéricas

2.1 FGTS

O Fundo de Garantia por Tempo de Serviço (FGTS) foi instituído pela Lei federal 5.107, de 13.9.1966, atualmente disciplinado pela Lei federal 8.036, de 11.5.1990 (e regulamentado pelo Decreto federal 99.684, de 8.11.1990), sendo constituído pelo saldo de contas vinculadas e outros recursos a ele incorporados, ficando o empregador obrigado a depositar mensalmente a importância correspondente a 8% da remuneração paga ou devida no mês anterior, incluído o 13º salário.

No caso de despedida sem justa causa, ainda que indireta, o empregador depositará na conta vinculada importância igual a 40% do montante de todos os depósitos realizados na conta vinculada durante a vigência do contrato de trabalho, atualizados monetariamente e acrescidos dos respectivos juros. Ocorrendo culpa recíproca ou força maior, reconhecida pela Justiça do Trabalho, o referido percentual será de 20%.

A Lei Complementar 110, de 29.6.2001 (regulamentada pelo Decreto 3.913, de 11.9.2001), criou uma nova contribuição devida pelos empregadores, a partir de 29.9.2001, em caso de despedida de empregado sem justa causa (a título de multa), à alíquota de 10% sobre o montante de todos os depósitos referentes ao Fundo, durante a vigência do contrato de trabalho, passando de 40% para 50%, acrescido das remunerações aplicáveis às contas vinculadas.

Também instituiu contribuição à alíquota de 0,5% sobre a remuneração devida; passando de 8% para 8,5%, pelo prazo de 60 meses, até novembro/2006.

---

3. 2ª T., RE 198.092-3, rel. Min. Carlos Velloso, j. 27.8.1996, *DJU*-1 11.10.1996, p. 38.509; 1ª T., RE 191.022-4, rel. Min. Ilmar Galvão, j. 3.12.1996, *DJU*-1 14.1.1997, p. 1.989.

Na vigência da Constituição pretérita o Supremo Tribunal Federal decidiu que as contribuições ao FGTS não tinham natureza tributária, *verbis*:

> Fundo de Garantia por Tempo de Serviço – Sua natureza jurídica – Constituição, art. 165, XIII – Lei n. 5.107, de 13.9.1996. As contribuições para o FGTS não se caracterizam como crédito tributário ou contribuições a tributo equiparáveis. Sua sede está no art. 165, XIII, da Constituição. Assegura-se ao trabalhador estabilidade, ou Fundo de Garantia equivalente. Dessa garantia, de índole social, promana, assim, a exigibilidade pelo trabalhador do pagamento do FGTS, quando despedido, na forma prevista em lei. Cuida-se de um direito do trabalhador. Dá-lhe o Estado garantia desse pagamento. A contribuição pelo empregador, no caso, deflui do fato de ser ele o sujeito passivo da obrigação, de natureza trabalhista e social, que encontra na regra constitucional aludida sua fonte. A atuação do Estado, ou de órgão da Administração Pública, em prol do recolhimento da contribuição do FGTS não implica torná-lo titular do direito à contribuição, mas, apenas, decorre do cumprimento, pelo Poder Público, de obrigação de fiscalizar e tutelar a garantia assegurada ao empregado optante pelo FGTS; não exige o Estado, quando aciona o empregador, valores a serem recolhidos ao Erário, como receita pública. Não há, daí, contribuição de natureza fiscal ou parafiscal. Os depósitos do FGTS pressupõem vínculo jurídico, com disciplina no direito do trabalho. Não se aplica às contribuições do FGTS o disposto nos arts. 173 e 174 do CTN. Recurso extraordinário conhecido, por ofensa ao art. 165, XIII, da Constituição, e provido, para afastar a prescrição quinquenal da ação. (Pleno, RE 100.249, rel. Min. Oscar Corrêa, *DJU* 1.7.1988, p. 16.903)

A Constituição de 1988 dispôs que "são direitos dos trabalhadores urbanos e rurais, (...) *Fundo de Garantia do Tempo de Serviço*" (art. 7º, III), como direito social.

Essas contribuições são criticadas porque (a) não privilegiam determinada categoria profissional ou econômica, e nem intervêm no domínio econômico; (b) constituem fundo indenizatório (despesa não prevista pela Constituição) para propiciar recursos à Caixa Econômica Federal em face de condenações judiciais,[4] em razão de aplicação de correção com índices defasados; (c) inexiste correlação lógica entre os beneficiários dos recursos (pessoas que não tiveram a integral correção) e os contribuintes (empregadores atuais); e (d) nem são adicionais da contribuição originária ao FGTS (programa habitacional e saneamento).

---

4. RE 248.188-SC, *DJU*-1 1.6.2001.

A Procuradoria-Geral da Fazenda Nacional opina no sentido da constitucionalidade dessas contribuições nos aspectos formal e material, atendendo ao princípio da universalidade relativamente ao custeio e manutenção da Seguridade Social, amoldando-se à hipótese do § 4º do art. 195 da CF – em razão do que seria aplicável a anterioridade nonagesimal, ou mitigada.

Assinala a inexistência de bitributação (precedente judicial acolhendo a coexistência do FINSOCIAL com o PIS); irretroatividade da norma, tendo ocorrido a eleição de nova base de cálculo, composta do conjunto de valores depositados na conta vinculada do FGTS (Parecer PGNF/CRJ-1.983/2001, de 12.11.2001, aprovado pelo Ministro da Fazenda em 31.1.2002[5]).

O Supremo Tribunal Federal decidiu o seguinte:

Ementa: Ação direta de inconstitucionalidade – Impugnação de artigos e de expressões contidas na Lei Complementar federal n. 110, de 29.6.2001 – Pedido de liminar.

A natureza jurídica das duas exações criadas pela lei em causa, neste exame sumário, é a de que são elas tributárias, caracterizando-se como contribuições sociais que se enquadram na subespécie "contribuições sociais gerais", que se submetem à regência do art. 149 da Constituição e não à do art. 195 da Carta Magna.

Não ocorrência de plausibilidade jurídica quanto às alegadas ofensas aos arts. 145, § 1º, 154, I, 157, II, e 167, IV, da Constituição.

Também não apresentam plausibilidade jurídica suficiente para a concessão de medida excepcional como é a liminar as alegações de infringência ao art. 5º, LIV, da Carta Magna e ao art. 10, I, de seu ADCT.

Há, porém, plausibilidade jurídica no tocante à arguição de inconstitucionalidade do art. 14, *caput*, quanto à expressão "produzindo efeitos", e seus incisos I e II, da lei complementar objeto desta ação direta, sendo conveniente, dada a sua relevância, a concessão da liminar nesse ponto.

Liminar deferida em parte, para suspender *ex tunc*, e até final julgamento, a expressão "produzindo efeitos", do *caput* do art. 14, bem como seus incisos I e II, todos da Lei Complementar federal n. 110, de 29.6.2001. (Pleno, ADI 2.556-2-DF/Medida Cautelar, rel. Min. Moreira Alves, j. 9.10.2002, *DJU*-1 8.8.2003, p. 87)

O STF examina se a situação tributária encontra-se exaurida, nos termos seguintes:

5. *DOU*-1 5.2.2002, pp. 9-11.

Contribuição Social – Artigo 1º da Lei Complementar n. 110/2001 – Finalidade Exaurida – Artigos 149 e 154, inciso I, da Carta de 1988 – Arguição de Inconstitucionalidade Superveniente – Recurso Extraordinário – Repercussão Geral Configurada. Possui repercussão geral a controvérsia relativa a saber se, constatado o exaurimento do objetivo – custeio dos expurgos inflacionários das contas vinculadas do Fundo de Garantia por Tempo de Serviço – em razão do qual foi instituída a contribuição social versada no artigo 1º da Lei Complementar n. 110, de 29.6.2001, deve ser assentada a extinção do tributo ou admitida a perpetuação da cobrança ainda que o produto da arrecadação seja destinado a fim diverso do original (Repercussão Geral no RE 878.313, Plenário, rel. Min. Marco Aurelio, *DJe* 22.9.2015, p. 40).

2.2 Salário-Educação

2.2.1 Aspectos da ilegitimidade na Constituição anterior

Registro o aspecto histórico-legislativo da contribuição, promovendo a respectiva apreciação crítica e traçando sua fisionomia legal, especialmente no que tange às inconstitucionalidades de que se reveste.

A Emenda Constitucional 1/1969 estabelecera o seguinte:

> Art. 178. As empresas comerciais, industriais e agrícolas são obrigadas a manter o ensino primário gratuito de seus empregados e o ensino dos filhos destes, entre os 7 (sete) e os 14 (catorze) anos, ou a concorrer para aquele fim, mediante a contribuição do Salário-Educação, na forma que a lei estabelecer.

Objetivando instituir referida figura jurídica, o Decreto-lei 1.422, de 23.10.1975, estabeleceu:

> Art. 1º. O Salário-Educação, previsto no art. 178 da Constituição, será calculado com base em alíquota incidente sobre a folha de salários de contribuição, como definido no art. 76 da Lei n. 3.807, de 26 de agosto de 1960, com as modificações introduzidas pelo Decreto-lei n. 66, de junho de 1973, não se aplicando ao Salário-Educação o disposto no art. 14, *in fine*, dessa lei, relativo à limitação da base de cálculo da contribuição. (...).
>
> § 2º. A alíquota prevista neste artigo será fixada por ato do Poder Executivo, que poderá alterá-la mediante a demonstração, pelo Ministério da Educação, da efetiva variação do custo real unitário do ensino de 1º grau.

Mediante a referida delegação de competência foi expedido o Decreto federal 87.043, de 22.3.1982, rezando o seguinte:

Art. 3º. O Salário-Educação é estipulado com base no custo de ensino de 1º grau, cabendo a todas as empresas vinculadas à Previdência Social, Urbana e Rural, respectivamente, recolher: I – 2,5% (dois e meio por cento) sobre a folha de salários de contribuição, definido na legislação previdenciária, e sobre a soma dos salários-base dos titulares, sócios e diretores constantes dos carnês de contribuintes individuais; II – 0,8% (oito décimos por cento) sobre o valor comercial dos produtos rurais, definidos no § 1º do art. 15 da Lei Complementar n. 11, de 25 de maio de 1971.

Os diplomas normativos em causa permitem constatar o seguinte: (a) trata-se de obrigação de fazer de cunho alternativo (manutenção de ensino primário, ou recolhimento de valores aos cofres públicos); (b) natureza não tributária da aludida obrigação, em razão de inexistir efetiva compulsoriedade de cunho pecuniário (art. 3º do CTN); (c) inconstitucionalidade, em face da violação ao princípio da legalidade, uma vez que a Constituição fora categórica em cometer exclusivamente à *lei* a estatuição de todos os elementos da aludida obrigação, havendo usurpação de competência pelo Poder Executivo (art. 6º, parágrafo único, da EC 1/1969).

Não me parece sustentável o argumento de que haveria legitimidade na fixação de alíquota por via de decreto, porque a partir da Emenda Constitucional 8, de 14.4.1977, as contribuições deixaram de conter natureza tributária, o que poderia implicar a desnecessidade de lei para a fixação de seus elementos.

Com efeito, a natureza jurídica do Salário-Educação – tributária ou não tributária – não tem qualquer relevância para o desate desta questão, uma vez que a Constituição, de modo categórico, preciso e peremptório, determinara a previsão de *lei*, como fruto da atividade do Poder Legislativo ou, excepcionalmente, do Executivo (Decreto-lei, art. 55 da CF de 1967) – o que exclui qualquer espécie de participação do Executivo.

Cabe sublinhar que "todas as contribuições estão sujeitas integralmente ao princípio da legalidade, inclusive no tocante às alíquotas e bases de cálculo",[6] havendo impertinência na edição de decreto, que só poderia ser expedido para fiel execução da lei (art. 84, IV, da CF de 1988).

Do mesmo modo, a invocação do inciso I do art. 21 da CF de 1967 – permissão ao Executivo, nas condições e nos limites estabelecidos em lei, para alterar as alíquotas ou bases de cálculo – não se aplica ao Salário-Educação, porque, além de não se enquadrar como contribuição

6. *RTJ* 143/320.

pertinente ao domínio econômico e às categorias profissionais, não se encontra afeto à Previdência Social.

Por conseguinte, *na vigência da Constituição anterior o Salário-Educação encontrava-se irremediavelmente comprometido, em razão da absoluta inconstitucionalidade originária.*

2.2.2 A questionável juridicidade na Constituição de 1988

Cabe verificar a viabilidade jurídica de esta contribuição ser acolhida pelo atual ordenamento, tendo em vista as específicas normas transitórias, a saber:

Art. 25. Ficam revogados, a partir de 180 (cento e oitenta) dias da promulgação da Constituição, sujeito este prazo a prorrogação por lei, todos os dispositivos legais que atribuam ou deleguem a órgão do Poder Executivo competência assinalada pela Constituição ao Congresso Nacional, especialmente no que tange a: I – ação normativa; (...).

Tendo em vista a instituição da mencionada obrigação por ato do Executivo (via decreto-lei), impunha-se a efetiva prorrogação para cogitar-se de sua eficácia. Entretanto, como verificou-se a omissão legislativa, restariam plenamente revogadas as normas pertinentes ao Decreto-lei 1.422/1975 com o advento da Constituição Federal de 1988.

Por outro lado, a vigente Constituição (art. 212) dispôs o seguinte:

§ 5º. O ensino fundamental público terá como fonte adicional de financiamento a contribuição social do Salário-Educação recolhida na forma da lei, pelas empresas, que dela poderão deduzir a aplicação realizada no ensino fundamental de seus empregados e dependentes.

Posteriormente, sofreu alteração pela Emenda Constitucional 14, de 12.9.1996, no sentido de que "o ensino fundamental público terá como fonte adicional de financiamento a contribuição social do Salário-Educação recolhida, pelas empresas, na forma da lei".

Portanto, também compete examinar a aplicabilidade do comando inserto no Ato das Disposições Constitucionais Transitórias (art. 34), *verbis*: "§ 5º. Vigente o novo sistema tributário nacional, fica assegurada a aplicação da legislação anterior, no que não seja incompatível com ele e com a legislação referida nos §§ 3º e 4º".

Trata-se da aplicação do fenômeno da recepção, que assegura a preservação do ordenamento jurídico infraconstitucional existente anteriormente à vigência do novo texto fundamental, desde que com este não mantenha conflito antinômico e com ele guarde fidelidade estrita no plano material. Essa ordem normativa – anterior e inferior ao estatuto fundamental –, uma vez recebida pela nova Constituição, desde que ausente qualquer conflito de natureza material, passa a ter, nela, seu fundamento de validade e eficácia. A recepção garante a prevalência do princípio da continuidade do Direito, pois, conforme decidiu o Supremo Tribunal Federal, "a Constituição não prejudica a vigência das leis anteriores (...), desde que não conflitantes com o texto constitucional".[7]

Neste atalho jurídico não tem cabimento a exação em comento, não só porque na vigência da Constituição anterior, com a Emenda 8/1977, as contribuições sociais genéricas tipificavam uma exação "não tributária",[8] mas também pelo fato que o específico Salário-Educação caracterizava uma "contribuição especial componente da receita pública, sem ter natureza tributária".[9]

Assim, tendo em vista que na vigência da Constituição Federal de 1988 o Salário-Educação constitui figura tributária,[10] não há suporte jurídico para se recepcionar exação "não tributária", em razão da natural incompatibilidade em face da diversidade de regimes jurídicos.

Em decorrência, *também com o advento da Constituição Federal de 1988 continuou inexistindo sustentação jurídica para conferir-se eficácia às normas veiculadoras do Salário-Educação.*

2.2.3   Vícios da Lei 9.424/1996

Mediante a publicação da Medida Provisória 1.518, de 19.9.1996 (com várias reedições, a última sob n. 1.607-24), posteriormente convertida na Lei 9.766, de 18.12.1998, é que foram estatuídos os elementos básicos do Salário-Educação (sujeito passivo, materialidade, base de cálculo e alíquota). Aquela medida provisória não foi expressamente revogada, mas, na sua vigência, foi expedida a Lei federal 9.424, de 24.12.1996 (vigente a partir de 1.1.1997), expressando o seguinte:

> Art. 15. O Salário-Educação, previsto no art. 212, § 5º, da Constituição Federal e devido pelas empresas, na forma em que vier a ser disposto em regulamento, é calculado com base na alíquota de 2,5% (dois

---

7. Pleno, ADI 74-8-RN, rel. Min. Celso de Mello, j. 7.2.1992, *RTJ* 71/289-293.
8. STF, Pleno, RE 148.574-2-RJ, j. 24.6.1993.
9. Pleno, RE 83.662-RS, *RTJ* 83/444.
10. RE 148.764-2, j. 4.3.1994.

e meio por cento) sobre o total de remunerações pagas ou creditadas, a qualquer título, aos segurados-empregados, assim definidos no art. 12, inciso I, da Lei n. 8.212, de 24 de julho de 1991.

Entretanto, padece de vício de inconstitucionalidade, pelo fato de o Congresso Nacional ter inobservado o trâmite previsto na Constituição Federal para a elaboração da lei ordinária em causa.

Nesse sentido, o art. 15 do Projeto – aprovado pela Câmara dos Deputados – havia disposto o seguinte:

> O Salário-Educação, previsto no § 5º do art. 212 da Constituição Federal, devido pelas empresas, na forma em que vier a ser disposto em Regulamento, é calculado com base na alíquota de 2,5% (dois e meio por cento) sobre a folha de salários.

Todavia, esse dispositivo havia sido aprovado pelo Senado com redação diversa:

> Art. 15. O Salário-Educação, previsto no art. 212, § 5º, da Constituição Federal e devido pelas empresas, na forma em que vier a ser disposto em Regulamento, é calculado com base na alíquota de 2,5% (dois e meio por cento) sobre o total de remunerações pagas ou creditadas, a qualquer título, aos segurados-empregados, assim definidos no art. 12, inciso I, da Lei n. 8.212, de 24 de julho de 1991.

Evidente que a diversidade de redações conduz a uma amplitude considerável na base de cálculo da contribuição, para abranger "o total de remunerações", não se cingindo ao limite do valor constante da "folha de salários".

Esta questão foi apurada, de modo perspicaz, em específico estudo, *verbis*:

> A inobservância dessa exigência, que não é apenas regimental, mas da própria Constituição, é sem dúvida causa de invalidade.
>
> Pode-se questionar ainda se, invalidando o dispositivo emendado, essa invalidade é de todo o dispositivo, ou se apenas a modificação deve ser tida como inexistente, prevalecendo a redação aprovada na Casa de origem, vale dizer, no caso, a redação aprovada na Câmara dos Deputados.
>
> Penso que a invalidade é de toda a lei. O procedimento legislativo há de ser respeitado em sua totalidade. Qualquer transigência pode significar sua degradação. Não se pode admitir desobediência especial-

mente às normas que a própria Constituição coloca como essenciais no procedimento.[11]

Esta postura doutrinária encontra-se em sintonia com julgado do Tribunal Regional Federal da 3ª Região no sentido do vício da inconstitucionalidade formal.[12]

Além disso, constata-se que, embora o preceito normativo contemple a materialidade, base de cálculo e alíquota, não conferiu precisa tipificação ao sujeito passivo, pois atribuiu ao Executivo a competência para estabelecer os contornos das "empresas", o que tornaria a lei imprecisa, vaga e indefinida e não se enquadraria à tipicidade cerrada.

A Medida Provisória 1.565, de 9.1.1997 (art. 1º e §), bem como a Medida Provisória 1.607, de 19.11.1998 (art. 1º, § 3º), e, finalmente, a Lei federal 9.766, de 18.12.1998 (art. 1º, § 3º), dispuseram sobre o sujeito passivo – "empresa" – como sendo qualquer firma individual ou sociedade que assume o risco da atividade econômica urbana ou rural, com fins lucrativos ou não, bem como as empresas e demais entidades, públicas ou privadas, vinculadas à Seguridade Social.

É razoável admitir que a integração dos referidos diplomas jurídicos permite captar todos os elementos formadores da exação. Cabe ponderar que, embora seja destinada à Educação, a contribuição em causa deve ser recolhida ao INSS, sujeitando-se às mesmas normas relativas às contribuições sociais devidas à Seguridade Social, razão pela qual pode ser, também, o caso de se observar o princípio nonagesimal da anterioridade.

Resta considerar a ADConst 3, proposta pelo Procurador-Geral da República, em 15.8.1997, com referência à Lei 9.424/1996 (art. 15, *caput* e §§ 1º e 3º), centrada na juridicidade da lei ordinária – e implicitamente na desnecessidade de lei complementar –, sob o argumento de não se tratar de exercício de competência residual da União. Assenta-se em jurisprudência do Supremo Tribunal Federal no sentido de que "apenas a contribuição do § 4º do art. 195 é que exige, para a sua instituição, lei complementar (*RTJ* 143/314, Pleno, unânime)".

Todavia, a singela referência ao vocábulo "lei", por si só, não significa simples edição de lei ordinária federal, reservada à norma de

---

11. Hugo de Brito Machado, "Salário-Educação: inconstitucionalidade formal da Lei 9.424/1996", *RDDT* 27/57.
12. 4ª T., Ag. 67.743-SP (98.03.059878-3), rel. Des. fed. Newton De Lucca, j. 5.8.1998, *DJU-*2 27.8.1998, pp. 447-448.

competência da União; mas, no caso, "lei complementar", com estrutura de lei nacional, como autêntico produto do Estado total (global), dotada de *quorum* qualificado (art. 69 da CF).

Também pode ser questionado que o Salário-Educação enquadra-se como autêntica contribuição social (art. 149 da CF); e, dessa forma, deveria ser aplicado o art. 146, III, também da CF, que trata da lei complementar como instrumento jurídico hábil para traçar seus comandos.

O Supremo Tribunal Federal, por maioria, julgou procedente a ação e declarou a constitucionalidade, com força vinculante, eficácia *erga omnes* e efeito *ex tunc*, do art. 15, §§ 1º, I e II, e 3º, da Lei 9.424, de 24.12.1996.[13]

A postura do Supremo Tribunal Federal encontra-se delineada nas decisões seguintes:

• Recurso extraordinário − Validade constitucional do Decreto-lei n. 1.422/1975 e da Lei n. 9.424/1996 − Exigibilidade do Salário-Educação − Legitimidade − Diretriz jurisprudencial firmada pelo Supremo Tribunal Federal − Recurso improvido.

O Plenário do Supremo Tribunal Federal, em tema de contribuição pertinente ao Salário-Educação, pronunciou-se pela legitimidade constitucional de sua incidência, seja com fundamento no Decreto-lei n. 1.422/1975, cujo art. 1º, § 2º, teve a sua constitucionalidade confirmada (RE n. 290.079-SC, rel. Min. Ilmar Galvão) − preservando-se, desse modo, a validade jurídica do Decreto n. 76.923/1975 (que majorou a alíquota de 1,4% para 2,5%), e do Decreto n. 87.043/1982 (que manteve a alíquota de 2,5%) −, seja com suporte na Lei n. 9.424/1996, cuja compatibilidade com o texto da Constituição da República foi expressamente reconhecida por esta Corte (ADC n. 3-DF, rel. Min. Nélson Jobim − RE n. 272.872-RS, rel. Min. Ilmar Galvão).

Os precedentes em questão, ao proclamarem a plena validade constitucional do Decreto-lei n. 1.422/1975 e da Lei n. 9.424/1996, legitimaram a exigibilidade da contribuição especial pertinente ao Salário-Educação, sem qualquer solução de continuidade, durante o período de tempo abrangido, sucessivamente, pela vigência de cada um desses diplomas legislativos. (2ª T., AgRg no RE 293.973-1-MG, rel. Min. Celso de Mello, j. 19.3.2002, *DJU*-1 19.4.2002, pp. 57-58)

• É constitucional a cobrança da contribuição do Salário-Educação, seja sob a Carta de 1969, seja sob a Constituição Federal de 1988, e no regime da Lei n. 9.424/1996. (Súmula 732)

13. Pleno, ADC 3-0, rel. Min. Nélson Jobim, j. 2.12.1999, *DJU*-1 9.5.2003, p. 43.

2.2.4 Estrutura normativa vigente

As Leis federais 9.424, de 24.12.1996, e 9.766, de 18.12.1998 – que disciplinaram o Salário-Educação –, foram regulamentadas pelo Decreto 6.003, de 28.12.2006, cujos pontos principais são os seguintes:

a) a contribuição obedecerá aos mesmos prazos, condições, sanções e privilégios relativos às contribuições sociais e demais importâncias devidas à Seguridade Social, aplicando-se, no que for cabível, as disposições legais e demais atos normativos atinentes às contribuições previdenciárias, ressalvada a competência do Fundo Nacional de Desenvolvimento da Educação (FNDE) sobre a matéria;

b) a contribuição será calculada com base na alíquota de 2,5% (dois e meio por cento), incidente sobre o total da remuneração paga ou, a qualquer título, aos segurados empregados, ressalvadas as exceções legais;

c) são contribuintes as empresas em geral e as entidades públicas e privadas vinculadas ao Regime Geral da Previdência Social, entendendo-se, para fins desta incidência, qualquer firma individual ou sociedade que assuma o risco de atividade econômica, urbana ou rural, com fins lucrativos ou não. Assim, a sociedade de economia mista, a empresa pública e demais sociedades instituídas e mantidas pelo Poder Público, nos termos do art. 173, § 2º, da CF.

São isentos do recolhimento da contribuição: I – a União, os Estados, o Distrito Federal, os Municípios e suas respectivas autarquias e fundações; II – as instituições públicas de ensino de qualquer grau; III – as escolas comunitárias, confessionais ou filantrópicas, devidamente registradas e reconhecidas pelo competente órgão da educação, e que atendam ao disposto no inciso II do art. 55 da Lei 8.212, de 1991;[14] IV – as organizações de fins culturais que, para este fim, vierem a ser definidas em regulamento; V – as organizações hospitalares e de assistência social, desde que atendam, cumulativamente, aos requisitos estabelecidos nos incisos I a V do art. 55 da Lei 8.212, de 1991.[14]

O STF decidiu que "é constitucional a cobrança do salário-educação, seja sob a Carta de 1969, seja sob a Constituição Federal de 1988, e no regime da Lei 9.424/1996" (Súmula 732).

O produtor rural pessoa física não está obrigado ao salário-educação, consoante julgado do STJ:

---

14. O art. 55 da Lei 8.212/1991 foi revogado pela Lei 12.101, de 27.11.2009.

Tributário. Agravo Regimental no Recurso Especial. Salário-educação. Produtor Rural Pessoa Física. Não Incidência (...).
1. "Entendimento pacífico neste Tribunal, mesmo antes do Código Civil de 2002, que a atividade do produtor rural pessoa física, desprovido de registro no Cadastro Nacional de Pessoa Jurídica (CNPJ), não se enquadra no conceito de empresa, para fins de incidência da contribuição ao salário-educação, prevista no art. 212, § 5º, da CF/88, haja vista a falta de previsão específica no art. 15 da Lei 9.424/96, semelhante ao art. 25 da Lei 8.212/91, que trata da contribuição previdenciária devida pelo empregador rural pessoa física" (REsp 1.514.187-SE, rel. Min. Assusete Magalhães, 2ª T., DJe 7.4.2015).

2. No caso dos autos, a instância ordinária expressamente afastou a contratação dos empregados pela pessoa física, mas sim pela pessoa jurídica por eles constituída. A revisão de tal conclusão demandaria incursão na seara probatória, o que não se revela cabível na via especial, nos termos da Súmula 7/STJ. (AgRg no REsp 1.467.649-PR, 2ª T., rel. Min. Og Fernandes, j. 18.6.2015, DJe 29.6.2015)

As cotas estaduais e municipais da arrecadação da contribuição serão distribuídas proporcionalmente ao número de alunos matriculados na educação básica nas respectivas redes públicas de Ensino.

A distribuição dos recursos é de responsabilidade do DF, Estados e seus Municípios e assegurada mediante a criação, no âmbito de cada Estado e do DF, de um Fundo de Manutenção e Desenvolvimento de Educação Básica e de Valorização dos Profissionais da Educação – FUNDEB, de natureza contábil, sendo que a Medida Provisória 339, de 28.12.2006, convertida na Lei 11.494, de 20.6.2007, e o Decreto 6.003/2006 regularam a matéria.

2.3 *Contribuições destinadas a entidades privadas.*
Sistema "S" (Serviços Sociais Autônomos)

2.3.1 A recepção de normas anteriores à Constituição

No Título das "Disposições Constitucionais Gerais" (art. 240) é estabelecido:

> Ficam ressalvadas do disposto no art. 195 as atuais contribuições compulsórias dos empregadores sobre a folha de salários, destinadas às entidades privadas de serviço social e de formação profissional vinculadas ao sistema sindical.

Importa fixar a natureza do permissivo, sua eficácia e compatibilidade com as demais exações, especialmente as contribuições.

Curiosamente, trata-se de receita exigida de pessoas privadas (empregadores) relativamente a fatos distintos de atividade estatal, destinadas a entidades privadas (SENAI, SESI, SESC, SENAC etc.). Os elementos básicos normativos compreendem figura genérica de imposto (art. 16 do CTN) ou, mesmo, de contribuição social (art. 195, I, da CF).

Entretanto, se for considerado o destino de sua arrecadação como elemento caracterizador da exação, não se estaria frente a imposto nem a contribuição social à Seguridade Social, porque não destinada aos orçamentos previstos nos incisos I e III do § 5º do art. 165 da CF.

Seria o caso, possivelmente, de enquadrar-se no art. 149 da CF, no pertinente ao conceito genérico de "contribuição social", não destinada à Seguridade Social, na linha jurídica exposta por Misabel Derzi.[15]

De qualquer forma, mencionadas contribuições foram acolhidas pelo ordenamento constitucional de 1988, mediante específica referência (art. 240), mantendo a plena e integral eficácia de seus comandos. A propósito, o art. 234, § 5º, do ADCT dispôs que, "vigente o novo sistema tributário nacional, fica assegurada a aplicação da legislação anterior (...)".

Tais considerações revelam-se oportunas à luz de dissensão doutrinária acerca da plena continuidade das normas expedidas na vigência da Constituição anterior.

Nessa traça, Geraldo de Castilho Freire havia declarado que "as contribuições albergadas pelo art. 240 da CF, e que não se destinam à Seguridade Social, somente podem ser exigidas se forem instituídas por lei complementar, conforme disposto no art. 146, III, 'a', da mesma Constituição".[16]

Em polo oposto, Eduardo Gabriel Saad esclarece, basicamente, o seguinte: "As contribuições devidas pelas empresas comerciais e industriais ao SESI, SENAC, SESC, SENAI, foram criadas ao tempo em que vigia, entre nós, a Constituição de 1946. O legislador da época não violou ou desatendeu a qualquer preceito da Carta de então"; "(...) sendo que a legislação se manteve intacta por dois motivos: primeiro porque a

---

15. "Contribuição para o FINSOCIAL", *RDTributário* 55/198.
16. "Contribuições pelas guias do INSS em favor de 'terceiros'. Exigência que somente pode ser feita por lei complementar, como determina a Constituição Federal em vigor. Impugnação das leis ordinárias que instituíram os tributos. Riscos", *Suplemento Trabalhista LTr* 12/754-755.

própria Constituição não dá efeito retroativo ao disposto no seu art. 146, e, segundo, porque no seu art. 62 de suas Disposições Transitórias ela – a Constituição – ratifica, pela via oblíqua, tudo o que o legislador outrora editou em favor das entidades em causa".[17] E oferece um argumento tão simples, mas ao mesmo tempo tão verdadeiro e profundo:

> A partir de agora, ou, melhor, de 5.10.1988, toda a matéria focalizada há de ser disciplinada por lei complementar, mas o questionado art. 146 da Lei Básica não retroage para tornar exigíveis obrigações oriundas de leis ordinárias aprovadas ao tempo em que vigia a Constituição de 1946. De ordinário, as normas constitucionais são dirigidas ao futuro.[18]

Palmilhando por outro caminho jurídico, José dos Santos Carvalho Filho procura demonstrar a amplitude do sentido de "Assistência Social", fundamentando-se na expressa referência que o art. 240 faz ao art. 195, elucidando que "as atuais contribuições destinadas a entidades de serviço profissional e formação profissional não pretendem desfigurar a atividade destas como inseridas na Seguridade Social, mas apenas conferir especificidade ao regime jurídico a elas aplicável".

E continua:

> Ninguém desconhece que as contribuições destinadas ao SENAI e ao SESI foram instituídas por lei material – Decreto-lei 4.042, de 20.1.1942. Tais diplomas normativos, diga-se *en passant*, guardaram total compatibilidade com a Carta Constitucional vigente no momento de sua promulgação, e, por isso mesmo, jamais foi impugnada sua constitucionalidade.[19]

Apenas discordo do autor no sentido básico e justificador da desnecessidade de lei complementar, calcado na referência ao art. 195 e § 4º da CF, que se reporta a "lei". Realmente, como comprovado em tópico específico, a Constituição Federal quis significar "lei complementar".

Concordo que a sistemática constitucional, mediante ressalvas expressas, manteve íntegra a legislação editada anteriormente à Carta de 1988, observando o princípio da recepção, cuja inteligência já fora mostrada por eminentes juristas.

17. "A Constituição Federal, o SESI, SENAI e SENAC", *Suplemento Trabalhista LTr* 17/141-142.
18. Idem, ibidem.
19. "A legitimidade das contribuições para o SENAI e SESI", *Suplemento Trabalhista LTr* 21/173-174.

Celso Bastos e Ives Gandra da Silva Martins ensinam que

a única exigência para que o Direito ordinário anterior sobreviva debaixo da nova Constituição é que não mantenha com ela nenhuma contrariedade, não importando que a mantivesse com a anterior, quer do ponto de vista material, quer do formal. Não que a nova Constituição esteja a convalidar vícios anteriores. Ela simplesmente dispõe *ex novo*. O que se quer dizer é que o fato de uma norma ter sido aprovada por ato inferior à lei, mas que sob o regime antigo tinha força de lei, não é óbice para que continue em vigor debaixo da Constituição nova que exija lei formal para tanto.[20]

Consoante Miguel Reale,

o advento de um novo texto constitucional não representa *fratura absoluta* na ordem jurídica anterior, pois, graças ao chamado "princípio da recepção", integram-se, ou, melhor, subsumem-se, aos imperativos da Carta Magna superveniente todas as determinações legais em vigor, desde que não estejam em conflito com as novas disposições constitucionais. Isto quer dizer que, salvo incompatibilidade com as normas do novo Estatuto Político do país, as regras anteriores não perdem sua validade e eficácia.[21]

E acrescenta:

A integração das normas legais vigentes no ordenamento jurídico global, resultante do novo estatuto constitucional, é consequência do princípio da economia de meios e de formas, tão bem enunciado por Jhering, quanto à preservação da validade e eficácia das leis suscetíveis de serem conciliadas com as disposições constitucionais supervenientes, ainda que seja necessário um trabalho hermenêutico para a respectiva adequação.

Perfilhando idêntica diretriz, Alcides Jorge Costa lembra que

o advento de uma Constituição não implica a revogação da legislação anterior a ela. Continuam em vigor todas as leis não incompatíveis com a nova ordem constitucional. É o chamado "princípio da recepção", que, segundo Pontes de Miranda, que o denomina princípio da continuidade da legislação, "apenas traduz a necessidade de evitar o vazio jurídico".[22]

---

20. *Comentários à Constituição do Brasil, promulgada em 5 de Outubro de 1988*, vol. I, p. 368.
21. "ICM. Semielaborados", *RDTributário* 48/7.
22. "ICM. Tributação dos produtos semielaborados", *RDTributário* 47/64.

O Supremo Tribunal Federal já pacificou a questão no sentido de que "a Constituição, por si só, não prejudica a vigência das leis anteriores (...) desde que não conflitantes com o texto constitucional";[23] "na verdade, o que ocorre, sempre, é que, salvo incompatibilidade entre a legislação ordinária anterior e as normas da nova Constituição, se considera que essas normas ordinárias anteriores persistem válidas e eficazes".[24]

Como arremate, é imperioso estar atento à eventual possibilidade de se prejudicar a capacidade contributiva devido ao fato de que sobre a folha de salários já incidem diversas contribuições (arts. 195, I, 239 e 240), o que poderá redundar em confisco se o legislador impuser alíquotas significativas.

O Supremo Tribunal Federal traça distinção entre a *entidade fechada de Previdência Privada* e a *instituição de Assistência Social*, na forma seguinte:

> Recurso extraordinário – Constitucional – Previdência privada – Imunidade tributária – Inexistência.
>
> Entidade fechada de Previdência Privada – Concessão de benefícios aos filiados mediante recolhimento das contribuições pactuadas – Imunidade tributária – Inexistência, dada a ausência das características de universalidade e generalidade da prestação, próprias dos órgãos de Assistência Social.
>
> As instituições de Assistência Social, que trazem ínsito em suas finalidades a observância ao princípio da universalidade, da generalidade, e concedem benefícios a toda coletividade, independentemente de contraprestação, não se confundem e não podem ser comparadas com as entidades fechadas de Previdência Privada, que, em decorrência da relação contratual firmada, apenas contemplam uma categoria específica, ficando o gozo dos benefícios previstos em seu estatuto social dependente do recolhimento das contribuições avençadas, *conditio sine qua non* para a respectiva integração no sistema. (Pleno, RE 202.700-DF, rel. Min. Maurício Corrêa, j. 8.11.2001, *DJU*-1 1.3.2002, p. 52)

2.3.2 As empresas prestadoras de serviços

Consoante o disposto na legislação ordinária, o Serviço Social do Comércio (SESC) tem por finalidade planejar e executar, direta ou indiretamente, medidas pertinentes ao bem-estar social e à melhoria do padrão de vida dos comerciários (Decreto-lei 9.853, de 13.9.1946); en-

---
23. *RTJ* 91/289.
24. *RTJ* 77/657.

quanto que o Serviço Nacional de Aprendizagem Comercial (SENAC) tem por escopo organizar e administrar escolas de aprendizagem comercial e cursos de especialização na área do comércio (Decreto-lei 8.621, de 10.1.1946).

Os valores devidos às referidas entidades enquadram-se como *contribuições sociais* (art. 149 da CF), pertinentes ao âmbito comercial. Portanto, não podem ser consideradas em benefício de trabalhadores afetos às entidades prestadoras de serviços.

O sujeito passivo das contribuições fora previsto na forma seguinte.

Decreto-lei 9.853/1946:

Art. 3º. Os estabelecimentos comerciais enquadrados nas entidades sindicais subordinadas à Confederação Nacional do Comércio (art. 577 da Consolidação das Leis do Trabalho, aprovada pelo Decreto-lei n. 5.452, de 1º de maio de 1943), e os demais empregadores que possuam empregados segurados no Instituto de Aposentadoria e Pensões dos Comerciários, serão obrigados ao pagamento de uma contribuição mensal ao Serviço Social do Comércio, para custeio dos seus encargos.

Decreto-lei 8.621/1946:

Art. 4º. Para o custeio dos encargos do SENAC, os estabelecimentos comerciais cujas atividades, de acordo com o quadro a que se refere o art. 577 da Consolidação das Leis do Trabalho, estiverem enquadradas nas Federações e Sindicatos coordenados pela Confederação Nacional do Comércio, ficam obrigados ao pagamento mensal de uma contribuição equivalente a 1% (um por cento) sobre o montante da remuneração paga à totalidade dos seus empregados.

Esta matéria foi objeto de específico estudo doutrinário de autoria de Marcelo de Aguiar Coimbra, cabendo extrair as considerações seguintes:

(...) as empresas prestadoras de serviço estão sujeitas a disciplina jurídica própria, regulada expressamente pelos arts. 1.128 e ss. do CC, não sendo regidas pelo Código Comercial, aplicável tão somente às empresas comerciais.

Com efeito, as empresas prestadoras de serviços constituem-se sociedades civis, distinguindo-se das sociedades comerciais, por praticar atividade comercial.

A propósito, Rubens Requião assinala que "as sociedades em geral se dividem em dois grupos: sociedades comerciais e sociedades civis.

Distinguem-se umas das outras pelo seu objeto, pois enquanto as sociedades comerciais se especializam na prática constante e em massa de atos de comércio, tendo por atividade o comércio, a sociedade civil explora atos civis, tais como a colonização, a agricultura, os imóveis, a prestação de serviços" (*Curso de Direito Comercial*, Saraiva, 1973, p. 221).[25]

Prossegue o autor:

(...) o fato de ter surgido o conceito de empresa não faz desaparecer a distinção entre empresas comerciais e empresas prestadoras de serviços. O que ocorreu foi o aparecimento de um novo gênero "empresa", que passou a ter três espécies: empresas industriais, comerciais e prestadoras de serviços.[26]

E aponta o Código de Defesa do Consumidor como o adequado diploma jurídico para distinguir as referidas entidades empresariais, a saber:

Art. 3º. Fornecedor é toda pessoa física ou jurídica, pública ou privada, nacional ou estrangeira, bem como os entes despersonalizados, que desenvolvem atividade de produção, montagem, criação, construção, transformação, importação, exportação, distribuição ou comercialização de produtos ou prestação de serviços.

Ives Gandra da Silva Martins assinala que "tais contribuições se enquadram naquelas de interesse das categorias, na medida em que todo o sistema 'S' é dedicado a dar condições de integração na sociedade dos que frequentam tais escolas de aprendizagem"; "tendo como escopo maior exatamente a integração da juventude no mercado de trabalho"; aduzindo que "não há serviço que não tenha integração de mercadorias ou mercadorias em que não haja prestação de serviços".[27]

Embora entendendo que se trata de contribuição de Seguridade Social, Arnoldo Wald também conclui que

(a) as empresas prestadoras de serviços, ou não, estão obrigadas ao recolhimento da contribuição destinada ao SENAC e (b) todas as prestadoras

---

25. "A inexigibilidade das contribuições destinadas ao SESC e ao SENAC em relação às empresas prestadoras de serviços", *RDDT* 47/90-91.
26. Idem, p. 91.
27. "Contribuições sociais para o Sistema 'S' – Constitucionalização da imposição por força do art. 240 da Lei Suprema – Recepção pela nova ordem do art. 577 da CLT", *RDTributário* 57/127, 130 e 131.

cujas atividades – de acordo com o quadro do art. 577 da CLT – estiverem enquadradas nas federações e sindicatos coordenados pela CNC, bem como as sociedades de atividades mistas e que explorem, acessória ou concorrentemente, qualquer ramo econômico peculiar às empresas, devem contribuir para o SENAC, para garantir o custeio do mesmo.[28]

O Superior Tribunal de Justiça, 1ª Seção, fixou a diretriz seguinte:

Ementa: Tributário – Contribuição para o SESC e SENAC.

Entidade hospitalar – Entidade vinculada à confederação cuja integração é pressuposto da exigibilidade da exação – Recepção do art. 577 da CLT e seu Anexo pela Constituição Federal – Contribuição compulsória concretizadora da cláusula pétrea de valorização do trabalho e dignificação do trabalhador – Empresa comercial – Autoqualificação, mercê dos novos critérios de aferição do conceito – Verificação de ocorrência de violação da lei à luz do princípio de supradireito determinando a aplicação da norma aos fins sociais a que se destina, à luz de seu resultado, regras maiores de hermenêutica e aplicação do Direito.

1. As empresas prestadoras de serviços médicos e hospitalares estão incluídas dentre aquelas que devem recolher, a título obrigatório, contribuição para o SESC e para o SENAC, porquanto enquadradas no plano sindical da Confederação Nacional do Comércio, consoante a classificação do art. 577 da CLT e seu Anexo, recepcionados pela Constituição Federal (art. 240) e confirmada pelo seu guardião, o STF, a assimilação no organismo da Carta Maior. (...).

3. As contribuições referidas visam a concretizar a promessa constitucional insculpida no princípio pétreo da "valorização do trabalho humano" encartado no art. 170 da Carta Magna, *verbis*: "A ordem econômica, fundada na valorização do trabalho humano e na livre iniciativa, tem por fim assegurar a todos existência digna, conforme os ditames da justiça social, (...)".

4. Os arts. 3º do Decreto-lei n. 9.583/1946 e 4º do Decreto-lei n. 8.612/1946 estabelecem como sujeitos passivos da exação em comento os estabelecimentos integrantes da Confederação a que pertence e sempre pertenceu a recorrente (antigo IAPC; Decreto-lei n. 2.381/1940), conferindo "legalidade" à exigência tributária.

5. Os empregados do setor de serviços dos hospitais e casas de saúde, ex-segurados do IAPC, antecedente orgânico das recorridas, também são destinatários dos benefícios oferecidos pelo SESC e pelo SENAC.

6. As prestadoras de serviços que auferem lucros são, inequivocamente, estabelecimentos comerciais, quer por força do seu ato consti-

---

28. "As contribuições para o SENAC e as prestadoras de serviços", *RDTributário* 82/194.

tutivo, oportunidade em que elegeram o regime jurídico próprio a que pretendiam se submeter, quer em função da novel categorização desses estabelecimentos, à luz do conceito moderno de empresa.

7. O SESC e o SENAC têm como escopo contribuir para o bem-estar social do empregado e a melhoria do padrão de vida do mesmo e de sua família, bem como implementar o aprimoramento moral e cívico da sociedade, beneficiando todos os seus associados, independentemente da categoria a que pertençam. (...).

9. Consectariamente, a natureza constitucional, e de cunho social e preventivo do empregado, das exações *sub judice* implica que o empregador contribuinte somente se exonere do tributo quando integrado noutro serviço social, visando a evitar relegar ao desabrigo os trabalhadores do seu segmento, em desigualdade com os demais, gerando situação antieconômica e injusta.

10. A pretensão de exoneração dos empregadores quanto à contribuição compulsória em exame recepcionada constitucionalmente em benefício dos empregados encerra arbítrio patronal, mercê de gerar privilégio abominável aos que através da via judicial pretendem dispor daquilo que pertence aos empregados, deixando à calva a ilegitimidade da pretensão deduzida. (REsp 431.347-SC, rel. Min. Luiz Fux, j. 23.10.2002, *DJU*-1 25.11.2002, p. 180)

Entretanto, o Superior Tribunal de Justiça decidiu que é indevida a cobrança das contribuições ao SESC e ao SENAC de empresa de publicidade, porque não se trata de empresa vinculada à Confederação Nacional do Comércio, mas de empresa cujas atividades técnicas econômicas são arte e técnica publicitárias, abrangida pelo quadro da Confederação Nacional dos Trabalhadores em Comunicação e Publicidade no Grupo 2 – Empresas de Publicidade, conforme precedente da 1ª Turma, no REsp 479.062, rela. Min. Denise Arruda, *DJU* 5.9.2005 (2ª T., REsp 855.718-RS, rel. Min. Humberto Martins, j. 17.10.2006, *DJU*-1 31.10.2006, p. 270).

Examinou o Superior Tribunal de Justiça a instituição de específica contribuição relativa à matéria em causa, na forma seguinte:

Ementa: Constitucional – Tributário – Contribuição destinada ao custeio dos serviços sociais e de formação profissional vinculados ao sistema sindical ("Sistema S") – Programa de Revitalização de Cooperativas de Produção Agropecuária/Recoop – Criação do Serviço Nacional de Aprendizagem do Cooperativismo/Sescoop – Alegada violação dos arts. 146, III, 149, 213 e 240 da Constituição – Ação direta de inconstitucionalidade – Medida cautelar – Medida Provisória n. 1.715/1998 e

reedições (Medidas Provisórias ns. 1.715-1/1998, 1.715-2/1998 e 1.715-3/1.998) – Arts. 7º, 8º e 11.
1. Ação direta de inconstitucionalidade, com pedido de medida liminar, ajuizada contra os arts. 7º, 8º, 9º e 11 da Medida Provisória n. 1.715/1998 e reedições, que autorizam a criação do Serviço Nacional de Aprendizagem do Cooperativismo/Sescoop, preveem as respectivas fontes de custeio e determinam a substituição de contribuições da mesma espécie e destinadas a serviços sociais (SENAI, SESI, SENAC, SESC, SENAT, SEST, SENAR), pela contribuição destinada a custear o Sescoop. (...).
3. Alegada violação do art. 240 da Constituição, na medida em que somente as contribuições destinadas ao custeio dos serviços sociais e de formação profissional vinculados ao sistema sindical recebidas pela Constituição de 1988 teriam sido ressalvadas do regime tributário das contribuições destinadas ao custeio da Seguridade Social – Contrariedade causada, ainda, pela alegada impossibilidade de modificação de tais tributos, por supressão ou substituição – Ausência de *fumus boni juris*, dado que o tributo, em primeiro exame, não se caracteriza como contribuição nova – Ausência do *fumus boni juris* quanto à extensão do art. 240 da Constituição como instrumento apto a conferir imutabilidade às contribuições destinadas a custear os serviços sociais.
4. Ausência de *fumus boni juris* em relação à previsão de destinação específica de recursos públicos somente às escolas públicas, comunitárias, confessionais e filantrópicas (art. 213 da Constituição), porque, em primeiro exame, a norma constitucional se refere à destinação de verba pública auferida por meio da cobrança de impostos.
Medida cautelar indeferida. (Plenário, MC na ADI 1.924-1, rel. para o acórdão Min. Joaquim Barbosa, j. 20.5.2009, *DJe* 6.8.2009, p. 40)

O Judiciário consolidou o entendimento seguinte:

As empresas prestadoras de serviços estão sujeitas às contribuições ao SESC e ao SENAC, salvo se integradas noutro serviço social (Súmula 499 do STJ).

Os *clubes desportivos, recreativos e de lazer* também devem sujeitar-se às mencionadas contribuições, a saber:

Ementa: Tributário e Processual Civil. Agravo Regimental no Agravo Regimental no Recurso Especial. Contribuição ao SESC. Clube recreativo. Desportivo e de lazer. Prestação de serviço. Art. 577 da CLT. Matéria julgada pela sistemática do art. 543-C do CPC [*de 1973*].
1. Conforme consignado nas instâncias ordinárias, a parte autora é clube que "tem por objeto proporcionar, aos seus associados, ambientes

e meios para o lazer e diversões, nos campos social, recreativo, cultural, cívico e dos esportes amadores, inclusive participando de competição com outros Clubes e Associações similares", mantendo "obrigatoriamente, departamentos Social, de Golf, de Hipismo, de Tiro e de Tênis".

2. Por força do art. 55 da CLT (*sic*) e em atenção ao que foi decidido pela Primeira Seção do STJ, por ocasião do julgamento do REsp 1.255.433-PE, realizado na sistemática do art. 543-C do CPC [*de 1973*], os clubes recreativos e desportivos estão obrigados ao recolhimento da contribuição ao Sesc, uma vez que estão vinculados à Confederação Nacional de Educação e Cultura e seus empregados estão vinculados à Confederação Nacional dos Trabalhadores em Estabelecimentos de Educação e Cultura.

3. Entendimento que se assemelha àquele externado no recurso especial repetitivo; "os empregados das empresas prestadoras de serviços não podem ser excluídos dos benefícios sociais das entidades em questão (SESC e SENAC) quando inexistente entidade específica a amparar a categoria profissional a que pertencem. Na falta de entidade que forneça os mesmos benefícios sociais e para a qual sejam vertidas contribuições de mesma natureza e, em se tratando de empresa prestadora de serviços, há que se fazer o enquadramento correspondente à Confederação Nacional do Comércio – CNC, ainda que submetida a atividade respectiva a outra Confederação, incidindo as contribuições ao SESC e SENAC que se encarregarão de fornecer os benefícios sociais correspondentes" (REsp 1255433-PE, rel. Min. Mauro Campbell Marques, 1ª Seção, *DJe* 29.5.2012). (AgRg no REsp 1.449.840-PE, 1ª T., rel. Min. Benedito Gonçalves, j. 19.5.2015, *DJe* 28.5.2015)

O Serviço Social de Transporte (SEST) e o Serviço Nacional de Aprendizagem do Transporte (SENAT) têm por objetivo gerenciar, desenvolver, executar e apoiar programas voltados à promoção social do trabalhador em transporte, rodoviário e do transportador autônomo, notadamente nos campos de alimentação, saúde, cultura, lazer e segurança do trabalho (Lei federal 8.706, de 14.9.1993, regulamentada pelo Decreto 1.007, de 13.12.1993).

As rendas para a sua manutenção serão compostas basicamente: I) pelas atuais contribuições das empresas de transporte rodoviário, calculadas sobre o montante da remuneração paga pelos estabelecimentos contribuintes a todos os seus empregados e recolhidos pelo INSS em favor do SESI e do SENAI, que passarão a ser recolhidas em favor do SEST e SENAT, respectivamente; e II) pela contribuição mensal dos transportadores autônomos equivalente a 1,5% e 1,0%, respectivamente, do salário de contribuição previdenciária.

As receitas, deduzidos 10% a título de taxa de administração superior, a cargo da Confederação Nacional dos Transportes (CTN), serão aplicadas em benefício dos trabalhadores em transporte rodoviário, dos transportadores autônomos, dos seus familiares e dependentes, dos seus servidores, bem como dos trabalhadores de outras modalidades de transporte, que venham a ser a eles vinculados através de legislação específica.

Idêntica natureza possui o Serviço Nacional de Aprendizagem Rural (SENAR) – previsto no art. 62, do Ato das Disposições Constitucionais Transitórias – criado pela Lei 8.315, de 23.12.1991, com o objetivo de organizar, administrar e executar, em todo o território nacional, o ensino da formação profissional rural e a promoção social do trabalhador rural, tendo como base de cálculo o valor da remuneração paga aos empregados à alíquota de 2,5%, devida pelas pessoas que ocupam determinadas atividades rurais.

Os serviços de fiscalização de profissões regulamentadas serão exercidos em caráter privado, por delegação do Poder Público, sendo que os conselhos serão disciplinados por decisão do plenário do conselho federal da respectiva profissão (Lei 9.649, de 27.5.1998).

3. Contribuições de Intervenção no Domínio Econômico (CIDEs)

3.1 Pressupostos

Os princípios gerais das diretrizes econômicas (arts. 170 a 181 da CF) constituem os elementos a serem considerados para a instituição da contribuição, concernindo à preservação da soberania nacional, propriedade privada, função social da propriedade, livre concorrência, defesa do consumidor, defesa do meio ambiente, redução das desigualdades regionais, busca de pleno emprego e tratamento favorecido para as empresas de pequeno porte etc.

Esmerada doutrina aponta que

> o critério material terá que conjugar dois fatores: a) a atividade do Estado; e b) o efeito causado por essa atividade a um determinado círculo de pessoas. Ocorre que esse efeito, como informamos, para atender àquelas finalidades constitucionalmente previstas, poderá ser traduzido na vantagem obtida por um grupo de pessoas devido à realização de uma atividade ou no resultado da atividade estatal provocada por um grupo de pessoas.[29]

---

29. Suzy Gomes Hoffmann, *Contribuições no Sistema Constitucional Tributário*, pp. 134-135.

As *contribuições interventivas* têm por âmbito o *domínio econômico*, cujo conceito não é de fácil compreensão e delimitação, devendo ser examinadas na Constituição Federal as inúmeras ingerências do Estado na esfera econômica, abrangendo: a) serviços públicos; b) poder de polícia; c) obras públicas; d) atividades monopolizadas; e) a excepcional exploração direta da atividade econômica; f) a regulação da atividade econômica – contrapostas às situações em que se outorga liberdade para a atuação dos particulares.

Os *serviços públicos* podem ser privativos do Estado, por determinação constitucional, exercidos diretamente ou sob o regime de concessão ou permissão (CF, art. 21, X – serviço postal e correio aéreo nacional; XI – telecomunicações; e XII – radiodifusão sonora e de sons e imagens; energia elétrica e aproveitamento energético dos cursos de água; navegação aérea, aeroespacial e infraestrutura portuária; transporte ferroviário e aquaviário; transporte rodoviário interestadual e internacional de passageiros; portos marítimos, fluviais e lacustres), sendo remunerado por *taxas*.

Os serviços de "saúde" (art. 196), "educação" (art. 205), e "seguridade social" (art. 194) podem ser entregues à iniciativa privada, situação em que não são qualificados como serviços púbicos no sentido estrito.

O *poder de polícia* refere-se à atividade estatal condicionadora da liberdade e da propriedade dos particulares, de conformidade com os interesses coletivos, como é o caso dos licenciamentos para construção e utilização de equipamentos de segurança, também sujeitos a *taxas*.

Enquadra-se no âmbito da polícia governamental a atuação do Estado como *agente normativo e regulador da atividade econômica*, exercendo as funções de fiscalização, incentivo e planejamento, sendo este determinante para o setor público e indicativo para o setor privado.

As *obras públicas* concernem à construção, reparação, edificação ou ampliação de bem imóvel pertencente ou incorporado ao domínio público, com a valorização imobiliária, não sendo caracterizadas como serviço público, implicando *contribuição de melhoria*.

No âmbito das *atividades monopolizadas* (arts. 176 e 177 da CF) inserem-se (art. 177):

> I – a pesquisa e a lavra das jazidas de petróleo e gás natural e outros hidrocarbonetos fluidos; II – a refinação do petróleo nacional ou estrangeiro; III – a importação e exportação dos produtos e derivados básicos resultantes das atividades previstas nos incisos anteriores; IV – o transporte marítimo do petróleo bruto de origem nacional ou de derivados

básicos de petróleo produzidos no país, bem assim o transporte, por meio de conduto, de petróleo bruto, seus derivados e gás natural de qualquer origem; V – a pesquisa, a lavra, o enriquecimento, o reprocessamento, a industrialização e o comércio de minérios e minerais nucleares e seus derivados (...).

A *exploração direta da atividade estatal* reputa-se necessária à "segurança nacional" ou a "relevante interesse coletivo" (art. 173), ambas situações de notória imprecisão, ensejando medidas interventivas no espectro econômico (prestação de serviços de comercialização de bens) pelo Estado. "A lei reprimirá o abuso do poder econômico que vise à dominação dos mercados, à eliminação da concorrência e ao aumento arbitrário dos lucros" (§ 4º do art. 173 da CF).

Arguta a ponderação de que

o sistema econômico não determina diretamente como o sistema jurídico deve operar, da mesma forma que o Direito não determina as relações econômicas. O Direito percebe as demandas da realidade econômica, porém sua única forma de atuar é por meio da produção de mais Direito – normas –, nunca por meio de produção de realidade econômica.[30]

A expressão "domínio econômico" concerne ao campo reservado aos particulares, como atividade desenvolvida sob regime de direito privado (Celso Antônio Bandeira de Mello, *Curso de Direito Administrativo*), desempenhada pela livre iniciativa no seu mister de fazer riquezas.[31]

Distingue-se da "ordem econômica", que concerne ao campo privativo de atividade estatal.

Não tem sentido lógico entender que o Estado possa, ou deva, intervir em área que lhe é privativa e exigir contribuição dos particulares para regular atividades que são de sua exclusiva competência.

A intervenção deverá ter natureza transitória (tempo indispensável para recompor o desarranjo do "domínio econômico"); circunscrever-se a específico âmbito de atuação, mediante vinculação a determinados setores envolvidos no respectivo mercado; as respectivas contribuições devem ser exigidas unicamente das pessoas que tenham especial interesse na atividade estatal ou que dela aufiram benefício diferencial[32] e

---

30. Tácio Lacerda Gama, *Contribuição de Intervenção no Domínio Econômico*, p. 237.
31. Lúcia Valle Figueiredo, "Reflexões sobre a intervenção do Estado no domínio econômico e as contribuições interventivas", *RDDT* 81/252.
32. Hamilton Dias de Souza, "Contribuições de intervenção no domínio econômico", *X Simpósio Nacional IOB de Direito Tributário*, p. 22.

"deve respeitar a livre iniciativa (*caput* do art. 170, inciso II), a livre concorrência (inciso IV do art. 170) e o planejamento meramente indicativo para o setor privado (art. 174)".[33]

Percuciente estudo aponta os parâmetros aplicáveis às contribuições de intervenção:

1 – só a União pode instituir intervenção; 2 – deve existir um campo em que caiba intervenção; 3 – intervenção/contribuição devem estar circunscritas a um setor/área/atividade; 4 – finalidade qualifica a contribuição; 5 – avaliação envolve juízo político; 6 – razoabilidade e proporcionalidade na disciplina das contribuições; 7 – deve existir um "motivo" para a intervenção; 8 – não cabe superposição de contribuições para a mesma finalidade; 9 – o "tempo" como parâmetro da contribuição; 10 – contribuintes devem pertencer ao grupo; 11 – pertinência efetiva e não ficta do grupo; 12 – nem todos que integram o grupo precisam ser contribuintes; 13 – interesse do grupo e valores positivos; 14 – contribuição de intervenção e extrafiscalidade; 15 – volume arrecadado deve ser aplicado na finalidade; 16 – volume arrecadado deve ser proporcional à intervenção; 17 – aplicação do recurso deve ser no grupo de onde provém; 18 – criação por lei ordinária; 19 – capacidade contributiva não é, obrigatoriamente, critério de dimensionamento; 20 – há bases de cálculo proibidas às contribuições de intervenção; 21 – dimensionamento da contribuição deve ser proporcional.[34]

Enfatiza-se que

a *vinculação* da contribuição de intervenção ocorre com relação à finalidade constitucional (intervenção no domínio econômico), isto é, a criação de uma contribuição desta espécie é que é *vinculada* a uma atuação do Estado, e não, necessariamente, o núcleo da sua hipótese de incidência, o qual retratará, no mais das vezes, um fato sem nenhuma ligação com atuação estatal de qualquer tipo. A contribuição está justificada como *agente regulador* da atividade econômica na função de *planejar*, em sentido amplo, podendo servir como forma de obtenção de recursos para a respectiva atuação *ou* ser cobrada como instrumento em si mesmo da autuação.[35]

---

33. Ives Gandra da Silva Martins, *As Contribuições...*, p. 22.
34. Marco Aurélio Greco, "Contribuição de intervenção no domínio econômico – Parâmetros para sua criação", in Marco Aurélio Greco (coord.), *Contribuições de Intervenção no Domínio Econômico e Figuras Afins*, pp. 12-13.
35. Estevão Horvath, *Contribuições de Intervenção no Domínio Econômico*, pp. 135-136.

Pode-se concluir que

as contribuições de intervenção no domínio econômico são tributos que se caracterizam por haver uma ingerência da União (*intervenção*) sobre a atividade privada, na sua condição de produtora de riquezas (*domínio econômico*). Tal forma de intervenção deve ser adotada em caráter excepcional se, e somente se, for detectado um desequilíbrio de mercado, que possa ser superado com a formação de um fundo que seja revertido em favor do próprio grupo alcançado pela contribuição interventiva. Além disso, a Constituição Federal não autoriza sejam criadas contribuições dessa natureza cujo critério material seja de imposto conferido à competência privativa de Estados, Distrito Federal e Municípios.[36]

O STF entende que é desnecessária a vinculação direta entre os benefícios decorrentes da Cide e o contribuinte (AgRg no RE 449.233, 1ª T., rel. Min. Ricardo Lewandowski, j. 8.2.2011, *DJe* de 9.3.2011, pp. 25-26; e AgRg no Re 492.353, 2ª T., rel. Min. Ellen Gracie, j. 22.2.2011, *DJe* de 14.3.2011, p. 33).

Decidira no mesmo sentido relativamente à contribuição à Condecine (AgRg no RE 700.160, 1ª T., rel. Min. Rosa Weber, j. 9.4.2014, *DJe* 30.4.2014, p. 57).

3.2 O AFRMM e a relação com o ICMS

3.2.1 Contornos legais

O Adicional ao Frete para a Renovação da Marinha Mercante foi instituído para atender aos encargos da intervenção da União nas atividades de apoio ao desenvolvimento da Marinha Mercante e da indústria de construção e reparação naval brasileira.

A incidência ocorre com o início efetivo da operação de descarregamento da embarcação em porto brasileiro, de acordo com o conhecimento de embarque e o manifesto de carga, pelo transporte aquaviário de carga de qualquer natureza.

Deve ser calculado sobre o frete, considerado como a remuneração do transporte aquaviário mercante porto a porto, incluídas as despesas portuárias com a manipulação de carga constantes do conhecimento de embarque, anteriores e posteriores a esse transporte, e outras despesas de qualquer natureza pertinentes ao transporte.

---

36. Paulo Ayres Barreto, *Contribuições – Regime Jurídico, Destinação e Controle*, p. 118.

Na navegação de longo curso, quando o frete estiver expresso em moeda estrangeira, a conversão será feita à taxa de abertura para sua compra, fixada pelas autoridades monetárias brasileiras, e vigente na data de início efetivo da operação de descarregamento da embarcação.

As alíquotas básicas são as seguintes: (a) 25%, na navegação de longo curso; (b) 10%, na navegação de cabotagem; e (c) 40%, na navegação fluvial e lacustre, quando do transporte de granéis líquidos nas regiões Norte e Nordeste.

Para tanto, considera-se o seguinte: (a) *porto* – o atracadouro, o terminal, o fundeadouro ou qualquer outro local que possibilite o carregamento e o descarregamento de carga; (b) *navegação de cabotagem* – aquela realizada entre portos brasileiros, utilizando exclusivamente a via marítima ou a via marítima e as interiores; (c) *navegação de longo curso* – aquela realizada entre portos brasileiros e portos estrangeiros, sejam marítimos, fluviais ou lacustres; (d) *navegação fluvial e lacustre* – aquela realizada entre portos brasileiros utilizando exclusivamente as vias interiores; (e) *granel* – é a mercadoria embarcada, sem embalagem ou acondicionamento de qualquer espécie, diretamente nos compartimentos da embarcação ou em caminhões-tanque sobre a embarcação; (f) *empresa brasileira de navegação* – pessoa jurídica constituída segundo as leis brasileiras, com sede no país, que tenha por objeto o transporte aquaviário, autorizada a operar pelo órgão competente; (g) *estaleiro brasileiro* – pessoa jurídica constituída segundo as leis brasileiras, com sede no país, que tenha por objeto a indústria de construção e reparos navais; e (h) *jumborização* – aumento de uma embarcação.

O contribuinte é o consignatário constante do conhecimento de embarque, sendo o proprietário da carga solidariamente responsável pelo seu pagamento. Nos casos em que não houver obrigação de emissão do conhecimento o contribuinte será o proprietário da carga transportada. Na navegação de cabotagem e na navegação fluvial e lacustre de percurso nacional a empresa de navegação, ou seu representante legal, que liberar o conhecimento sem o prévio pagamento, ou a comprovação de sua suspensão, isenção ou da não incidência, ficará responsável pelo seu recolhimento, com os devidos acréscimos.

O sujeito passivo efetuará, no Sistema de Controle de Arrecadação do AFRMM, o respectivo pagamento.

A Secretaria da Receita Federal do Brasil somente liberará mercadoria de qualquer natureza, ou autorizará sua saída da zona primária aduaneira ou sua inclusão nos regimes aduaneiros especiais, mediante a informação do pagamento do Adicional, de sua suspensão ou da não incidência, disponibilizada pelo Ministério dos Transportes.

As normas básicas que regram o AFRMM (Lei federal 10.893, de 13.7.2004 e Decreto 8.257, de 29.5.2014) também contêm preceitos relativos às isenções e gestão dos recursos.

3.2.2 Natureza jurídica

Critérios, diretrizes e regras, pautados por fundamento científico, constituem balizas e parâmetros indispensáveis para que se possa, de modo correto e adequado, interpretar e aplicar os fenômenos jurídicos. Nesta temática se insere a obrigação de pagar uma determinada soma em dinheiro ao Governo.

O AFRMM é encargo de estranha denominação e imprecisão normativa, notadamente pelo fato de ter ingressado no mundo jurídico sob a égide de anterior Constituição, o que implica o exame da viabilidade (ou não) de ser recepcionado pelo ordenamento vigente.

O AFRMM enquadra-se no conceito tributário (art. 3º do CTN), a despeito de sua bizarra denominação – que, todavia, constitui dado totalmente irrelevante para caracterizar qualquer figura jurídica (art. 4º do CTN).

É de se convir que nem sempre é fácil compreender o significado das palavras no discurso normativo em que se inserem; alcançar a categoria jurídica onde se encartam; seu verdadeiro sentido semântico, o rigor técnico ou, mesmo, seu sentido vulgar. Importa captar sua real essência jurídica, uma vez que os preceitos jurídicos nem sempre são claros e precisos, revelando ambiguidades e imperfeições, primando por redação defeituosa, omissões e contradições nos diplomas legais, especialmente porque frutos da ação humana.

Assim, o fato de haver sido batizado como Taxa de Marinha Mercante (TMM), Taxa de Renovação da Marinha Mercante (TRMM) e, atualmente, como Adicional ao Frete para Renovação da Marinha Mercante (AFRMM) não tem qualquer força ou interferência na fisionomia jurídica desse "encargo", e muito menos no regime jurídico que lhe deva ser aplicado.

O Adicional é causado pelo frete, decorrente de "serviço de transporte", sendo instituído como uma forma de intervenção da União nas atividades de navegação da Marinha Mercante.

Na vigência da Constituição anterior o Supremo Tribunal Federal decidira que referido "encargo" não era tributo, havendo fixado a diretriz de que "o Adicional ao Frete para Renovação da Marinha Mercante (AFRMM) é contribuição parafiscal, não sendo abrangido pela imunidade prevista na letra 'd' do inciso III do art. 19 da CF" (Súmula 553).

Entretanto, na Constituição Federal vigente é induvidoso que, embora o AFRMM apresente notas genéricas de "imposto" – prestação de serviços de transporte (exação não vinculada à atividade estatal) –, revela a peculiaridade de "contribuição social de intervenção no domínio econômico".

A simples denominação normativa conferida aos tributos (impostos, taxas e contribuição de melhoria – art. 145, I-III, da CF de 1988) não constitui elemento fundamental para limitar e moldar o tipo tributário, que deve ser haurido consoante seu tipo característico, contido nos próprios lindes constitucionais. Tanto as *contribuições* previstas no art. 149 (intervenção no domínio econômico e de interesse das categorias profissionais ou econômicas) como as *contribuições* elencadas no art. 195 revelam nítida natureza tributária, em razão de guardarem identidade com as espécies referidas no art. 145.

No entanto, esta aparente imprecisão conceitual já foi pacificada pelo Supremo Tribunal Federal, que, ao apreciar questão versando sobre a "Contribuição Social sobre o Lucro", tornou precisa a natureza tributária das contribuições, inclusive as referidas no art. 149 – que se subordina ao capítulo concernente ao "Sistema Tributário Nacional".[37]

Este *leading case* foi assentado antes da edição da Emenda Constitucional 3, de 17.3.1993, que estabeleceu o seguinte:

Art. 1º. Os dispositivos da Constituição Federal abaixo enumerados passam a vigorar com as seguintes alterações:
"Art. 150. (...).
"§ 6º. Qualquer subsídio ou isenção, redução de base de cálculo, concessão de crédito presumido, anistia ou remissão, relativos a impostos, taxas ou contribuições, só poderá ser concedido mediante lei específica, federal, estadual ou municipal, que regule exclusivamente as matérias acima enumeradas ou o correspondente *tributo* ou *contribuição*, sem prejuízo do disposto no art. 155, § 2º, XII, 'g'.
"§ 7º. A lei poderá atribuir a sujeito passivo da obrigação tributária a condição de responsável pelo pagamento de *imposto* ou *contribuição*, cujo fato gerador deva ocorrer posteriormente, assegurada a imediata e preferencial restituição da quantia paga, caso não se realize o fato gerador presumido" (grifei).

37. Pleno, RE 146.733-9, rel. Min. Moreira Alves, j. 29.6.1992.

Penso que a singela circunstância de os §§ 6º e 7º haverem mencionado o vocábulo "contribuição", ao lado de "tributo", por si só, não tem o condão de estabelecer distintas naturezas jurídicas.

É plausível entender-se que houve patente equívoco do legislador, não só porque uma simples referência contida em preceito de uma "emenda" à Constituição não teria eficácia para modificar os princípios constitucionais aplicáveis às contribuições, de âmbito tributário, mas, também, pelo fato de o Supremo Tribunal Federal haver consagrado a verdadeira natureza das contribuições, mediante análise do plexo de normas (especialmente os arts. 149 e 195).

É induvidoso que se trata de autêntico "tributo", atrelado ao seu característico regime jurídico, compreendido por diversos princípios, tais como tipicidade, anterioridade, legalidade, isonomia, irretroatividade, vinculabilidade, capacidade contributiva, vedação de confisco, progressividade.

Insere-se na categoria de uma contribuição parafiscal, em que ocorrem a transferência da capacidade tributária ativa e a destinação específica de seus respectivos recursos.

Tratando-se de tributo de competência da União, não podem ser adotadas as mesmas materialidades e bases de cálculo dos tributos de competência dos demais entes públicos, como é o caso dos Estados ("prestação de serviços de transporte"), objeto de exame em tópico seguinte.

3.2.3 AFRMM e lineamentos do ICMS

A Constituição Federal de 1988 introduziu modificações no âmbito da competência tributária dos Estados e do Distrito Federal, pois, além de manter a previsão de incidência sobre "operações relativas à circulação de mercadorias", passou a dispor, também, sobre a tributação das "prestações de serviços de transporte interestadual e intermunicipal" (art. 155, II, redação da Emenda Constitucional 3/1993).

Fundamentado no art. 34, § 8º, do ADCT, e em face da omissão do legislador nacional, o Convênio ICM-66/1988, de 14.12.1988, determinou como fato gerador do tributo "a execução de serviços de transporte interestadual e intermunicipal" (art. 2º, IX); e, como base de cálculo, "o preço do serviço" (art. 4º, VI).

Limitando-se o âmbito espacial tributário ao território brasileiro (serviços entre Estados ou entre Municípios), deflui o natural entendimento de que o imposto em comento não se aplica aos serviços de transporte internacional, contemplando implícita e obliquamente uma situação imunitória. A razão dessa diretriz é elementar, pois tem por objetivo desonerar as exportações nacionais, facilitando o acesso das empresas do país ao mercado internacional.

O fato de o inciso II do art. 155 haver restringido a tributação aos serviços internos (interestaduais e intermunicipais) não pode redundar no entendimento simplista de que não se poderia cogitar de ICMS sobre serviços externos atinentes à importação.

Portanto, é razoável admitir-se que tanto as prestações de serviços no território nacional como aquelas atinentes à importação constituem hipóteses de incidência do ICMS; reforçado pela determinação constitucional de que o produto da arrecadação cabe ao estabelecimento destinatário do serviço.[38-39]

Sacha Calmon Navarro Coêlho entende o seguinte:

> O Adicional de Frete para a Renovação da Marinha Mercante tornou-se incompatível com a nova ordem constitucional, por isso que (a) tributa os serviços de transporte marítimo, oceânico e de cabotagem, fluvial e lacustre, e (b) tendo por base de cálculo o valor do frete (serviço de transporte).
>
> Ora, essas são as bases de cálculo tanto do ICMS quanto do ISS, no âmbito de suas respectivas incidências. Dá-se a patologia da invasão de competência (...).
>
> Em verdade, a questão é de repulsão (não recepção) do AFRMM pela Constituição de 1988. A competência dos entes políticos é de radicação constitucional. Se a legislação anterior torna-se incompatível com a nova ordem constitucional, deve desaparecer do *ordo juris*.[40]

Gilberto de Ulhôa Canto observou que "o AFRMM foi definido como contribuição de intervenção econômica pela Emenda Constitucional 1/1969, que a reconheceu como espécie do gênero tributo; (...) não é compatível com as normas da Constituição Federal de 1988"; tendo concluído que

> não se pode admitir que a União, exercendo sua competência privativa para instituir contribuições (art. 149), lhes escolha livremente os fatos

---

38. José Eduardo Soares de Melo, "O AFRMM e a relação conflituosa com o ICMS na Constituição de 1988", *RDDT* 1/42-45.

39. José Eduardo Soares de Melo, *ICMS – Teoria e Prática*.

40. "Estudo doutrinário e jurisprudencial sobre o tributo denominado Adicional de Frete para a Renovação da Marinha Mercante", *Caderno de Direito Tributário e Finanças Públicas* 8/1.371.

geradores e as bases de cálculo idênticos aos que sejam próprios de impostos privativos dos Estados, do Distrito Federal ou dos Municípios, pois, se pudesse fazê-lo, estaria frustrando a prevalência do próprio Sistema Tributário Nacional.[41]

Em razão do exposto, fica assentada a legitimidade da premissa de incidência do ICMS nos serviços de transporte de bens provenientes do Exterior. Resta elucidar a respeito da permissão constitucional para também impor-se o AFRMM, ou seja, a possibilidade jurídica de haver dúplice exigência tributária.

O Adicional em causa contém os aspectos de uma autêntica contribuição social de intervenção no domínio econômico, enquadrável no art. 149 da CF. Todavia, não reuniria as imprescindíveis condições jurídicas para ser recepcionado pela Constituição Federal de 1988 (a teor do disposto no art. 34, § 5º, do ADCT), porquanto se mostra incompatível com o ICMS.

Realmente, o AFRMM havia considerado como seu fato gerador a prestação de serviço de transporte de carga, e como base de cálculo o preço desse serviço, isto é, as mesmas operações e quantificações econômicas do ICMS.

Além disso, não fora atendido o preceituado no art. 36 do ADCT, *verbis*: "Os fundos existentes na data da promulgação da Constituição, excetuados os resultantes de isenções fiscais que passem a integrar patrimônio privado e os que interessem à defesa nacional, extinguir-se-ão, se não forem ratificados pelo Congresso Nacional no prazo de 2 (dois) anos".

O Supremo Tribunal Federal, entretanto, dirimiu a controvérsia, na forma consubstanciada na ementa seguinte:

> Constitucional – Tributário – Adicional ao Frete para Renovação da Marinha Mercante/AFRMM – Contribuição parafiscal ou especial de intervenção no domínio econômico – CF, art. 149 e art. 155, § 2º, IX – ADCT, art. 36.
>
> I – O Adicional ao Frete para Renovação da Marinha Mercante/ AFRMM é uma contribuição parafiscal ou especial, contribuição de intervenção no domínio econômico, terceiro gênero tributário, distinta do imposto e da taxa (CF, art. 149).

---

41. "Adicional ao Frete para Renovação da Marinha Mercante (AFRMM), natureza jurídica, face à Constituição Federal de 1988. Contribuições de intervenção econômica. ICMS, prestação de serviços de transporte interestadual e intermunicipal", in *Direito Tributário Aplicado, Pareceres*, 1ª ed., pp. 309-310.

II – O AFRMM não é incompatível com a norma do art. 155, § 2º, IX, da Constituição. Irrelevância, sob o aspecto tributário, da alegação no sentido de que o Fundo da Marinha Mercante teria sido extinto, na forma do disposto no art. 36 do ADCT.

III – Recurso extraordinário não conhecido. (Pleno, RE 177.137-2-RS, rel. Min. Carlos Velloso, j. 24.5.1995)

O acórdão manifestou o entendimento de que não importava o nome dado ao Adicional em apreço – contribuição parafiscal, contribuição especial, ou contribuição –, sendo certo, apenas, que tem ele caráter tributário, sem regime autônomo, especial, mas sujeito às regras legais atinentes ao tributo.

Ressaltou que, como contribuição de intervenção no domínio econômico, foi o AFRMM recebido pela Constituição vigente, art. 149, destinando-se a atender aos encargos da intervenção da União nas atividades de navegação mercante. Afastou a aplicabilidade das diversas limitações previstas na Constituição Federal (§ 2º do art. 145, arts. 153, 155 e 156), sublinhando que as vedações expressas na Constituição Federal (arts. 150, 151 e 152) não são aplicáveis.

Categoricamente, ressaltou que, tal como instituído e cobrado, o AFRMM não é infringente do disposto no art. 155, § 2º, IX, da CF.

Finalizando, assentou que

é irrelevante, sob o aspecto tributário, a questão de o Fundo da Marinha Mercante ter sido extinto, ou não (CF, ADCT, art. 36). A uma, porque esse Fundo não constituía a única destinação do AFRMM, como bem registrou o acórdão, com base no Decreto-lei n. 2.404/1987, art. 8º, com a redação do Decreto-lei n. 2.414/1988; a duas, porque não é o mencionado Fundo que caracteriza a contribuição como de intervenção; a três, porque a natureza jurídica do tributo é determinada pelo fato gerador da respectiva obrigação, sendo irrelevante para qualificá-la a destinação legal do produto da sua arrecadação (CTN, art. 4º, II).

Por conseguinte, firmou-se diretriz no sentido de que o AFRMM possui validade jurídico-constitucional, tendo sido recepcionado pela Constituição Federal de 1988, coexistindo com o ICMS relativamente a serviços de transporte de bens oriundos de outros países.

3.3 Contribuição ao IAA

Examina-se a juridicidade das normas regradoras da contribuição (Decretos-leis 308/1967, 1.712/1979 e 1.952/1982), que estabeleceram a obrigação de seu recolhimento, pelos produtores de açúcar e de álcool, para custeio da intervenção da União na economia canavieira nacional.

A Fazenda Nacional postula pela juridicidade da exação sob a argumentação básica seguinte: (a) possibilidade jurídica da exigência da contribuição no mesmo exercício da expedição do Decreto-lei 1.952/1982, bem como a alteração de alíquotas e bases de cálculo na vigência da Constituição Federal de 1967; (b) o art. 21, § 2º, I, da CF de 1967 previa poder o Executivo modificar as alíquotas e bases de cálculo das contribuições para intervenção do domínio econômico, donde inconstitucionais alterações de alíquotas somente após a Constituição Federal de 1988; (c) os atos do Poder Executivo não se confundem com os atos privativos do Presidente da República, aqueles indelegáveis; a indelegabilidade respeita apenas a diferentes esferas do Poder.

Os contribuintes, a seu turno, pugnam no sentido seguinte: (a) a partir do Decreto-lei 1.952/1982 (16.7.1982) o Conselho Monetário Nacional (CMN) deveria ter estabelecido a quantificação do valor devido, o que não aconteceu, sendo inadmissível que tal função houvesse sido transferida ao Instituto do Açúcar e do Álcool – IAA; (b) no âmbito da Constituição Federal de 1967 (art. 6º, parágrafo único) era expressamente vedado a qualquer dos Poderes delegar suas atribuições a outro Poder, com exceções relativas à faculdade outorgada ao Executivo para alterar alíquotas de contribuições (art. 21, § 2º, c/c art. 21, I), mas não para estabelecer alíquotas; (c) a Constituição Federal de 1988 não mais concedeu a faculdade de ser delegada ao Executivo a competência para alterar alíquotas das contribuições (art. 149). Decorre que se o Decreto-lei 1.952/1982 já poderia ser considerado como inconstitucional frente à Carta de 1967, com a Constituição Federal de 1988 restou derrogado na parte em que facultava ao CMN estabelecer as alíquotas da contribuição e do adicional.

A inconstitucionalidade encontrou apoio doutrinário em Souto Maior Borges[42] e Eros Roberto Grau.[43]

Inexistia consenso no Judiciário no tocante à juridicidade da contribuição em foco, tendo o Superior Tribunal de Justiça decidido que:

(...) após o advento da Constituição Federal de 1988 não se promulgou nenhuma lei alterando a alíquota da contribuição ao IAA, nem esta se afigura incompatível com o novo sistema tributário instituído na Carta

42. "Contribuição para o IAA", *RDTributário* 55/115-135.
43. "IAA. Contribuição de intervenção no domínio econômico", *RDTributário* 53/151-158.

Constitucional em vigor – Recurso não conhecido – Decisão unânime. (1ª T., REsp 23.750-0-AL, rel. Min. Demócrito Reinaldo, j. 17.8.1994, *DJU* 5.9.1994, p. 23.037)

O Supremo Tribunal Federal solucionou definitivamente a questão:

Constitucional – Tributário – Contribuição devida ao Instituto do Açúcar e do Álcool/IAA. A Constituição Federal/1988 recepcionou o Decreto-lei n. 308/1967, com as alterações dos Decretos-leis ns. 1.712/1979 e 1.952/1982. Ficou afastada a ofensa ao art. 149 da CF/1988, que exige lei complementar para a instituição de contribuições de intervenção no domínio econômico. A contribuição para o IAA é compatível com o sistema tributário nacional. Não vulnera o art. 34, § 5º, do ADCT/1988. É incompatível com a Constituição Federal/1988 a possibilidade da alíquota variar ou ser fixada por autoridade administrativa. Recuso não conhecido. (Pleno, RE 214.206-9-AL, rel. para o acórdão Min. Nélson Jobim, j. 15.10.1997, *DJU*-1 19.5.1998, p. 16)

3.4 FUST

O Fundo de Universalização dos Serviços de Telecomunicações – FUST tem por finalidade proporcionar recursos destinados a cobrir parcela do custo de cumprimento das obrigações de universalização de serviços de telecomunicações que não possa ser recuperada com a exploração eficiente do serviço (Lei federal 9.998, de 17.8.2000, regulamentada pelo Decreto 3.624, de 5.10.2000).

Destaco a abrangente destinação do produto da arrecadação, a saber:

I – complementação de objetivos estabelecidos no Plano Geral de Metas de Universalização para atendimento de comunidades de baixo poder aquisitivo; II – implantação de acessos individuais para prestação de serviço telefônico, em condições favorecidas a estabelecimentos de ensino, bibliotecas e instituições de Saúde; III – implantação de acessos para utilização de serviços de redes digitais de informação destinadas ao acesso público, inclusive da *Internet*, em condições favorecidas, a instituições de Saúde; IV – implantação de acessos para utilização de serviços de redes digitais de informação destinadas ao acesso público, inclusive da *Internet*, em condições favorecidas, a estabelecimentos de ensino e bibliotecas, incluindo os equipamentos terminais para operação pelos usuários; V – redução das contas de serviços de telecomunicações de estabelecimentos de ensino e bibliotecas referentes à utilização de serviços de redes digitais de informação, destinadas ao acesso público, inclusive da *Internet*, de forma a beneficiar em percentuais maiores os estabelecimentos frequentados por população carente, de acordo com a regulamentação do Poder Executivo; VI – instalação de redes de alta velocidade, destinadas ao intercâmbio de sinais e à implantação de serviços de teleconferência entre estabelecimentos de ensino e bibliotecas; VII – redução das contas de serviços de telecomunicações de estabelecimentos de ensino e bibliotecas referentes à utilização de serviços de redes digitais de informação destinadas ao acesso do público, inclusive da *Internet*, de forma a beneficiar em percentuais maiores os estabelecimentos frequentados por população carente, de acordo com a regulamentação do Poder Executivo; VIII – instalação de redes de alta velocidade, destinadas ao intercâmbio de sinais e à implantação de serviços de teleconferência entre estabelecimentos de ensino e bibliotecas; IX – atendimento a áreas remotas e de fronteira de interesse estratégico; X – implantação de acessos individuais para órgãos de segurança pública; XI – implantação de serviços de telecomunicações em unidades do serviço público, civis ou militares, situadas em pontos remotos do território nacional; XII – fornecimento de acessos individuais e equipamentos de interface a instituições de assistência a deficientes; XIII – fornecimento de acessos individuais e equipamentos de interface a deficientes carentes; XIV – implantação de telefonia rural.

Argumenta-se pela inconstitucionalidade da contribuição porque

não se atém a uma finalidade que diga respeito ao segmento de que participam seus contribuintes. Não está atendido, portanto, o requisito da referibilidade. De fato, não pertine [*sic*] ao segmento de telefonia aparelhar instituições de Saúde, estabelecimentos de ensino e bibliotecas. Muito menos o fornecimento de terminais de computador (...).[44]

Também se assevera que

a lei instituidora da contribuição ao FUST, entretanto, contém uma restrição que, a nosso juízo, é inconstitucional, pois, embora prevendo que todas as empresas de telecomunicações são contribuintes, beneficiários do Fundo são apenas as empresas do serviço de telefonia fixa comutado, o que evidentemente distorce o conceito da CIDE (...).[45]

---

44. Fátima Fernandes Rodrigues de Souza e Cláudia Fonseca Morato Pavan, "Contribuições de intervenção no domínio econômico", in Ives Gandra da Silva Martins (coord.), *Contribuições de Intervenção no Domínio Econômico, Pesquisas Tributárias – Nova Série 8*, p. 134.

45. Natanael Martins, "As contribuições ao FUST e ao FUNTTEL", in Marco Aurélio Greco (coord.), *Contribuições de Intervenção no Domínio Econômico e Figuras Afins*, p. 353.

Na mesma linha, argumenta-se que

> *a contribuição em questão acaba por beneficiar um grupo de pessoas totalmente desvinculadas das prestadoras de serviços de telecomunicação.* Isto significa que, se o financiamento de estabelecimentos públicos de ensino é *responsabilidade de toda a sociedade*, que deve assumi-la mediante impostos, a oneração especial das prestadoras de serviços de telecomunicação representa uma *discriminação arbitrária* perante o resto da sociedade, em frontal *violação ao princípio constitucional da igualdade* – arts. 5º, *caput*, e 150, II, da CF de 1988.[46]

Dentre as receitas do Fundo está prevista a contribuição de 1% sobre a receita operacional bruta decorrente de prestação de serviços de telecomunicações nos regimes público e privado, excluindo-se o ICMS, o PIS e a COFINS.

São contribuintes todas as prestadoras de serviços de telecomunicações, sob regime público ou privado. Entretanto, não haverá incidência da contribuição sobre as transferências feitas de uma prestadora de serviços de telecomunicações para outra e sobre as quais já tenha havido o recolhimento por parte da prestadora que emitiu a conta ao usuário.

3.5 FUNTTEL

A Lei federal 10.052, de 28.11.2000 (regulamentada pelo Decreto 3.737, de 30.1.2001), criou o Fundo para o Desenvolvimento Tecnológico das Telecomunicações – FUNTTEL,

> de natureza contábil, com o objetivo de estimular o processo de inovação tecnológica, incentivar a capacitação de recursos humanos, fomentar a geração de empregos e promover o acesso de pequenas e médias empresas a recursos de capital, de modo a ampliar a competitividade da indústria brasileira de telecomunicações.

Estipula a contribuição correspondente a 0,5% sobre a receita bruta das prestadoras de serviços de telecomunicações, nos regimes público e privado.

Acolhe-se sua legitimidade sob o fundamento de que observa os parâmetros constitucionais, sendo as finalidades compatíveis com o princí-

---

46. Douglas Yamashita, "Contribuições de intervenção no domínio econômico", in Ives Gandra da Silva Martins (coord.), *Contribuições de Intervenção no Domínio Econômico, Pesquisas Tributárias – Nova Série 8*, p. 345.

pio do art. 170, I, e o art. 218, ambos da CF, e que os recursos do Fundo serão aplicados exclusivamente no interesse do setor de telecomunicações, evidenciando-se que a arrecadação alcançará os contribuintes, que serão beneficiados com a atividade interventiva.[47]

A juridicidade da contribuição é contestada sob a assertiva de que não se trata de autêntica intervenção no domínio econômico, uma vez que constitui atividade da própria União (art. 21, XI e XII, "a", da CF), necessita de lei complementar e estabelece base de cálculo prevista para as contribuições destinadas à Seguridade Social.

Entende-se que a contribuição não atende ao princípio da proporcionalidade porque não há no setor de telecomunicações especial deficiência de competitividade que justifique sua criação com vistas a incentivar a capacitação de recursos humanos, fomentar a geração de empregos e promover o acesso de pequenas empresas a recursos de capital, ampliando a competitividade.[48]

3.6 Financiamento ao Programa de Estímulo à Interação Universidade/Empresa para Apoio à Inovação (Tecnologia)

Esta contribuição tem por finalidade estimular o desenvolvimento tecnológico brasileiro, mediante programas de pesquisa científica e tecnológica cooperativa entre universidades, centros de pesquisa e o setor produtivo (Leis federais 10.168, de 29.12.2000, e 10.332, de 9.12.2001; Decreto 4.195, de 11.4.2002).

Estabelece contribuição devida pela pessoa jurídica detentora de licença de uso ou adquirente de conhecimentos tecnológicos, bem como a signatária de contratos que impliquem transferência de tecnologia, firmados com residentes ou domiciliados no Exterior, relativos à exploração de patentes ou de uso de marcas e os de fornecimento de tecnologia e prestação de assistência técnica.

A contribuição incidirá sobre os valores pagos, creditados, entregues, empregados ou remetidos, a cada mês, a residentes ou domiciliados no Exterior a título de remuneração decorrente das mencionadas obrigações, à alíquota de 10%.

---

47. Paulo Roberto Lyrio Pimenta, *Contribuições de Intervenção no Domínio Econômico*, p. 115.

48. Cláudia Fonseca Morato Pavan, "A contribuição destinada ao Fundo para o Desenvolvimento Tecnológico das Telecomunicações – FUNTTEL", in *Tributação nas Telecomunicações – Tributação Setorial*, p. 92.

Deverá a contribuição ser recolhida ao Tesouro Nacional e destinada ao Fundo Nacional de Desenvolvimento Científico e Tecnológico (FNDCT) e alocada em categoria de programação específica. Do total de recursos, 30%, no mínimo, serão aplicados em programas de fomento à capacitação tecnológica e ao amparo à pesquisa científica e ao desenvolvimento tecnológico das regiões Norte, Nordeste e Centro-Oeste.

A Medida Provisória 2.159-70, de 24.8.2001, publicada no *DOU* de 27.8.2001, estabelece a "concessão de crédito" incidente sobre a contribuição, aplicável às importâncias pagas, creditadas, entregues, empregadas ou remetidas para o Exterior a título de *royalties* de qualquer natureza, mediante a utilização de percentuais: 100% (períodos de apuração encerrados a partir de 1.1.2001 até 31.12.2003), 70% (períodos de 1.1.2004 até 31.12.2008) e 30% (períodos de 1.1.2009 a 31.12.2013). O crédito seria utilizado exclusivamente para fins de dedução da contribuição incidente em operações posteriores relativas a *royalties*.

Observo que paga-se sobre o valor total (*royalties* e assistência técnica), utilizando-se crédito apenas para *royalties*. Nos períodos seguintes poderá haver valor a pagar ou manutenção dos créditos, mesmo porque naturalmente os valores relativos a *royalties* são superiores aos da assistência técnica.

Considerando que o crédito poderá implicar ausência de arrecadação da contribuição, poderá ficar prejudicado o critério da necessidade para a constatação da validade finalística (fundamento da contribuição).

Entende-se que o referido Programa não tem amparo em qualquer dos princípios que fixam os objetivos e limites em que a atividade estatal no domínio econômico pode ocorrer (art. 170 da CF); não tendo sentido cogitar-se de incentivo a segmento econômico mediante sua oneração; além de inexistir correlação lógica entre a finalidade e o fato escolhido para servir de base à incidência da contribuição, tratando-se de imposto com destinação específica – ou seja, adicional do Imposto de Renda.[49]

Argumenta-se que não se trata de intervenção no domínio econômico, porque a pesquisa tecnológica insere-se nas atividades das universidades, submetidas "ao princípio de indissociabilidade entre ensino, pesquisa e extensão", o mesmo ocorrendo em relação às instituições de

---

49. Gastão Alves de Toledo, "Contribuição incidente sobre *royalties* – Lei federal 10.168, de 29.12.2000, e Medida Provisória 2.062-63/2001", in Marco Aurélio Greco (coord.), *Contribuições de Intervenção no Domínio Econômico e Figuras Afins*, pp. 257-274; Sacha Calmon Navarro Coêlho e André Mendes Moreira, "Inconstitucionalidade da contribuição de intervenção no domínio econômico incidente sobre remessas ao exterior – CIDE-*Royalties*", *RDDT* 89/71-84.

pesquisa e tecnológicas (art. 207, e seu § 2º, da CF), constituindo *atividade social*, que integra o patrimônio educacional (art. 205), cultural (art. 216, III), científico e tecnológico do país (arts. 218 e 219-B), tratando-se da *ordem social*.⁵⁰

Também se assevera que *não há definição de grupo*, além do que os importadores de tecnologia submetem-se a uma presunção: porque importam, não desenvolvem tecnologia, nem cooperam com universidades e centros de pesquisa – o que é falso; não havendo benefício ou vantagem especial referida especificamente ao grupo contribuinte, além de gerar-se verdadeira discriminação, sem respeito à igualdade.⁵¹

Na medida em que a legislação dispõe que qualquer pessoa que utilizar "licença de uso" também é sujeito passivo, mas que nem todas as franquias utilizam-se de tecnologia, "não se poderia conceber que a Constituição esteja a pensar em restaurantes (franqueados), em casas de moda (*griffes*) estrangeiras que se instalam, sobretudo em São Paulo (...)".⁵²

Incisivamente fora alegado que

neste caso a chamada contribuição não passa de uma "punição" a quem celebra contratos relativos à exploração de patentes, uso de marcas e fornecimento de tecnologia e prestação de assistência técnica (§ 1º do art. 2º), bem como no pagamento de serviços ou *royalties* pagos ao Exterior. É como se os contratantes nacionais cometessem alguma espécie de traição à Pátria ao adquirir tecnologia, serviços, direitos ou marcas estrangeiras. Como castigo, veem-se obrigados a pagar a contribuição de 10% em favor da pesquisa científica e tecnológica nacional.⁵³

Exame da matéria demonstrou que a incidência da CIDE tem como critério fundamental o objeto do negócio (tecnologia), e não sua forma (licença ou aquisição). Assim, licença de uso de *software* sem que haja transferência de tecnologia não é fato gerador da contribuição.⁵⁴

---

50. Hamílton Dias de Souza e Tércio Sampaio Ferraz Júnior, "Contribuições de intervenção no domínio econômico e a Federação", in Ives Gandra da Silva Martins (coord.), *Contribuições de Intervenção no Domínio Econômico, Pesquisas Tributárias – Nova Série 8*, pp. 102-103.

51. Idem, p. 103.

52. Lúcia Valle Figueiredo, "Reflexões sobre a intervenção do Estado no domínio econômico e as contribuições interventivas", *RDDT* 81/254.

53. Roberto Botelho Ferraz, "Contribuições de intervenção no domínio econômico", in Ives Gandra da Silva Martins (coord.), *Contribuições de Intervenção no Domínio Econômico, Pesquisas Tributárias – Nova Série 8*, p. 375.

54. Marco Aurélio Greco, "Contribuição de Intervenção no Domínio Econômico sobre *Royalties*", *RDDT* 99/133-151.

Verificou-se que o contrato de interconexão internacional (instrumento em que as operadoras de telefonia, uma situada no Brasil e outra no exterior, tornam disponíveis as respectivas redes de telecomunicação para que as chamadas internacionais sejam completadas) não apresenta a transferência de tecnologia, patenteada ou na forma de *know-how*, muito menos a prestação de serviços de assistência técnica, serviços técnicos, administrativos e semelhantes, auxiliares de transmissão de conhecimentos tecnológicos. Assim, não há possibilidade de a União exigir a CIDE-Tecnologia sobre as remessas efetuadas ao exterior pelas operadoras de telefonia situadas no Brasil.[55]

Entende-se que, com o advento das contribuições (PIS-COFINS) incidentes na importação de serviços, como forma de prestigiar o adimplemento de nosso país aos compromissos assumidos no sistema multilateral do comércio, com prevalência das regras de acordos internacionais, deve ser tida por insubsistente a manutenção da cobrança da CIDE-Tecnologia.[56]

O Superior Tribunal de Justiça decidiu o seguinte:

Tributário – Processual Civil – CIDE – Lei n. 10.168/2000 – *Bis in idem* – FUST e FUNTEL – Inexistência – Acórdão – Omissão – Não ocorrência. (...).

2. A CIDE, como contribuição de intervenção no domínio econômico, destina-se a financiar o programa de estímulo à interação universidade-empresa para apoio à inovação, não se confundindo com o *FUST (Fundo de Universalização dos Serviços de Telecomunicações)*, criado com a Lei n. 9.988/2000, destinado a cobrir os custos dos serviços de universalização dos serviços de telecomunicações que não possa ser recuperada com a normal exploração do serviço.

3. Também não se confunde com o *FUSTEL* (Fundo para o Desenvolvimento Tecnológico das Telecomunicações), previsto na Lei n. 10.052/2000, destinado a estimular o processo de inovação tecnológica a capacitação de recursos humanos, fomento à geração de empregos e promoção de acesso de pequenas e médias empresas, ampliando a competitividade da indústria brasileira de telecomunicações.

---

55. Eduardo Pugliese Pincelli, "A CIDE-Tecnologia e os contratos de interconexão internacional de telecomunicações", in *Tributação nas Telecomunicações – Tributação Setorial*, p. 184.

56. Marcos André Vinhas Catão, "Incompatibilidade da Contribuição de Intervenção no Domínio Econômico CIDE-Tecnologia (Lei 10.168/2000), a partir da instituição do PIS/COFINS-Importação/Serviços (Lei 10.865/2004). Violação das regras do GATT e GATS", *RDDT* 115/83-96.

4. Sem identidade, não ocorre *bis in idem*, sendo diversa a incidência, a base de cálculo e a finalidade.

5. As exações só se identificam por serem, todas três, espécie do gênero contribuição de intervenção no domínio econômico. (2ª T., REsp 894.129-RS, rela. Min. Eliana Calmon, j. 8.9.2009, *DJe* 22.9.2009)

A contribuição não incide sobre a remuneração pela licença de uso ou de direitos de comercialização ou distribuição de programa de computador, salvo quando envolverem a transferência da correspondente tecnologia (Lei 10.168/2000, art. 2º, § 1ª-A, incluído pela Lei federal 11.452, de 2007).

3.7 Operações com petróleo, gás natural (e seus derivados) e álcool combustível

A Emenda Constitucional 33/2001 estatui que as contribuições de intervenção no domínio econômico poderão incidir sobre a importação dos produtos em epígrafe (art. 149, § 2º, II, da CF).

Ampliando o art. 177 da CF, dispôs que essa nova contribuição deverá atender aos requisitos seguintes:

I – a alíquota poderá ser diferenciada por produto ou uso; e reduzida ou restabelecida por ato do Poder Executivo, não se aplicando a anterioridade;

II – os recursos arrecadados serão destinados:

(a) a pagamento de subsídios ou preços ou transporte de álcool combustível, gás natural e seus derivados e derivados de petróleo;

(b) ao financiamento de projetos ambientais relacionados com a indústria do petróleo e do gás; e

(c) ao financiamento de programas de infraestrutura de transportes.

A Lei federal 10.336, de 19.12.2001 (alterada pela Lei 10.866, de 4.5.2004), trata da contribuição incidente sobre a importação e a comercialização de petróleo e demais combustíveis, tendo como contribuintes o produtor, o formulador e o importador (pessoa física ou jurídica) dos combustíveis líquidos. Como *formulador* é considerada a pessoa jurídica, conforme definido pela Agência Nacional do Petróleo (ANP), autorizada a exercer, em Plantas de Formulação de Combustíveis, determinadas atividades.

Esta CIDE tem como fatos geradores as operações, realizadas pelos referidos contribuintes, de importação e de comercialização no mercado interno de: I – gasolinas e suas correntes; II – *diesel* e suas correntes; III – querosene de aviação e outros querosenes; IV – óleos combustíveis (*fuel oil*); e V – gás liquefeito de petróleo, inclusive derivados de gás natural utilizados em mistura mecânica para a produção de gasolinas ou de *diesel*, de conformidade com as normas da ANP.

A base de cálculo corresponde a determinadas unidades de medida e alíquotas específicas, sendo que do valor da CIDE incidente na comercialização, no mercado interno, das gasolinas, *diesel*, querosenes, gás liquefeito de petróleo e álcool etílico combustível poderá ser deduzido o valor da CIDE (a) pago na importação daqueles produtos e (b) incidente quando da aquisição daqueles produtos de outro contribuinte. Esta dedução será efetuada pelo valor global da CIDE pago nas importações realizadas no mês, considerado o conjunto de produtos importados e comercializados, sendo desnecessária a segregação por espécie de produto.

O contribuinte poderá, ainda, deduzir o valor da CIDE pago na importação ou na comercialização, no mercado interno, dos valores da contribuição para o PIS/PASEP e da COFINS, devidos na comercialização, no mercado interno, dos produtos indicados no parágrafo anterior, até determinados limites.

Argui-se a inconstitucionalidade da CIDE sob os fundamentos seguintes:

(a) É uma falsa contribuição interventiva, por haver transferido para a lei orçamentária a competência para determinar sua destinação, além de não apontar os fundamentos da intervenção.

(b) Tem faturamento (receita bruta) como base de cálculo, que se confunde com uma das situações previstas no art. 195 da CF, o que é implicitamente proibido, desvirtuando sua finalidade, transformando-a em fonte de custeio da Seguridade Social.

(c) Estabelece como hipóteses de incidência fatos (importação e comercialização) que a Constituição Federal reservou à tributação dos Estados e Distrito Federal, por via de ICMS.

(d) Violou os princípios da estrita legalidade e da anterioridade ao autorizar o Executivo a reduzir ou restabelecer a alíquota, além de possibilitar sua aplicação imediata.

(e) Carece de lei complementar (art. 154, I), por se tratar de novos impostos federais.[57]

---

57. Roque Carrazza e Eduardo D. Bottallo, "Inconstitucionalidades da contribuição interventiva instituída pela Lei 10.336/2001", *Repertório IOB de Jurisprudência* 14, 2ª quinzena de julho/2002, Caderno I.

Relativamente ao financiamento de projetos ambientais fora observado o seguinte:

> O segundo objetivo beneficiará toda uma coletividade, e não apenas os contribuintes da exação. Ou seja, a contribuição será exigida de um determinado grupo econômico (produtor, formulador e importador de combustíveis), para custear projetos ambientais relacionados à indústria do petróleo e do gás, os quais proporcionarão benefícios a toda uma coletividade; exemplo: a CIDE pode custear um projeto de redução do nível de gás carbônico despejado pelos veículos movidos a gasolina, beneficiando, em tese, a todos, e não apenas os contribuintes desse tributo.[58]

No que concerne ao financiamento de programas de infraestrutura de transportes, Paulo Roberto Lyrio Pimenta assinala que

> atingirá, indubitavelmente, setor econômico não alcançado pela exação: o setor de transportes. Desse modo, neste particular um determinado grupo estará sofrendo um ônus financeiro (contribuintes da CIDE) para que outro setor seja beneficiado; exemplo: a CIDE poderá financiar um programa de melhoria das ferrovias federais, beneficiando o setor de transporte ferroviário.[59]

E conclui:

> Tais finalidades, prescritas pelos incisos II e III do § 1º do art. 1º da Lei 10.336/2001, burlam os princípios da proporcionalidade e da finalidade.[60]

O âmbito da destinação dos recursos ensejou o entendimento seguinte:

> De qualquer modo, *financiamento de programas de infraestrutura de transportes*, caso tenha por escopo o transporte em geral (de quaisquer produtos e até de pessoas), ainda que, indiretamente, afete o transporte de produtos do setor (petróleo, gás, álcool), não constitui *parte* da área, salvo se ficar definida uma finalidade específica. O financiamento da infraestrutura de transportes é matéria de orçamento geral, sendo próprio de impostos. Como a lei e a Constituição falam em financiamento de *programas*, é preciso ficar atento a que tais programas tenham o perfil

---

58. Paulo Roberto Lyrio Pimenta, *Contribuições...*, p. 121.
59. Idem, ibidem.
60. Paulo Roberto Lyrio Pimenta, idem, ibidem.

de uma destinação específica. Do contrário teremos imposto, e não contribuição de intervenção no domínio econômico.[61]

A Lei federal 10.636, de 30.12.2002, estabelece os critérios e diretrizes para a aplicação dos recursos arrecadados, tendo criado o Fundo Nacional de Infraestrutura de Transportes (FNIT), vinculado ao Ministério dos Transportes, destinado a financiar programas de investimento em infraestrutura de transportes.

Passa a estabelecer novas alíquotas específicas, fixando novos limites para a dedução do valor pago na importação ou na comercialização no mercado interno, modificados pelo Decreto 5.060, de 30.4.2004.

3.8 CONDECINE

A *Contribuição para o Desenvolvimento da Indústria Cinematográfica Nacional*, instituída pela Medida Provisória 2.228-1, de 6.9.2001, com as alterações da Lei 10.454, de 13.5.2002, tem como *fato gerador*:

I – a veiculação, a produção, o licenciamento e a distribuição de obras cinematográficas e videofonográficas com fins comerciais, por segmento de mercado a que forem destinadas;

II – a prestação de serviços que se utilizem de meios que possam, efetiva ou potencialmente, distribuir conteúdos audiovisuais nos termos da lei que dispõe sobre a comunicação audiovisual de acesso condicionado, listados no Anexo I da Medida Provisória;

III – a veiculação ou distribuição de obra audiovisual publicitária incluída em programação internacional, nos termos do inciso XIV do art. 1º da Medida Provisória 2.228/2001, nos casos em que existir participação direta de agência de publicidade nacional, sendo tributada nos mesmos valores atribuídos quando da veiculação incluída em programação nacional.

IV – sobre o pagamento, o crédito, o emprego, a remessa ou a entrega, aos produtores, distribuidores ou intermediários no exterior, de importâncias relativas a rendimento decorrente da exploração de obras cinematográficas e videofonográficas ou por sua aquisição ou importação, a preço fixo.

---

61. Hamílton Dias de Souza e Tércio Sampaio Ferraz Júnior, "Contribuições...", in Ives Gandra da Silva Martins (coord.), *Contribuições de Intervenção no Domínio Econômico, Pesquisas Tributárias – Nova Série 8*, p. 106.

A CONDECINE também incidirá sobre o pagamento, o crédito, o emprego, a remessa ou a entrega, aos produtores, distribuidores ou intermediários do exterior, de importâncias relativas a rendimento decorrente da exploração de obras cinematográficas e videofonográficas ou por sua aquisição ou importação, a preço fixo.

A contribuição será devida para cada segmento de mercado, por segmentos específicos, e corresponderá a valores das tabelas constantes do Anexo I da referida Medida Provisória 2.228.

O produto da arrecadação será destinado ao Fundo Nacional da Cultura – FNC e alocado em categoria de programação específica denominada Fundo Setorial Audiovisual, para aplicação nas atividades de fomento relativas a determinados programas.

Os *sujeitos passivos* são:

I – detentor dos direitos de exploração comercial ou de licenciamento no País, conforme o caso, para os segmentos de mercado previstos nas alíneas "a" a "e" do inciso I do art. 33 da MP 2.228;

II – empresa produtora, no caso de obra nacional, ou detentor do licenciamento para exibição, no caso de obra estrangeira, na hipótese do inciso II do art. 33;

III – o responsável pelo pagamento, crédito, emprego, remessa ou entrega das importâncias referidas no parágrafo único do art. 32;

IV – as concessionárias, permissionárias e autorizadas de serviços de telecomunicações, relativamente ao disposto no inciso II do art. 32;

V – o representante legal e obrigatório da programadora estrangeira no País, na hipótese do inciso III do art. 32.

Os valores das contribuições ficam reduzidos em situações específicas.

A análise da CODECINE permitiu conferir-lhe constitucionalidade, por

> tratar-se de uma contribuição destinada ao custeio de uma atividade interventiva de incentivo a determinado setor econômico (indústria cinematográfica e videofonográfica), o qual auferirá as vantagens decorrentes da intervenção estatal. Os sujeitos alcançados com a atuação do Estado foram escolhidos como contribuintes, aos quais será destinado o produto da arrecadação do tributo. Estão preenchidos, portanto, os critérios da finalidade, razoabilidade, proporcionalidade (aspecto necessidade, adequação e proporcionalidade em sentido estrito), núcleo essencial do direito e o destino da arrecadação.[62]

---

62. Paulo Roberto Lyrio Pimenta, *Contribuições...*, p. 119.

Entretanto, objeta-se a exação porque,

a pretexto de estimular "o desenvolvimento da indústria cinematográfica nacional", essencialmente representada pelos respectivos produtores, está-se exigindo contribuição não só destes, mas também e de forma mais gravosa dos distribuidores/emissores estrangeiros.[63]

Demonstrando a falta de referibilidade entre os grupos estrangeiros e a atuação estatal e a oneração desproporcional destes grupos, concluem Hamílton Dias de Souza e Tércio Sampaio Ferraz Júnior que

a instituição da CONDECINE não se legitima como meio utilizado para custeio dessa ação interventiva, na medida em que onera indevidamente grupo que não desfruta dos benefícios da intervenção, requisito necessário à sua exigência, nem sequer se alinha com o princípio da razoabilidade, aplicável aos atos legislativos em geral, não se sustentando à luz de nosso Direito.[64]

A jurisprudência do STF consolidou-se no sentido de que é constitucional a instituição de contribuição social de intervenção no domínio econômico destinada ao setor cinematográfico, pois entende pela desnecessidade de vinculação direta entre o contribuinte e a destinação das receitas arrecadadas por meio do aludido tributo. Entendera pela desnecessidade de vinculação direta entre o contribuinte e a destinação das receitas tributárias arrecadadas (AgRg no RE 700.160, 1ª T., rel. Min. Rosa Weber, j. 9.4.2014, *DJe* 30.4.2014, p. 57).

3.9 SEBRAE

O Serviço de Apoio às Micro e Pequenas Empresas (SEBRAE), instituído pela Lei 8.209, de 12.4.1990 (alterada pela Lei 8.154, de 28.12.1990), tem por objeto planejar, coordenar e orientar programas técnicos, projetos e atividades de apoio às micro e pequenas empresas, em conformidade com as políticas nacionais de desenvolvimento.

Para atendimento às referidas atividades foram instituídos adicionais às alíquotas das contribuições ao SENAI, SENAC, SESI e SESC.

Tais contribuições não têm qualificação tributária, pela razão de se tratar de entidade de natureza privada e que não regula, propriamente, a atividade econômica.

---

63. Hamílton Dias de Souza e Tércio Sampaio Ferraz Júnior, "Contribuições...", in Ives Gandra da Silva Martins (coord.), *Contribuições de Intervenção no Domínio Econômico, Pesquisas Tributárias – Nova Série 8*, pp. 100-101.
64. Idem, p. 101.

Adequadamente Alessandra Dabul Guimarães afirma que o

> adicional destinado ao SEBRAE foi criado posteriormente à entrada em vigor dos novos sistemas tributário nacional e de Seguridade Social. Sob a denominação de "adicional", criou-se nova contribuição destinada a um determinado Serviço Social Autônomo, o que não encontra respaldo constitucional.[65]

E a autora conclui:

> Se adicional fosse, deveria ter a mesma destinação, ou pelo menos correlata à do seu principal, o que não ocorre. A contribuição ao SEBRAE destina-se ao auxílio às micro e pequenas empresas. É, portanto, contribuição incidente sobre a folha de salários, *não destinada ao custeio da Seguridade Social*, e também diversa daquelas ressalvadas pelo texto constitucional.[66]

Também se assevera que "tem a natureza de contribuição de intervenção no domínio econômico, com fato gerador próprio do imposto; criada com a roupagem de contribuição social adicional sobre a folha de salários; é inconstitucional, por incompatibilidade com o art. 240 da Carta Federal, que só permite contribuição social sobre aquela folha a entidades do [sic] sistema sindical, que não é o caso do SEBRAE"; sendo que

> não pode ser exigida das empresas prestadoras de serviço em geral, e em especial das transportadoras, que não contribuem às entidades de serviço social filiadas ao sistema sindical do comércio ou da indústria, cujas contribuições são as únicas referidas em lei como critério para fato gerador e base de cálculo da primeira, já que o seu elemento subjetivo não foi tipificado na lei vigente.[67]

O Superior Tribunal de Justiça decidiu o seguinte:

> Tributário – Contribuição social autônoma – Adicional ao SEBRAE – Empresa de transporte urbano – Criação do SEST e do SENAT

---

65. Alessandra Dabul Guimarães, "Da inconstitucionalidade da exigência da contribuição ao SEBRAE", *RDDT* 51/9.
66. Idem, p. 10.
67. José Marcos Domingues de Oliveira, "Contribuição ao SEBRAE – Questões polêmicas e recentes desdobramentos jurisprudenciais", in Marco Aurélio Greco (coord.), *Contribuições de Intervenção no Domínio Econômico e Figuras Afins*, pp. 303-304.

– Alteração da destinação dos valores recolhidos ao SESI e ao SENAI
– Princípio da legalidade e da isonomia.

1. A Lei n. 8.706/1993 não extinguiu o adicional ao SEBRAE devido pelas empresas de transporte que antes contribuíam para o SESI e o SENAI, passando, apenas, a contribuírem para o SEST e o SENAC.

2. Somente a lei tributária pode criar ou extinguir obrigação tributária (art. 97 do CTN) – Princípio da legalidade.

3. Insustentável a tese de que as entidades obrigadas ao pagamento do adicional do SEBRAE são somente aquelas que contribuem para o SESC e o SENAC, ou ao SESI e ao SENAI (entidades descritas no art. 1º do Decreto-lei n. 2.318/1986, ao qual remete a Lei n. 8.706/1993), enquanto que as empresas de transportes urbanos não o são, porquanto isso equivaleria a malferir o princípio da isonomia.

4. As contribuições sociais previstas no art. 240 da Constituição Federal têm natureza de "contribuição social geral", e não contribuição especial de interesses de categorias profissionais (STF, RE n. 138.284-CE), o que derrui o argumento de que somente estão obrigados ao pagamento de referidas exações os segmentos que recolhem os bônus dos serviços inerentes ao SEBRAE.

5. Deflui da *ratio essendi* da Constituição, na parte relativa ao incremento da ordem econômica e social, que esses serviços sociais devem ser mantidos "por toda a coletividade" e demandam, *a fortiori*, fonte de custeio. (1ª T., REsp 526.245-PR, rel. Min. José Delgado, j. 28.10.2003, *DJU*-1 30.8.2004, p. 207)

Entretanto, o Supremo Tribunal Federal decidiu que a contribuição do SEBRAE é contribuição de intervenção no domínio econômico, não obstante a lei a ela se referir como adicional às alíquotas das contribuições sociais gerais relativas às entidades de que trata o art. 1º do Decreto-lei 2.318/1986, SESI, SENAI, SESC, SENAC. Não se inclui, portanto, no rol do art. 240 da CF, sendo plenamente constitucional (Pleno, RE 396.266-3, rel. Min. Carlo Velloso, j. 26.11.2003, *DJU*-1 27.2.2004, p. 22).

O Serviço Social de Transporte (SEST) e o Serviço Nacional de Aprendizagem do Transporte (SENAT) têm por objetivo gerenciar, desenvolver, executar e apoiar programas voltados à promoção social do trabalhador em transporte rodoviário e do transportador autônomo, notadamente nos campos da Alimentação, Saúde, Cultura, Lazer e Segurança do Trabalho (Lei federal 8.796, de 14.9.1993).

As rendas para a manutenção (a partir de 1.1.1994) serão compostas basicamente (I) pelas atuais contribuições compulsórias das empresas de transporte rodoviário, calculadas sobre o montante da remuneração paga pelos estabelecimentos contribuintes a todos os seus empregados e recolhidas pelo INSS em favor do SESI e do SENAI, que passarão a ser recolhidas em favor do SEST e SENAT, respectivamente; e (II) pela contribuição mensal compulsória dos transportadores autônomos equivalente a 1,5% e 1,0%, respectivamente, do salário de contribuição previdenciária (art. 7º).

As receitas, deduzidos 10% a título de taxa de administração superior, a cargo da Confederação Nacional do Transporte (CNT), serão aplicadas em benefício dos trabalhadores em transporte rodoviário, dos transportadores autônomos, dos seus familiares e dependentes, dos seus servidores, bem como dos trabalhadores de outras modalidades de transporte, que venham a ser a eles vinculados através de legislação específica (art. 8º).

O Regulamento (Decreto federal 1.007, de 13.12.1993) estabeleceu o seguinte:

Art. 1º. As contribuições compulsórias previstas nos incisos I e II do art. 7º da Lei n. 8.706, de 14 de setembro de 1993, são devidas a partir de 1º de janeiro de 1994, às entidades e nos percentuais abaixo indicados:

I – ao Serviço Social do Transporte/SEST:

a) 1,5% (um e meio por cento) calculado sobre o montante da remuneração paga pelas empresas de transporte rodoviário a todos os seus empregados;

b) 1,5% (um e meio por cento) calculado sobre o salário de contribuição previdenciária dos transportadores rodoviários autônomos;

II – ao Serviço Nacional de Aprendizagem do Transporte/SENAT:

a) 1,0% (um por cento) calculado sobre o montante da remuneração paga pelas empresas de transporte rodoviário a todos os seus empregados;

b) 1,0 % (um por cento) calculado sobre o salário de contribuição previdenciária dos transportadores rodoviários autônomos.

Art. 2º. Para os fins do disposto no artigo anterior, considera-se:

I – empresa de transporte rodoviário – a que exercite a atividade de transporte rodoviário de pessoas ou bens, próprios ou de terceiros, com fins econômicos ou comerciais, por via pública ou rodovia;

II – salário de contribuição do transportador autônomo – a parcela do frete, carreto ou transporte correspondente à remuneração paga ou creditada a transportador autônomo, nos termos definidos no § 4º do art. 25 do Decreto n. 612, de 21 de julho de 1992.

Seguiu-se modificação (Decreto federal 1.092, de 21.3.1994), na forma seguinte:

Art. 2º. (...).

§ 1º. O disposto no inciso I deste artigo abrange, também, as empresas de transporte de valores, locação de veículos e distribuição de petróleo.

§ 2º. No caso das empresas de distribuição de petróleo, as contribuições ao SEST e ao SENAT, previstas nos incisos I e II, alíneas "a", do art. 1º, serão calculadas sobre o montante da remuneração paga ou creditada aos seus empregados, diretamente envolvidos com o transporte.

O exame da matéria (Lei 8.706/1993) implicou as conclusões básicas no sentido de que (a) não ficaram expressos os contribuintes e nem a determinação das alíquotas a serem utilizadas (nesse caso não poderia aplicar as alíquotas recolhidas ao SESI e ao SENAI, por estarem revogadas); (b) não poderia determinar que as rendas seriam aquelas pagas ao SESI e ao SENAI, pois as prestadoras não estão sujeitas a estas contribuições.[68]

E, no tocante ao Regulamento, Manuel de Freitas Cavalcante Júnior aponta que falece competência para dispor sobre alíquotas e enquadramento de empresas de transporte rodoviário, sob pena de violação aos princípios da indelegabilidade de competência, legalidade e tipicidade.[69]

Relativamente à *base de cálculo*, o STF firmou repercussão geral do teor seguinte:

> Tributário. Contribuições. Bases Econômicas. Art. 149, § 2º, III, "a", da Constituição Federal, inserido pela EC 33/01. Folha de salários, contribuições ao Serviço Brasileiro de Apoio às Micro e Pequenas Empresas – SEBRAE, à Agência Brasileira de Desenvolvimento Industrial – ABDI incidentes sobre a folha de salários. Existência de Repercussão Geral. (Repercussão Geral em RE 603.624-SC, rel. Min. Ellen Gracie, j. 16.8.2010, *DJe* 23.11.2010).

3.10 INCRA

A contribuição devida ao Instituto Nacional de Colonização e Reforma Agrária (INCRA) fora qualificada como *contribuição de intervenção no domínio econômico* pelo Superior Tribunal de Justiça, *verbis*:

---

68. Manuel de Freitas Cavalcante Júnior, "Contribuições para o SEST, o SENAT e o SEBRAE. Seriam elas outras aberrações jurídicas do Sistema 'S'?", *RDDT* 82/76.
69. Idem, ibidem.

Processo civil e tributário – Contribuição ao INCRA – Destinação: promover a justiça social e reduzir as desigualdades regionais – Compensação com contribuições sobre a folha de salários destinadas ao custeio da Seguridade Social – Art. 66 da Lei 8.383/1991 – Impossibilidade.

1. A contribuição devida ao INCRA é classificada doutrinariamente como contribuição especial atípica que visa a promover o equilíbrio na seara do domínio econômico e, consequentemente, a justiça social e a redução das desigualdades regionais por meio da fixação do homem no campo (art. 170, III e VII, da Constituição da República).

2. Trata-se de contribuição de intervenção no domínio econômico, sendo desinfluente o fato de que o sujeito ativo da exação (as empresas urbanas e algumas agroindustriais) não se beneficie diretamente da arrecadação – Precedente da Suprema Corte.

3. O produto da arrecadação da contribuição ao INCRA destina-se especificamente aos programas e projetos vinculados à Reforma Agrária e suas atividades complementares. Por isso, não se enquadram no gênero Seguridade Social (Saúde, Previdência Social ou Assistência Social).

4, Nos termos do art. 66 da Lei n. 8.383/1991, conclui-se pela impossibilidade de se autorizar a compensação dos valores recolhidos a título de contribuição para o INCRA com a contribuição sobre a folha de salários, destinada ao custeio da Seguridade Social (...). (1ª S., EDiv no REsp 722.808-PR, rela. Min. Eliana Calmon, j. 25.10.2006, *DJU*-1 20.11.2006, p. 262)

O Superior Tribunal de Justiça firmou o entendimento seguinte:

Processual civil – Recurso especial – Tributário – Contribuição destinada ao INCRA – Adicional de 0,2%. Não extinção pelas Leis ns. 7.787/1989, 8.212/1991 e 8.213/1991 – Legitimidade. (...).

3. A política agrária encarta-se na ordem econômica (art. 184 da CF/1988), por isso que a exação que lhe custeia tem inequívoca natureza de contribuição de intervenção estatal no domínio econômico, coexistente com a ordem social, onde se insere a Seguridade Social, custeada pela contribuição que lhe ostenta o mesmo *nomen juris*.

4. *A hermenêutica que lhe fornece os critérios ora eleitos revela que a contribuição para o INCRA e a contribuição para a Seguridade Social são amazonicamente distintas e,* a fortiori, *infungíveis para fins de compensação tributária.*

5. A natureza tributária das contribuições sobre as quais gravita o *thema indicandum* impõe ao aplicador da lei a obediência aos cânones constitucionais e complementares atinentes ao sistema tributário.

6. O princípio da legalidade, aplicável *in casu*, indica que não há tributo sem lei que o institua, bem como não há exclusão tributária sem obediência à legalidade (art. 150, I, da CF/1988, c/c o art. 97 do CTN).

7. A evolução histórica legislativa das contribuições rurais denota que o FUNRURAL (PRORURAL) fez que, inaugurada a solidariedade genérica entre os mais diversos segmentos da atividade econômica e social, aquela exação restou extinta pela Lei n. 7.787/1989.

8. Diversamente, sob o pálio da interpretação histórica, restou hígida a contribuição para o INCRA, cujo desígnio em nada se equipara à contribuição securitária social.

9. Consequentemente, resta inequívoca dessa evolução, constante do teor do voto, que: a) a Lei n. 7.787/1989 só suprimiu a parcela de custeio do PRORURAL; b) a Previdência Rural só foi extinta pela Lei n. 8.213, de 24.7.1991, com a unificação dos regimes de previdência; c) entretanto, a parcela de 0,2% – destinada ao INCRA – não foi extinta pela Lei n. 7.787/1989 e tampouco pela Lei n. 8.213/1991, como vinha sendo proclamado pela jurisprudência desta Corte.

10. Sob essa ótica, à míngua de revogação expressa e inconciliável a adoção da revogação tácita por incompatibilidade, porquanto distintas as razões que ditaram as exações *sub judice, ressoa inequívoca a conclusão de que resta hígida a contribuição para o INCRA.*

11. Interpretação que se coaduna não só com a literalidade e a história da exação, como também converge para a aplicação axiológica do Direito no caso concreto, viabilizando as promessas constitucionais pétreas e que distinguem o ideário da nossa Nação, qual o de constituir uma sociedade justa e solidária, com erradicação das desigualdades regionais.

12. Recursos especiais do INCRA e do INSS providos. (1ª S., REsp 977.058-RS, rel. Min. Luiz Fux, j. 22.10.2008, *DJe* 10.11.2008)

O STJ consagrou o entendimento seguinte:

A contribuição de intervenção no domínio econômico para o INCRA (Decreto-Lei 1.110/1970), devida por empregadores rurais e urbanos, não foi extinta pelas Leis 7.787/1989, 8.212/1999 e 8.213/1991, não podendo ser compensada com a contribuição ao INSS. (Súmula 516)

Outrossim, as entidades integrantes do Sistema "S" (Serviços Sociais Autônomos) não se sujeitam à referida contribuição, nos termos seguintes:

Tributário. Contribuição ao INCRA. Sujeição passiva do SENAI. Isenção Lei 2.613/1955. Diploma legal que instituiu o tributo e previu a regra isentiva. Sujeito passivo. Pessoa física ou jurídica que exerça uma das atividades listadas no art. 6º da Lei 2.613/1955. Modificações posteriores que não previram os serviços sociais autônomos como sujeitos passivos. Inexistência de interpretação extensiva.

1. Cinge-se a controvérsia a definir se o SENAI é sujeito passivo da contribuição ao INCRA, instituída pela Lei 2.613/1955.

2. O STJ tem afirmado que os Serviços Sociais Autônomos não se sujeitam à contribuição ao INCRA, tanto em razão da natureza jurídica dessas entidades, quanto pela vigência da isenção prevista nos arts. 12 e 13 da Lei 2.613/1955 (REsp 363.175-PR, rel. Min. Castro Meira, 2ª T., *DJU* 21.6.2004, p. 188; REsp 552.089-SC, rel. Min. Eliana Calmon, 2ª T., *DJU* 23.5.2005, p. 196; REsp 766.796-RJ, rel. Min. Luiz Fux, 1ª T., *DJU* 6.3.2006, p. 223).

3. O SENAI, por não exercer atividade empresarial, mas se caracterizar como entidade de educação e assistência social sem fim lucrativo, e ainda por ser beneficiária da isenção prevista na Lei 2.613/1955, não está obrigado a recolher contribuição para o INCRA.

4. Além disso, há um aspecto que parece ter passado despercebido pela recorrente, e que não foi abordado nos precedentes mencionados. A Lei 2.613/1955, em seu art. 6º, definiu o sujeito passivo do tributo em questão como a pessoa natural ou jurídica que exerça uma das *atividades industriais* nele previstas.

5. Posteriormente, o Decreto-lei 1.146/1970, que promoveu algumas modificações no regime jurídico da contribuição ao INCRA, continuou a vincular a sujeição passiva do tributo ao exercício de *determinadas atividades, entre as quais não se encontram os serviços sociais autônomos* (art. 2º).

6. Procede, portanto, a análise da isenção a necessidade de identificar se o SENAI se enquadra na norma que disciplina a sujeição passiva da contribuição ao INCRA. A resposta, como visto, é negativa.

7. Ao contrário do que sustenta a recorrente, a isenção *in casu* encontra-se prevista especificamente no mesmo diploma legal que criou a contribuição ao INCRA. A resposta, como visto, é negativa.

A suposta afronta aos arts. 150, § 6º, da CF/1988 e 41 do ADCT, além de configurar matéria constitucional não apreciável em Recurso Especial, sob pena de usurpação da competência do STF, representa descabida inovação recursal (REsp 1.293.322-ES, 2ª T., rel. Min. Herman Benjamin, j. 6.9.2012, *DJe* 24.9.2012).

4. *Contribuições de Interesse de Categorias Profissionais ou Econômicas*

4.1 *Contribuições profissionais*

As *contribuições de interesse das categorias profissionais ou econômicas* destinam-se a custear as pessoas jurídicas de direito público ou privado que têm por escopo fiscalizar e regular o exercício de determinadas atividades, bem como representar, coletiva ou individualmente, categorias profissionais, defendendo seus interesses. Enquadram-se nesta categoria as *contribuições* que os advogados e os estagiários pagam à Ordem dos Advogados do Brasil, as *contribuições* que os médicos pagam ao Conselho Regional de Medicina etc.[70]

Roque Carrazza observa que os conselhos profissionais "praticam atos de polícia, já que deliberam sobre inscrições em seus quadros, decidem sobre assuntos relacionados à ética profissional, aplicam penalidades, aferem a habilitação profissional", entendendo que tais contribuições têm, no caso, a natureza jurídica de *taxa de polícia*.[71]

A jurisprudência entende que essas contribuições (a Conselhos Regionais de Farmácia, Contabilidade, de Administração e de Enfermagem) têm natureza tributária.[72]

As contribuições pagas pelos filiados à Ordem dos Advogados do Brasil não têm natureza tributária, porque, embora definida como autarquia profissional de regime especial ou *sui generis*, a OAB não se confunde com as demais corporações incumbidas do exercício profissional, não estando subordinada à fiscalização contábil, financeira, orçamentária, operacional e patrimonial realizada pelo Tribunal de Contas da União.[73]

A contribuição anual devida à Bolsa de Valores, instituída por instrução do Presidente da Comissão de Valores Mobiliários, nada tem a ver com o Código Tributário Nacional. A Bolsa é entidade de natureza privada, cabendo aos seus associados decidir a forma de gestão da mesma.[74]

As contribuições anualmente devidas aos conselhos de fiscalização profissional possuem natureza tributária e, desse modo, sujeitam-se ao princípio da legalidade tributária previsto no art. 150, I, da Lei Maior. O Plenário do STF, no julgamento da ADI 1.717-DF, rel. Min. Sidney Sanches, declarara a inconstitucionalidade de dispositivo legal que autorizava os conselhos de fiscalização profissional a fixar suas contribuições anuais.[75]

---

70. Roque Carrazza, *Curso de Direito Constitucional Tributário*, 31ª ed., p. 713.
71. Idem, p. 713, nota de rodapé 155.
72. V. decisões publicadas nas *RDDT* 29/179, 25/204 e 11/170-171.
73. STJ, 1ª S., EDiv no REsp 503.252-SC, rel. Min. Castro Meira, j. 25.8.2004, *DJU*-1 18.10.2004, p. 181.
74. STJ, 2ª T., REsp 409.122-PE, rela. Min. Eliana Calmon, j. 17.6.2004, *DJU*-1 13.9.2004, pp. 194-195.
75. STF, AgRg no RE com Agravo 640.937-PR, 2ª T., rel. Min. Ricardo Lewandowski, j. 21.10.2009, *DJe* 11.11.2009.

A respeito desta temática, em âmbito de repercussão geral (RE 704.292-PR), o STF decidira o seguinte: "É inconstitucional, por ofensa ao princípio da legalidade tributária, lei que delega aos conselhos de fiscalização de profissões regulamentadas a competência de fixar ou majorar, sem parâmetro legal, o valor das contribuições cobradas sob o título de anuidades, vedada, ademais, a atualização desse valor pelos conselhos em percentual superior aos índices legalmente previstos", sendo indeferido o pedido de modulação (Plenário, 19.10.2016).

O STF consolidou o entendimento seguinte:

Ações Diretas de Inconstitucionalidade. Julgamento conjunto. Direito Tributário. Conselhos profissionais. Autarquias federais. Contribuição social de interesse profissional. Anuidades. Art. 149 da Constituição da República. Lei complementar. Pertinência temática. Capacidade contributiva. Legalidade tributária. Praticabilidade. Parafiscalidade. Lei federal 12.514.

1. A jurisprudência desta Corte se fixou no sentido de serem os conselhos profissionais autarquias de índole federal. Precedentes MS 10.272, de relatoria do Min. Victor Nunes Leal, Tribunal Pleno, *DJU* 11.7.1963; e MS 22.643, de relatoria do Min. Moreira Alves, *DJU* 4.12.1998.

2. Tendo em conta que a fiscalização dos conselhos profissionais envolve o exercício do poder de polícia, de tributar e de punir, estabeleceu-se ser a anuidade cobrada por essas autarquias um tributo, sujeitando-se, por óbvio, ao regime tributário pátrio. Precedente: ADI 1.717, de relatoria do Ministro Sydney Sanches. Tribunal Pleno, *DJU* 8.3.2003.

3. O entendimento iterativo do STF é na direção de as anuidades cobradas pelos conselhos profissionais caracterizarem-se como tributos da espécie contribuições de interesse das categorias profissionais, nos termos do art. 149 da Constituição da República. Precedente: MS 21.797, rel. Min. Carlos Velloso, Tribunal Pleno, *DJU* 18.5.2001.

4. Não há violação à reserva de lei complementar, porquanto é dispensável a forma da lei complementar para a criação das contribuições de intervenção no domínio econômico e de interesse das categorias profissionais. Precedentes.

5. Em relação à ausência de pertinência temática, entre a emenda parlamentar incorporada à Medida Provisória 536/2011 e o tema das contribuições devidas aos conselhos profissionais em geral, verifica-se que os efeitos de entendimento da ADI 5.127, de relatoria da Ministra Rosa Weber e com acórdão por mim redigido, não se aplica a medida provisória editada antes da data do julgamento, uma vez que a este foi emprestada eficácia prospectiva.

6. A Lei 12.514/2011 ora impugnada observou a capacidade contributiva dos contribuintes, pois estabeleceu razoável correlação entre a desigualdade educacional e a provável disparidade de rendas auferidas do labor de pessoa física, assim como por haver diferenciação dos valores das anuidades baseada no capital social da pessoa jurídica contribuinte.

7. Não ocorre violação ao princípio da reserva legal, uma vez que o diploma impugnado é justamente a lei em sentido formal que disciplina a matéria referente à instituição das contribuições profissionais, à luz da chave analítica formada pelas categorias da praticabilidade e da parafiscalidade. Doutrina.

9. Ações Diretas de Inconstitucionalidade improcedentes. (ADIs 4.697-DF e 4.762-DF, Plenário, rel. Min. Edson Fachin, j. 6.10.2016, *DOU* 27.4.2017)

4.2 Contribuições sindicais

As contribuições constituem tributos que se destinam às associações de representação sindical de categorias profissionais e de categorias econômicas.

As entidades sindicais são pessoas jurídicas de direito privado, criadas por iniciativa dos interessados, na forma de associações sem fins lucrativos, delegatárias de funções públicas, inclusive normativas, submetidas a simples registro no Ministério do Trabalho da União Federal (art. 8º, I, da CF/1988), dirigidas por empregadores ou trabalhadores eleitos por seus próprios pares, e cuja função principal é dirimir conflitos entre o capital e o trabalho, com o apoio/mediação do Ministério do Trabalho da União Federal, promovendo a pacificação social das forças de produção, condição para o desenvolvimento econômico e social brasileiro (art. 3º, da CF/1988), de conformidade com estudo específico.[76]

Rodrigo Caramori Peitry entendera que "as contribuições sindicais compulsórias podem ser identificadas por distintas denominações", quais sejam: i) "contribuição sindical patronal urbana" (financia as entidades sindicais das categorias econômicas urbanas); ii) "contribuição sindical patronal rural" (financia as entidades sindicais das categorias econômicas rurais); iii) "contribuição sindical obreira urbana" (financia as entidades sindicais das categorias profissionais urbanas); iv) "contribuição sindical obreira rural" (financia as entidades sindicais das

---

76. *Contribuições de Interesse de Categorias Profissionais ou Econômicas: Limites Constitucionais*, Tese de Doutorado apresentada por Rodrigo Caramori Peitry à Faculdade de Direito da Pontifícia Universidade Católica de São Paulo, em novembro de 2016, inédita.

categorias profissionais rurais). E, a partir da CF/1988 (art. 8º, parágrafo único, surge a previsão de uma quinta figura sindical (com regime próprio), a ser regulamentada por lei, e cuja denominação que aqui se adota define a sua finalidade e destinação: a "contribuição para as colônias de pescadores", que é equiparada à contribuição sindical obreira, e, especificamente, de interesse da categoria professional do pescador.

O STF reconhecera a compulsoriedade da contribuição sindical (ADI 1.076-0-DF, Pleno, rel. Min. Sepúlveda Pertence, j. 15.6.1994, *DJU* 7.12.2000), inclusive a contribuição rural que foi a recepcionada pela CF/1988 nos julgados seguintes: AgRg AI 430.985-8-SP (2ª T., rel. Min. Gilmar Ferreira Mendes, j. 24.4.2007), e AgRg RE 565.365-SP (2ª T., rel. Min. Ellen Gracie, j. 8.2.2011).

5. Contribuições à Seguridade Social

5.1 Elementos

5.1.1 Sujeição ativa

A titularidade da competência tributária, outorgada às pessoas políticas de direito público, considera a partilha das receitas estabelecidas constitucionalmente. De forma categórica e indiscutível, a Constituição estabelece os credores dos tributos, não havendo dissensão no tocante a essa qualidade da norma tributária.

A competência para legislar sobre a "Seguridade Social" é privativa da União (art. 22, XXII, da CF), enquanto que tanto a União como os Estados e o Distrito Federal possuem competência concorrente para legislar sobre "Previdência Social, proteção e defesa da Saúde" (art. 24, XII, da CF).

A Constituição dispôs que a Seguridade Social (Capítulo II do Título VIII, "Da Ordem Social") compreende as contribuições sociais destinadas ao seu custeio (art. 195), à Saúde (arts. 196-200), à Previdência Social (arts. 201-202) e à Assistência Social (art. 203). Resta nítido que é exclusiva a competência da União para instituir tais contribuições, fixando sua estrutura tributária.

A criação dessa espécie fiscal (contribuição social) e, mesmo, sua extinção inserem-se na exclusiva alçada da União. Se não editar a lei competente, inexistirá obrigação de seu recolhimento por parte dos destinatários constitucionais (art. 195, I-III, e seu § 8º, da CF). Todavia, pelo fato de só deter a competência para instituição das contribuições, à União (Administração direta) não é conferido o direito de arrecadar, cobrar e fiscalizar a respectiva receita.

A Constituição Federal de 1988 estabelece (art. 165, § 5º) que a lei orçamentária anual compreenderá:

I – o orçamento fiscal referente aos Poderes da União, seus fundos, órgãos e entidades da Administração direta e indireta, inclusive fundações instituídas e mantidas pelo Poder Público; II – o orçamento de investimento das empresas em que a União, direta ou indiretamente, detenha a maioria do capital social com direito a voto; III – o orçamento da Seguridade Social, abrangendo todas as entidades e órgãos a ela vinculados, da Administração direta ou indireta, bem como os fundos e fundações instituídos e mantidos pelo Poder Público.

Ives Gandra da Silva Martins ressaltou que "tal discurso demonstra a incomunicabilidade dos orçamentos e de sua administração, realçando-se a expressão 'abrangendo todas as entidades e órgãos a ela vinculados' no dispositivo sobre orçamento securitário".[77]

Hugo de Brito Machado argumenta que "tal orçamento (art. 165, § 5º, item III) já não se confunde com o orçamento do Tesouro Nacional, e sua execução não constitui atribuição do Poder Executivo, posto que a Seguridade Social há de ser organizada com base em princípios constitucionalmente estabelecidos, entre os quais destaca-se o 'caráter democrático e descentralizado da gestão de trabalhadores, empresários e aposentados' (art. 194, parágrafo único, item VII)".[78] E arremata: "Tais contribuições caracterizam-se, portanto, precisamente pelo fato de ingressarem diretamente naquele orçamento a que se refere o art. 165, § 5º, item III, da Constituição Federal (...)", sendo que "a lei que institua contribuição social, com fundamento no art. 195, I, da CF, indicando como sujeito ativo pessoa diversa da que administra a Seguridade Social viola a Constituição".[79]

Tratando exaustivamente do tema, Misabel Derzi diz que "consentir que a União cobre, arrecade e fiscalize as contribuições destinadas ao custeio dos órgãos de Seguridade Social, para depois repassá-las, pelo mecanismo das transferências, aos órgãos da Seguridade, é transformar as contribuições em impostos com destinação, expressamente vedados,

---

77. *As Contribuições Especiais numa Divisão Quinquipartida dos Tributos*, p. 7.
78. "Contribuições sociais", *Caderno de Pesquisas Tributárias* 17/94.
79. Idem, p. 17; "Contribuição social sobre o lucro das pessoas jurídicas", *Repertório IOB de Jurisprudência* 18, 1989; e "Sujeito ativo da contribuição de Seguridade Social", *Repertório IOB de Jurisprudência* 13, 1991.

é invalidar o regime que a Constituição lhes atribui, é ferir a letra e o espírito da Constituição Federal, que objetivou resguardar a caixa da Seguridade Social".[80] Não se cogita de mera delegação de poderes da União a terceiros, uma vez que "a Constituição Federal cassou a capacidade tributária ativa da União (só a tendo o INSS), falecendo à União aptidão para figurar como credora no polo ativo da relação tributária para exigir e administrar o tributo".[81]

Objetivamente, Gilberto de Ulhôa Canto:

> (...) a lei admitir com evidente infração constitucional que receita de custeio direta seja apropriada pela União e por ela aportada como parte do custeio indireto, o sistema de cobrança, fiscalização e administração das contribuições para a Seguridade Social pelo Departamento da Receita Federal, importa lesão aos Estados e Municípios, a cujos fundos de participação a União deixa de pagar a parcela que lhe cabe do que, em realidade, consiste em receita do Imposto de Renda (no caso da Contribuição sobre o Lucro).[82]

Miguel Reale elucida: "A administração e fiscalização da contribuição social de que trata a Lei 7.689/1988 competem à Secretaria da Receita Federal. Eis aí ferido, inegavelmente, o § 2º do art. 195 da Constituição, que, de conformidade com o já por mim aduzido, exige que a proposta de orçamento da Seguridade seja elaborada de forma integrada, além de privar a Seguridade Social de gestão administrativa unificada, conforme previsto no inciso VII do art. 194 (...)". Complementando que "toda a natureza social da contribuição desaparece, submersa pela exclusividade administradora e fiscalizadora cometida à Receita Federal, ao invés do IAPAS (...)", não sendo "admissível, penso eu, que as contribuições sociais diretas possam ser arrecadadas e geridas pela Receita Federal, como se se tratasse de impostos. Perdeu-se de vista, em suma, o que há de mais valioso na Seguridade Social instaurada pela Carta de 1988, ou seja, a sua essencial solidariedade unida e integrada".[83]

De modo contundente, num prisma metajurídico (mas como profundo conhecedor do sistema previdenciário), Wagner Balera procede à crítica seguinte: "Será que a União – contumaz, notória, reincidente e conhecida devedora da Previdência Social – estará qualificada constitucionalmente para fazer o papel de intermediário entre as pessoas jurídi-

---

80. "Contribuição para o FINSOCIAL", *RDTributário* 55/212.
81. Idem, p. 220.
82. "Contribuições sociais", *Caderno de Pesquisas Tributárias* 17/54.
83. *Aplicações da Constituição de 1988*, pp. 68-69.

cas (contribuintes, na Lei 8.212, de 1991) e o sistema previdenciário? A União não quereria apropriar-se de tão vultosas receitas para reforçar seu cofre e, assim, encontrar nova forma de financiamento do crônico déficit público? É mais fácil, prudente, lógico e constitucional que o recolhimento das receitas previdenciárias seja feito ao próprio gestor financeiro do sistema".[84] E, já sob a ótica eminentemente jurídica, assinala que "a exigência de contribuições que não integram o orçamento da Seguridade Social será inconstitucional quando a cobrança tenha sido deferida (pela lei) a quem não detenha a capacidade tributária ativa das contribuições sociais em questão".[85]

Opiniões abalizadas, no entanto, pautam-se em sentido oposto, por não enxergarem qualquer eiva de inconstitucionalidade na participação da União nas gestões arrecadatórias/fiscalizatórias das contribuições sociais.

Sacha Calmon pensa que não lhe repugna que "as contribuições sociais previdenciárias possam ser fiscalizadas e arrecadadas pelo Fisco Federal. Em princípio, isto não constituiria presunção *juris et de jure* de tredestinação, a malferir a Constituição. Entrariam aqui considerações de ordem prática. Afinal, para que dois Fiscos, o da União e o da autarquia da Seguridade Social? Para que dois atos fiscalizatórios, livros, papéis, carimbos, vistos, exigências, *et caterva*? O que não pode haver é a tredestinação real, ou seja, o emprego do tributo arrecadado noutros fins, contra o orçamento ditado pelo Congresso e a destinação legal indicada pela Constituição".[86] E conclui: "Inexiste proibição expressa inibindo a União de fiscalizar e arrecadar pró-Seguridade, já que a tredestinação não se dá com a arrecadação, mas com o emprego do produto arrecadado".[87]

Oportunas as considerações de Cláudio Santos: "A competência constitucional para criar a espécie tributária não se confunde, por óbvio, com a capacidade de figurar no polo ativo da obrigação tributária. A lei pode conferir a outra pessoa (...) mormente, projeção daquela que tem competência para elaborá-la e dar-lhe eficácia e vigência, ou seja, para pessoa da Administração descentralizada, essa qualidade".[88] E complementa:

---

84. "Contribuições sociais", *Caderno de Pesquisas Tributárias* 17/340.
85. Idem, p. 344.
86. *Comentários à Constituição de 1988 – Sistema Tributário*, 3ª ed., p. 354.
87. Idem, p. 355.
88. "Contribuições sociais", *Caderno de Pesquisas Tributárias* 17/75-76.

Nada obsta a que, existindo entidade da Administração indireta da União a quem se atribua o serviço estatal da Seguridade Social, a cobrança, arrecadação e fiscalização sejam confiadas à União, para posterior repasse à chamada Seguridade Social (...). A descentralização da Seguridade Social não gera a obrigatoriedade da pessoa jurídica de direito público da Administração indireta da União vir a ser a arrecadadora e fiscalizadora do tributo. A elaboração da proposta orçamentária pelos órgãos responsáveis também não cria aquela vinculação.[89]

O Supremo Tribunal Federal, entretanto, decidiu em sentido diametralmente oposto, entendendo que

para que fosse inconstitucional essa forma de arrecadação necessário seria que a Constituição tivesse criado um sistema de Seguridade Social cuja realização, em todas suas etapas, tivesse de ser da competência exclusiva de um órgão autônomo de Seguridade Social. E não é isso o que resulta dos textos constitucionais concernentes à Seguridade Social (...).[90]

Do contexto doutrinário e jurisprudencial, e principalmente à luz da Constituição, constata-se que as questões financeiras inerentes à Seguridade Social receberam um tratamento peculiar e, sobretudo, privilegiado.

A obrigação de ser elaborado um específico "orçamento da Seguridade Social" (art. 165, § 5º, III) demonstra, inequivocamente, que a *mens legis* foi carrear para os cofres da entidade de Seguridade todas as receitas pertinentes, para que os serviços assistenciais que lhe são afetos possam ser desempenhados em toda sua plenitude e da forma mais eficiente.

Na medida em que a lei não conferira ao INSS o direito de exigir, cobrar, arrecadar, fiscalizar etc., as verbas relativas às contribuições, fora observado que o sistema de Seguridade Social poderá restar totalmente comprometido e prejudicado. Para tanto, basta que a União, através de seus órgãos (como é o caso da Receita Federal do Brasil), deixe de repassar os valores recolhidos (no momento previsto na lei) e mantenha-se inerte no tocante à fiscalização, que estará sendo caracterizada invasão de competência em sentido amplo, a despeito da previsão da Medida Provisória 258, de 21.7.2005 (art. 3º, § 2º).

---

89. Idem, p. 79.
90. Pleno, RE 146.733-9-SP, rel. Min. Moreira Alves, j. 29.6.1992.

É inconcebível, injustificável e principalmente inconstitucional o preceito legal que permite o manuseio dos valores correspondentes às contribuições sociais por terceiros, por não possuírem o efetivo, real e cabal interesse na imediata utilização.

É evidente que são admissíveis convênios celebrados pelo próprio órgão afeto à Previdência com instituições financeiras ou terceiros (pessoas públicas ou privadas), para cobrarem as contribuições, por se tratar de mera delegação do verdadeiro credor dos tributos, adstrita a razões de ordem operacional.

Em suma, o sujeito ativo das contribuições sociais destinadas à Seguridade Social só poderá ser a entidade destinatária de tais verbas. Vale sublinhar que o *XVII Simpósio Nacional de Direito Tributário*, realizado em São Paulo (outubro/1992), promovido pelo Centro de Estudos de Extensão Universitária do OSUC, em Plenário, firmou a seguinte conclusão:

> Existindo organismo da Administração indireta da União que seja responsável pela Seguridade Social, a atribuição por lei (isto é, não por delegação do sujeito ativo, que é a Seguridade Social) torna inconstitucional sua exigência.
>
> À luz da decisão do Supremo Tribunal Federal – afirmando que as contribuições sociais podem ser arrecadadas por órgãos da Administração direta, desde que vinculada a receita à Seguridade, e repassadas, em sua totalidade e imediatamente –, sempre que tal vinculação e repasse não se derem, será inconstitucional.[91]

Entretanto, examinando a temática da arrecadação da COFINS pela Receita Federal, o Supremo Tribunal Federal entendeu corresponder à exigência de se racionalizar seu controle. E ponderou que:

> Tal delegação – permitida pelo art. 7º do CTN – não interfere na natureza jurídica da referida contribuição e nem induz desvio de destinação, pois o importante é que a própria Lei Complementar n. 70/1991 garante a sua destinação exclusiva às despesas com atividades-fins das áreas de Saúde, Previdência e Assistência Social. Assim já decidiu essa Suprema Corte (RE 146.733, 29.6.1992, Moreira Alves, *DJU* 6.11.1992; RE 138.284, 1.7.1992, Velloso, *DJU* 28.8.1992; RE 150.755, 18.11.1992, Pertence). (ADI 1-1-DF, j. 1.12.1993)

---

91. "Princípios constitucionais tributários", *Caderno de Pesquisas Tributárias* 18/652 (1993).

5.1.2 Sujeição passiva

5.1.2.1 Empregador, empresa, entidade equiparada, importador e equiparado

O aspecto pessoal da hipótese de incidência tributária contempla os sujeitos da relação jurídica, inserindo-se no polo passivo a figura do contribuinte, que mantém relação pessoal e direta com a respectiva materialidade que, voluntariamente, realiza o fato imponível.

Geraldo Ataliba assinala que "sujeito passivo da obrigação tributária é o devedor, convencionalmente chamado contribuinte. É a pessoa que fica na contingência legal de ter o comportamento objeto da obrigação, em detrimento do próprio patrimônio e em favor do sujeito ativo".[92]

A Constituição normalmente não indica a pessoa que deve ser caracterizada como devedora do tributo, mas apenas contempla as materialidades suscetíveis de incidência, outorgando as respectivas competências às pessoas de direito público. Nessa situação, cabe à lei complementar (CF, art. 146) estabelecer normas gerais em matéria de legislação tributária, especialmente sobre "definição de tributos e de suas espécies, bem como, em relação aos impostos discriminados nesta Constituição, a dos respectivos fatos geradores, bases de cálculo e contribuintes" (inciso III).

Evidente que a lei complementar poderá apenas explicitar o comando constitucional e especificar como "contribuinte" pessoa que esteja umbilicalmente ligada ao cerne do tributo e ao fato abstratamente posto na norma, uma vez que deve ser "uma pessoa que está em conexão íntima (relação de fato) com o núcleo (aspecto material) da hipótese de incidência".[93]

Numa esfera pré-jurídica, o legislador colhe a pessoa intimamente vinculada à realização da materialidade do tributo, que se traduz num mero índice de capacidade contributiva.

A doutrina vem ampliando o campo de atuação do editor da norma impositiva, conferindo-lhe certa margem de liberdade (autêntica discricionariedade) para eleger o contribuinte do tributo, ou o responsável pelo débito, não ficando atrelado exclusivamente à pessoa referida ao fato imponível, isto é, aquele que realiza a operação, o ato jurídico, ou esteja numa dada situação.

---

92. *Hipótese de Incidência Tributária*, 6ª ed., 16ª tir., p. 86.
93. Idem, ibidem.

Dino Jarach assevera que "efetivamente, na determinação do sujeito passivo principal, existe sempre certo grau de arbitrariedade, ou, se se prefere, de decisão discricionária do legislador".[94]

Todavia, no que concerne às contribuições sociais incidentes sobre a folha de salários, rendimentos do trabalho, receita, o faturamento e o lucro (art. 195, I, da CF), o constituinte indicou, de forma inquestionável, o "empregador", a empresa e a entidade equiparada como sujeitos passivos de tais tributos.

O conceito de "empregador" é tradicional em nosso sistema jurídico como sendo "a empresa, individual ou coletiva, que, assumindo os riscos da atividade econômica, admite, assalaria e dirige a prestação pessoal de serviço" (art. 2º da CLT). E, considerando que a Constituição não trata dessa temática (conceito de "empregador"), entende-se que se encontra recepcionado esse mesmo conceito, já tão arraigado na legislação trabalhista.

Entretanto, o conceito de "empresa" revelava-se genérico e indeterminado, como sendo

uma unidade econômica organizada para a prática habitual de atividade lucrativa. Em seu perfil subjetivo, a empresa presta profissionalmente (isto é, de modo habitual e sistemático, em nome próprio e com ânimo de lucro) atividade econômica (destinada à criação de riqueza, pela produção de bens ou de serviços para a circulação, ou pela circulação de bens ou de serviços), organizada (coordenando os fatores de produção; trabalho, natureza e capital), variável de acordo com sua natureza e seu objeto.[95]

Mesmo o Código Civil não conceitua "empresa", mas apenas considera "empresário", ou seja, quem exerce atividade econômica organizada para a produção ou a circulação de bens ou de serviços (art. 966).

A simples leitura do texto constitucional, por si só, seria mais do que suficiente para positivar a obrigação do "empregador", empresa e entidade equiparada, uma vez constatados "receita", "faturamento", "lucro", "salários". Desnecessária seria qualquer pesquisa ou, mesmo, interpretação para se positivar a imputação do ônus fiscal. Mas, com o objetivo de desvendar e configurar o verdadeiro tipo de tributo e, em consequência, apurar e aplicar o princípio pertinente à espécie, faz-se mister uma análise mais profunda da Constituição.

94. "Aspectos da hipótese de incidência tributária", *RDP* 17/288.
95. Bernardo Ribeiro de Moraes, *Doutrina e Prática do ISS*, p. 442.

Impõe-se responder às indagações seguintes:

(a) As contribuições previstas no inciso I do art. 195 têm natureza de imposto ou de contribuição específica?

(b) Qual o princípio dominante?

Para o desate dessa questão é necessário, antes de tudo, não ser ignorado que o preceito compreende: empregador/empresa/folha de salários/receita/rendimento/faturamento, lucro/beneficiários/benefícios.

Wagner Balera pensa que

> há um vínculo que une o empregador ao sistema de proteção social organizado e mantido pelo Estado. Esse vínculo é estabelecido pela própria Constituição. Antecedente a esse vínculo, porém, existe um outro que liga patrão a trabalhador. É justamente esse vínculo – contrato de trabalho – que justifica e motiva a presença do empregador dentre os partícipes do custo da Seguridade Social.[96]

Pondera que o empregador aufere uma vantagem indireta dessa prestação compulsória, em razão do que seu empregado "adquire segurança quanto à situação física, mental e financeira de sua própria pessoa e seus dependentes".[97] Tendo Hugo de Brito Machado asseverado que "essa vantagem, embora situada no plano metajurídico, presta-se para explicar a regra constitucional que o vincula à Seguridade Social, como financiador desta".[98]

Categoricamente, Ives Gandra da Silva Martins pontifica que

> uma empresa, quando recolhe a parcela correspondente à folha salarial, embora não seja beneficiária direta do recolhimento, tem nos seus empregados o benefício indireto, posto que serão eles os destinatários da tríplice atuação da Seguridade Social, na Saúde, Previdência e Assistência Social. A falta da vantagem, a meu ver, desnatura por inteiro a imposição, fazendo dela uma exigência que fere o art. 195.[99]

Essa exegese da Carta Magna tem o condão de tornar clara e justificável a existência de um vínculo, um nexo lógico, entre o contribuinte e o respectivo beneficiário das contribuições sociais.

Aplica-se como luva a esse figurino a lição de Aires Barreto:

---

96. *Seguridade Social na Constituição de 1988*, p. 63.
97. Idem, p. 53.
98. "Contribuições sociais", *Caderno de Pesquisas Tributárias* 17/103-104.
99. "Contribuições sociais", *Caderno de Pesquisas Tributárias* 17/17.

(...) sempre que a atuação estatal estiver referida imediatamente ao obrigado, estaremos diante da taxa. Diversamente, quando esta referibilidade for mediata, indireta, diante de contribuição estaremos. A referibilidade mediante o liame oblíquo resulta, nas contribuições, da presença de uma circunstância intermediária que, de través, de permeio, se coloca entre a atuação estatal e o obrigado.[100]

O preceito encartado no art. 195, I, da CF tem condição de ajustar-se ao conceito de hipótese de incidência das contribuições, na visão de Aires Barreto, como sendo "o somatório da atuação estatal e a circunstância intermediária que é o dado de conexão com o obrigado. O liame entre atuação estatal e obrigado só se dá com o engaste, com o elo da circunstância que entre eles se interpõe".[101]

Não se está, de modo algum, ignorando que as materialidades de tais contribuições têm marcante conotação com os impostos, uma vez que "folha de salários", "rendimentos do trabalho", "receita", "faturamento" e "lucro" compreendem situações independentes de qualquer atividade estatal específica relativa ao contribuinte (art. 16 do CTN). A circunstância de os fatos geradores não serem vinculados à atuação do Poder Público não pode significar inexoravelmente que tratam de impostos. Significa – isto sim – que o legislador deve, unicamente, preservar o postulado da capacidade contributiva. Mas o que é também deveras fundamental é que a criação da norma deve estabelecer a afetação das "contribuições" à Seguridade Social (de modo direto) e aos beneficiários (indiretamente).

O consagrado princípio da solidariedade, harmonizado com o princípio da universalidade da cobertura e do atendimento em benefício de toda a sociedade (art. 194 da CF), não pode dar a falsa impressão de que o encargo do empregador seja destinado ao Governo (*lato sensu*), para permitir a "prestação de Assistência Social a quem dela necessitar" (art. 203 da CF), de modo generalizado, indiscriminado.

Realmente, "não pode ser exigida contribuição a quem esteja fora do contexto resultante do enunciado dos incisos I e II do art. 195, como certamente seria o caso de todos aqueles que não tenham uma ligação, ainda que indireta ou remota, com as vantagens resultantes dos serviços próprios da Seguridade Social"[102] – não colhendo a assertiva de que,

---

100. *Base de Cálculo, Alíquota e Princípios Constitucionais*, p. 2, referência 12.
101. Idem, p. 77.
102. Gilberto de Ulhôa Canto, "Contribuições sociais", *Caderno de Pesquisas Tributárias* 17/64.

"em princípio, não parece obstar à exigência da contribuição o fato de alguém não ter vantagem direta decorrente da atividade estatal".[103] Oportuna a lição de Rubens Gomes de Sousa no sentido de que

> o tributo deve ser cobrado da pessoa que esteja em relação econômica com o ato, fato ou negócio que dá origem à tributação; por outras palavras, o tributo deve ser cobrado da pessoa que tira uma vantagem econômica do ato, fato ou negócio tributado. Quando o tributo seja cobrado nessas condições, dá-se sujeição passiva direta, que é a hipótese mais comum na prática.[104]

Esse espectro da sujeição passiva direta tanto compreende a íntima vinculação do contribuinte (empregador) com as referidas materialidades (folha de salários, rendimentos do trabalho, receita, faturamento e lucro) como a ligação oblíqua com o benefício assistencial, razão pela qual só haverá contribuinte ("empregador") na medida em que exista efetivo beneficiário ("empregado").

Relativamente ao âmbito da *solidariedade*, tem-se entendido que

> a referibilidade das contribuições é a relação de pertinência que deve haver entre a atividade a ser custeada (que configura a finalidade constitucionalmente autorizadora do exercício da competência tributária) e aqueles chamados a contribuir (indicados por lei como contribuintes). Não se exige que o contribuinte seja beneficiado pela atividade, que aufira vantagem com a atividade. Basta que o contribuinte faça parte de um grupo a que se refere, de alguma forma, a atividade custeada.[105]

Monografia específica destaca que a solidariedade surge como conceito relevante para fins de determinar o fundamento de uma exigência tributária, no âmbito das contribuições, como se colhe da postura firmada pelo Supremo Tribunal Federal no caso dos inativos (ADI 3.105, rel. Min. Cézar Peluso, *DJU* 18.2.2005). Nesse julgamento "aparece com nitidez a afirmação de que os aposentados são submetidos a uma contribuição de caráter tributário e que esta se justifica, posto que eles pertencem a um grupo específico que demanda recursos para atender à finalidade da sua previdência".[106]

---

103. Cláudio Santos, "Contribuições sociais", *Caderno de Pesquisas Tributárias* 17/83.
104. *Compêndio de Legislação Tributária*, p. 163.
105. Simone Barbisan Fortes e Leandro Paulsen, *Direito da Segurança Social – Prestações e Custeio da Previdência, Assistência e Saúde*, p. 369.
106. Marco Aurélio Greco, in *Solidariedade Social e Tributação*, p. 181.

Adverte-se, todavia, que,

se não houver os laços de solidariedade entre os que pagam o ingresso e os que recebem o benefício estatal, e, conseguintemente, se inexistir a contraprestação estatal em favor do grupo e se não se configurar a equação do custo/benefício, será inconstitucional a cobrança da contribuição social, exceto naqueles casos previstos na Constituição, em que incide sobre o faturamento, o lucro e a movimentação financeira, adquirindo a característica de *imposto com destinação especial*.[107]

O importador de bens ou serviços do exterior, ou quem a lei a ele equiparar, também se qualifica como sujeito passivo das contribuições (art. 195, IV, por força da Emenda Constitucional 42/2003).

A pessoa natural destinatária das operações de importação poderá ser equiparada à pessoa jurídica, na forma da lei (§ 3º do art. 149, por força da Emenda Constitucional 33/2001).

5.1.2.1.1 A inexistência de empregados

É plausível entender que desde a promulgação da Constituição Federal de 1988 até o início de vigência da Emenda Constitucional 20/1998 não há embasamento constitucional para possibilitar a exigência de contribuições de quaisquer empresários e entidades que não fossem empregadores (firmas individuais, *holdings*, sociedades integradas exclusivamente pelos sócios etc.).

Esta situação foi objeto de acirrado questionamento doutrinário e judicial no que tange à contribuição referente à "folha de salários", compreendendo a remuneração exclusiva dos empregados, por expressa previsão constitucional (art. 7º), não abrangendo os pagamentos a autônomos e administradores (não empregados), que não possuem vinculação direta e permanente com os benefícios apontados, conforme diretriz firmada pelo Supremo Tribunal Federal.[108]

Embora a lide versada pelo Supremo Tribunal Federal tenha se adstrito à consideração da "folha de salários" e à inexistência de vinculação com "administradores e autônomos", especialmente por não haver pertinência com a figura do empregador, na verdade assentou importantes premissas no tocante ao exclusivo sujeito passivo das contribuições previstas no art. 195, I, da CF.

---

107. Ricardo Lobo Torres, "Existe um princípio estrutural da solidariedade?", in *Solidariedade Social e Tributação*, p. 202.
108. Pleno, RE 166.772-9-RS, rel. Min. Marco Aurélio, j. 12.5.1994.

Realmente, as empresas (de qualquer natureza e objeto social) só revestiriam a qualidade de efetivos e autênticos contribuintes se e quando fossem "empregadores", ou seja, assalariassem empregados. *A contrario sensu*, inexistindo os empregados, permaneceriam caracterizadas como "não empregadores" – e, portanto, estariam excluídas da sujeição passiva das contribuições, ainda que tivessem "faturamento" ou "lucro".

Nesse passo, a Constituição Federal especificou as pessoas que, mesmo não tendo empregados, podem ser contribuintes das exações em causa, como é o caso do "produtor, parceiro, meeiro e o arrendatário rurais, garimpeiro, pescador artesanal e respectivos cônjuges, que exerçam suas atividades em regime de economia familiar", que "contribuirão para a Seguridade Social, mediante a aplicação de uma alíquota sobre o resultado da comercialização da produção e farão jus aos benefícios nos termos da lei" (§ 8º do art. 195).

Captando esta singularidade constitucional, Valdir de Oliveira Rocha salienta que

> não empregadores não são contribuintes da contribuição de Seguridade Social incidente sobre o faturamento, independentemente da forma de sua constituição e atuação, grandeza etc. (...) casos como o de empresas *holdings*, firmas individuais, prestadores de serviços e quaisquer sociedades civis e comerciais, desde que sem empregados, dizem diretamente com situações de não empregadores e, desse modo, mesmo que tenham faturamento, não serão alcançados pela contribuição de Seguridade Social prevista no inciso I do art. 195 da Constituição.[109]

Esta interpretação, sem dúvida, pode ser considerada arrojada e preocupante, uma vez que sua observância implicará sensível diminuição da carga previdenciária das atividades empresariais. Todavia, há que se seguir o lúcido entendimento do Supremo Tribunal Federal no sentido de que, no exercício gratificante de interpretar, descabe "inserir na regra de Direito o próprio juízo, por mais sensato que seja, sobre a finalidade que 'conviria' fosse por ela perseguida".[110]

A partir da Emenda Constitucional 20/1998 o elenco de contribuintes foi ampliado, passando a abranger a empresa e a entidade a ela equiparada.

O Supremo Tribunal Federal entende que o vocábulo "empregador", inscrito no art. 195, I, da CF, compreende a pessoa jurídica empre-

---

109. "Contribuições de Seguridade Social sobre o faturamento – Incidência e não incidência", *Repertório IOB de Jurisprudência* 23/471-472.
110. RE 166.772-9-RS, cit.

gadora em potencial, estando habilitada a operar e admitindo trabalhadores, e que a admissão (ou não) de empregados é opção sua.[111]

5.1.2.1.2 A substituição tributária e a retenção na fonte

Trata-se de imputação de responsabilidade por obrigação tributária de terceiro, que não praticou o fato gerador, mas que tem vinculação com o real contribuinte.

Na substituição, em um plano "pré-jurídico", o legislador afasta, por completo, o verdadeiro contribuinte, que realiza o fato imponível, prevendo a lei, desde logo, o encargo da obrigação a uma outra pessoa (substituto), que fica compelida a pagar a dívida própria, eis que a norma não contempla dívida de terceiro (substituto).

Na substituição *regressiva* a lei atribui a responsabilidade a um terceiro participante do negócio jurídico (suscetível de tributação), por razões de comodidade, praticidade, ou pela circunstância de o verdadeiro contribuinte não manter organização adequada de seus negócios.

Na substituição *progressiva* o legislador indica uma pessoa responsável pelo recolhimento de determinado valor (referido como tributo), relativamente a fato futuro e incerto, com alocação de valor também incerto.

Por antecipação há definição do sujeito passivo de uma obrigação não acontecida, como é o caso de exigir-se de adquirente de um bem o recolhimento de respectivo tributo concernente a operação que deverá vir a ser realizada, no futuro.

Em âmbito genérico, o Código Tributário Nacional dispunha sobre a figura do responsável (arts. 121 e 128), tendo a Emenda Constitucional 3, de 17.3.1993, estabelecido que "a lei poderá atribuir a sujeito passivo de obrigação tributária a condição de responsável pelo pagamento de impostos ou contribuição, cujo fato gerador deva ocorrer posteriormente, assegurada a imediata e preferencial restituição da quantia paga, caso não se realize o fato gerador presumido" (art. 150, § 7º).

Indaga-se: será que, finalmente, serão dirimidas todas as controvérsias acerca da substituição regressiva, e constitucionalizado o fato gerador futuro e presumido?

Entendo que não. E o argumento fundamental para negar-se juridicidade e eficácia a essa regra é a circunstância de que o preceito revisor

---

111. 2ª T., AgRg no RE 309.281-2-PR, rel. Min. Carlos Velloso, j. 28.9.2004, *DJU*-1 22.10.2004, p. 31.

da Constituição de 1988 não se compadece com a própria Constituição, ao dispor que "não será objeto de deliberação a proposta de emenda tendente a abolir: (...); IV – os direitos e garantias individuais" (art. 60, § 4º).

Trata-se de "cláusula pétrea" prevista nos diversos incisos do art. 5º, e, em especial, em seu § 2º: "Os direitos e garantias expressos nesta Constituição não excluem outros decorrentes do regime e dos princípios por ela adotados, ou dos tratados internacionais em que a República Federativa do Brasil seja parte".

Além disso, a Constituição Federal expressa os princípios fundamentais da sociedade brasileira, as garantias do regime republicano e, principalmente, o respeito à "segurança e certeza do Direito", também postos como elementos estruturadores e balizadores de qualquer tipo de norma.

Portanto, deflui o entendimento de que a elaboração da norma jurídica – que tem que considerar a segurança das relações – é sempre presidida e pautada pelos princípios constitucionais – vetores da sistemática tributária –, em razão do que *as figuras da presunção e ficção só teriam a remota e absurda condição de serem aceitas com máxima cautela e absoluto rigor científico.*

A diretriz encartada na Emenda Constitucional 3/1993 – traduzindo fato gerador presumido – não representa mera regra excepcional que pudesse acomodar-se no ordenamento vigente. Sua aceitação acarretaria ruptura de todo um sistema harmônico, coerente, de princípios e normas, ou seja, um verdadeiro caos jurídico, onde – em nome de aparente constitucionalidade – se pretenderia impor ônus tributários sobre riquezas inexistentes, fatos aleatórios, negócios jurídicos presumidos.

As relações jurídicas devem ficar adstritas às imposições tributárias quando ocorre subsunção do fato imponível (situação concreta) à imagem normativa (situação abstrata). O tipo cerrado compreende a enumeração exaustiva dos elementos da tributação (*numerus clausus*), exclusivismo (elemento suficiente) e determinação, contida na lei tributária.

Inaplicável, como regra, a figura da presunção como resultado de processo lógico, mediante o qual do fato conhecido, cuja existência é certa, infere-se o fato desconhecido ou duvidoso, cuja existência é provável. Não se estará diante de uma autêntica presunção legal (*juris et de jure*), estabelecendo uma verdade jurídica, pois supor que um fato tributário acontecerá não é jamais o mesmo que tornar concreta sua existência, de modo a conferir segurança e certeza a uma exigência tributária.

É inconcebível a aplicação da pseudorregra constitucional em comento às contribuições sociais, especialmente às pertinentes à Seguridade Social, pela singela circunstância de ser impraticável estimar-se (ainda mais com certeza absoluta) a existência de lucro, faturamento e salários.

Se a presunção já é inadmissível, com mais forte razão é inconcebível a figura da "ficção", que significaria a instrumentalização (criação legal) de uma situação inverídica (falsa), de forma a impor uma certeza jurídica, ainda que não guardasse consonância com a natureza das coisas, ou mesmo alterando títulos, categorias, institutos e princípios de Direito.

Considerando-se os valores máximos albergados pela Constituição – segurança e certeza –, que respaldam os cânones da legalidade e da tipicidade, não há a mínima sustentação na presunção, eis que forrada de imprecisão, dubiedade, meras conjecturas e ilações.

Em âmbito revisional impera o dogma da intangibilidade dos "direitos e garantias individuais" (inciso IV do § 4º do art. 60 da CF), porque assim desejaram os representantes do povo ao elaborarem a Constituição Federal de 1988. E, ainda que se pudesse conceber essa engenhosa e cerebrina superação desse obstáculo constitucional – para mim, irremovível – imaginando ou adivinhando a possível realização de faturamento, lucro e folha de salários, seria imperioso adotar inúmeros mecanismos legais, de cunho operacional, para evitar qualquer tipo de prejuízo ao contribuinte (empregador).

A expressão "assegurada a imediata e preferencial restituição da quantia paga" caso não se realize o fato gerador presumido, no § 7º do art. 150 da CF, dificilmente (ou impossivelmente) terá condição de ser obedecida. Realmente, o contribuinte que recolheu antecipadamente contribuição sobre imaginado "lucro" dificilmente terá condição de ressarcir-se do tributo "imediatamente" (no mesmo dia do evento), com a devida atualização. Em termos objetivos, práticos e reais, não há como se conceber a presença do contribuinte no guichê da repartição para receber os valores em causa, no mesmo dia; devendo levar em conta, ainda, os encargos financeiros no caso de o contribuinte ter sido obrigado a socorrer-se de instituições de crédito para liquidar o tributo.

De longa data se tem combatido a sistemática da substituição, em razão da incompatibilidade com diretrizes constitucionais, como se contém nas lições de Geraldo Ataliba e Cléber Giardino: "Por simples comodidade ou por qualquer outra razão, não pode o Estado deixar de colher uma pessoa, como sujeito passivo, para alcançar outra (...) um imposto somente pode ser exigido daquela pessoa cuja capacidade contributiva seja revelada pelo acontecimento do fato imponível".[112]

Mencionado expediente nada mais representaria do que evitar-se o locupletamento ilícito, o enriquecimento sem causa. Tendo Marçal Justen Filho argumentado que, ao instituir a substituição tributária "para frente", o Fisco disciplina a base imponível, estimando valores para as futuras operações, o que se revela inconstitucional e inadmissível, encontrando três ordens de impedimentos jurídicos:

> 2.4 O primeiro obstáculo reside na desnaturação da hipótese de incidência tributária. Há vedação à antecipação da exigência do tributo tendo em vista a ausência de concretização do fato imponível. Mais ainda, há incompatibilidade de afirmar que ocorrerá, no futuro, a configuração de um "fato gerador", porque isso dependerá das circunstâncias do caso concreto. Em qualquer caso, há absoluta incerteza acerca desse evento (...).
>
> 2.5 O segundo obstáculo está na ausência de valores efetivos a serem considerados como base imponível. Tal como prevê a futura ocorrência de um fato imponível incerto, o Fisco também "estima" um preço a ser praticado. Inexiste qualquer certeza sobre a efetiva concretização do futuro fato imponível. Mas também não há qualquer dado acerca do preço que pode ou não ser praticado... isso se, algum dia, vier a ocorrer o fato imponível (...).[113]

Diante de tais considerações jurídicas,[114] forçoso concluir que é inconstitucional a Emenda Constitucional 3/1993 (art. 150, § 7º, da CF), por tratar de matéria vedada em âmbito revisional, dispondo sobre garantias e direitos individuais (art. 60, § 4º, IV). A instituição do fato gerador presumido (lucro, faturamento, salários), objetivado na substituição tributária regressiva, viola os princípios da segurança e certeza do Direito, tipicidade, igualdade, capacidade contributiva, vedação de confisco e não cumulatividade.

Entretanto, mesmo apreciando operações realizadas anteriormente à Emenda Constitucional 3/1993, o Supremo Tribunal Federal decidiu que

> é constitucional o regime de substituição tributária "para frente" – em que se exige do industrial, do atacadista e de outra categoria de con-

---

112. "Substituição e responsabilidade tributária", *RDTributário* 49/73-75.

113. "Princípios constitucionais tributários", *Caderno de Pesquisas Tributárias* 18/152, 155 e 158.

114. José Eduardo Soares de Melo, "Substituição tributária progressiva e a Emenda Constitucional 3/1993", *RDTributário* 63/256-263.

tribuinte, na qualidade de substituto, o recolhimento antecipado do ICMS incidente sobre o valor final do produto cobrado ao consumidor, retirando-se do revendedor ou varejista, substituído, a responsabilidade tributária.[115]

Os regimes de substituição tributária têm sido considerados na forma seguinte:

Cigarros: os fabricantes estão sujeitos ao recolhimento do PIS e da COFINS na condição de contribuintes substitutos dos comerciantes varejistas e atacadistas desse produto (LC 70/1991, art. 3º; Lei 9.715/1998, art. 5º; e Lei 10.865/2004, art. 29).

As bases de cálculo das contribuições sociais são os valores obtidos pela multiplicação do preço fixado para a venda do cigarro no varejo, por 291,69% (duzentos e noventa e um inteiros e sessenta e nove centésimos) – COFINS; e 3,42% (três inteiros e quarenta e dois centésimos) – PIS.

Aplicam-se ao importador de cigarros as mesmas normas consideradas para os fabricantes de cigarros nacionais (Lei 9.532/1997, art. 53).

Veículos: os fabricantes e os importadores de veículos autopropulsados descritos nos Códigos 8432, 8433, 8701, 8702, 8703 e 8711 e nas subposições 8704.2 e 8704.3, da TIPI, relativamente às vendas que fizerem, ficam obrigados a cobrar e a recolher, na condição de contribuintes substitutos, contribuições para o PIS e COFINS devidas pelo comerciante.

As bases de cálculo das contribuições serão apuradas sobre o preço de venda da pessoa jurídica fabricante.

Fundamento: Medida Provisória 2.158-35/2001, art. 43.

Álcool: Na venda de álcool, inclusive para fins carburantes, destinado ao consumo ou à industrialização na ZFM (Zona Franca de Manaus), efetuada por produtor, importador, ou distribuidor estabelecido fora da ZFM, aplica-se o disposto no art. 2º, da Lei 10.996/2004.

O produtor, importador ou distribuidor fica obrigado a cobrar e recolher, na condição de contribuinte substituto, as contribuições para o PIS e COFINS devidas pela pessoa jurídica mencionada.

Para os efeitos do disposto no parágrafo anterior, as referidas contribuições serão apuradas mediante a aplicação de alíquotas específicas sobre o volume vendido pelo produtor, importador ou distribuidor.

---

115. RE 213.396-SP, rel. Min. Ilmar Galvão, j. 2.8.1999, *Informativo STF* 156, 2-6.8.1999, p. 2.

Nas vendas efetuadas por produtor, fabricante ou importador, estabelecido fora da ZFM, de produtos relacionados nos incisos I a VI, do § 1º do art. 2º da Lei 10.833/2003, destinadas ao consumo, ou à industrialização na ZFM, aplica-se o previsto no art. 2º, §1º-A.

Bingos: As pessoas jurídicas que administram jogos de bingo são responsáveis pelo pagamento das contribuições incidentes sobre as receitas geradas com essa atividade. Essa determinação não exime a pessoa administradora da obrigação do pagamento das contribuições na condição de contribuinte.

5.1.2.2 Folha de salários e rendimentos do trabalho

A perfeita compreensão do preceito em causa (art. 195, I, da CF) compele o hermeneuta a entender o significado da expressão "folha de salários" na sua exata dimensão, inserida no contexto da Seguridade Social e vinculada ao contribuinte "empregador".

A legislação trabalhista explicita o conceito de "salário" como a remuneração do empregado como contraprestação dos serviços (art. 457 da CLT).

Octávio Bueno Magano observava que "entre as múltiplas denominações arroladas a que melhor caracteriza o conteúdo da prestação obrigacional devida pelo empregador ao empregado é, sem dúvida, o salário".[116]

A legislação previdenciária estabelece a contribuição da empresa, destinada à Seguridade Social, de "I – vinte por cento sobre o total das remunerações pagas, devidas ou creditadas a qualquer título, durante o mês, aos segurados empregados e trabalhadores avulsos que lhe prestem serviços, destinadas a retribuir o trabalho, qualquer que seja a sua forma, inclusive as gorjetas, os ganhos habituais sob a forma de utilidades e os adiantamentos decorrentes de reajuste salarial, quer pelos serviços efetivamente prestados, quer pelo tempo à disposição do empregador ou tomador de serviços, nos termos da lei ou do contrato ou, ainda, de convenção ou acordo coletivo de trabalho ou sentença normativa".

A Constituição é a fonte originária das regras impositivas, contendo infinidade de direitos sociais conferidos aos empregados, mediante a reiterada menção e utilização do termo "salário", representativo de remuneração do respectivo trabalho (art. 7º, IV-X e XII).

---

116. *Manual de Direito do Trabalho*, 2ª ed., vol. II, p. 175.

Examinando a temática no âmbito da Seguridade Social, Wagner Balera diz que "ela revela o total despendido pelo empregador, a título de remuneração dos trabalhadores que lhe prestam serviços. Sobre o total dos salários pagos aos trabalhadores incidirá um percentual que será devido pela empresa, a título de contribuição social".[117]

E aponta que "a contribuição devida sobre a folha de salários está diretamente relacionada com os empregados. É uma parcela dos encargos dos empregadores suportada pelo respectivo empregador. Não faz adequado uso do elemento teleológico quem entende a expressão 'folha de salários' de sorte a abranger pagamentos a não empregados".[118]

Nesse momento, o que interessa verificar é o alcance da expressão "folha de salários", para abranger a remuneração de trabalhadores distintos de empregados. Será cabível a contribuição da empresa relativa a verbas devidas a autônomos e aos próprios sócios?

Gilberto de Ulhôa Canto argumenta que,

na medida em que prevalece o entendimento dos órgãos da Justiça do Trabalho no sentido de os autônomos não serem "empregados" nem receberem "salários", parece-nos que as contribuições dos empregadores previstas no inciso I do art. 195 não seriam exigíveis, dada a inexistência de aplicabilidade das normas vigentes, às características de fato da hipótese em exame (falta tipificação).[119]

O mesmo autor também invoca o art. 110 do CTN para asseverar que "não é admissível qualquer tentativa de ampliação dos conceitos de 'empregador', 'lucro', 'faturamento' e 'salário' para fins de sua extensão até abrangerem pessoas ou situações estranhas a tais conceitos como eles prevalecem no direito privado".[120]

A inexistência de vínculo laboral efetivo, do autônomo com os empregadores, bem como da prestação de serviços de modo contínuo e permanente, e sob subordinação hierárquica – ou seja, uma participação integrada no contexto empresarial –, é que também os afasta do âmbito do art. 195, I, no atinente à "folha de salários".

Novamente a colaboração de Ulhôa Canto: "(...) quem não tenha vínculo empregatício com os beneficiários diretos da Seguridade Social

---

117. *Seguridade Social...*, p. 54.
118. Idem, p. 105.
119. "Contribuições sociais", *Caderno de Pesquisas Tributárias* 17/64.
120. Idem, ibidem.

não se qualifica como sujeito passivo das contribuições descritas no inciso I do art. 195".[121]

Henry Tilbery argumenta que "é preciso elucidar o verdadeiro sentido do termo 'folha de salários', sendo óbvio que a contribuição do empregador sobre a folha de salários somente cabe em relação aos seus empregados. Os pagamentos feitos a autônomos não têm natureza salarial, pela ausência dos requisitos indispensáveis à caracterização do vínculo empregatício: a exclusividade e a subordinação na hierarquia". Ressalta que a

> remuneração paga a autônomos e administradores (não empregados) jamais é salário, entendido salário como a própria Constituição o entende, mormente no seu art. 7º. Autônomo recebe honorários; administradores, *pro labore*. A remuneração paga a autônomos, administradores de sociedade e titulares de firma individual decorre da relação de trabalho, nunca de relação de emprego.[122]

Afirma Hugo de Brito Machado que

> o dirigente de empresa não é empregado e a remuneração paga pela empresa a seus dirigentes a rigor não se encaixa no conceito de folha de salários, muito menos é faturamento, e menos ainda lucro. E, em sendo assim, o art. 195 da Constituição não fornece suporte para a validade das leis que estabelecem contribuições.[123]

De outra parte, Cláudio Santos observa que "a expressão 'folha de salários', contida no art. 195, I, por certo não foi feliz, porque poder-se-ia, chegando a um extremo de interpretação literal, dizer que o empregador que não tivesse folha de salários, isto é, pagasse seus empregados mediante crédito em banco, não estaria obrigado a recolher as contribuições àqueles salários";[124] e que "a locução 'folha de salários' contida no contexto superior (art. 195, I) tem o significado de todos os pagamentos remuneratórios de trabalhos feitos pelo empregador, sem distinção de paga. Daí ser cabível a contribuição de empresa pertinente a autônomos".[125]

---

121. Idem, p. 63.
122. "A pretensão do INSS à cobrança da contribuição das empresas destinada à Previdência Social sobre a remuneração paga aos empregadores e autônomos", *Repertório IOB de Jurisprudência* 20.
123. "Contribuições previdenciárias", *Repertório IOB de Jurisprudência*, 2ª quinzena de março/1990.
124. "Contribuições sociais", *Caderno de Pesquisas Tributárias* 17/85.
125. Idem, ibidem.

Parece-me que a controvérsia não pode ser dirimida unicamente à luz do conceito (restrito ou elástico) de "folha de salários", com possível atecnia, que não pode servir como uma panaceia para a solução das questões jurídicas.

A vinculação direta (ou indireta) do empregador com os benefícios e a vantagem especial inerente à contribuição social é que constituem aspectos relevantes para precisar o âmbito do art. 195, I.

Ives Gandra da Silva Martins preleciona que

> uma empresa, quando recolhe a parcela correspondente à folha salarial, embora não seja beneficiária direta do recolhimento, tem nos seus empregados o benefício indireto, posto que serão eles os destinatários da tríplice atuação da Seguridade Social, na Saúde, Previdência e Assistência Social. A falta de vantagem, a meu ver, desnatura, por inteiro, a imposição, fazendo dela uma exigência que fere o art. 195. Esta norma, ao determinar que, de forma direta ou indireta, a sociedade financiará a Seguridade, à evidência referiu-se a financiamento que retorne para a sociedade, de maneira que esta, ao contribuir, tenha alguma vantagem, direta ou indireta, mas nunca nenhuma contrapartida.[126]

E, concluindo: "(...) entendo que não é cabível a contribuição das empresas relativa a autônomos, que não compõem sua estrutura laboral. Tal contribuição não traz ao contribuinte vantagem direta ou indireta".[127]

Misabel Derzi expõe: "A contribuição da empresa, no Brasil e nos mais diversos países, que mantêm seguridade pública, destina-se a dividir o peso da exação com os próprios empregados. A Constituição Federal, em seu art. 195, I, é explícita ao relacionar a contribuição dos empregados à folha de salários. Autônomos e empresários-diretores não recebem salário, nem têm empregadores".[128] Ao tratar do custeio da Seguridade Social, declara que "a equidade é regra também imperativa na forma de participação do custeio (art. 194, V), assim como a necessária cobertura do benefício ou serviço criado, por fonte de custeio própria (art. 195, § 5º). Ora, aos autônomos e empresários-diretores (ainda que pessoas físicas) são recusados benefícios como salário-família, salário-maternidade e prestações por acidente de trabalho".[129]

Como já havia demonstrado anteriormente, não remanesce dúvida de que "é inconstitucional a contribuição para o INSS sobre os paga-

---

126. "Contribuições sociais", *Caderno de Pesquisas Tributárias* 17/17-18.
127. Idem, p. 18.
128. "Contribuições", *RDTributário* 48/147.
129. Idem, ibidem.

mentos a autônomos e administradores de empresas (não empregados), porque a incidência ocorre sobre a 'folha de salários' (art. 195, I, da CF/1988), concernente à exclusiva remuneração de empregados (art. 7º da CF/1988)".[130]

O *XVI Simpósio Nacional de Direito Tributário* também respondeu negativamente à contribuição da empresa relativa a autônomos, por entender não ser possível sua exigência, pois, sendo característica das contribuições certa referibilidade da atuação estatal à pessoa obrigada a suportar a exação, a ausência deste requisito desnatura a contribuição.[131]

Embora os Tribunais Regionais Federais tivessem se mostrado discrepantes, o Supremo Tribunal Federal dirimiu controvérsias, firmando a diretriz seguinte:

Interpretação – Carga construtiva – Extensão. Se é certo que toda interpretação traz em si carga construtiva, não menos correta exsurge a vinculação à ordem jurídico-constitucional. O fenômeno ocorre a partir das normas em vigor, variando de acordo com a formação profissional e humanística do intérprete. Descabe "inserir na regra de Direito o próprio juízo – por mais sensato que seja – sobre a finalidade que "conviria" fosse por ela perseguida" – Celso Antônio Bandeira de Mello, em parecer inédito. Sendo o Direito uma ciência, o meio justifica o fim, mas não este àquele.

Constituição – Alcance político – Sentido dos vocábulos – Interpretação. O conteúdo político de uma Constituição não é conducente ao desprezo do sentido vernacular das palavras, muito menos ao do técnico, considerados institutos consagrados pelo Direito. Toda ciência pressupõe os institutos, as expressões e os vocábulos que a revelam – conceito estabelecido com a passagem do tempo, quer por força de estudos acadêmicos quer, no caso do Direito, pela atuação dos pretórios.

Seguridade Social – Disciplina – Espécies – Constituições Federais – Distinção. Sob a égide das Constituições Federais de 1934, 1946 e 1967, bem como da Emenda Constitucional n. 1/1969, teve-se a previsão geral do tríplice custeio, ficando aberto campo propício a que, por norma ordinária, ocorresse a regência das contribuições. A Carta da República de 1988 inovou. Em preceitos exaustivos – incisos I, II e III do art. 195 – impôs contribuições, dispondo que a lei poderia criar novas fontes destinadas a garantir a manutenção ou expansão da Seguridade Social, obedecida a regra do art. 154, inciso I, nela inserta (§ 4º do art. 195, em comento).

---

130. José Eduardo Soares de Melo, "Contribuições", *VI Congresso Brasileiro de Direito Tributário*, p. 54.

131. *XVI Simpósio Nacional IOB de Direito Tributário*, p. 655.

ESPÉCIES DE CONTRIBUIÇÕES 201

Contribuição social – Tomador de serviços – Pagamentos a administradores e autônomos – Regência. A relação jurídica mantida com administradores e autônomos não resulta de contrato de trabalho e, portanto, de ajuste formalizado à luz da Consolidação das Leis do Trabalho. Daí a impossibilidade de se dizer que o tomador dos serviços qualifica-se como empregador e que a satisfação do que devido ocorra via folha de salários. Afastado o enquadramento do inciso I do art. 195 da CF ao inciso I do art. 154 nela insculpido, impõe a observância do veículo próprio – a lei complementar.

Inconstitucionalidade do inciso I do art. 3º da Lei n. 7.787/1989, no que abrangido o que pago a administradores e autônomos. Declaração de inconstitucionalidade limitada pela controvérsia dos autos, no que não envolvidos pagamentos a avulsos.

Acórdão – Vistos, relatados e discutidos estes autos: Acordam os Ministros do Supremo Tribunal Federal, em sessão plenária, na conformidade da ata de julgamento e das notas taquigráficas, por maioria de votos, em conhecer do recurso e lhe dar provimento, para declarar a inconstitucionalidade da expressão "autônomos e administradores", contida no inciso I do art. 3º da Lei n. 7.787, de 30.6.1989, reformar o acórdão proferido pela Corte de origem e conceder a segurança a fim de desobrigar os recorrentes do recolhimento da contribuição incidente sobre a remuneração paga aos administradores e trabalhadores autônomos, vencidos os Mins. Francisco Rezek, Ilmar Galvão e Carlos Velloso, que não conheciam do recurso e declaravam a constitucionalidade da mencionada expressão.

Brasília, 12 de maio de 1994 – *Octávio Gallotti*, presidente – *Marco Aurélio*, relator. (Pleno, RE 166.772-9-RS, rel. Min. Marco Aurélio, j. 12.5.1994)

O Senado Federal expediu a Resolução 14, de 19.4.1995, suspendendo a execução da expressão "avulsos, autônomos e administradores", contida no inciso I do art. 3º da Lei 7.787/1989.[132]

O Supremo Tribunal Federal também decretou a inconstitucionalidade das expressões "empresários" e "autônomos" dispostas no inciso I do art. 22 da Lei 8.212, de 25.7.1991.[133]

Posteriormente veio a ser editada a Lei Complementar 84, de 18.1.1996, regulamentada pelo Decreto 1.826, de 29.2.1996, que voltou

---

132. Declaração de inconstitucionalidade pelo STF no RE 177.296-4-210.
133. Pleno, ADI 1.102-2, rel. Min. Maurício Corrêa, j. 5.10.1995, *DJU* 16.10.1995, p. 34.570.

a dispor sobre a obrigação das empresas e pessoas jurídicas de recolher contribuição previdenciária, calculada sobre o total das remunerações ou retribuições por elas pagas ou creditadas, pelos serviços que lhes prestem sem vínculo empregatício (a) os segurados-empresários, (b) os trabalhadores autônomos e equiparados e (c) os avulsos.

A Emenda Constitucional 20/1998 ampliou a base de cálculo prevista no art. 195, I, da CF – "folha de salários" para "folha de salários *e demais rendimentos do trabalho pagos ou creditados, a qualquer título, à pessoa física que lhe preste serviço, mesmo sem vínculo empregatício*".

Por conseguinte, é natural conceber que todas as verbas (em espécie, ou o valor correspondente *in natura*, independentemente da espécie ou do efetivo pagamento e do tipo de trabalho) passam a integrar a base imponível da contribuição social, embora tenha sido perspicaz a observação seguinte:

(...) *indenizações* (v.g., *ajuda-alimentação*, habitualmente dada sob a forma de *tíquetes*, também chamados *vales-alimentação, vales-refeição* ou *vales-supermercado*) e *pagamentos feitos para custear cursos do trabalhador* não são juridicamente *salários*, nem a eles podem ser equiparados. Destarte, não integram – e nem podem integrar – a base de cálculo de tais *contribuições sociais*.[134]

O Superior Tribunal de Justiça vem decidindo que *integram o salário de contribuição* (a) o auxílio-creche, que tem natureza utilitária em benefício do empregado, em razão de configurar ganhos habituais;[135] (b) o vale-transporte.[136] Mas *não integram o salário de contribuição* (c) o valor liberal da distribuição de singelo "lanche", que não se incorpora ao salário profissional do empregado;[137] (d) o pagamento *in natura* do auxílio-alimentação, isto é, quando a própria alimentação é fornecida pela empresa;[138] (e) o ressarcimento de valores correspondentes a despesas realizadas com o transporte e uso de veículo próprio do empregado,

---

134. Roque Carrazza, *Curso de Direito Constitucional Tributário*, 26ª ed., p. 629, nota de rodapé 155 e 31ª ed., p. 718, nota de rodapé 159, com alterações.

135. 1ª T., REsp 279.081-RS, rel. Min. José Delgado, j. 15.2.2001, *DJU*-1-E 9.4.2001, p. 335.

136. 1ª T., REsp 186.546-PR, rel. Min. Mílton Luiz Pereira, j. 12.6.2001, *DJU*-1 11.3.2002, p. 176.

137. REsp 186.546.

138. 1ª T., REsp 320.185-RS, rel. Min. José Delgado, j. 12.6.2001, *DJU*-1-E 3.9.2001, p. 157.

por possuir natureza indenizatória;[139] e (f) a verba de representação paga aos gerentes pelas funções de representação perante clientes.[140]

A Lei Complementar 84/1996 foi revogada pela Lei federal 9.876, de 26.11.1999.

5.1.2.3 Trabalhadores

Caracterizado como tradicional contribuinte do sistema previdenciário, o trabalhador é compreendido como

> todo aquele que presta serviços, seja a empregador, seja a pessoa com a qual não mantém vínculo empregatício. Por isto mesmo, o trabalhador autônomo e o avulso são contribuintes da Previdência Social. Em relação a ele a Constituição não definiu o suporte para a exigência da contribuição, mas é razoável entender-se que está a incidir sobre a remuneração percebida em razão de seu trabalho. Não pode a contribuição cobrada do trabalhador ter base em qualquer outra coisa que não seja essa remuneração, posto que é ela que o qualifica como trabalhador.[141]

É imprescindível o exercício de uma atividade laboral para caracterizar-se como trabalhador e auferir os respectivos direitos previdenciários, razão pela qual não pode ser exigida contribuição social de meros sócios capitalistas, que não exerçam qualquer tipo de atividade em suas empresas, só auferindo os resultados operacionais.

Há que se apurar, outrossim, a específica natureza da exação previdenciária para poder aplicar os princípios que lhe sejam pertinentes.

Roque Carrazza esclarece:

> Já, para o empregado (ou para o empregador, enquanto paga sua própria *contribuição previdenciária*), a contribuição social é uma *taxa de serviço*, exigível porque lhe são postos à disposição (vale dizer, lhe são direta e imediatamente referidos) ou, em alguns casos, porque são postos à disposição de seus familiares os serviços e previdenciários (incontendivelmente, serviços públicos) para os casos de doença, velhice, invalidez e morte, seguro-desemprego, seguro contra acidentes do trabalho e proteção da maternidade.[142]

---

139. 1ª T., REsp 417.903-RS, rel. Min. Garcia Vieira, j. 27.8.2002, *DJU*-1 18.11.2002, p. 163.

140. 2ª T., REsp 371.409-RS, rela. Min. Eliana Calmon, j. 1.10.2002, *DJU*-1 28.10.2002, p. 283.

141. Hugo de Brito Machado, "Contribuições sociais", *Caderno de Pesquisas Tributárias* 17/104.

142. *Curso....*, 31ª ed., p. 723.

Há muito tempo Marco Aurélio Greco já havia feito estudo específico a respeito da "natureza de taxa da contribuição do empregado", por entender que "sua hipótese de incidência consiste numa atuação estatal (desempenho de atividade previdenciária) direta e imediatamente referida ao obrigado (quem possa gozar dos benefícios é o empregado e quem contribui é ele próprio), mesmo que só potencialmente".[143]

Analisando a legislação regradora da matéria, mostra ser

patente que inúmeros são os benefícios assegurados pela Previdência Social, caracterizando-se nítidas prestações por parte do Estado; ditos benefícios serão gozados atual ou potencialmente pelos segurados ou seus dependentes; o dinheiro necessário ao custeio das despesas oriundas dos benefícios é obtido mediante contribuição das próprias pessoas vinculadas aos benefícios; e deve haver certa proporcionalidade entre a atuação estatal e o montante devido.[144]

Creio que as notas características e peculiares da exação permitem tipificar as contribuições previdenciárias dos trabalhadores como taxas, considerando-se que não é necessária a utilização "efetiva" dos serviços públicos, desde que eles se apresentem potencialmente (regra contida no inciso II do art. 145 da CF).

A controvérsia é deslindada pela lição de Luciano da Silva Amaro no sentido de que: "(...) se o sistema jurídico autorizar a cobrança da taxa pela simples existência de um serviço, mesmo na hipótese de sua não utilização efetiva, o tributo (seja taxa, seja imposto) será legítimo (...)". E: "(...) tratando-se de tributo ligado a uma efetiva atuação do Estado que se aparelhou para a prestação de um serviço público divisível, cujo fato gerador seja exatamente a disponibilidade do serviço (independentemente de sua efetiva fruição), a exação cobrada merece ser diferenciada dos impostos, e pode, sem violar a discutida 'contraprestacionalidade' da taxa, receber esta denominação".[145]

Por tais fundamentos, considerada a contribuição social dos trabalhadores como taxa, deve ser atendido o princípio da retribuição, procurando-se adequá-la a uma certa proporcionalidade, pela dificuldade de a remuneração corresponder exatamente à prestação dos serviços, mormente no caso de serem apenas colocados à disposição dos beneficiários.

143. "A chamada 'contribuição previdenciária'", *RDP* 19/390.
144. Idem, p. 391.
145. "Conceito e classificação de tributos", *RDTributário* 55/253.

Situação curiosa ocorre no caso de a contribuição revelar-se exagerada e onerar vultuosamente o patrimônio do trabalhador, violando sua capacidade contributiva. Como aponta Sacha Calmon,

a contribuição social dos empregados para o sistema de Seguridade incidente sobre os salários percebidos é escalonada através de alíquotas progressivas em razão da quantidade de salários mínimos que o contribuinte recebe. Quem mais recebe mais paga, não apenas proporcionalmente senão que progressivamente. É a capacidade contributiva que o legislador cuidou ao legislar.[146]

Penso que a instituição de contribuições em valores desmesurados pode representar "confisco" (vedado expressamente pelo inciso IV do art. 150 da CF), que, entretanto, não as traveste de taxa para imposto, em face da existência dos serviços públicos específicos e divisíveis.

A Emenda Constitucional 20/1998 dispõe que, além do trabalhador, também são contribuintes "os demais segurados da Previdência Social". A legislação previdenciária (Instrução Normativa RFB-971, de 13.11.2009, do Secretário da Receita Federal do Brasil) enquadra como *segurado obrigatório* a pessoa física que exerce atividade remunerada abrangida pelo Regime Geral da Previdência Social (RGPS), na qualidade de (I) empregado; (II) trabalhador avulso; (III) empregado doméstico; (IV) contribuinte individual; e (V) segurado especial (produtor, pescador artesanal e seus assemelhados).

Como *segurado facultativo*, a pessoa física maior de 16 anos que, por ato volitivo, se inscreva como contribuinte da Previdência Social, desde que não exerça atividade remunerada que implique filiação obrigatória a qualquer regime de Previdência Social no País, inclusive (I) o trabalhador afastado temporariamente de suas atividades, desde que não receba remuneração no período de afastamento e não exerça outra atividade que o vincule ao regime previdenciário, e (II) o bolsista e o estagiário que cumpre requisitos legais.

A contribuição do segurado empregado, doméstico e trabalhador avulso é (regra geral) calculada mediante a aplicação das alíquotas de 8%, 9% ou 11% sobre seu salário de contribuição, de acordo com a faixa salarial constante de tabela oficial.

A alíquota de contribuição do segurado contribuinte individual é de 20% ou de 11%, aplicados sobre seu respectivo salário de contribuição, observados determinados limites.

146. *Comentários...*, 3ª ed., p. 38.

A contribuição do produtor rural, pessoa física e pessoa jurídica, incide sobre: a) a receita bruta proveniente da comercialização da sua produção e dos subprodutos e resíduos; b) o valor do arremate da produção rural; c) o preço de mercado da produção rural dada em pagamento, permuta, ressarcimento ou em compensação, atendidas determinadas características.

Observo que para o cálculo das contribuições devem ser atendidas as inúmeras regras contidas na legislação previdenciária.

5.1.2.4 Receita de concurso de prognósticos

Constitui receita da Seguridade Social a renda líquida dos concursos de prognósticos (art. 195, III, da CF), excetuando-se os valores destinados ao Programa de Crédito Educativo (art. 212 do Regulamento da Previdência).

Considera-se concurso de prognósticos todo e qualquer concurso de sorteio de números ou quaisquer outros símbolos, loterias e apostas de qualquer natureza, no âmbito federal, estadual, distrital ou municipal, promovidos por órgãos do Poder Público ou por sociedades comerciais ou civis.

Enquadram-se nessa categoria a Loteria Esportiva Federal, entidades turfísticas, jogos de bingo, Loto X – Loteca e Loto XI – Lotogol, Loto III – Quina, Loto V – Mega-Sena, Loto VIII – Lotomania, Loto IX – Dupla Sena e Loto XII – Lotofácil.

Esta contribuição constitui-se, basicamente, de: (a) renda líquida dos concursos de prognósticos realizados pelos órgãos do Poder Público destinada à Seguridade Social de sua esfera de governo; (b) 5% sobre o movimento global de apostas em prado de corridas; (c) 5% sobre o movimento global de sorteio de números ou de quaisquer modalidades de símbolos.

Para a apuração do valor devido, entende-se como: (a) *renda líquida* – o total da arrecadação, deduzidos os valores destinados ao pagamento de prêmios, de impostos e de despesas com administração; (b) *movimento global das apostas* – o total das importâncias relativas às várias modalidades de jogos, inclusive o de acumulada, apregoadas para o público no prado de corrida, subsede ou outra dependência da entidade; (c) *movimento global de sorteio de números* – o total da receita bruta apurada com a venda de cartelas, cartões ou quaisquer outras modalidades, para sorteio realizado em qualquer condição.

Sujeito passivo é o administrador dos concursos de prognósticos, não podendo ser o concorrente (apostador), que disponibiliza tal receita ao administrador. Assim, o adicional de 4,5% sobre cada bilhete de concursos revela-se ilegítimo.[147]

A Medida Provisória 249, de 4.5.2005, dispôs sobre a instituição de concurso de prognóstico destinado ao desenvolvimento da prática desportiva, a participação de entidades desportivas da modalidade *futebol* nesse concurso, a ser autorizado pelo Ministério da Fazenda e executado pela Caixa Econômica Federal. Fora revogada pela Lei federal 11.186/2005.

5.2 COFINS

5.2.1 Faturamento. Conceito

O art. 195, I, da CF institui como uma das modalidades de contribuições sociais o "faturamento" dos empregadores.

O vocábulo em tela, por si só, não pode jamais ser representativo de materialidade de tributo, por ser, simplesmente, um elemento corpóreo (o papel "fatura"), ou significar conceitualmente a somatória de cobranças pelo empregador. É indispensável recorrer-se aos léxicos e à doutrina para se compreender esse fenômeno em toda sua extensão e seu enquadramento jurídico, notadamente sua projeção tributária.

Os dicionaristas exprimem-se da forma seguinte.

> Fatura é, em direito mercantil, o documento relativo à venda de mercadorias vendidas, discriminando-as por quantidade, qualidade, espécie, tipo e outras características, o preço das mesmas e as condições de entrega e pagamento. A emissão de fatura nas vendas é obrigatória, nos termos da Lei 5.474, de 18.6.1968, mas é facultativa a emissão de duplicata.[148]
>
> Fatura, na técnica jurídico-comercial, é especialmente empregada para indicar a relação de mercadorias ou artigos vendidos, com os respectivos preços de venda, quantidade e demonstrações acerca de sua qualidade e espécie, extraída pelo vendedor e remetida por ele ao comprador.
>
> É o documento representativo da venda já consumada ou concluída, mostrando-se o meio pelo qual o vendedor vai exigir do comprador

---

147. Andrei Pitten Velloso, "Contribuições sobre a receita de concursos de prognósticos", *RDDT* 114/22.
148. *Enciclopédia Saraiva de Direito*, vol. 36, pp. 375-376.

o pagamento correspondente, se já não foi paga, e leva o correspondente recibo de quitação.

Faturar é o ato de proceder à extração ou formação de fatura, a que se diz propriamente faturamento.[149]

Tradicional doutrina já havia conceituado "fatura" como a escrita unilateral do vendedor que acompanha as mercadorias, objeto do contrato, ao serem entregues ou expedidas. Ela tem como objetivo o contrato de compra e venda de mercadorias ou de prestação de serviços, espelhando seu preço.

Geraldo Ataliba e Cléber Giardino assinalaram que "a praxe consagrou a expressão 'faturamento' para indicar a soma de diversas faturas, por critério do cliente, ou prazo, ou tipo de mercadorias vendidas etc. Assim, é comum dizer-se: 'O nosso faturamento para o cliente X é de 1.000 por mês'; 'Tal firma faturou muito, no ano passado' etc.".[150]

Segundo alegam os referidos autores, "o termo 'faturamento' é empregado – por outro lado – para identificar não apenas o ato de faturar mas, sobretudo, o somatório do produto de vendas ou de atividades concluídas num dado período (ano, mês, dia). Representa, assim, o vulto das receitas decorrentes da atividade econômica geral da empresa". E prosseguem: "(...) esse fato consistente em emitir 'faturas' não tem, em si mesmo, nenhuma relevância econômica. É a mera decorrência de outro acontecimento – este, sim, economicamente importante –, correspondente à realização de 'operações' ou atividades da qual esse faturamento decorre".[151]

As "operações" constituem a pedra de toque, o elemento cardeal, para estabelecer o real significado de "faturamento", porque a incidência tributária não recai sobre o documento (fatura) ou mero resultado quantitativo (faturamento), mas consubstancia e decorre de realização de negócios.

Não é pelo fato de a Constituição mencionar esse vocábulo para alguns parcos impostos que ele não possa ser implicitamente considerado para as demais espécies tributárias. Com efeito, a Constituição Federal somente se refere a Impostos sobre "Operações" de Crédito, Câmbio e Seguro, ou Relativas a Títulos e Valores Mobiliários (art. 153, V); e sobre "Operações" Relativas à Circulação de Mercadorias (art. 155, II).

149. De Plácido e Silva, *Vocabulário Jurídico*, vol. II, pp. 681-682.
150. "PIS. Exclusão do ICM de sua base de cálculo", *RDTributário* 35/152.
151. Idem, p. 153.

O rótulo "operações" configura o verdadeiro sentido do fato juridicizado, a prática de operação jurídica, como a transmissão de um direito (posse ou propriedade).

Geraldo Ataliba e Cléber Giardino analisaram o significado de "operações", que, "embora possam ser compreendidas num sentido econômico, num sentido físico, ou num sentido jurídico, para o intérprete do Direito só interessa o sentido jurídico".[152]

Mostram os autores que

para haver faturamento é indispensável que se tenha realizado operações mercantis, ou vendido produtos, ou realizado operações similares. Sobre tais operações é que, no caso, recairá a incidência. Estas, teoricamente, as materialidades das hipóteses de incidência cuja quantificação pode expressar-se no faturamento.[153]

Alinham, ainda, que

o faturamento jamais poderá ser materialidade da hipótese de incidência de qualquer tributo pela simples razão de que, nesse conceito, "faturamento" é uma espécie de valor, ou seja, é critério de cálculo, índice de mensuração de uma determinada situação economicamente avaliável. Não indica, necessariamente, determinada materialidade da hipótese de incidência, mas apenas a sua medida, ou seja, a sua base de cálculo.[154]

Obviamente, não é esse o momento de se analisar, detalhadamente, o conceito e a extensão de "operações" nos quadrantes do ICMS e do IOC/IOF etc. Importa ter em conta que os tributos compreendem negócios jurídicos, relações entre pessoas (naturais ou jurídicas), implicadoras de um dar ou um fazer.

A própria partilha das competências e os específicos tipos tributários plasmados na Constituição Federal concernem às materialidades representativas de atos, fatos, situações inerentes a negócios comerciais, civis etc. Aliás, seria muito estranho exigir-se essa contribuição social somente dos contribuintes que emitissem tal documento ("fatura"), porque o empregador que realizasse vendas à vista, mediante simples

---

152. "Núcleo da definição constitucional de ICM. Operações, circulação e saída", *RDTributário* 25-26/104.
153. "PIS....", *RDTributário* 35/156.
154. Idem, p. 154.

recibos, notas fiscais (ou até mesmo sem emissão de documento), estaria desonerado da carga tributária – o que se traduziria em patente absurdo, sem qualquer propósito jurídico.

O faturamento constitui elemento pertinente ao registro documental e à quantificação do negócio jurídico, a própria base de cálculo da contribuição, decorrente de operações com determinados tipos de bens materiais ("mercadorias" e "produtos") e prestação de serviços. A base de cálculo constitui o aspecto fundamental da estrutura de qualquer tipo tributário, por conter a dimensão da obrigação pecuniária, tendo a virtude de quantificar o objeto da imposição fiscal, com seu elemento nuclear, o verdadeiro cerne da hipótese normativa.

A base nada mais é que a compostura numérica, ou, melhor esclarecendo, uma fatia da própria materialidade (prestar serviço, praticar importação, realizar operações relativas à circulação de mercadorias, industrializar produtos).

Extrai-se a base de cálculo da situação, do ato, fato, imanentes à matéria de tributação, onde subjaz o conteúdo econômico. "Considerando que toda a materialidade traz ínsita ou contém um substrato valorativo, há que se prender o legislador a este aspecto para traduzir monetariamente a obrigação tributária" – como já exposto em trabalho anterior que empreendi sobre a matéria.[155]

Os demais critérios normativos são também assaz importantes na fixação dos componentes da relação jurídica, como as figuras do credor e devedor, as coordenadas de tempo e de espaço e, obviamente, as materialidades. No entanto, a grandeza contida no tributo, transformada em expressão numérica, só é factível pelo conhecimento preciso da base imponível, caracterizadora do *quantum* devido pelo contribuinte.

Geraldo Ataliba define como "uma perspectiva dimensível do aspecto material da h.i. que a lei qualifica, com a finalidade de fixar critério para a determinação, em cada obrigação tributária concreta, do *quantum debeatur*".[156] E, de modo mais incisivo: "(...) a importância da base imponível é nuclear, já que a obrigação tributária tem por objeto sempre o pagamento de uma soma de dinheiro, que somente pode ser fixada em referência a uma grandeza prevista em lei e ínsita no fato imponível, ou dela decorrente ou com ela relacionada".[157]

---

155. José Eduardo Soares de Melo, "Base de cálculo", *Caderno de Pesquisas Tributárias* 17/186.
156. *Hipótese...*, 6ª ed., 16ª tir., p. 108.
157. Idem, p. 113.

Aires Barreto, a seu turno, registra que "é o padrão, critério ou referência para medir um fato tributário", sendo "a definição legal da unidade constitutiva do padrão de referência a ser observado".[158]

É questionável a inclusão no âmbito de incidência das contribuições sobre o faturamento de negócios de índole financeira e imobiliária, devido à circunstância de não implicarem efetivo faturamento.

Especificamente, Ives Gandra da Silva Martins: "As receitas financeiras próprias do Banco não exteriorizam faturamento contra ninguém e as receitas financeiras decorrentes da circulação de dinheiro de terceiros não são cobradas mediante faturamento, de resto impossível nas operações bancárias".[159]

Ainda, Ives Gandra da Silva Martins comenta que a legislação utiliza as expressões "faturamento" e "receita bruta" como se fossem conceitos assemelhados, com o que, em linguagem mal elaborada e sem cuidado, "teria pretendido tornar equipolentes os dois conceitos. Ora, se a própria legislação ordinária e decisões pretorianas, a partir desta 'confusão conceitual' veiculada pela lei, tornam equivalentes os dois institutos, doutrinariamente distintos, à nitidez, que se inconstitucional não fosse a exigência que o é (...)".[160]

Misabel Derzi declara que:

(...). O faturamento real de uma empresa não pode incluir receitas financeiras e impostos incidentes sobre vendas que são meros repasses. Deve espelhar o preço real da coisa trocada ou do serviço prestado, e não perda de capital.

No conceito de receita bruta incluem-se elementos estranhos à ideia de faturamento real (...).[161]

E elucida Ives Gandra da Silva Martins:

Como o faturamento indica base de cálculo admitida pelo constituinte sobre a circulação de bens e serviços, não pode ter seu conceito alargado além dos limites impostos pela Lei Maior, a rigor, o que se deve entender é que o conceito de "receita bruta" é que ficou reduzido ao de "faturamento", para se manter nos parâmetros determinados pela Carta Maior.[162]

158. *Base de Cálculo,...*, p. 39.
159. *O FINSOCIAL na Lei de Custeio da Previdência*, p. 85.
160. Idem, p. 82.
161. "Contribuição para o FINSOCIAL", *RDTributário* 55/222.
162. *O FINSOCIAL...*, p. 89.

Por outro lado, o fato de a incidência de uma contribuição sobre o faturamento das empresas "ter a mesma característica de um imposto sobre a circulação de bens ou serviços, assemelhando-se ao IPI, IVV, ICMS e ISS",[163] não é significativo para descaracterizá-la como "impostos com destinação específica" (como explanado em tópico anterior).

Representa, objetivamente, que o legislador deve ter cautela no resguardo do princípio da capacidade contributiva, que inspira, permeia e fundamenta as normas com natureza de imposto.

Argutamente, Geraldo Ataliba e Aires Barreto entenderam que "o faturamento, em si mesmo, isoladamente considerado, não é critério confiável para fins tributários"; uma vez que "uma entidade pode converter em receita 100% do seu *faturamento* (exemplo: escritório de consultoria econômica) e outra pode só realizar como receita 0,5% do *faturamento* (exemplo: posto de gasolina) (...)".[164]

Ponderaram que "nenhum dos três fatores (folha de salários, faturamento, lucro), isoladamente considerado, mede (mensura) de forma equânime essa especial vantagem; só sua conjugação é apta para tanto".[165]

5.2.1.1 Lei Complementar 70/1991

No âmbito das contribuições destinadas à Seguridade Social incidentes sobre o "faturamento" questionou-se a juridicidade da Lei Complementar 70, de 30.12.1991, que estabelecera o seguinte:

> Art. 1º. Sem prejuízo da cobrança das contribuições para o Programa de Integração Social (PIS) e para o Programa de Formação do Patrimônio do Servidor Público (PASEP), fica instituída contribuição social para financiamento da Seguridade Social, nos termos do inciso I do art. 195 da Constituição Federal, devida pelas pessoas jurídicas inclusive as a elas equiparadas pela legislação do Imposto de Renda, destinadas exclusivamente às despesas com atividades-fins das áreas de Saúde, Previdência e Assistência Social.
>
> Art. 2º. A contribuição de que trata o artigo anterior será de 2% (dois por cento) e incidirá sobre o faturamento mensal, assim considera-

---

163. Ives Gandra Martins, "Contribuições sociais", *Caderno de Pesquisas Tributárias* 17/9.

164. "Única contribuição social do empregador (art. 195, I, da CF de 1988) – Proposta para pacificar a problemática do financiamento à Seguridade Social", *RDTributário* 77/65.

165. Idem, p. 68.

do a receita bruta das vendas de mercadorias, de mercadorias e serviços e de serviço de qualquer natureza. (...).

Art. 10. O produto da arrecadação da contribuição social sobre o faturamento, instituída por esta Lei Complementar, observado o disposto na segunda parte do art. 33 da Lei n. 8.212, de 24 de julho de 1991, integrará o Orçamento da Seguridade Social.

As regras estruturadoras da COFINS observaram identidade com as normas do PIS/PASEP, em razão do que o Supremo Tribunal Federal[166] teve oportunidade de analisar diversos aspectos jurídicos, que foram solucionados da forma seguinte: (a) bitributação com o PIS, por incidir sobre a mesma base de cálculo (faturamento). Inaplicável a vedação do inciso I do art. 154, pelo fato de a COFINS não ser imposto novo, tendo ambos sede constitucional (arts. 195, I, e 239); (b) cumulatividade com outros impostos. A eventual cumulatividade não tem obstáculo constitucional, eis que sua origem e fonte de validade situam-se no art. 195, I, e não no art. 195, § 4º; (c) arrecadação pela Receita Federal. Trata-se de medida objetivando racionalizar o controle da exação, não alterando sua natureza e destinação dos respectivos valores; (d) imposto inominado, de competência residual da União. Caracteriza a espécie "contribuição social", transmudada de imposto, segundo o novo ordenamento constitucional, afetada a finalidade específica.

E conclui na forma espelhada na seguinte ementa:

Ação declaratória de constitucionalidade – Arts. 1º, 2º, 9º (em parte), 10 e 13 (em parte) da Lei Complementar n. 70, de 30.12.1991 – COFINS.

Improcedência das alegações de inconstitucionalidade da contribuição social instituída pela Lei Complementar n. 70/1991 (COFINS).

Ação de que se conhece em parte, e nela se julga procedente, para declarar-se, com os efeitos previstos no § 2º do art. 102 da CF, na redação da Emenda Constitucional n. 3, de 1993, a constitucionalidade dos arts. 1º, 2º e 10, bem como das expressões "A contribuição social sobre o faturamento de que trata esta Lei não extingue as atuais fontes de custeio da Seguridade Social", contidas no art. 9º, e das expressões "Esta Lei Complementar entra em vigor na data de sua publicação, produzindo efeitos a partir do primeiro dia do mês seguinte aos 90 (noventa) dias posteriores àquela publicação (...)", constantes do art. 13, todos da Lei Complementar n. 70, de 30.12.1991.

166. ADC 1-1-DF.

Brasília, 1º de dezembro de 1993 – *Octávio Gallotti*, presidente – *Moreira Alves*, relator. (*DJU* 16.6.1995, p. 18.213; *RDDT* 1/79)

5.2.2 Receita

5.2.2.1 Nova estrutura normativa

A sistemática de incidência da COFINS sofreu substancial modificação ao final de 1998, por intermédio de diversificados diplomas jurídicos, cabendo examinar os pontos de manifesta controvérsia jurídica.

A Medida Provisória 1.724, de 29.10.1998, convertida na Lei 9.718, de 27.11.1998, dentre os aspectos de maior relevância, estabeleceu o seguinte: (a) o faturamento como base de cálculo (art. 2º), correspondendo à receita bruta da pessoa jurídica, compreendida como a totalidade das receitas auferidas, sendo irrelevantes o tipo de atividade por ela exercida e a classificação contábil adotada para as receitas (art. 3º e § 1º), observadas específicas exclusões (art. 3º, §§ 1º-5º); (b) a alíquota (de 2%) fica elevada para 3%, podendo a pessoa jurídica compensar, com o Imposto de Renda devido em cada período de apuração trimestral ou anual, inclusive o adicional, até um terço da contribuição efetivamente paga (art. 8º e § 1º); (c) a compensação em causa somente é admitida em relação à contribuição correspondente a mês compreendido no período de apuração do Imposto de Renda a ser compensado (limitada ao valor deste); não poderá ser efetuada no caso de base de cálculo estimada; entendendo-se por devido o Imposto de Renda após computado o valor dos incentivos fiscais de redução e isenção do imposto, quando couber; sendo que a parcela compensada não será dedutível para fins de determinação do lucro real e da base de cálculo da Contribuição Social sobre o Lucro Líquido – CSLL (§§ 2º, 3º e 4º).

A Lei federal 9.718, de 27.11.1998, também dispôs sobre a contribuição à COFINS, reiterando dispositivos da referida medida provisória sobre a base de cálculo (faturamento/totalidade da receita auferida) e a elevação da alíquota para 3%.

Entretanto, alterou preceito da medida provisória relativamente à modalidade da compensação decorrente do aumento da alíquota (art. 8º), na forma seguinte: (a) a pessoa jurídica poderá compensar, com a CSLL – devida em cada período de apuração trimestral ou anual –, até um terço da COFINS efetivamente paga, correspondente a mês compreendido no período de apuração da CSLL a ser compensada, limitada ao valor desta. No caso de pessoas tributadas pelo regime de lucro real anual a compensação poderá ser efetuada com a CSLL, determinada na forma dos arts. 28 a 30 da Lei 9.430, de 27.12.1996 (§ 2º, I e II); (b) da aplicação do disposto neste artigo não decorrerá, em hipótese alguma, saldo de COFINS ou CSLL a restituir, ou a compensar, com o devido em períodos de apuração subsequentes; (c) a parcela da COFINS compensada na forma deste artigo não será dedutível para fins de determinação do lucro real; (d) estas normas produzirão efeitos para os fatos geradores ocorridos a partir de 1.2.1999.

A *Emenda Constitucional 47, de 5.7.2005*, modificou preceito do art. 195 da CF de 1988 que dispunha sobre as contribuições relativas à Seguridade Social, na forma seguinte:

> Art. 195. (...). § 9º. As contribuições sociais previstas no inciso I do *caput* deste artigo poderão ter alíquotas ou bases de cálculo diferenciadas, em razão da atividade econômica, da utilização intensiva de mão de obra, do porte da empresa ou da condição estrutural do mercado de trabalho.

A juridicidade dos diplomas jurídicos mencionados encontra-se comprometida, em razão da existência de vícios formais.

5.2.2.2 Vícios da Lei federal 9.718/1998

Em realidade, *a lei não decorreu da conversão integral da Medida Provisória 1.724/1998*, uma vez que foram procedidas diversas alterações em sua substância, sendo resultado das Emendas Modificativas 3 e 4, por parte do Relator da Comissão Especial encarregada de apreciar a constitucionalidade e seu mérito.

A simples leitura dos textos demonstra a diversidade de conteúdos, sendo que uma das modificações básicas consistiu na compensação de um terço da COFINS com a CSLL, ao invés do IRPJ (Imposto de Renda da Pessoa Jurídica), como constava originariamente na medida provisória.

Esta alteração é substancial, pela circunstância de que a compensação só restará viabilizada se o contribuinte obtiver lucro três vezes superior ao que seria necessário para possibilitar a dedução com relação ao IRPJ.

Não há dúvida de que a mencionada lei tem natureza ordinária (art. 61), sendo autônoma da medida provisória (art. 62), o que implicaria a observância do trâmite previsto no art. 61, tornando obrigatória a aprovação pelo Senado e pela Câmara dos Deputados, com a posterior sanção presidencial, na forma seguinte:

Art. 65. O projeto de lei aprovado por uma Casa será revisto pela outra, em um só turno de discussão e votação, e enviado à sanção ou promulgação, se a Casa revisora o aprovar, ou arquivado, se o rejeitar.

Parágrafo único. Sendo o projeto emendado, voltará à Casa iniciadora.

A Constituição Federal confere à Câmara e ao Senado igualdade de posicionamento no tocante às suas resoluções, embora o número de integrantes de cada uma daquelas Casas Legislativas seja substancialmente diferente. É evidente que se não conferir idêntica força jurídica àqueles órgãos, mas levar em consideração a totalidade de seus membros, o Senado não restará provido de qualquer significado, uma vez que é integrado por número bem menor de representantes.

Esclareça-se o seguinte: o processo legislativo normal – edição de lei – apresenta um procedimento mais exigente do que o previsto para a aprovação de medida provisória. Para que seja expedida a lei é necessário que tanto o Senado como a Câmara, isoladamente, procedam à sua aprovação; enquanto que para a conversão da medida provisória em lei basta apenas a aprovação do Congresso Nacional (reunião conjunta Senado/Câmara).

Ora, quando o Congresso aprova a medida provisória ocorre um expediente mais célere, em razão do que a introdução de novas normas à medida provisória por parte do Congresso evidencia uma burla à formação da lei, ao desconsiderar-se a participação isolada do Senado e da Câmara.

Além disso, é questionável a legitimidade do veículo normativo (lei ordinária), ao invés de "lei complementar", tendo em vista que o art. 195 da CF estabelecera o seguinte: "§ 4º. A lei poderá instituir outras fontes destinadas a garantir a manutenção ou expansão da Seguridade Social, obedecido o disposto no art. 154, I".

O referido inciso I do art. 154 estabelecera o seguinte:

A União poderá instituir, mediante lei complementar, impostos não previstos no artigo anterior, desde que sejam não cumulativos e não tenham fato gerador ou base de cálculo próprios dos discriminados nesta Constituição.

Considerando que a lei em causa utilizou a "totalidade da receita" como base de cálculo – ao invés de "faturamento" (na forma até então prevista no art. 195, I, da CF de 1988), ou mesmo "receita bruta" (total de vendas e serviços) –, acabou estabelecendo uma nova contribuição, com novo enquadramento constitucional (art. 195, § 4º).

Esse total descompasso com o texto constitucional caracteriza uma nova figura jurídica tributária, que demandaria a edição de lei complementar, como já constara de diretriz firmada pelo Supremo Tribunal Federal em situação análoga (contribuições incidentes sobre a remuneração dos autônomos e administradores – Lei 7.787/1989, art. 3º, I), decidindo pela necessidade de lei complementar.[167] Tanto isto está correto, que veio a ser editada a Lei Complementar 84, de 18.1.1996.

A doutrina pontifica:

(...): a) as normas da lei ordinária que ampliam a base de cálculo da COFINS (e de outras contribuições de Seguridade Social sobre o faturamento), para fazê-la alcançar receitas outras, além do faturamento, são flagrantemente conflitantes com o art. 195, I, da CF, na redação anterior à Emenda Constitucional 20. Relativamente ao período anterior a esta, portanto, tais acréscimos são indevidos; (...);

e) até que seja editada lei complementar, regulando o disposto no art. 195, I, da Constituição com a redação que lhe deu a Emenda Constitucional 20/1998, a COFINS somente incidirá sobre o faturamento.[168]

Não se trata da situação genérica – instituição da COFINS – que fora instituída por lei materialmente ordinária (ADI 1-1-DF).

5.2.2.3 A Emenda Constitucional 20/1998 caracteriza a inconstitucionalidade da Lei 9.718/1998

O constituinte havia previsto (art. 195, I, redação original) as contribuições sociais dos empregadores, incidentes sobre o faturamento, tendo a Emenda 20, de 15.12.1998, ampliado esse quadro normativo, para abranger novas figuras de contribuintes (a *empresa* e a *entidade a ela equiparada* na forma da lei), base de cálculo (*receita*) e permitir a fixação de distintas bases de cálculo e alíquotas (*atividade econômica diferenciada* e *mão de obra intensiva*).

Estas alterações evidenciam que desde a promulgação da Constituição Federal de 1988 até o início de vigência da Emenda Constitucional

---

167. RE 166.772-9, rel. Min. Marco Aurélio.
168. Hugo de Brito Machado, "COFINS. Ampliação da base de cálculo e compensação do aumento de alíquota", in *Contribuições Sociais – Problemas Jurídicos*, pp. 112-113.

20/1998 não havia embasamento constitucional para possibilitar a exigência da COFINS de quaisquer empresários e entidades; bem como ser calculada sobre receitas de qualquer natureza (distintas da exclusiva receita de operações mercantis e prestação de serviços) e estabelecer excepcional tratamento ao princípio da isonomia.

Oportuna a lição de que "após a Emenda 20 há competência tributária nova, eis que faturamento e receita são categorias distintas, sob pena de se ter promulgado uma emenda constitucional sem qualquer utilidade funcional ou eficácia inovadora no ordenamento jurídico".[169]

A nova regra constitucional tem a virtude de positivar a nulidade e a total ilegitimidade de qualquer preceito que tenha disposto em sentido conflitante com seus termos. *Inexiste constitucionalização de dispositivos incompatíveis com o ordenamento jurídico, que também ofenderiam o princípio da irretroatividade.* A norma inconstitucional (no caso, a Lei 9.718/1998) não se torna constitucional pela circunstância de a Emenda Constitucional 20/1998 – editada posteriormente, 15.12.1998 – haver introduzido preceitos que nela (lei federal) já se continham. Não há qualquer condição jurídica para ser convalidada pela mudança introduzida no ordenamento (pela Emenda), sendo desnecessário prévio pronunciamento do Judiciário.

A lição doutrinária é precisa.

Deve haver compatibilidade de um dispositivo legal com a norma constitucional. Havendo contradição entre qualquer norma preexistente e preceito constitucional, esta deve, dentro do sistema, ser aferida com rigor, pois é indubitável o efeito ab-rogativo da Constituição Federal sobre todas as normas e atos normativos que com ela conflitarem. As normas conflitantes ficam imediatamente revogadas na data da promulgação da nova Carta.[170]

Quando se cria novo ordenamento jurídico-político fundamental (nova Constituição), a ordem jurídica preexistente, no que não conflite, materialmente, com aquele, permanece vigorando, é aceita pela nova ordem constitucional, qualquer que tenha sido o processo de sua elaboração (desde que conforme ao previsto na época dessa elaboração), pois, não o sendo, a invalidade teria atingido a legislação já desde o seu nascimento.[171]

---

169. Ricardo Mariz de Oliveira, "Conceito de receita como hipótese de incidência das contribuições para a Seguridade Social, para efeitos da COFINS e da contribuição ao PIS", *Repertório IOB de Jurisprudência* 1/43.
170. Maria Helena Diniz, *Norma Constitucional e seus Efeitos*, 2ª ed., p. 42.
171. Luciano da Silva Amaro, *Direito Tributário Atual n. 5*, vol. 3, p. 288.

No que concerne à temática da nulidade das normas anteriores em desconformidade com as posteriores regras constitucionais, são candentes as considerações seguintes.

Se a lei era formal ou materialmente inconstitucional, continuará a sê-lo sob a vigência da nova ordem, mesmo que, em se tratando de incompatibilidade substancial, a Constituição revogadora contenha normas compatíveis com as da lei. (...).

De igual modo, as leis feridas de morte desde o seu nascimento, ocorrido sob a vigência da ordem anterior; não podem, agora, salvo preceito constitucional expresso, ser tidas como "ressuscitadas". Afinal, a inconstitucionalidade é corolário do princípio da supremacia das normas constitucionais, princípio, esse, que se mantém na Constituição nova.[172]

Em decorrência, para que os preceitos contidos na alteração constitucional (Emenda Constitucional 20/1998) pudessem produzir efeitos, tornava-se imprescindível a edição de nova lei, uma vez que a Constituição não cria tributos, mas apenas atribui competências e ordena as respectivas materialidades. A Lei 9.718/1998 positivou-se irremediavelmente viciada de nulidade, não sendo convalidada pelo fato de a posterior Emenda Constitucional 20/1998 haver inserido regras que nela (lei) já estavam previstas (ainda que parcialmente).

Resulta categórico o seguinte entendimento:

À evidência, a partir da Emenda Constitucional 20/1998 qualquer receita de empresa ou de entidade a ela equiparada por lei poderá ser objeto de incidência de contribuição social, desde que veiculada por legislação posterior. Impossível o aproveitamento de diplomas legislativos que nasceram inconstitucionais, para permitir a cobrança de tais contribuições, não tendo esse alcance o art. 12 da referida Emenda.[173]

Argutamente fora observado que

o disjuntivo posto pela Emenda, "mas para o futuro", vale dizer, a contar do dia de sua publicação – 16.12.1998. Nunca para retroceder, atingindo situações pretéritas, *pois se o quisesse teria feito o próprio legislador da Emenda, referindo-se, até, especificamente à Lei 9.718/1998*. Significa que a alteração constitucional não colheu o teor do mencionado Estatu-

---

172. Elival da Silva Ramos, *A Inconstitucionalidade das Leis. Vício e Sanção*, p. 75.
173. Ives Gandra da Silva Martins, "O perfil da 'receita' e do 'faturamento' na Emenda Constitucional 20/1998", in *Contribuições Sociais – Problemas Jurídicos*, p. 125.

to, porque, para fazê-lo, *a recepção teria de ser expressa e inequívoca*, o que macularia o conteúdo do art. 195, § 4º, da própria Constituição, sobre passar por cima do art. 110 do CTN.[174]

Ressalte-se que a própria Emenda Constitucional 20/1998 reconhece a necessidade de lei para poder ser instituída a nova modalidade de contribuição social sobre a "receita", a saber: "Art. 12. Até que produzam efeitos as leis que irão dispor sobre as contribuições de que trata o art. 195 da Constituição Federal, são exigíveis as estabelecidas em lei, destinadas ao custeio da Seguridade Social e dos diversos regimes previdenciários".

O Supremo Tribunal Federal declarou a inconstitucionalidade de dispositivos da Lei 9.718/1998, que instituíra nova base de cálculo para a incidência da COFINS (e também do PIS), na forma seguinte:

Constitucionalidade superveniente – Art. 3º, § 1º, da Lei n. 9.718, de 27.11.1998 – Emenda Constitucional n. 20, de 15.12.1998. O sistema jurídico brasileiro não contempla a figura da constitucionalidade superveniente.

Tributário – Institutos – Expressões e vocábulos – Sentido. A norma pedagógica do art. 110 do CTN ressalta a impossibilidade de a lei tributária alterar a definição, o conteúdo e o alcance de consagrados institutos, conceitos e formas de direito privado utilizados expressa ou implicitamente. Sobrepõe-se ao aspecto formal o princípio da realidade, considerados os elementos tributários.

Contribuição social – PIS – Receita bruta – Noção – Inconstitucionalidade do § 1º do art. 3º da Lei n. 9.718/1998. A jurisprudência do Supremo, ante a redação do art. 195 da Carta Federal anterior à Emenda Constitucional n. 20/1998, consolidou-se no sentido de tomar as expressões "receita bruta" e "faturamento" como sinônimas, jungindo-as à venda de mercadorias, de serviços ou de mercadorias e serviços. É inconstitucional o § 1º do art. 3º da Lei n. 9.718/1998 no que ampliou o conceito de "receita bruta" para envolver a totalidade das receitas auferidas por pessoas jurídicas, independentemente da atividade por elas desenvolvida e da classificação contábil adotada. (Plenário, RE 346.084-5-PR, relator para o acórdão Min. Marco Aurélio, j. 9.11.2005, *DJe* 1.9.2006)

5.2.2.4 A Emenda Constitucional 20/1998 contém vício formal

O exame do processo legislativo que implicou a edição da Emenda permite constatar a existência de vício insanável, que tem o condão de prejudicar sua validade.

---

174. Paulo de Barros Carvalho, "COFINS – A Lei 9.718/1998 e a Emenda Constitucional 20/1998", *RDTributário* 75/182.

A Constituição Federal (art. 59, I) dispõe que o referido processo compreende a elaboração de emendas à Constituição, tendo estabelecido o seguinte:

> Art. 60. A Constituição poderá ser emendada mediante proposta: (...); III – do Presidente da República; (...).
> § 2º. A proposta será discutida e votada em cada Casa do Congresso Nacional, em dois turnos, considerando-se aprovada se obtiver, em ambos, três quintos dos votos dos respectivos membros.
> § 3º. A emenda à Constituição será promulgada pelas Mesas da Câmara dos Deputados e do Senado Federal, com o respectivo número de ordem.

Nenhuma proposta de emenda poderá ser discutida, votada e aprovada, total ou parcialmente, por somente uma das Casas Legislativas. Por expressa determinação constitucional, é necessário que a Câmara dos Deputados e o Senado Federal aprovem o conteúdo integral da proposta, para encaminhamento à promulgação. A própria Constituição confirma categoricamente esta diretriz (art. 65, parágrafo único), ao dispor que, "sendo o projeto emendado, voltará à Casa iniciadora".

Observem-se os suprimentos doutrinários.

(...) depreende-se do texto em exame que o projeto e não apenas as emendas, segundo dizia o art. 58 da Emenda 1/1969, voltará à apreciação da Casa iniciadora, pressupondo-se que, se esta não o aprovar nos mesmos termos em que o fez a Casa revisora, o texto volverá a esta. E assim até que haja aprovação coincidente por parte de ambas. É o sistema que os franceses chamam de *navett*. Este põe em pé de igualdade as Casas do Congresso Nacional, mas pode retardar a tramitação dos projetos relativamente aos quais haja divergências entre as Câmaras.[175]

O Poder Legislativo se manifesta pela conjunção das vontades das duas Casas do Congresso ou Parlamento (...). Um dos argumentos favoráveis ao bicameralismo é que em virtude da duplicidade de órgãos há também uma duplicidade de discussão e votação dos projetos de lei, fazendo com que a lei produzida seja tecnicamente mais correta e aperfeiçoada.[176]

Tendo em vista as determinações constitucionais, evidencia-se que a Emenda 20/1998 deixou de observar o trâmite legislativo. Originou-se

---

175. Manoel Gonçalves Ferreira Filho, *Comentários à Constituição Brasileira de 1988*, vol. 2, p. 1.992.
176. Celso Ribeiro Bastos, *Curso de Direito Constitucional*, 18ª ed., 1997, pp. 345-346.

da Proposta de Emenda Constitucional (PEC) 33/1995, encaminhada pelo Presidente da República, mediante a Mensagem 306, de 17.3.1995, à Câmara dos Deputados. Após discussões e emendas, foi por esta aprovada, em segundo turno (sessão plenária de 17.7.1996), sendo enviada ao Senado para revisão (Ofício SGM-P-560), identificada como PEC 33/1996.

No Senado a PEC 33/1996 (antiga PEC 33/1995) recebeu inúmeras emendas, tendo o Relator apresentado (17.7.1997) substitutivo à mesma proposta de emenda constitucional, sendo aprovado pela Comissão de Constituição, Justiça e Cidadania.

Em 8.10.1997 o Senado aprovou a redação final do Substitutivo à PEC 33/1996, despachando-o à Câmara, que, após votação favorável, em primeiro turno, ressalvando os destaques, foi substancialmente alterado por emendas à redação, adição, substituição e supressão relativamente a artigos, parágrafos e alíneas, como em expressões ou palavras que modificaram o conteúdo do Substitutivo do Senado à PEC 33/1996 da Câmara.

Após ser votado o último Destaque de Votação em Separado (DVS-5), o Presidente da Câmara (10.11.1998) entendeu de dividir tal substitutivo em duas partes: (a) a primeira contendo os pontos conflitantes entre Senado e Câmara, que não foi encaminhada à promulgação e que, assim, não integrou o texto final da Emenda 20/1998; (b) a segunda contendo as questões que, no seu enganoso entendimento, eram pacíficas nas duas Casas Legislativas; esta segunda parte foi encaminhada à promulgação sem antes ter retornado a Senado, para discussão, votação e aprovação, como determina o art. 60, § 2º, da CF.

Este procedimento implicou inconstitucionalidade, uma vez que a denominada "segunda parte do Substitutivo à PEC n. 33/1996" – encaminhada à promulgação sem a aprovação do Senado – contém questões aprovadas pela Câmara que não foram levadas ao exame do Senado, e que fazem parte da Emenda 20/1998.

Importante destacar que (a) as matérias divergentes nas duas Casas não foram aquelas excluídas pelo Presidente da Câmara, uma vez que muitas das questões mantidas e encaminhadas à promulgação foram alteradas pela Câmara e não foram devolvidas à apreciação pelo Senado; (b) a Câmara adicionou novos dispositivos que nem chegaram a ser analisados pelo Senado.

Comparando-se o texto do Substitutivo à PEC 33/1996 – originária do Senado – com o texto final da Emenda 20/1998 percebe-se que depois que o Substitutivo à PEC 33/1996 deixou o Senado, para ir à Câmara, nunca mais retornou à primeira Casa (Senado), embora tenha sido substancialmente alterado pela segunda Casa (Câmara). Em consequência, a atual Constituição (fruto da Emenda 20/1998) não é o resultado do consenso das duas Casas Legislativas, mas exclusivamente fruto da vontade da Câmara, ofendendo o princípio do bicameralismo.

5.2.2.5 A receita total como base de cálculo

A base de cálculo da contribuição – "faturamento", na forma eleita na Constituição Federal de 1988, e objeto de desdobramento em "receita bruta", no âmbito legal – também passou a ser tratada na Medida Provisória 1.807, de 29.1.1999, seguida de dezenas de medidas provisórias (culminando com a Lei 10.833, de 29.12.2003), mantendo a diretriz básica ("totalidade das receitas auferidas, independentemente da atividade exercida pela pessoa jurídica e da classificação contábil adotada para a sua escrituração"), salvo específicas inclusões e exclusões.

Assim, interessante relembrar ensinamento firmado há quase cinco décadas no sentido de que a *receita bruta* de uma empresa "pode ser constituída de juros, aluguéis e *royalties*, ou lucros distribuídos por outras empresas", sendo a "receita bruta operacional o produto da venda dos bens ou serviços nas transações ou operações de conta própria".[177]

Indico algumas verbas que podem ser consideradas como receitas: rendimentos brutos de aplicações financeiras, lucros e dividendos, juros e descontos, aluguéis, variações monetárias, prêmio de resgate de títulos – não se encartando nesta situação o ICMS e o IPI, porque não constituem ingressos patrimoniais, pela circunstância de simplesmente transitarem pelo caixa do contribuinte, como mero agente repassador dos mencionados tributos.

Contabilmente, o Instituto Brasileiro de Contadores (IBRACON) emitiu os conceitos seguintes:

> 2. *Receita* corresponde a acréscimos nos ativos ou decréscimos nos passivos, reconhecidos e medidos em conformidade com princípios de Contabilidade geralmente aceitos, resultantes dos diversos tipos de atividades e que possam alterar o patrimônio líquido. Receita e despesa, como conceituadas neste pronunciamento, se restringem genericamente às atividades de empresas comerciais e industriais, não abrangendo, consequentemente, as empresas que exploram recursos naturais, transportes, e outras entidades, inclusive as sem fins lucrativos.

---

177. Bulhões Pedreira, *Imposto de Renda*, Capítulo 2.12 (p. 40).

3. Acréscimos nos ativos e decréscimos nos passivos, designados como receita, são relativos a eventos que alteram bens, direitos e obrigações. Receita, entretanto, não inclui todos os acréscimos nos ativos ou decréscimos nos passivos. Recebimento de numerário por venda a dinheiro é receita, porque o resultado líquido da venda implica alteração do patrimônio líquido. Por outro lado, o recebimento de numerário por empréstimo tomado ou o valor de um ativo comprado a dinheiro não são receita, porque não alteram o patrimônio líquido. Nem sempre a receita resulta, necessariamente, de uma transação em numerário ou seu equivalente, como, por exemplo, a correção monetária desses valores.

4. *Receita* é um termo demasiadamente genérico. Os seguintes termos poderão ser empregados indiscriminadamente como sinônimos de receita, os quais têm estes significados:

5. *Receita operacional* – Corresponde ao evento econômico relacionado com a atividade ou atividades principais da empresa, independentemente de sua frequência. Neste contexto, consequentemente, o conceito de receita é de elemento "bruto", e não líquido, correspondendo em última análise ao valor pelo qual a empresa procura se ressarcir dos custos e despesas e auferir o crédito.

6. *Receita não operacional* – Corresponde aos eventos econômicos aditivos ao patrimônio líquido, não associados com a atividade ou atividades principais da empresa, independentemente da sua frequência. O conceito de receita não operacional é de elemento líquido, ou seja, ela é considerada pelo líquido dos correspondentes custos. Como casos comuns desse tipo de receita temos os *ganhos de capital*, correspondentes às transações com imobilizados ou com investimentos de natureza permanente, desde que não relacionados com a atividade principal da empresa.

7. *Ganho* – Corresponde ao evento econômico aditivo ao patrimônio líquido não associado com atividades relacionadas com a cessão ou empréstimos ou aluguel de bens ou direitos.

8. *Receita (ou lucro) extraordinária* – É o evento econômico aditivo ao patrimônio líquido que não resulta das operações típicas da empresa no período contábil, sendo, consequentemente, de natureza inusitada e apresentando alto grau de anormalidade. O conceito de receita (ou lucro) extraordinária também é de elemento líquido, excluindo também a correspondente parcela do Imposto de Renda.[178]

No âmbito das receitas públicas, clássica doutrina assentara os conceitos seguintes:

3. Entradas ou ingressos – As quantias recebidas pelos cofres públicos são genericamente designadas como "entradas" ou "ingressos". Nem todos esses ingressos, porém, constituem receitas públicas, pois

178. IBRACON, *Princípios Contábeis*, 2ª ed., São Paulo, Atlas, p. 112.

alguns deles não passam de "movimentos de fundo", sem qualquer incremento do patrimônio governamental, desde que estão condicionados a restituição posterior ou representem mera recuperação de valores emprestados ou cedidos pelo Governo.

Exemplificam esses "movimentos de fundos" ou simples "entradas de caixa", destituídas de caráter de receitas: as cauções, fianças e depósitos recolhidos ao Tesouro; os empréstimos contraídos pelos Estados, ou as amortizações daqueles que o Governo acaso concedeu; enfim, as somas que se escrituram sob reserva de serem restituídas ao depositante ou pagas a terceiro por qualquer razão de direito e as indenizações devidas por danos causados às coisas públicas e liquidados segundo o direito civil.[179]

Um resumo dos conceitos firmados nos âmbitos contábil e jurídico demonstra que "*receita* seria uma espécie dentro de um gênero mais amplo, gênero este consistente em ingressos ou entradas de dinheiro, valores ou bens em determinado patrimônio, ao passo que a receita seria o ingresso ou entrada derivado das atividades empresariais em que esse patrimônio seja explorado (receitas de vendas de mercadorias, por exemplo), ou da aplicação de bens desse patrimônio (juros de aplicações financeiras, por exemplo)" – na ótica de Ricardo Mariz de Oliveira.[180]

Após exaustivo exame da questão, o autor firma o conceito de que *receita* é um *plus* jurídico, de qualquer natureza ou origem, que agrega um elemento positivo ao patrimônio, dependendo de específico tratamento legal; e que não atribua a terceiro qualquer direito contra o adquirente, não decorra de mero cumprimento de obrigação para um terceiro e nem represente simples direito à devolução de direito anteriormente existente, capital social ou reserva de capital.[181]

Não será redundante enfatizar que, tendo a Emenda Constitucional 20/1998 acrescentado às contribuições sociais uma nova e distinta base de cálculo – "receita" –, fica caracterizado o tranquilo entendimento de que, até então, a legislação que contemplasse a receita como base de cálculo estaria carente de fundamento constitucional.

É certo que o Supremo Tribunal Federal explicitou o conceito plasmado na expressão "faturamento" como sendo a receita bruta, no sentido estrito, decorrente da venda de mercadorias e prestação de serviços.[182]

179. Aliomar Baleeiro, *Uma Introdução à Ciência das Finanças*, 5ª ed., p. 130.
180. "Conceito de receita...", *Repertório IOB de Jurisprudência* 1/41.
181. Idem, pp. 20-21.
182. RE 150.755, *RTJ* 149/259; ADI 1-DF, *RTJ* 156/722; ADI 1.103-1-DF.

O Superior Tribunal de Justiça passou a decidir que:

A Lei n. 9.718/1998, buscando tributar outras receitas além daquelas representativas da atividade operacional da empresa, criou novo conceito para o termo "faturamento", afrontando, assim, o art. 110 do CTN. (2ª T., REsp 501.628-SC, rela. Min. Eliana Calmon, j. 10.2.2004)

Promovendo distinção da *receita* com renda, lucro, ganho de capital, alocação de capital e investimentos, movimentação financeira, primorosa doutrina firma o conceito seguinte:

receita é qualificada pelo ingresso de recursos financeiros no patrimônio da pessoa jurídica, em caráter definitivo, proveniente dos negócios jurídicos que envolvam o exercício da atividade empresarial, que corresponda à contraprestação pela venda de mercadorias, pela prestação de serviços, assim como pela remuneração de investimentos ou pela cessão onerosa e temporária de bens e direitos a terceiros, aferido instantaneamente pela contrapartida que remunera cada um desses eventos.[183]

Arguta doutrina esclarece que não constituem receita o valor recebido antecipadamente; o ressarcimento ou recuperação de despesa e de custo anteriormente suportado pela pessoa jurídica; a recuperação de tributo; as mercadorias recebidas em bonificação e descontos obtidos na liquidação de obrigações; os ajustes intermediários e periódicos realizados antes da efetiva liquidação do contrato de câmbio; os ingressos provenientes de doações, contribuições e patrocínios; a subvenção governamental, o perdão da dívida; a troca (permuta de bens e direitos); e a reversão de provisões.[184]

O STF firmou a diretriz seguinte:

(...) face à redação do art. 195 da Carta Federal, anterior à Emenda Constitucional n. 20/98, a jurisprudência consolidou-se no sentido de tomar as expressões receita bruta e faturamento como sinônimos, jungindo-as à venda de mercadorias, de serviços, ou de mercadorias e serviços. É inconstitucional o § 1º do artigo 3º da Lei n. 9.718/1998, no que ampliou o conceito de receita bruta para envolver a totalidade das receitas auferidas por pessoas jurídicas, independentemente da atividade por elas desenvolvida e da classificação contábil adotada. (RE 346.084.6-PR, rel. p/ac. Min. Marco Aurélio, j. 9.11.2005, *DJU* 1 de 1.9.2006).

183. 107. José Antônio Minatel, *Conteúdo do Conceito de Receita e Regime Jurídico para sua Tributação*, MP/APET, 2005, p. 124.

184. Idem, pp. 201-249.

O fato de a jurisprudência ter aceitado que as verbas atinentes à receita bruta seriam equivalentes ao faturamento não significa, em absoluto, possa (a "receita") compreender todas e quaisquer entradas (ou direitos) no patrimônio do contribuinte. Improcede essa assertiva pelo singelo argumento de que se tornou imprescindível a edição da Emenda 20/1998 para ampliar o espectro da base de cálculo, acrescentando (ao art. 195, I, da CF de 1988) o vocábulo "receita".

Relativamente às atividades realizadas por sociedades cooperativas, o STF consolidara o entendimento seguinte:

> Recurso Extraordinário. Repercussão geral. Tributário. Ato cooperativo. Cooperativa de trabalho. Sociedade cooperativa prestadora de serviços médicos. Posto realizar com Terceiros não Associados (não cooperados). Venda de mercadorias e de serviços sujeita-se à incidência da COFINS, porquanto auferir receita bruta ou faturamento através destes atos ou negócios jurídicos. Construção do conceito de "ato não cooperativo" por exclusão, no sentido de que são todos os atos ou negócios praticados com terceiros não associados (cooperados), *ex vi*, pessoas físicas ou jurídicas tomadores de serviço. Possibilidade de revogação do benefício fiscal (isenção da COFINS) previsto no inciso I, do art. 6º, da LC n. 70/91, pela MP n. 1.858-6 e reedições seguintes, consolidada na atual MP n. 2.158-35. A Lei Complementar a que se refere o art. 146, III, "c" da CF/88. Determinante do "adequado tratamento tributário do ato cooperativo", ainda não foi editada. *Ex positis*, dou provimento ao Recurso Extraordinário.
>
> 1. As contribuições ao PIS e à COFINS sujeitam-se ao mesmo regime jurídico, porquanto aplicável a mesma *ratio* quanto à definição dos aspectos da hipótese de incidência, em especial o pessoal (sujeito passivo) e o quantitativo (base de cálculo e alíquota), a recomendar solução uniforme pelo colegiado.
>
> 2. O princípio da solidariedade social, o qual inspira todo o arcabouço de financiamento da seguridade social, à luz do art. 195 da CF/1988, matriz constitucional da COFINS, é mandamental com relação a todo o sistema jurídico, a incidir também sobre as cooperativas.
>
> 3. O cooperativismo no texto constitucional logrou obter a proteção e estímulo à formação de cooperativas, não como norma programática, mas como mandato constitucional, em especial nos arts. 146, III, "c"; 174, § 2º; 187, I e VI; e 47, § 7º, ADCT. O art. 146, III, "c", CF/88, trata das limitações constitucionais ao poder de tributar, verdadeira regra de bloqueio, como corolário daquele, não se revelando norma imunitória, consoante já assentado pela Suprema Corte nos autos do RE 141.800, rel. Min. Moreira Alves, 1ª T., *DJU* 3.10.1997; (...)

11. *Ex positis*, dou provimento ao recurso extraordinário para declarar a incidência da COFINS sobre os atos (negócios jurídicos) praticados pela recorrida com terceiros tomadores de serviço, resguardadas as exclusões e deduções legalmente previstas (...). (RE 598.085, Plenário, rel. Min. Luiz Fux, j. 6.11.2014, *DJe* 10.2.2015).

O STF assentara as posturas seguintes:

a) *o conceito de receita, acolhido pelo art. 195, I, "b", da Constituição Federal, não se confunde com o conceito contábil.*

b) ainda que a contabilidade elaborada para fins de informação ao mercado, gestão, e planejamento das empresas, possa ser tomada pela lei como ponto de partida para a determinação das bases de cálculo de diversos tributos, de modo algum subordina a tributação;

c) a contabilidade possui ferramenta utilizada para fins tributários, mas moldada nesta seara pelos princípios e regras próprios do Direito Tributário;

d) sob o específico prisma constitucional, receita bruta pode ser definida como o ingresso financeiro que se integra no patrimônio na condição de elemento novo e positivo, sem reserva ou condições. (RE 606.107-RS, Plenário, rel. Min. Rosa Weber, j. 22.5.2013, julgado em caráter de repercussão geral – CPC, art. 543-B)

Concordo que são distintos os âmbitos das ciências contábeis e jurídicas, a saber:

a) a *Contabilidade* objetiva registrar os eventos concernentes às atividades empresariais em função de sua configuração econômica, sem cogitar o substrato jurídico de tais atividades. Auxilia na apresentação das demonstrações financeiras, balanço patrimonial, demonstração dos lucros ou prejuízos acumulados, do resultado do exercício e dos fluxos de Caixa;

b) o *Direito Tributário* tem por finalidade constatar os efeitos decorrentes dos resultados societários das empresas, a respectiva natureza jurídica (independente da aparência econômica), e sua adequação (ou não) às normas de incidência tributária.

As técnicas contábeis constituem elementos auxiliares para apuração de uma específica situação tributária. A configuração contábil para determinadas operações, pautada por pressupostos meramente econômicos, pode acarretar distorções no âmbito tributário, como é o caso de distintos critérios na caracterização de "receita" e "faturamento".

Todavia, a Lei federal 12.973, de 13.5.2014, alterou a legislação tributária para adaptá-la aos novos padrões contábeis internacionais, introduzidos pela Lei 11.638, de 28.12.2007. Promoveu modificações nas legislações reguladoras das contribuições à COFINS e ao PIS, mediante a incorporação aos textos das legislações básicas destes tributos (Leis federais 9.718/1998, 10.637/2002 e 10.833/2003).

Neste sentido, constata-se que os padrões contábeis foram juridicizados e passaram a integrar as normas estruturadoras das mencionadas contribuições sociais.

Lúcida a ponderação no sentido de que,

> por meio do exercício do *poder constitucional derivado*, a Emenda Constitucional 20/1998 pretendeu possibilitar a criação de *novas* contribuições sociais para a Seguridade Social, sem a observância do aludido § 4º. Com isto, atropelou direito constitucional subjetivo dos contribuintes, malferindo cláusula pétrea (art. 60, § 4º, IV, da CF). Melhor explicitando, pretendeu atribuir à União a possibilidade de criar novas contribuições *por meio de lei ordinária*, sem observância do *princípio da não cumulatividade* e sem a repartição das receitas obtidas (como preconizado no art. 157, I, da CF).[185]

Destaco julgados relativos à incidência sobre atividades específicas, a saber:

a) Comissões pagas às Administradoras de Cartões de Crédito:

Ementa: Direito Tributário. Agravo Regimental em Recurso Extraordinário. PIS e COFINS. Taxas e comissões pagas às administradoras de cartões de crédito. Receita bruta e faturamento. Totalidade dos valores auferidos com a venda de mercadorias, de serviços ou de mercadorias e serviços. Acórdão recorrido em consonância com a jurisprudência do Supremo Tribunal Federal. Agravo Regimental a que se nega provimento.

Nos termos da jurisprudência da Corte, incide PIS e COFINS sobre a totalidade dos valores auferidos no exercício das atividades empresariais do contribuinte (...). (AgRg no RE 853.463-PE, 1ª T., rel. Min. Roberto Barroso, j. 4.8.2015, *DJe* 18.9.2015, p. 57)

b) Cooperativas de Trabalho:

Inserem-se na materialidade da contribuição ao PIS a receita auferida pelas cooperativas de trabalho, decorrentes dos atos (negócios jurídicos) firmados com terceiros (RE 599.362).

---

185. Roque Carrazza e Eduardo Bottallo, "Contribuições para a COFINS, a Lei 9.718/1998 e a Emenda Constitucional 20/1998", *RDTributário* 75/228.

c) Crédito Presumido de ICMS:

COFINS – PIS – Base de cálculo – Crédito presumido de ICMS – Art. 150, § 6º, e 195, inciso I, alínea "b" da Carta da República – Recurso Extraordinário – Repercussão Geral configurada. Possui repercussão geral a controvérsia acerca da constitucionalidade da inclusão de créditos presumidos do ICMS nas bases de cálculo da COFINS e da contribuição ao PIS. (Repercussão Geral no RE 835.818, Plenário, rel. Min. Marco Aurélio, *DJe* 22.9.2015, p. 39)

d) Locação de Mão de Obra Temporária:

COFINS – PIS – Base de cálculo – Locação de mão de obra – Regime de trabalho temporário – No regime de trabalho temporário das empresas urbanas, estabelecido por meio da Lei 6.019, de 1964, o vínculo do trabalhador temporário é com a empresa de locação de mão de obra, que recebe o preço ajustado com a contratante dos serviços. Sobre o valor devem incidir a COFINS e a contribuição ao PIS – RE ns. 357.950-9-RS, 390.840-5-MG, 358.273-9-RS e 346.804-6-PR, de minha relatoria. (AgRg no RE com Agravo 875.868, 1ª T., rel. Min. Marco Aurélio, j. 18.8.2015, *DJe* 4.9.2015, p. 37)

e) Locação de Vagas em Estacionamento:

Tributário. Recurso Especial. Ação anulatória. COFINS. Base de cálculo. LC n. 70/91. Locação de vagas em estacionamento em centro comercial – *shopping center*. Receita sobre a qual incide a COFINS.

A receita proveniente da locação de vagas em estacionamento em centros comerciais – *shopping centers* – mesmo que estes estejam estruturados na forma de condomínio, compõe a base de cálculo da COFINS, por força do art. 2.167 da LC n. 70/1991, porquanto referidos centros comerciais são unidades econômicas autônomas para fins de tributação, nos termos do art. 126, inciso III, do CTN (…). (REsp 1.301.956.956-7-RJ, 1ª T., rel. Min. Benedito Gonçalves, j. 10.1.2015, *DJe* 20.1.2015)

f) "Factoring":

Tributário. Agravo Regimental no Recurso Especial. PIS e COFINS. Base de Cálculo. Faturamento/Receita Bruta. Atividade Empresarial de *Factoring*. "Aquisição de direitos creditórios". Exigibilidade das exações.

1. A Contribuição para Financiamento da Seguridade Social – COFINS, ainda que sob a égide da definição de faturamento mensal/receita bruta dada pela Lei Complementar 70/1991, incide sobre a soma das receitas oriundas do exercício da atividade empresarial de *factoring*, o

que abrange a receita bruta advinda da prestação cumulativa e contínua de "serviços" de aquisição de direitos creditórios resultantes das vendas mercantis a prazo ou de prestação de serviços (REsp 776.705-RJ, rel. Min. Luiz Fux, 1ª Seção, DJe 25.11.2009). No mesmo sentido: REsp 1.187.841-RJ, rel. Min. Mauro Campbell Marques, 2ª T., DJe 29.3.2011).

2. Agravo regimental não provido. (AgRg no REsp 1.231.459-RS, 1ª T., rel. Min. Benedito Gonçalves, j. 5.9.2013, DJe 17.9.2013)

g) ISS:

Tributário. Agravo Regimental no Recurso Especial. Prestador de serviço. PIS e COFINS. Inclusão do ISSQN no conceito de receita ou faturamento. Possibilidade. Inexistência de violação dos arts. 109 e 110 do CTN. Matéria julgada sob o rito do art. 543-C.

A Primeira Seção deste Tribunal Superior, por ocasião do julgamento do REsp 1.330.737-SP, submetido ao rito do art. 543-C, do CPC, pacificou o entendimento de que o valor suportado pelo beneficiário do serviço, nele incluindo a quantia referente ao ISS, compõe o conceito de faturamento, para fins e incidência do PIS e da COFINS (...). (AgRg no REsp 1.351.264-SP, 2ª T., rel. Min. Og Fernandes, j. 18.8.2015, DJe 26.8.2015)

h) Juros de Mora e Lucros Cessantes:

Processual Civil. Agravo Regimental. Recurso Especial. Tributário. Imposto de Renda da Pessoa Jurídica. IRPJ. Contribuição Social sobre o Lucro Líquido – CSLL. PIS e COFINS. Incidência sobre juros de mora e demais encargos moratórios (lucros cessantes) em contratos de franquia. Tema já julgado em sede de recurso representativo da controvérsia.

1. A Primeira Seção deste Superior Tribunal de Justiça já pacificou o entendimento em sede de recurso representativo da controvérsia de que *juros moratórios ostentam a natureza de lucros cessantes*. Desse modo, submetem-se, em regra, à tributação pelo IRPJ e pela CSLL. Precedente representativo da controvérsia: REsp 1.138.695-SC, 1ª Seção, j. 22.5.2013.

2. Nessa mesma lógica, tratando-se de lucros cessantes, adentram também a base de cálculo das contribuições ao PIS e COFINS na forma do art. 1º, § 1º, das Leis ns. 10.637/2002 e 10.833/2003, que compreendem "as receitas da venda de bens e serviços nas operações de conta própria ou alheia e todas as demais receitas auferidas pela pessoa jurídica". Quanto aos demais encargos moratórios, existindo notícia nos autos de que já há correção monetária contratualmente prevista para reparar os danos emergentes, à toda evidência também ostentam a mesma natureza

de lucros cessantes (...). (AgRg no REsp 1.271.056-PR, 2ª T., rel. Min. Mauro Campbell Marques, j. 5.9.2013, *DJe* 11.9.2013)

Relativamente às *receitas financeiras*, a Receita Federal firmara o entendimento que

no caso de instituições financeiras, sujeitas ao regime cumulativo, a receita de variações monetárias ativas, contrapartida decorrente de variação monetária dos depósitos de natureza tributária ou não tributária, efetuados judicial ou administrativamente, não se encontra abrangida pela hipótese de incidência da COFINS, por não se constituir em receita típica da atividade empresarial, não havendo que se falar em tributação pela referida contribuição (Solução de Consulta Cosit n. 112).

i) Bonificações e Descontos:

Examinam-se as *demais vantagens comerciais* oferecidas pelos adquirentes das mercadorias em favor de seus fornecedores, como condição de aquisição dos produtos para colocá-los à venda, praticando o denominado "rapel", que são provenientes de diversas atividades.

Os acertos negociais estabelecidos em diversos acordos que preveem regras usuais no segmento de super e hipermercados, a saber: *bonificações* promovidas para abertura de lojas, promoções e recuperação de mercadorias; *descontos* de fidelidade por volume de compras, compras atendidas, não devolução de mercadorias (produto avariado, perda de validade), subsídio, promoção de aniversário, centralização de distribuição das mercadorias (redução de custo de transporte, facilidade operacional); pagamento em dinheiro; mercadorias grátis; *locação* de espaços de venda no interior das lojas ("espaços em gôndola", "exposição *check out*", e "ponto adicional"); *logística; publicidade/marketing*; (Verba de Propaganda Cooperada- VPC, "tabloide semanal", "mega descontão"; "verba cooperada marketing", "aniversário"); *fidelidade* comercial; "financeiros"; *inauguração/reinauguração, lançamento de produtos.*

Bonificação significa concessão comercial promovida pelo vendedor ao comprador, entregando quantidade maior de mercadoria do que o montante que for acertado, acarretando diminuição do preço respectivo. Exemplo: empresa adquire dez mercadorias por R$ 20,00 cada uma, recebendo duas mercadorias em bonificação. O custo da unidade – que seria R$ 20,00 –, acaba resultando R$ 9,09 (R$ 200,00 divididos por 22 = R$ 9,09).

Desconto consiste na concessão efetuada pelo vendedor ao comprador, diminuindo o preço das mercadorias. Exemplo: empresa adquire mercadorias ao custo de R$ 10,00 por unidade, e recebe desconto de 10%. O custo da unidade – que seria R$ 10,00 – passa a ser R$ 9,00.

Bonificação e desconto decorrem de tratativas comerciais onerosas, não se equiparando às doações (liberalidade, gratuidade).

Também se entende que as *bonificações* correspondem a descontos (condicionais ou incondicionais), firmando-se as conclusões seguintes:

a) caracterizam-se como concessões de vantagens dadas pelo vendedor ao comprador mediante diminuição do preço da coisa vendida, ou entrega de quantidade maior de produtos do que aquele estipulado. Pode dar-se em abatimento de preço (i) em moeda, enquanto "rebaixe de preço", ou (ii) em mercadorias;

b) caso a concessão da vantagem comercial do vendedor ao comprador esteja consignada no documento fiscal no próprio ato da venda, e não dependa de evento futuro e incerto, corresponderá a "desconto incondicional";

c) na hipótese da vantagem comercial do vendedor ao comprador não ser consignada no documento fiscal no próprio ato da venda, estar-se-ia diante de "desconto incondicional";

d) se a vantagem comercial estiver, ou não, consignada no documento fiscal no próprio ato da venda, mas depender de evento futuro ou incerto caracteriza-se o "desconto condicional".

Trata-se de negócios atípicos que veiculam acordos comerciais prevendo o preenchimento de condições para a obtenção de descontos e/ou bonificações, em operações comerciais tendentes à indireta diminuição dos preços das mercadorias. Não revestem a natureza de uma típica prestação de serviços que consistiria em obrigações de fazer por parte da compradora em favor de seus fornecedores (CARF, Proc. n. 10510.002.092, 3ª Seção de Julgamento, rel. Cons. João Carlos Cassuli Junior, Sessão de 23.7.2012).

Argutamente for asseverado o seguinte:

> A *bonificação* consiste em uma política de relacionamento comercial, pelo qual o fornecedor entrega ao adquirente uma quantidade de itens do produto vendido maior do que a quantidade contratada, sem acréscimo do preço total. Tal se dá como forma de dissimilar a fidelização entre as partes, de reconhecer a relevância da compra realizada pelo adquirente, enfim, de cultivar e fomentar a relação com um parceiro comercial qualquer.
>
> Trata-se, a meu ver, de fenômeno de idêntica natureza jurídica do desconto obtido. Neste, o fornecedor mantém a quantidade vendida, mas

reduz o preço total (portanto, ajusta-se o fator "preço"). Nas bonificações o fornecedor mantém o preço, mas aumenta a quantidade vendida (portanto, ajusta-se o fator "quantidade"). (CARF, Acórdão 3403-00.393, em 25.5.2010, *DOU* 24.3.2011, voto do Cons. Marcos Tranchesi Ortiz)

Estudo acerca das mencionadas deliberações da CVM (Comissão de Valores Mobiliários) ensina que "no caso de descontos comerciais e abatimentos, não há dúvidas: devem ser considerados como redução do preço de aquisição",[186] não sendo classificados como receitas.

A análise das regras internacionais de contabilidade, contidas no *International Accounting Standards 2 – IAS 2*, evidenciam o seguinte:

> A *IAS 2* também especifica que "descontos comerciais, abatimentos e outros itens semelhantes, são deduzidos na determinação do custo de aquisição". Dessa forma, *descontos, abatimentos (rebates) e outros diretamente atribuíveis ao produto*, são, como regra geral, atribuídos ao custo de aquisição, *e não devem ser reconhecidos como receita*. (...);
>
> Os custos de aquisição compreendem o preço de compra e impostos que não sejam recuperáveis pela empresa, custos de transporte, seguros, manuseio e outros custos diretamente atribuíveis à aquisição dos bens. *Descontos comerciais, abatimentos e outros similares são deduzidos na determinação dos custos de aquisição* (...).[187]

A Coordenação do Sistema de Tributação (Receita Federal), de longa data, emitira o entendimento seguinte:

> *Bonificação* significa, em síntese, a concessão que o vendedor faz ao comprador, diminuindo o preço da coisa vendida ou entregando quantidade maior que a estipulada. Diminuição do preço da coisa vendida pode ser entendido também como parcelas redutoras do preço de venda, as quais, quando constarem da Nota Fiscal de venda dos bens e não dependerem de evento posterior à emissão desse documento, são definidas pela Instrução Normativa SRF n. 51/78, como descontos incondicionais, os quais, por sua vez, estão inseridos no art. 178 do RIR/80. (Parecer CST/SIPR n. 1.386/1982)

Esta matéria tem sido objeto de controvérsias, conforme se colhe de julgados do antigo Conselho de Contribuintes e do Conselho Administrativo de Recursos Fiscais (CARF) – ambos do Ministério da Fazenda –, a saber:

---

186. Eliseu Martins, *Contabilidade de Custos*, 6ª ed., p. 126.

187. José Antonio Navarrete e Reinaldo Guereiro, *Manual de Normas Internacionais de Contabilidade – IRFS* x *Normas Brasileiras*, pp. 62 e 67 – grifei.

Não incidência

• Bonificação de mercadorias. Não incidência.

Não se subsume ao conceito de faturamento, nem no conceito de receita, a obtenção de descontos mediante a bonificação de mercadorias, eis que tais vantagens não se originam da venda de mercadorias nem da prestação de serviços, mas estão ligadas essencialmente a operações que ensejam custos e não receitas. (2º Conselho, 3ª Câmara, RV n. 22.405, j. 18.5.2005)

• Bonificação de mercadorias. Não incidência.

(...) a bonificação em mercadorias nada mais é que uma outra forma de conceder um desconto. E assim como para o vendedor não há acréscimo da base de cálculo da COFINS, do PIS e do ICMS, para o comprador o recebimento de tais mercadorias também não pode ser considerado uma "receita". Teve-se, isto sim, a aquisição de mais mercadorias, por um preço menor, ou seja, mero desconto redutor do custo.

O recebimento de mercadorias, porém, evidentemente, não é "receita", da mesma forma que o fornecedor não pagará mais COFINS, ou mais ICMS, pelo fato de haver entregue um número maior de mercadorias. (Processo n. 11080.01954/2002-26, 2º Conselho de Contribuintes, voto da Cons. Maria Teresa Martinez Lópes)

Redução de custos

PIS e COFINS. Regime não cumulativo. Bonificações e descontos comerciais. Natureza jurídica de redução de custos.

Por força dos arts. 109 e 110 do CTN, e segundo a definição, o conteúdo e o alcance dos institutos, conceitos e formas de direito privado (Direito Societário), mormente nos termos do art. 177, da Lei 6.404/1976, e conforme as Deliberações CVM n. 575, de 5 de junho e n. 597, de 15 de setembro de 2009, e CPC ns. 16 e 30, de 2009, tem-se que as bonificações e descontos comerciais não possuem natureza jurídica de receita, devendo ser tratados como redutores de custos, e como tal devem ser reconhecidos à conta de resultado ao final do período, se a bonificação ou o desconto corresponder a produtos já efetivamente comercializados, ou à conta redutora de estoques e a bonificação ou o desconto referir-se a mercadorias ainda não comercializadas pela entidade (...). (Processo n. 10.510.7211517/201109, Acórdão 3402002.092, 4ª C./2ª T. Ordinária, Sessão de 22.7.2013)

Requisito (incondicionalidade do desconto)

COFINS. Receita. Bonificações. Descontos obtidos. Requisitos.

Os valores recebidos a título de descontos obtidos e bonificações constituem receita, e devem ser excluídos da base de cálculo da contribuição apenas se caracterizada a incondicionalidade do desconto. (Processo n. 11080.7222127/2011, 3ª Seção de Julgamento, 4ª C./3ª T. Ordinária, Sessão de 24.10.2013)

Desvinculação das operações de compra (doação)

Mercadorias recebidas em bonificação. Desvinculação de operação de compra. Natureza. Tributação.

O recebimento de mercadorias desvinculadamente de qualquer operação de compra anterior caracteriza doação e, como tal, é tributado no ingresso da mercadoria e na revenda do mesmo. (Processo n. 10480.720722/2010-62, 3ª Seção de Julgamento, 4ª C./3ª T. Ordinária, Sessão de 26.11.2013)

Obs.: idêntica decisão proferida no processo n. 10880.909818/2006-89, 3ª Sessão de Julgamento, 2ª T. Especial, Sessão de 22.10.2013)

Incidência

Receita. Conceito.

Receita é o ingresso bruto de benefícios econômicos durante o período observado no curso das atividades ordinárias da entidade que resultam no aumento do seu patrimônio líquido, exceto os aumentos de patrimônio líquido relacionados às contribuições dos proprietários. Neste conceito enquadram-se os descontos obtidos junto a fornecedores a título de: distribuição de mercadorias, reforma e reinauguração de lojas; fidelização e crescimento dos fornecedores; não devolução de mercadorias defeituosas; bonificações e Fundo de Desenvolvimento de Negócios. (Processo n. 16561.720069/2011-07, 3ª Seção de Julgamento, 3ª C./2ª T. Ordinária, Sessão de 22.5.2013)

Bonificação vinculadas e não vinculadas às vendas

PIS/PASEP. Base de cálculo. Bonificações. Modalidades. Natureza jurídica. Desconto incondicional. Doação. Exclusão. Não incidência. Prova.

As bonificações podem ser vinculadas ou desvinculadas das operações de venda. As primeiras são redutoras do preço e, quando concedidas sem vinculação a evento futuro e incerto, têm natureza de desconto incondicional. As segundas, por serem desvinculadas da venda, são transferidas por liberalidade da empresa, apresentando natureza de doação. Em ambos os casos não há incidência do PIS/PASEP e da COFINS, uma vez que os descontos incondicionais são excluídos da base de cálculo (Lei n. 10.833/2003, art. 2º, § 3º, V, "a"; Lei n. 9.718/1998, art. 3º, § 2º, I; Lei n. 10.637/2003, art. 2º, § 3º, V, "a"; Lei 9.715/1998, art. 3º, parágrafo único), e porque, ao bonificar por liberalidade, a empresa promove uma doação de mercadoria, não auferindo qualquer recita desta operação. A exigência de prova de ligação com uma concomitante operação de venda, por sua vez, somente faz sentido para a primeira espécie de bonificação. Para as bonificações desvinculadas de operações de venda, basta a apresentação das notas fiscais e dos contratos que lhes servem de suporte, provas estas devidamente acostadas aos autos. (Processo n. 10865.900772/2008-92, 3ª Seção de Julgamento, 2ª T. Especial, Sessão de 20.8.2014)

Em conclusão, entendo que os descontos e as bonificações caracterizam redução dos custos das mercadorias, não constituindo receitas, em razão do que não devem ser tributados pelo PIS e COFINS.

Exame empreendido sobre a pertinência da contribuição sobre as atividades das seguradoras demonstra que o contrato de seguro (art. 757 do CC) não compreende "venda de mercadoria" pela seguradora ao segurado, sendo que a apólice (único bem móvel que se transmite) constitui mero instrumento do negócio jurídico, do documento que o formaliza.

Percebe-se, nitidamente, que o contrato de seguro não tem por objeto o fornecimento de trabalho a terceiro, pois a obrigação da seguradora não consiste em um *facere*, mas em um *dare*; não é locação de bens móveis, por nada ser alugado; não é cessão de direitos, mas, ao contrário, ocorre a previsão de um determinado risco, mediante o prêmio pago pela assunção deste.

Estas colocações permitiriam firmar a convicção de que, "não sendo receita de prêmios de seguros receita de venda de mercadorias e de serviços, não pode a receita auferida pelas seguradoras ser considerada faturamento, tal como dispõe o art. 195, I, da CF".[188]

5.2.2.5.1 *Venda inadimplida e cancelamento de venda*

Questões Suscitadas:

a) os valores das vendas a prazo que, embora faturados, não tenham ingressado efetivamente no caixa, por inadimplência dos compradores, integram a receita bruta da pessoa jurídica?

b) fato gerador das contribuições somente ocorre com o aperfeiçoamento do contrato de compra e venda (entrega do produto), e não com o recebimento do preço acordado (disponibilidade jurídica da receita)?

---

188. Gabriel Lacerda Troianelli, "O conceito de faturamento e a COFINS exigida das sociedades seguradoras", in *Contribuições Sociais – Problemas Jurídicos*, pp. 47-65.

O STJ firmou o entendimento seguinte:

Tributário. Constitucional. COFINS/PIS. Vendas Inadimplidas. Aspecto Temporal da Hipótese de Incidência. Regime de Competência. Exclusão do Crédito Tributário. Impossibilidade de Equiparação com as Hipóteses de Cancelamento da Venda.

1. O Sistema Tributário nacional fixou o *regime de competência* como regra geral para a apuração dos resultados da empresa, e não o regime de Caixa (art. 177 da Lei n. 6.404/76).

2. Quanto ao aspecto temporal da hipótese de incidência da CO-FINS e da contribuição para o PIS, portanto, temos que o fato gerador da obrigação ocorre com o aperfeiçoamento do contrato de compra e venda (entrega do produto), e não com o recebimento do preço acordado. O resultado da venda, na esteira da jurisprudência da Corte, apurado segundo o regime legal de competência, constitui o faturamento da pessoa jurídica, compondo o aspecto material da hipótese de incidência da contribuição ao PIS e da COFINS, consistindo na situação hábil ao nascimento da obrigação tributária. O inadimplemento é evento posterior que não compõem o critério material da hipótese de incidência das referidas contribuições.

3. No âmbito legislativo, não há disposição permitindo a exclusão das chamadas vendas inadimplidas da base de cálculo das contribuições em questão. As situações posteriores ao nascimento da obrigação tributária, que se constituem como excludentes do crédito tributário, contempladas na legislação do PIS e da COFINS, ocorrem apenas quando o fato superveniente venha a *anular* o fato gerador do tributo, nunca quando o fato gerador subsista perfeito e acabado, como ocorre com as vendas inadimplidas.

4. Nas hipóteses de cancelamento da venda, a própria lei exclui da tributação valores que, por não constituírem efetivos ingressos de novas receitas para a pessoa jurídica, não são dotados de capacidade contributiva.

5. As vendas canceladas não podem ser equiparadas às vendas inadimplidas porque, diferentemente dos casos de cancelamento de vendas, em que o negócio jurídico é desfeito, extinguindo-se, assim, as obrigações do credor e do devedor, as vendas inadimplidas – a despeito de poderem resultar no cancelamento das vendas e na consequente devolução da mercadoria –, enquanto não sejam efetivamente canceladas, importam em crédito para o vendedor oponível ao comprador (...). (RE 586.482-RS, Plenário, rel. Min. Dias Toffoli, j. 23.11.2011, *DJe* 19.6.2012, p. 20)

5.2.2.6 Exclusões da base de cálculo

A Lei 9.718/1998, no âmbito da base de cálculo – além de diversas situações previstas em legislações anteriores –, estabeleceu que se excluem da receita bruta "os valores que, computados como receita, tenham sido transferidos para outra pessoa jurídica, observadas normas regulamentadoras expedidas pelo Poder Executivo".

De forma expressa (art. 3º, § 2º), determinou que da receita bruta sejam exclaídas:

> I – as vendas canceladas e os descontos incondicionais concedidos; II – as reversões de provisões e recuperações de créditos baixados como perda, que não representem ingresso de novas receitas, o resultado positivo da avaliação de investimento pelo valor do patrimônio líquido e os lucros e dividendos derivados de participações societárias, que tenham sido computados como receita bruta; (III, revogado); IV – as receitas de que trata o inciso IV do *caput* do art. 187 da Lei n. 6.404, de 15 de dezembro de 1976, decorrentes da venda de bens do ativo não circulante, classificado como investimento, imobilizado ou intangível; (V, revogado); e VI – a receita reconhecida pela construção, recuperação, ampliação ou melhoramento da infraestrutura, cuja contrapartida seja ativo intangível representativo de direito de exploração, no caso de contratos de concessão de serviços públicos.

Este preceito não revela fácil compreensão e aplicação, como pode aparentar numa primeira leitura. Realmente, constitui prática usual, normal, e até mesmo lógica, que o contribuinte procure integrar no seu faturamento (ou receita bruta) todos os custos, despesas operacionais, encargos, tributos etc., que haja suportado, ou em que haja incorrido, relativamente aos bens/serviços transacionados com terceiros.

Tratando-se de comerciante, por exemplo, adquire mercadorias e promove sua revenda, auferindo receitas (neste último negócio jurídico), que, à evidência, são utilizadas para liquidar a obrigação anterior (compra).

Se for entendido que tais receitas são repassadas (indireta ou obliquamente) a terceiros (no caso, ao primeiro vendedor das mercadorias), a norma estaria considerando a figura da não cumulatividade da contribuição, para que não viesse recair sobre cada uma das etapas de circulação dos bens, e que tem por finalidade proteger o contribuinte contra reiteradas incidências sobre uma mesma base de cálculo.

A Medida Provisória 2.158-35, de 24.8.2001 (art. 47, V, "b"), veio revogar expressamente o "inciso III do § 2º do art. 3º da Lei n. 9.718, de 1998".

Doravante, setores que significativamente utilizam terceiras empresas para a realização de seus negócios passariam a ter impedimento para reduzir a carga da COFINS, uma vez que não poderiam mais desconsiderar na base de cálculo os valores das receitas de terceiros.

O Superior Tribunal de Justiça decidiu o seguinte:

Agravo regimental em recurso especial – Tributário – PIS e COFINS – Incidência sobre receitas transferidas para outras pessoas jurídicas – Lei n. 9.718/1998, art. 3º, § 2º, III – Norma de eficácia limitada – Ausência de regulamentação. (...).

A Lei n. 9.718/1998, art. 3º, § 2º, III, optou por delegar ao Poder Executivo missão de regulamentar a aplicabilidade desta norma.

2. Destarte, o Poder Executivo, competente para a expedição do respectivo decreto, quedou-se inerte, sendo certo que, exercendo sua atividade legislativa constitucional, houve por bem retirar referida disposição do universo jurídico, através da Medida Provisória n. 1.991-18/2000, numa manifestação inequívoca de aferição de sua inconveniência tributária.

3. Conquanto o art. 3º, § 2º, III, da lei supracitada tenha ostentado vigência, careceu de eficácia, ante a ausência de sua imprescindível regulamentação. Assim, é cediço na Turma que, "se o comando legal inserto no art. 3º, § 2º, III, da Lei n. 9.718/1998 previa que a exclusão de crédito tributário ali prevista dependia de normas regulamentares a serem expedidas pelo Executivo, é certo que, embora vigente, não teve eficácia no mundo jurídico, já que, não editado o decreto regulamentador, a citada norma foi expressamente revogada com a edição da Medida Provisória n. 1.991-18/2000".

4. Deveras, é lícito ao legislador, ao outorgar qualquer benefício tributário, condicionar o seu gozo. Tendo o legislador optado por delegar ao Poder Executivo a tarefa de estabelecer os contornos da isenção concedida, também essa decisão encontra amparo na sua autonomia legislativa.

5. Consequentemente, "não comete violação ao art. 97, IV, do CTN o decisório que, em decorrência deste fato, não reconhece o direito de o recorrente proceder à compensação dos valores que entender ter pago a mais a título de contribuição para o PIS e a COFINS".

In casu, o legislador não pretendeu a aplicação imediata e genérica da lei, sem que lhe fossem dados outros contornos como pretende a recorrente; caso contrário não teria limitado seu poder de abrangência. (1ª T., AgRg no REsp 529.943-PR, rel. Min. Luiz Fux, j. 24.8.2004, *DJU*-1 20.9.2004, pp. 187-188)

Há que se convir que diversos valores não mantêm conexão com a quantia acordada como forma de remuneração de serviços, podendo tratar-se de simples recebimentos temporários, ou ingressos de distinta natureza, uma vez que só pode ser considerado como receita aquele valor que integra o patrimônio do contribuinte.

Argutamente fora observado que os contribuintes

> têm o direito de não considerar como receitas próprias valores que apenas transitam por seus livros fiscais, sem representar, entretanto, acréscimo patrimonial. Tal é o caso, *v.g.*, dos montantes a eles repassados para satisfação de despesas incorridas por conta e ordem de terceiros, ou para pagamento, aos efetivos prestadores, por serviços por eles apenas intermediados.[189]

Exemplificativamente, observa-se que

> nas atividades comissionadas como as de agenciamento, a de corretagem, a de despachantes e as de administração de bens, negócios ou interesses – o recebimento de valores (a título de alugueres, venda de mercadorias etc.) e os pagamentos de despesas (a título de impostos, compras e outras obrigações) constituem atos materiais cuja prática é ínsita à própria razão de ser da atividade.[190]

No cálculo da COFINS não deveriam ser incluídos os valores pertinentes a seguros, juros e quaisquer outras importâncias recebidas ou debitadas – como multas e indenizações –, pois tais verbas têm natureza diversa do respectivo faturamento ou receita bruta de natureza operacional.

As impropriamente denominadas "reduções" – que, em realidade, correspondem à adequada consideração da base de cálculo – revelam-se imprescindíveis para a obediência ao princípio da capacidade contributiva.

Certamente, o ônus tributário deve corresponder única e exclusivamente ao valor efetivamente auferido pelo contribuinte, uma vez que determinados valores apenas circulam por sua contabilidade, sem integrar seu patrimônio.

É induvidoso que a tributação sobre o montante faturado, nas situações apontadas, acarretaria manifesto confisco, em razão de significativo desfalque patrimonial.

---

189. Eduardo Bottallo, "Base imponível do ISS e das contribuições para o PIS e COFINS", *Repertório IOB de Jurisprudência* 23/667.
190. Aires Barreto, "Atividade-meio e serviço-fim", *RDDT* 5/86.

As exclusões da base de cálculo não se confundem com a não cumulatividade (v. Capítulo 4, item 2).

5.2.2.7 O aumento da alíquota da COFINS ofende o princípio constitucional da isonomia

A Lei federal 9.718/1998 promoveu a elevação da alíquota da CO-FINS (de 2% para 3%), permitindo a compensação com a CSLL, em termos específicos (art. 8º, §§ 2º-4º).

Trata-se de regra inconstitucional, uma vez que viola o superior princípio da isonomia, que representa um dos fundamentos da tributação, estabelecendo a Constituição Federal ser proibido aos Poderes Públicos "instituir tratamento desigual entre contribuintes que se encontrem em situação equivalente, proibida qualquer distinção em razão de ocupação profissional ou função por eles exercida, independentemente da denominação jurídica dos rendimentos, títulos ou direitos" (art. 150, II). Entrelaça-se com os princípios da capacidade contributiva e da vedação de confisco (arts. 145, § 1º, e 150, IV).

A matéria atinente à isonomia tributária será no Capítulo 4, item 5, tornando-se despiciendo expender considerações complementares.

No caso concreto, é fácil perceber que o aumento da alíquota da COFINS – possibilitada a compensação com a CSLL – tipifica patente violação ao princípio da igualdade, pelo simples fato de que esta compensação só poderá ser totalmente possível no caso de ser apurado lucro básico acima de 12,5% do faturamento do contribuinte.

Este preceito estabelece um tratamento discriminatório, beneficiando as empresas com maior lucratividade, comparativamente com as empresas que auferem lucros menos significativos ou apresentam prejuízos – que ficam impossibilitadas de efetuar a referida compensação. Tem pertinência a arguição de inconstitucionalidade da majoração dessa alíquota, uma vez que inexiste direito à compensação integral.

A circunstância de a Emenda 20/1998 haver inserido o § 9º ao art. 195 da CF não prejudica o argumento da inconstitucionalidade, pelas razões seguintes.

(a) A legislação ordinária não se constitucionaliza pelo fato de posterior emenda à Constituição Federal haver disciplinado a matéria jurídica (conforme salientado em tópico anterior).

(b) A Lei federal 9.718/1998 (art. 8º) tratou de matéria diversa, uma vez que não estabeleceu qualquer discriminação direta, pois elevou genericamente a alíquota para 3%, não cogitando de beneficiar um segmento econômico ou uma específica situação laboral. Esta lei promoveu indireta discriminação tributária – não possibilitada na Constituição Federal (sequer na Emenda Constitucional 20/1998) –, ao beneficiar as empresas de expressivo lucro.

Precisa a argumentação seguinte: "As normas que limitam o direito de compensar o valor da elevação da COFINS, com o valor da CSLL do respectivo período, são conflitantes com o disposto no art. 194, parágrafo único, inciso V, da vigente Constituição".[191]

A questão sofreu acurado exame doutrinário no âmbito da isonomia, levando em consideração (a) a identificação do elemento de discriminação, (b) a necessidade de que a norma não individualize o destinatário do tratamento discriminatório e (c) a relação de pertinência entre tratamento discriminatório e valores constitucionalmente positivados. Firmando-se a conclusão de que as disposições do art. 8º da Lei 9.718/1998 não encontram fundamento de validade no sistema constitucional brasileiro.[192]

Argumenta-se que o princípio da equidade obriga à participação equilibrada na subvenção da Seguridade Social. Mas tal consideração não permite uma imposição tributária mais significativa para determinadas atividades econômicas, como é o caso das entidades financeiras. São imprescindíveis a constatação de cada caso concreto e a apuração de maior necessidade de acesso aos benefícios previdenciários, pois nem sempre as instituições creditícias revelam alto lucro/baixa receita, existindo notórias situações de insolvência.

Por outro lado, não se ignora que existe certa razoabilidade na previsão de alíquotas diferenciadas em razão da capacidade econômica, uma vez que o próprio texto constitucional – relativamente a específicos tributos – contempla o princípio da progressividade (como é o caso do Imposto de Renda – art. 153, § 2º, I; IPTU – arts. 156, § 1º, e 182, § 4º, II; e ITR – art. 153, § 4º), consistente na majoração das alíquotas à medida que a base de cálculo se apresenta mais significativa.

Oportuno registrar a postura adotada pela Procuradoria-Geral da Fazenda Nacional (Parecer 713/1999, de 9.6.1999) no âmbito da COFINS, na forma consubstanciada nas conclusões seguintes:

191. Hugo de Brito Machado, "COFINS...", in *Contribuições Sociais – Problemas Jurídicos*, p. 113.
192. José Artur Lima Gonçalves, "COFINS – Alíquota aumentada – Compensação com a CSLL – Isonomia – Inconstitucionalidade", *RDDT* 46/119-133.

Alterações na contribuição para o PIS e na COFINS promovidas pelos arts. 2º e 3º da Lei n. 9.718, de 27.11.1998.

Alegação de inconstitucionalidade frente aos arts. 60, § 2º; 62; 64; 146, III; 149; 154, I; 195, I (este na redação anterior à da Emenda Constitucional n. 20, de 16.12.1998), e § 4º; e 246, todos da Carta da República de 1988.

Inexistência das baldas.

I – Plena compatibilidade entre o fato gerador "faturamento", previsto na redação original do art. 195, I, da Lei Maior, e a "receita bruta" – base de cálculo da COFINS –, como definida na lei em referência. (...).

III – Desnecessário buscar-se na Emenda Constitucional n. 20/1998 fonte de validez para os arts. 2º e 3º da lei em prisma.

IV – Inexistência de qualquer vício formal a macular a Emenda Constitucional n. 20/1998: desnecessidade de retorno da Proposta de Emenda Constitucional n. 33/1995 ao Senado Federal, salvo no que discrepante do texto nele aprovado. O texto da Emenda Constitucional n. 20/1998 foi objeto de dois turnos de votação em ambas as Casas do Congresso Nacional. Quanto ao art. 195, I, discrepância inexistente, tendo havido até mesmo excesso de turnos.

V – Ausência de violação ao art. 246 da CF/1988.

VI – A apresentação, por parlamentares, de emendas a projetos de conversão de medidas provisórias em lei não torna aplicável, à espécie, o rito, menos expedito, da apreciação dos projetos de lei.

Entretanto, a versão 11 da Medida Provisória 1.858 (atual Medida Provisória 2.158-35, de 24.8.2001), em seu art. 35, III, revogou – a partir de 1º de janeiro de 2000 – os preceitos (§§ 1º-4º do art. 8º da Lei 9.718/1998), em razão do que passa a inexistir o direito à aludida compensação, tendo o contribuinte que suportar integralmente a majoração tributária (1% da alíquota da COFINS).

O Supremo Tribunal Federal decidiu:

Tributário – COFINS – Art. 8º e § 1º da Lei n. 9.718/1998 – Alíquota majorada de 2% para 3% – Compensação de até um terço com a Contribuição sobre o Lucro Líquido – CSLL, quando o contribuinte registrar lucro no exercício – Alegada ofensa ao princípio da isonomia.

Por efeito da referida norma, o contribuinte sujeito a ambas as contribuições foi contemplado com uma bonificação representada pelo direito a ver abatido, no pagamento da segunda (COFINS), até um terço do *quantum* devido, atenuando-se, por esse modo, a carga tributária resultante da dupla tributação.

Diversidade entre tal situação e a do contribuinte tributado unicamente pela COFINS, a qual se revela suficiente para justificar o tratamento diferenciado, não havendo que falar, pois, de ofensa ao princípio da isonomia. (Pleno, RE 336.134-1-RS, rel. Min. Ilmar Galvão, j. 20.11.2002, *DJU* 16.5.2003, p. 93)

5.2.2.8 Operações imobiliárias e atividades de construção

A COFINS, até a edição da Emenda Constitucional 20/1998, decorre de "faturamento" das "vendas de mercadorias e de serviços", cujos significados jurídicos foram examinados em tópico anterior. Esses vocábulos traduzem operações mercantis e prestações de utilidade, ou comodidade, a terceiros (obrigações de dar e de fazer).

Vittorio Cassone pugna pela tributação das atividades imobiliárias quando assinala que as empresas de construção e as sociedades incorporadoras são caracterizadas como comerciais *ex vi* da Lei 4.068/1962 e de julgado do Tribunal de Justiça de São Paulo.[193]

Na mesma linha jurídica situa-se Oswaldo Othon de Pontes Saraiva Filho ao apontar que também a Lei 4.591, de 16.12.1964, admite como comerciais as atividades do incorporador, pessoa física ou jurídica, proprietário ou não, promotor ou não da construção, que aliene total ou parcialmente imóvel ainda em construção, e do vendedor, proprietário ou não, que habitualmente aliene prédio, decorrente de obra já concluída, ou terreno fora do regime condominial, distinguindo-se dos atos de natureza civil a atividade empresarial com o intuito de lucro.[194]

Sublinha o autor que o incorporador equipara-se ao corretor, embora tenha atribuições bem mais amplas, por ser o propulsor do empreendimento. Ademais, concebe a incidência da COFINS sobre a receita decorrente da locação de imóveis de terceiros, e até mesmo de imóvel próprio, desde que seja empregador e exerça habitualmente essa atividade econômica com o fito de lucro. A seu ver, a Constituição Federal de 1988 (art. 195, I) não utilizou o conceito restrito de *faturamento* do direito comercial, mas do direito fiscal.

A questão, segundo Ricardo Mariz de Oliveira, "envolve três tipos de transações distintas, quais sejam: a venda pura e simples de imóveis, a venda de imóveis constantes do ativo permanente da pessoa jurídica e a construção de imóveis como prestação de serviços para terceiros".[195]

---

193. 6ª C. Civil, AgPet 174.618, v.u., *RT* 405/195.

194. "COFINS nas operações sobre imóveis", *RDDT* 1/62-68.

195. "COFINS nas operações com imóveis e empresas construtoras", *IV Simpósio Nacional IOB de Direito Tributário*, pp. 163-172.

Assinala que tanto a construção de imóveis (forma de empreitada ou administração) como a intermediação da venda de imóveis sujeitam-se à COFINS, uma vez que sua receita é oriunda da prestação de serviços.

Entretanto, como os imóveis não são mercadorias (nas acepções legal e doutrinária), não incidirá a contribuição nas vendas especulativas e nas alienações quando os bens integram o ativo permanente das empresas, porque também os resultados não compõem a receita bruta.

Argumenta, outrossim, que a equiparação contida na Lei 4.068/1962 relaciona-se exclusivamente à atividade de construção, e não à venda do imóvel, cujo título representativo não é a fatura, nem a duplicata, mas a escritura pública ou, mesmo, a promessa de venda e compra. No tocante à Lei 6.404/1976 esclarece que a qualificação das sociedades anônimas como comerciais prende-se à própria pessoa jurídica, e não ao seu objeto. E justifica: "(...) ninguém em sã consciência vai dizer, por exemplo, que um serviço de consultoria seja venda de mercadorias apenas porque prestado por uma sociedade por ações". No pertinente à Lei 4.591/1964 observa que em nenhum momento define os atos do incorporador ou do vendedor imobiliário como venda mercantil.

Conclui Sacha Calmon que

> o art. 2º da Lei Complementar 70/1991, ao definir o faturamento, exclui da hipótese de incidência da COFINS as receitas provenientes da venda de imóveis, sendo irrelevantes o fato de que a empresa que vende imóveis seja comercial ou não e a frequência dessas vendas. Seria fácil fazer alcançar as receitas com vendas de imóvel pela COFINS; basta mudar a lei. O que não se admite é, em nome, por exemplo, do princípio da isonomia, dar aos conceitos jurídicos, por meio de interpretação, conteúdos que não lhes são próprios.[196]

Discordo da viabilidade da incidência mediante simples alteração normativa, por implicar violação do Código Civil e do próprio Código Tributário Nacional (art. 110), que não consente ao legislador fiscal modificar instituto/conceito/forma de direito privado que não fora objeto de alteração constitucional para efeitos tributários.

Assim, carecerá de embasamento jurídico-constitucional a singela mudança na Lei Complementar 70/1991 para inserir regra impositiva (COFINS) relativamente à venda de imóveis, uma vez que o sustentá-

---

196. "COFINS nas operações com imóveis e empresas construtoras", *IV Simpósio Nacional IOB de Direito Tributário*, p. 176.

culo constitucional (art. 195, I) cogitava de "faturamento" (incompatível nos lindes da alienação/incorporação imobiliária).

Sob esse prisma, ressalto que "serviços" não representariam necessariamente as atividades relacionadas em anexo à Lista de Serviços constante da Lei Complementar 116/2003, que concerne, especificamente, à incidência do ISS (de competência municipal), nos termos do art. 156, III, da CF. Além disso, é plausível a existência de serviços que não tenham sido objeto de consideração por parte do legislador complementar; e nem por isso deixariam de ser caracterizados como serviços.

Embora seja adequado o conceito de *serviço* como sendo "o desempenho de atividade economicamente apreciável, produtiva de utilidade para outrem, porém sem subordinação, sob regime de direito privado, com o fito de remuneração",[197] não tem rigorosa condição de ser aplicado no caso vertente.

A postura doutrinária, segundo se depreende, teve por escopo central explicitar o comando vigente na Constituição anterior atinente à imposição do ISS, tendo em vista prestigiar a autonomia municipal, para que os Municípios não ficassem adstritos ao legislador complementar, que poderia até listar um número insignificante de serviços, com sério comprometimento à sua capacidade financeira.

Portanto, não há segurança em tomar como empréstimo a Lei Complementar 116/2003 para fins de pleno atendimento à legislação regradora da COFINS. A precariedade desta situação implica não se vislumbrar a integral tipicidade tributária diante da fixação de critérios jurídicos para a conceituação dos serviços que seriam suscetíveis de imposição destas contribuições.

Sutil a ponderação de Valdir de Oliveira Rocha no sentido de que "quem comercializa imóveis (com os de seu próprio estoque) não vende mercadorias e, portanto, ainda que seja empregador, não estará sujeito à contribuição instituída pela Lei Complementar 70/1991. Não se confunda *comercialização* de imóveis propriamente dita com *serviços* de corretagem e outros que têm em mira a realização daquela".[198] E arremata: "Serviços de qualquer natureza, para fins da contribuição instituída pela Lei Complementar 70/1991, não têm relação necessária com os da lei complementar que os define para fins de ISS; desta podem, entretanto,

197. Aires Barreto e Geraldo Ataliba, "Serviço tributável", *X Curso de Especialização em Direito Tributário*, 1983, p. 158.
198. "Contribuições...", *Repertório IOB de Jurisprudência* 23/471.

tirar uma direção, que será útil em muitas situações, ainda que não o seja absolutamente determinante para todas".

Em alentado estudo sobre essa mesma temática, Marco Aurélio Greco concluiu que o art. 2º da Lei Complementar 70/1991 não alcança a receita decorrente da venda de bens imóveis pela circunstância de que estes não estão compreendidos no significado do termo "mercadoria" (bens móveis). Assinala que a não abrangência da receita bruta decorrente da venda de imóveis não é uma lacuna a ser preenchida mediante processo de interpretação extensiva ou lógica, mas caso de silêncio eloquente, não sendo o caso de o Judiciário agir como legislador positivo.[199]

O Superior Tribunal de Justiça havia decidido que a COFINS não incide sobre a comercialização de imóveis, enquanto a legislação infraconstitucional explicitara que seu fato gerador seria o faturamento.[200] Posteriormente passou a entender pela incidência da COFINS, sob os fundamentos seguintes:

• Tributário – COFINS – Venda de imóveis construídos sob o regime de incorporação por empreitada – Incidência – Lei Complementar n. 70/1991, art. 2º, parágrafo único, alíneas "a" e "b".

Estando a construção de imóveis pelo regime de empreitada incluída na Lista de Serviços editada pela Lei Complementar n. 56/1987, as operações de compra e venda dos mesmos ficam sujeitas à incidência da COFINS, como previsto na Lei Complementar n. 70/1991.

Embargos de divergência rejeitados. (1ª S., EDiv no REsp 191.481-SP, rel. Min. Francisco Peçanha Martins, j. 13.12.2000, *DJU*-E 26.3.2001, p. 361)

• Tributário – COFINS – Venda de imóveis – Incidência.

1. O fato gerador da COFINS é o faturamento mensal da empresa, assim considerada a receita bruta de vendas de mercadorias e de serviços (Lei Complementar n. 70/1991).

2. A empresa que comercializa imóveis é equiparada a empresa comercial, e, como tal, tem faturamento com base nos imóveis vendidos, como resultado econômico da atividade empresarial exercida.

3. A noção de mercadoria do Código Comercial não é um instituto, e sim um conceito que não pode servir de fundamento para a não incidência de um segmento empresarial que exerce o comércio.

---

199. "COFINS na venda de imóveis", *RDDT* 51/136-137.

200. 1ª S., EDiv no REsp 149.026-AL, rel. Min. José Delgado, j. 23.8.2000, *DJU*--1-E 13.8.2001, p. 39.

4. Embargos de divergência conhecidos e recebidos. (1ª S., EDiv no REsp 147.680-PR, rela. para o acórdão Min. Eliana Calmon, j. 14.12.2000, *DJU*-1-E 12.8.2001, p. 39)

O STJ solidificou a jurisprudência seguinte:

• Entendimento firmado e ambas as Turmas da Primeira Seção no sentido de que as receitas provenientes das atividades de construir, alienar, comprar, alugar, vender imóveis e intermediar negócios imobiliários integram o conceito de faturamento, para fins de tributação a título de PIS e COFINS, incluindo-se aí as receitas provenientes de locação de imóveis, próprios e integrantes do ativo imobilizado, ainda que este não seja o objeto social da empresa, pois o sentido de faturamento acolhido pela lei e pelo Supremo Tribunal Federal não foi o estritamente comercial (...). (AgRg no AgRg no REsp 1.464.801-PR, 1ª T., rel. Min. Sérgio Kukina, j. 5.2.2015, *Dje* 13.2.2015)

• A Contribuição para o Financiamento da Seguridade Social – COFINS incide sobre as receitas provenientes das operações de locação de bens móveis. (Súmula 423)

5.2.2.9 Sociedades civis profissionais

A Lei Complementar 70/1991 (art. 6º, II) estabelecera que são isentas da COFINS as sociedades civis de que trata o art. 1º do Decreto-lei 2.397, de 21.12.1987, que reza o seguinte:

Art. 1º. A partir do exercício financeiro de 1989, não incidirá o Imposto sobre a Renda das Pessoas Jurídicas sobre o lucro apurado, no encerramento de cada período-base, pelas sociedades civis de prestação de serviços profissionais relativos ao exercício de profissão legalmente regulamentada, registradas no Registro Civil das Pessoas Jurídicas e constituídas exclusivamente por pessoas físicas domiciliadas no país.

Acontece que o Parecer Normativo 3/1994, de 25.3.1994 (publicado em 28.3.1994), da Coordenação do Sistema de Tributação, traçou distinção impositiva no atinente à COFINS, condicionando ao regime de tributação adotado pelas sociedades, no tocante ao Imposto de Renda.

Nesse passo, o ato administrativo concluiu que, optando pela tributação de seus resultados com base no lucro real ou presumido (art. 71 da Lei 8.383, de 30.12.1991, e arts. 1º e 2º da Lei 8.541, de 23.12.1992), tornava-se inaplicável a aludida isenção.

Ateve-se ao art. 40 da Lei 8.383/1991 e à Instrução Normativa SRF-21, de 26.2.1992 (parágrafo único do art. 33), ao assinalar que a opção pela tributação com base no lucro presumido exclui a aplicação do regime de tributação próprio às sociedades civis (Decreto-lei 2.397/1987). E, portanto, perdem a condição de tributação exclusiva nas pessoas físicas dos sócios, e passam a ser tributadas também na pessoa jurídica.

Examinando esta temática, Hugo de Brito Machado[201] alinha os argumentos da autoridade fazendária, em relação aos quais apresenta digressões jurídicas do jaez seguinte.

(a) O art. 6º, II, da Lei Complementar 70/1991 deve ser interpretado literalmente (art. 111 do CTN). No caso em comento não está expresso que a opção por forma de tributação diversa da estabelecida pelo Decreto-lei 2.397/1987 implica perda da isenção da COFINS. A interpretação fazendária nada tem de literal.

(b) Somente está abrangida pela não incidência do Imposto de Renda das Pessoas Jurídicas a sociedade civil que obedeça aos requisitos indicados; em consequência, está isenta da COFINS. Não se deve confundir não incidência com isenção (o caso do Decreto-lei 2.397/1987). A COFINS – contribuição sobre o faturamento – nada tem a ver com o Imposto sobre a Renda (incidente sobre o lucro).

(c) A Lei Complementar 70/1991 isentou as sociedades civis por não se caracterizarem como pessoas jurídicas para fins da legislação tributária. A isenção da COFINS tem o mesmo fundamento pré-jurídico que levou o legislador tributário a isentá-las do IRPJ, mas não desaparece pelo fato de haver lei superveniente permitindo àquelas sociedades a opção, que, eventualmente, pode ser mais vantajosa.

(d) A opção pela tributação com base no lucro presumido exclui a aplicação do regime de tributação próprio às sociedades civis. Em verdade, trata-se de dois tributos com regimes jurídicos próprios, tendo o art. 6º, II, da Lei Complementar 70/1991 feito remissão ao art. 1º do Decreto-lei 2.397/1987 apenas para colher o conceito ali definido.

(e) A Constituição Federal veda tratamento desigual entre contribuintes que se encontrem em situação equivalente. Nessa situação encontram-se todas as sociedades civis que se enquadrem no conceito do art. 1º do Decreto-lei 2.397/1987, seja qual for o regime de tributação de seus rendimentos. A forma pela qual se submetem, elas e seus sócios, ao Imposto de Renda não faz parte de suas condições existenciais. Não é da essência daquelas sociedades.

201. "A COFINS e as sociedades de profissionais", *Caderno de Direito Tributário e Finanças Públicas* 7/17-19.

A razão de ser da isenção das sociedades de profissionais é o caráter eminentemente pessoal dos rendimentos por elas auferidos. Tal razão não desaparece pelo fato de, em face da permissão legal, optarem por outra forma de tributação.

Hugo de Brito Machado entende tranquila a situação das sociedades civis em causa (inclusive as sociedades de advogados – Lei 8.906, de 4.7.1994) no tocante à desoneração da COFINS, uma vez que há embasamento em norma válida, vigente e eficaz.

Cautelarmente, Vittorio Cassone propõe que a Receita Federal reveja o Parecer Normativo COSIT-3/1994, a fim de revogá-lo, devolvendo a tranquilidade a essa categoria de contribuintes.[202]

O Superior Tribunal de Justiça decidiu a matéria da forma seguinte:

Tributário – COFINS – Sociedades civis prestadoras de serviços médicos.

1. A Lei Complementar n. 70/1991, de 30.12.1991, em seu art. 6º, II, isentou expressamente da contribuição da COFINS as sociedades civis de que trata o art. 1º do Decreto-lei n. 2.397, de 22.12.1987, sem exigir qualquer outra condição senão as decorrentes da natureza jurídica das mencionadas entidades.

2. Em consequência da mensagem concessiva da isenção contida no art. 6º, II, da Lei Complementar n. 70/1991, fixa-se o entendimento de que a interpretação do referido comando posto em lei complementar, consequentemente com potencialidade hierárquica em patamar superior à legislação ordinária, revela que serão abrangidas pela isenção da COFINS as sociedades civis que, cumulativamente, apresentem os requisitos seguintes:

– seja sociedade constituída exclusivamente por pessoas físicas domiciliadas no Brasil;

– tenha por objetivo a prestação de serviços profissionais relativos ao exercício de profissão legalmente regulamentada; e

– esteja registrada no Registro Civil das Pessoas Jurídicas.

3. Outra condição não foi considerada pela lei complementar, no seu art. 6º, II, para o gozo da isenção, especialmente o tipo de regime tributário adotado para fins de incidência ou não de Imposto de Renda.

4. Posto tal panorama, não há suporte jurídico para se acolher a tese da Fazenda Nacional de que há, também ao lado dos requisitos

---

202. "COFINS – Isenção – Sociedades civis de profissão regulamentada do Decreto-lei 2.397/1987 – Crítica ao Parecer Normativo COSIT-3/1994", *Caderno de Direito Tributário e Finanças Públicas* 8/113-116.

acima elencados, um último, o do tipo de regime tributário adotado pela sociedade. A lei complementar não faz tal exigência, pelo que não cabe ao intérprete criá-la.

5. É irrelevante o fato das recorridas terem optado pela tributação dos seus resultados com base no lucro presumido, conforme lhes permitem o art. 71 da Lei n. 8.383/1991 e os arts. 1º e 2º da Lei n. 8.541/1992. Essa opção terá reflexos para fins de pagamento do Imposto de Renda. Não afeta, porém, a isenção concedida pelo art. 6º, II, da Lei Complementar n. 70/1991, haja vista que esta, repita-se, não colocou como pressuposto para o gozo da isenção o tipo de regime tributário seguido pela sociedade civil.

6. Recurso especial improvido. (1ª T., REsp 156.839-SP, rel. Min. José Delgado, j. 3.3.1998, *DJU*-1 27.4.1998, p. 104)

Embora a Lei 9.430, de 27.12.1996 (art. 88, XIV), tivesse objetivado revogar os arts. 1º e 2º do Decreto-lei 2.397/1987, o Superior Tribunal de Justiça manteve o entendimento seguinte:

Tributário – COFINS – Sociedades civis de prestação de serviços profissionais – Isenção – Requisitos essenciais – Regime tributário – Lei n. 8.541/1992 – Revogação da Lei Complementar n. 70/1991 – Impossibilidade – Princípio da hierarquia das leis – Lei n. 9.430/1996 (lei ordinária) – Precedentes.

A Lei Complementar n. 70/1991, em seu art. 6º, II, isentou da COFINS as sociedades civis de prestação de serviços de que trata o art. 1º do Decreto-lei n. 2.397, de 22.12.1987, estabelecendo como condições somente aquelas decorrentes da natureza jurídica das referidas sociedades.

A isenção concedida pela Lei Complementar n. 70/1991 não pode ser revogada pela Lei n. 9.430/1996, lei ordinária, em obediência ao princípio da hierarquia das leis.

A opção pelo regime tributário instituído pela Lei n. 8.541/1992 não afeta a isenção concedida pelo art. 6º, II, da Lei Complementar n. 70/1991. Entre os requisitos elencados como pressupostos ao gozo do benefício não está inserido o tipo de regime tributário adotado pela sociedade para recolhimento do Imposto de Renda.

Recurso especial não conhecido. (2ª T., REsp 221.710-RJ, rel. Min. Francisco Peçanha Martins, j. 4.10.2001, *DJU*-1 18.2.2002, pp. 288-289)

O Superior Tribunal de Justiça havia consolidado o entendimento de que "as sociedades civis de prestação de serviços profissionais são isentas da COFINS, irrelevante o regime tributário adotado" (Súmula 276).

Posteriormente, decidira pelo seu cancelamento (*DJe*, 1ª Seção, 20.11.2008, p. 1).

O Supremo Tribunal Federal firmou o entendimento seguinte:

1. Contribuição social sobre o faturamento – COFINS (CF, art. 195, I).

2. Revogação pelo art. 56 da Lei n. 9.430/1996 da isenção concedida às sociedades civis de profissão regulamentada pelo art. 6º, II, da Lei Complementar n. 70/1991 – Legitimidade.

3. Inexistência de relação hierárquica entre lei ordinária e lei complementar. Questão exclusivamente constitucional, relacionada à distribuição material entre as espécies legais – Precedentes.

4. A Lei Complementar n. 70/1991 é apenas formalmente complementar, mas materialmente ordinária, com relação aos dispositivos concernentes à contribuição social por ela instituída – ADC 1, rel. Moreira Alves, *RTJ* 156/721.

5. Recurso extraordinário conhecido mas negado provimento. (Plenário, RE 377.457-3, rel. Min. Gilmar Mendes, j. 17.9.2008, *DJe* 18.12.2008, pp. 102-103)

5.2.3 Sistemática vigente

A Lei federal 10.833, de 29.12.2003 (com alterações), dispôs que a COFINS com a incidência não cumulativa tem como *fato gerador* o faturamento mensal, assim entendido o total das receitas auferidas, independentemente de sua denominação ou classificação contábil, compreendendo a receita bruta da venda de bens e serviços nas operações em conta própria ou alheia e todas as demais receitas auferidas pela pessoa jurídica.

A *base de cálculo* é o total das receitas auferidas, excluídas as seguintes receitas: (I) isentas ou não alcançadas pela incidência da contribuição ou sujeitas à alíquota zero; (II) de que trata o inciso IV do *caput* do art. 187 da Lei 6.404, de 15.12.1976, decorrente de vendas de bens do ativo não circulante, classificado como investimento, imobilizado ou intangível; (III) auferidas pela pessoa jurídica revendedora, na revenda de mercadorias em relação às quais a contribuição seja exigida da empresa vendedora, na condição de substituta tributária; (...); (V) referentes a (a) vendas canceladas e aos descontos incondicionais concedidos; (b) reversões de provisões e recuperações de créditos baixados como perda que não representem ingresso de novas receitas, o resultado positivo da avaliação de investimentos pelo valor do patrimônio líquido e os lucros e dividendos derivados de participações societárias que tenham sido computados como receita; (VI) decorrentes de transferência onerosa, a outros contribuintes do Imposto sobre Operações relativas à Circulação de Mercadorias e sobre Prestação de Serviços de Transporte Interestadual e Intermunicipal e de Comunicação – ICMS, de créditos de ICMS originados de exportação, conforme o disposto no inciso II do § 1 da art. 25 da Lei Complementar 87, de 13.9.1996; (VII) financeiras decorrentes do ajuste a valor presente de que trata o inciso VIII do *caput* do art. 182 da Lei 6.404, de 15.12.1976, referente a receitas excluídas da base de cálculo da COFINS; (VIII) relativas aos ganhos decorrentes de avaliação do ativo e passivo com base no valor justo; (IX) de subvenções para investimento, inclusive mediante isenção ou redução do imposto, concedidas como estímulo à implantação ou expansão de empreendimentos econômicos e de doações feitas pelo poder público; (X) reconhecidas pela construção, recuperação, reforma, ampliação ou melhoramento da infraestrutura, cuja contrapartida seja intangível representativo do direito de exploração, no caso de contratos de concessão de serviços públicos; (XI) relativas ao prêmio de debentures.

O Superior Tribunal de Justiça traçou distinção entre *vendas canceladas* e *vendas inadimplidas*, na forma seguinte:

> Tributário – PIS/COFINS – Vendas inadimplidas.
>
> 1. As vendas inadimplidas não podem ser equiparadas a vendas canceladas para fins de não fazer incidir o PIS e a COFINS.
>
> 2. O inadimplemento do comprador não influi na descaracterização do fato gerador. Há receita em potencial a ser auferida pela empresa.
>
> 3. A exigência tributária não está vinculada ao êxito dos negócios privados.
>
> 4. A não incidência do PIS e da COFINS só pode ocorrer nos casos determinados em lei – Aplicação do princípio da legalidade tributária.
>
> 5. Impossível, por construção jurisprudencial, instituir situação de não incidência tributária.
>
> 6. Precedente: REsp n. 751.368-SC, rel. Min. Luiz Fux, 1ª Turma. (1ª T., REsp 956.842-RS, rel. Min. José Delgado, j. 20.11.2007, *DJU*-1 12.12.2007, p. 408)

Relativamente à *locação de mão de obra*, o Superior Tribunal de Justiça decidira o seguinte:

> Tributário – PIS e COFINS – Base de cálculo – Locação de mão de obra – Salários e encargos pagos aos trabalhadores cedidos – Incidência.

1. O faturamento, entendido como receita bruta obtida por meio das vendas de mercadorias e de serviços de qualquer natureza, constitui a base de cálculo do PIS e da COFINS.

2. No caso de empresas de intermediação de mão de obra, os valores recebidos dos tomadores de serviços ingressam no caixa do empresário, por direito próprio, em face do exercício do seu objeto social (locação de mão de obra), correspondendo ao seu faturamento.

3. Ausente previsão legal, os salários e os encargos sociais que a empresa locadora de mão de obra desembolsa, em razão dos trabalhadores que coloca à disposição do tomador de serviços, não podem ser excluídos do âmbito de incidência das contribuições sociais sobre o faturamento – Precedentes do STJ. (2ª T., AgRg no REsp 1.109.540-PR, rel. Min. Herman Benjamin, j. 2.6.2009, *DJe* 20.8.2009)

No que concerne aos *juros sobre o capital próprio*, observa-se a decisão seguinte:

Mandado de segurança – Juros sobre capital próprio distribuídos aos sócios/acionistas – Incidência de PIS e COFINS – Natureza de dividendos – Impossibilidade – Isenção – Interpretação restritiva – Art. 111 do CTN – Súmula n. 211/STF – Falta de prequestionamento.

I – Discute-se, nos presentes autos, a incidência na base de cálculo do PIS e da COFINS dos juros sobre capital próprio (JCP), com base no Decreto n. 5.164/2004, o qual reduziu a zero a alíquota das referidas contribuições, excluindo as receitas decorrentes dos JCP e de operações de *hedge*.

II – Os juros sobre capital próprio não possuem natureza de lucro ou dividendo, mas de receita financeira.

III – De acordo com a Lei n. 9.249/1995, apresentam-se os JCP como uma faculdade à pessoa jurídica, que pode fazer valer de seu creditamento sem que ocorra o efetivo pagamento de maneira imediata, aproveitando-se da capitalização durante esse tempo. Além do mais, ao contrário dos dividendos, os JCP dizem respeito ao patrimônio líquido da empresa, o que permite que sejam creditados de acordo com os lucros e reservas acumulados (...). (1ª T., AgRg no REsp 1.100.210-RS, rel. Min. Francisco Falcão, j. 16.4.2009, *DJe* 27.4.2009)

Os valores recebidos a título de *correção monetária das vendas a prazo* ingressam no caixa pelo exercício do objeto social da empresa (comércio de mercadorias e/ou serviços). Compondo o preço da contraprestação ofertada pelo comprador, tais valores integram o preço bruto da mercadoria e, por isso, compõem a base de cálculo do PIS e da COFINS (STJ, 2ª T., REsp 674.445-PR, rel. Min. Castro Meira, j. 17.5.2007, *DJU*-1 10.9.2007, pp. 209-10)

É firme a jurisprudência da 1ª Seção do Superior Tribunal de Justiça no sentido da incidência da COFINS sobre as receitas provenientes da *locação de lojas em "shopping center"*, independentemente da modalidade de aluguel, fixo ou percentual (2ª T., REsp 748.256-RS, rela. Min. Eliana Calmon, j. 26.8.2008, *DJe* 16.9.2008).

Decidira que, "por não integrar o rol das exclusões, a parcela do faturamento, reservada ao *distribuidor de filme*, não pode ser abatida da base de cálculo da COFINS" (REsp 205.759-RJ, 1ª T., rel. Min. Humberto Gomes de Barros, j. 18.11.1999, *DJU* 1-E 21.2.2000, p. 95).

A Instrução Normativa RFB n. 1700, de 14.3.17, disciplinou a sistemática da contribuição nas operações de "arrendamento mercantil", do "ativo não circulante mantido para venda"; e "contratos de concessão de serviços públicos".

Para determinação do valor da COFINS aplica-se a *alíquota* de 7,6%, na sistemática não cumulativa, considerando-se os descontos previstos no tópico; salvo as diferenciações de alíquotas para específicas atividades.

O *contribuinte* é a pessoa jurídica que auferir as receitas.

A contribuição *não incidirá* sobre as receitas decorrentes das operações de (I) exportação de mercadorias para o exterior; (II) prestação de serviços para pessoa física ou jurídica residente ou domiciliada no exterior, cujo pagamento represente ingresso de divisas; e (III) vendas a empresa comercial exportadora com o fim específico de exportação.

O Superior Tribunal de Justiça tem repelido a cobrança da COFINS (e também do PIS) na fatura telefônica, conforme julgado:

> 1. A 2ª Turma desta Corte, na assentada de 9.9.2008, ao apreciar o tema, na ocasião do julgamento do REsp n. 1.053.778-RS, rel. Min. Herman Benjamin, considerou ser indevido o repasse do PIS e da COFINS na fatura telefônica, por ausência de expressa e inequívoca previsão na lei, e que referidos tributos não incidem sobre a operação individualizada de cada consumidor, mas sobre o faturamento global da empresa.
>
> 2. No precedente da 2ª Turma, no qual se pautou o acórdão embargado, reconheceu-se que "somente o ICMS, por expressa disposição legal, deve ser objeto de destaque e cobrança na fatura, repassando-se diretamente o ônus ao assinante", e é esta orientação que deve prevalecer (...). (2ª T., EDecl nos EDecl no REsp 625.767-RJ, rel. Min. Humberto Martins, j. 26.5.2009, *DJe* 9.6.2009).

O *pagamento* da contribuição deverá ser realizado até o último dia útil da primeira quinzena do mês subsequente ao da ocorrência do fato gerador.

Nas situações genéricas de incidência cumulativa aplica-se a *alíquota* de 3% (três por cento), e de 7,6% (sete inteiros e seis décimos por cento) na sistemática não cumulativa.

5.3 CSLL

5.3.1 Lucro. Conceito

A figura jurídica do "lucro", evidentemente, não é captada nos quadrantes constitucionais, sendo conformada por tradicionais conceitos de direito privado.

Na etimologia latina, *lucrum* equivale a *ganho*.[203] O clássico Cândido Figueiredo entende *lucro* como sinônimo de *ganho líquido*.[204]

Derivado do Latim *lucrum* ("ganho", "proveito", "vantagem"), entende-se, de modo amplo, *toda vantagem ou utilidade* que se possa ter ou tirar de uma coisa, ou de um negócio; tudo que venha *beneficiar a pessoa*, trazendo um engrandecimento ou enriquecimento a seu patrimônio, seja por meio de *bens materiais* ou simplesmente de *vantagens*, que *melhorem* suas condições patrimoniais, entende-se um *lucro*. No sentido técnico do comércio, *lucro* restringe-se ao *resultado pecuniário*, obtido nos negócios.[205]

Para recorrer a outro sistema de ordenamento positivo, lucro (ou *profit*) significa "gain realized from business over and above expenses"[206] – ou seja, "ganho realizado em atividades econômicas acima e além das despesas", conforme Antônio Roberto Sampaio Dória.[207] O autor explica que

> lucros, rendimentos ou ganhos são conceitos que se irmanam sob a acepção mais genérica de *renda*, fenômeno de índole eminentemente econômica, que o Direito absorve e reveste de contornos próprios (ou seja, juridiciza-o) para aplicação de suas próprias normas, coercitivas, especialmente nas áreas comercial e fiscal.[208]

---

203. *Dicionário Latino-Português*, verbete "Lucrum", São Paulo, Saraiva.
204. *Novo Dicionário da Língua Portuguesa*, verbete "Lucro", 3ª ed., Lisboa.
205. De Plácido e Silva, *Vocabulário Jurídico*, 1ª ed., vol. III, p. 967.
206. *Black's Law Dictionary*, verbete "Profit", 4ª ed., St. Paul, 1951.
207. "A incidência das contribuições sociais e compensação de prejuízos acumulados", *RDTributário* 53/88.
208. Idem, ibidem.

O *lucro* também é definido como:

> *Econ.* ganho auferido durante uma operação comercial ou no exercício de uma atividade econômica; dividendo *[o l. é o objetivo supremo da empresa privada]* • 1. bruto *ECON* aquele que é dado pela diferença efetiva entre o preço de aquisição, ou de custo, e o preço de venda alcançado.[209]

E Rubens Gomes de Sousa já dizia que "o conceito de renda está baseado na distinção entre renda e patrimônio. *Patrimônio* (ou *capital*) é o montante de riqueza possuída por um indivíduo em um determinado momento. *Renda* é o acréscimo do patrimônio verificado entre dois momentos quaisquer de tempo (...)"; e "só é renda o acréscimo de patrimônio que possa ser consumido sem reduzir ou fazer desaparecer o patrimônio, que o produziu: do contrário a renda se confundiria com o capital".[210]

A doutrina tem vislumbrado a "contribuição social" como uma figura assemelhada ou equiparada ao Imposto de Renda, como "um adicional deste, cujas bases de cálculos são, igual e precisamente, seus lucros".[211]

Wagner Balera é mais incisivo:

> Lançando mão de um tributo cuja natureza é de imposto e não de contribuição social – o que faz, a nosso ver, claramente, ao escolher o fato do lucro como hipótese de incidência de um tributo devido pelo empregador –, o constituinte não está criando um ser de natureza dúplice. Apenas indica que o produto da arrecadação do imposto sobre o lucro terá destinação específica: o custo da Seguridade Social.[212]

E prossegue:

> O constituinte não pretendeu impor a incidência simultânea de dois tributos sobre o mesmo fato (o lucro auferido pelo empregador). Chamou, impropriamente, de contribuição social o que será, simplesmente, a destinação do produto da arrecadação do Imposto de Renda para o financiamento da Seguridade Social. É que, não sendo um técnico, o

---

209. *Dicionário Houaiss da Língua Portuguesa*, 1ª ed., pp. 1.788-1.789.
210. *Compêndio...*, pp. 197-198; *RDA* 12/32.
211. Sampaio Dória, "A incidência da contribuição social prevista na Constituição de 1988 sobre lucros com isenção condicionada de Imposto de Renda. Inconstitucionalidade", *RDTributário* 50/22.
212. *Seguridade Social...*, p. 57.

constituinte poderia cometer esse grosseiro equívoco, apesar de, claramente, ter separado as espécies tributárias ao longo de todo o corpo do Estatuto Magno.[213]

Dessa forma, Sampaio Dória entendia que, "se o contribuinte está guarnecido por isenção condicionada contra a incidência do Imposto de Renda e adicionais, durante o prazo especificado, estará também protegido de incidência que, à guisa ou sob a denominação diversionista de contribuição social, se lhe venha a exigir".[214]

Ouso dissentir dessa linha jurídica que procura equiparar integralmente a CSLL ao Imposto de Renda, como se se tratasse de situações idênticas ou, mesmo, um mero adicional deste.

A configuração do lucro é obtida ao final de determinado período mediante "a escrituração, que será mantida em registros permanentes, com obediência aos preceitos da legislação comercial e desta Lei e aos princípios de Contabilidade geralmente aceitos, devendo observar os critérios contábeis uniformes no tempo, segundo regime de competência" (art. 177 da Lei das Sociedades por Ações, n. 6.404, de 15.12.1976, com aplicação subsidiária às demais empresas).

Embora o constituinte tenha estabelecido a incidência do Imposto sobre a Renda (art. 153, III), com o qual o lucro mantém conotação, não há que confundir ou mesclar essas duas figuras.

O lucro societário – como resultado positivo das atividades empresariais – e a referência à contribuição social não apresentam, inexoravelmente, o lucro (ou renda) pertinente ao Imposto de Renda; ou, melhor esclarecendo, as bases de cálculo não são necessariamente as mesmas.

Conquanto possa representar uma aspiração da ciência contábil, a realidade jurídica é outra, visto que o legislador determina ao contribuinte que proceda a diversos ajustes, mediante adições, exclusões ou compensações ao seu resultado societário ("lucro" ou "prejuízo" societário/contábil).

Essa sistemática – cuja censura só tem cabimento no plano metajurídico – compreende cabal deformação da figura do "lucro", previsto na matriz constitucional.

A pureza do resultado contábil – pautado por um sistema engendrado por seus cientistas – não se compagina com a positividade jurídica,

213. Idem, ibidem.
214. "A incidência da contribuição social...", *RDTributário* 50/22.

implicando resultado fiscal diferente, mediante a obtenção de dois tipos de lucro, isto é, "contábil" (societário) e "real" (fiscal).

O lucro real tributável compreende o lucro líquido do exercício (soma algébrica do lucro operacional, dos resultados não operacionais, do saldo da correção monetária e das participações nos lucros), ajustado pelas adições, exclusões ou compensações prescritas ou autorizadas legalmente.

Referidos ajustes, para apuração do lucro sujeito à incidência do Imposto de Renda, constituem elementos estranhos e posteriores ao lucro societário (contábil), apurável para distribuição de resultados a sócios, acionistas, administradores etc.

O lucro fiscal, que ocasiona o fato gerador do Imposto de Renda, toma como elemento básico o lucro contábil, mas não faz parte de sua íntima estrutura, de modo integral.

O lucro contábil, que acarreta o fato gerador da contribuição social prevista no art. 195, I, da CF, é propriamente a base imponível deste tributo; não constitui a base de cálculo do Imposto de Renda, pois para tal mister se fazem necessárias outras operações numéricas (adições, subtrações, compensações etc.).

Em suma, os mencionados ajustes compreendem a própria formação e a apuração do lucro tributável pelo Imposto de Renda, que nem sempre corresponde ao lucro tributável para a contribuição social.

No mesmo sentido, também parece-me que as isenções e benefícios aplicáveis para determinadas categorias e atividades dos contribuintes do Imposto de Renda não se vinculam, necessariamente, à contribuição social, não só porque interferem em momento ulterior à configuração do lucro societário, mas também pela específica afetação do destino das contribuições.

Contudo, devem as contribuições observar os princípios, diretrizes e critérios aplicáveis aos impostos (capacidade contributiva), em caráter genérico, e ao Imposto de Renda, em caráter específico (deduções, abatimentos gerais, para apuração do lucro), "porque os valores constitucionais protegidos por esses preceitos específicos, tipificadores desses regimes especiais, não podem ser contornados, superados, nem violados, em nenhuma hipótese. A circunstância de querer a lei federal financiar certas finalidades, mediante contribuição, não significa que possa descaracterizar ou violar as principais regras constitucionais aos impostos aplicáveis" – conforme explicita Geraldo Ataliba.[215]

215. *Hipótese...*, 6ª ed., 16ª tir., p. 208.

Oportuno ponderar que a apuração do lucro, ao término de um determinado átimo de tempo, não pode ignorar a situação contábil existente no início desse mesmo período.

Com efeito, de acordo com Sampaio Dória,

> dada a continuidade temporal das empresas, caracterizadas modernamente como verdadeiras instituições, destacadas das pessoas que lhes detêm a propriedade do capital, pareceria irrisório definir como lucro, num dado momento, um valor positivo que desconhecesse os valores negativos de períodos anteriores, sendo que o escopo primeiro daquele é amortizar ou compensar este.[216]

Não se está, propriamente, desprezando ou prejudicando o princípio da independência dos exercícios, mas procurando refletir a exata situação contábil do contribuinte, posto que "a renda das empresas é seu lucro, valor positivo, diminuído, porém, de prejuízos anteriores que devem ser abatidos, para que se possa determinar o acréscimo real obtido. Sem tal compensação estaria a sociedade reduzindo seu patrimônio".[217]

5.3.2 Estrutura normativa

A contribuição foi instituída pela Lei federal 7.689, de 15.12.1988 (com alterações), sendo regulada pela Instrução Normativa RFB-1700, de 14.3.2017, mediante a estipulação dos elementos básicos seguintes: (a) *contribuintes* – as pessoas jurídicas (inclusive empresas públicas e sociedades de economia mista, e suas subsidiárias), e as empresas individuais; (b) *materialidade* – resultado ajustado, resultado presumido ou resultado arbitrado, correspondente ao período de apuração. (c) *base de cálculo* – as pessoas jurídicas sujeitas ao regime de tributação com base no lucro real, presumido ou arbitrado, conforme o caso, ficarão sujeitas ao mesmo critério para a determinação da base de cálculo da contribuição, mantidos os ajustes as alíquotas previstos na legislação do tributo; (d) *alíquotas* – 15%, 17% ou 19%, conforme as específicas atividades empresariais desenvolvidas.

5.3.3 A compensação da CSLL com a COFINS

Em tópico anterior foi examinada a questão do aumento da alíquota da COFINS (de 2% para 3%), até o final do exercício de 1999 – que

---

216. "A incidência das contribuições sociais...", *RDTributário* 53/88.
217. Sampaio Dória, idem, ibidem.

poderia restar prejudicada na medida em que o contribuinte tivesse condição de compensar (o valor decorrente desta majoração) com a CSLL (art. 8º e §§ da Lei 9.718/1998).

Em razão dos fundamentos apontados – violação aos princípios constitucionais da isonomia e da equidade –, seria o caso de desconsiderar a majoração da alíquota da COFINS; e, por via reflexa, ocorreria a impossibilidade da referida compensação. Assim, permaneceria a obrigação relativa ao valor integral da CSLL.

Argutamente fora observado que "a desoneração da CSLL mediante sua compensação com a COFINS paga pode ser vista como a definição de alíquotas efetivas de CSLL diferenciadas em função da margem de lucratividade do empregador".[218]

João Dácio Rolim e Marciano Seabra de Godói demonstram que – dentro do universo composto apenas pelas empresas cujo lucro representa 12,5% ou mais do faturamento – a alíquota real ou efetiva da CSSL passa a ser progressiva em função da lucratividade, podendo variar (de *nihil* a 6%).

Sob esse prisma, elucidam que essa variação

pode ser vista como violadora do § 9º do art. 195 da Constituição, com a redação dada pela Emenda Constitucional 20/1998 (*DOU* de 16.12.1998), que parece permitir tal diferenciação somente em razão da atividade econômica ou da utilização intensiva de mão de obra. Ora, não há qualquer relação entre a desoneração da CSL e os critérios discriminadores previstos na referida norma constitucional superveniente.[219]

Não há dúvida de que a discriminação de tratamento jurídico também implica menoscabo ao princípio constitucional da capacidade contributiva, pois possuir patrimônio menos significativo pode representar oneração mais sensível à pessoa jurídica no caso de inexistência de lucro em suas atividades empresariais.

Inexiste amparo constitucional para serem veiculadas normas ordinárias dispondo sobre a progressividade das alíquotas das contribuições sociais, uma vez que – é importante repisar – a Constituição Federal dispôs expressamente sobre os tributos que poderiam ser objeto desta

---

218. João Dácio Rolim e Marciano Seabra de Godói, "Aumento da COFINS e compensação com a CSLL: considerações sobre sua possível ilegitimidade", in *Contribuições Sociais – Problemas Jurídicos*, p. 134.

219. João Dácio Rolim e Marciano Seabra de Godói, idem, p. 135.

situação (majoração da alíquota na medida da elevação da base de cálculo), conforme examinado em trabalho anterior.[220]

Oportuna a alegação de que ainda estariam sendo maculados os princípios da razoabilidade ou da proporcionalidade, porque também constituem postulados a serem observados na aplicação das normas tributárias (atualmente previstos na Lei federal 9.784, de 29.1.1999, art. 2º).

O Supremo Tribunal Federal solucionou a questão:

> Tributário – COFINS – Art. 8º e § 1º da Lei n. 9.718/1998 – Alíquota majorada de 2% para 3%.
>
> Compensação de até um terço com a Contribuição sobre o Lucro Líquido – CSLL, quando o contribuinte registrar lucro no exercício – Alegada ofensa ao princípio da isonomia.
>
> Por efeito da referida norma, o contribuinte sujeito a ambas as contribuições foi contemplado com uma bonificação representada pelo direito a ver abatido, no pagamento da segunda (COFINS), até um terço do *quantum* devido, atenuando-se, por esse modo, a carga tributária resultante da dupla tributação.
>
> Diversidade entre tal situação e a do contribuinte tributado unicamente pela COFINS, a qual se revela suficiente para justificar o tratamento diferenciado, não havendo que falar, pois, de ofensa ao princípio da isonomia.
>
> Não conhecimento do recurso. (Pleno, RE 336.134-1-RS, rel. Min. Ilmar Galvão, j. 20.11.2002, *DJU*-1 16.5.2003, p. 93)

A majoração das alíquotas não alcança as empresas corretoras de seguros consoante julgado do STJ:

> Tributário. COFINS. Empresas Corretoras de Seguros. Majoração da Alíquota de 3% para 4%. Inaplicabilidade. Precedentes. Entendimento Pacífico do STJ.
>
> Esta Corte firmou entendimento no sentido de que as empresas corretoras de seguros, responsáveis por intermediar a captação de interessados na realização de seguros, não podem ser equiparadas aos agentes de seguros privados (art. 22, § 1º, da Lei n. 8.212/91), cuja atividade típica das instituições financeiras na busca de concretizar negócios jurídicos das bolsas de mercadorias e futuros. Dessa forma, a majoração da alíquota da COFINS (art. 18 da Lei n. 10.684/2003), de 3% para 4%, não alcança as corretoras de seguros. Precedentes: *AgRg no AREsp*

---

220. José Eduardo Soares de Melo, "IPTU – A função social da propriedade e a progressividade das alíquotas", *RDDT* 1/41-56.

341.247-RS, rel. Min. Arnaldo Esteves de Lima, 1ª T., j. 22.10.2013, *DJe* 29.10.2013 e *AgRg no AREsp 370.921-RS*, rel. Min. Humberto Martins, 2ª T., j. 1.10.2013, *DJe* 9.10.2013). (AgRg no Agravo em REsp 410.809-RS, 1ª T., rel. Min. Sérgio Kukina, j. 17.12.2013, *DJe* 4.2.2014).

5.4 PIS

5.4.1 Previsão constitucional

As contribuições para o Programa de Integração Social (PIS) foram alçadas à dignidade constitucional, de conformidade com o disposto no art. 239 da CF:

> Art. 239. A arrecadação decorrente das contribuições para o Programa de Integração Social, criado pela Lei Complementar n. 7, de 7 de setembro de 1970, e para o Programa de Formação do Patrimônio do Servidor Público, criado pela Lei Complementar n. 8, de 3 de dezembro de 1970, passa, a partir da promulgação desta Constituição, a financiar, nos termos que a lei dispuser, o programa do seguro-desemprego e o abono de que trata o § 3º deste artigo. (...).
>
> § 3º. Aos empregados que percebam de empregadores que contribuem para o Programa de Integração Social ou para o Programa de Formação do Patrimônio do Servidor Público, até 2 (dois) salários mínimos de remuneração mensal, é assegurado o pagamento de 1 (um) salário mínimo anual, computado neste valor o rendimento das contas individuais, no caso daqueles que já participavam dos referidos Programas, até a data da promulgação desta Constituição.

O PIS teve radicalmente modificado seu perfil, com implicação no âmbito das contribuições sociais previstas no art. 195, I, da CF, consoante se constata mediante uma retrospectiva de sua trajetória legislativa.

5.4.2 O PIS na Constituição de 1967

A Constituição de 1967, com a redação da Emenda 1/1969, estabelecia o seguinte:

> Art. 165. A Constituição assegura aos trabalhadores os seguintes direitos, além de outros, que, nos termos da lei, visem à melhoria de sua condição social: (...); V – integração na vida e no desenvolvimento da empresa, com participação nos lucros e, excepcionalmente, na gestão, segundo for estabelecido em lei.

Esta norma tinha caráter programático, ou seja, não era autoaplicável. Embora a participação dos empregados nos lucros das empresas estivesse consagrada, não havia plena condição de concretizar-se, pois a Constituição Federal de 1967 não continha qualquer preceito que definisse a forma e o modo pelo qual tal participação se materializaria.

Por seu turno, os arts. 18, § 5º, e 21, § 1º, da CF de 1967, com a redação da Emenda 1/1969, rezavam:

Art. 18. Além dos impostos previstos nesta Constituição, compete à União, aos Estados, ao Distrito Federal e aos Municípios instituir: (...).

5º. A União poderá, desde que não tenham base de cálculo e fato gerador idênticos aos dos previstos, instituir outros impostos, além dos mencionados nos arts. 21 e 22, e que não sejam da competência privativa dos Estados, do Distrito Federal e dos Municípios, assim como transferir-lhes o exercício da competência residual, em relação a impostos cuja incidência seja definida em lei federal. (...).

Art. 21. Compete à União instituir imposto sobre: (...).

§ 1º. A União poderá instituir outros impostos, além dos mencionados nos itens anteriores, desde que não tenham fato gerador ou base de cálculo idênticos ao dos previstos nos arts. 23 e 24.

No âmbito da competência residual da União foi editada a Lei Complementar 7, de 7.9.1970, instituindo o Programa de Integração Social (PIS), *verbis*:

Art. 3º. O Fundo de Participação será constituído por duas parcelas: a) a primeira, mediante dedução do Imposto de Renda devido na forma estabelecida no § 1º deste artigo, processando-se o seu recolhimento ao Fundo juntamente com o pagamento do Imposto de Renda; b) a segunda, com recursos próprios da empresa, calculados com base no faturamento.

Como imposto residual, o PIS poderia ser instituído por lei ordinária. A propósito, o projeto enviado ao Congresso pelo Presidente da República[221] era de lei ordinária. Posteriormente optou-se por lei complementar, em razão do disposto no § 2º do art. 62 da CF de 1969,[222] que vedava a vinculação da receita de qualquer tributo a fundo, órgão ou despesa, ressalvadas, entre outras, as previsões da própria Constituição Federal e de leis complementares.

---

221. Mensagem 258, de 20.8.1970, *Diário do Congresso*, Seção II, 22.8.1970, p. 3.471.

222. Mensagem 263, de 26.8.1970.

5.4.2.1 A natureza tributária

A instituição do PIS (Lei Complementar 7/1970) deu-se com base na competência residual da União, uma vez que a Constituição era silente sobre a forma que possibilitaria a concretização da participação dos empregados nos lucros da empresa. O próprio art. 10 da Lei Complementar 7/1970 era claro ao dispor que as obrigações das empresas "são de caráter exclusivamente fiscal".

Consoante a composição do Fundo de Participação (art. 3º), restou claro que o PIS possuía natureza tributária, pois sua instituição fundou-se na competência residual – característica, essa, que autorizou sua incidência sobre o faturamento das empresas.

E no *II Simpósio Nacional de Estudos Tributários*, realizado em São Paulo em 1977, com a análise da natureza jurídica da contribuição ao Fundo PIS/PASEP, firmou-se a conclusão de que "tais contribuições são tributos pertencentes à espécie tributária de contribuições especiais, sendo contribuições plenas aquelas incluídas no art. 21, § 2º, item I, da CF".[223]

Geraldo Ataliba e Cléber Giardino analisaram exaustivamente a matéria atinente à natureza da contribuição ao PIS, da forma seguinte:

a) as obrigações pecuniárias criadas pela Lei Complementar 7/1970 têm a natureza genérica de tributo e específica de imposto. A circunstância de se submeterem ao regime de contribuição (art. 21, § 2º, I) importa somente as seguintes derrogações no regime de imposto: a lei pode fixar parâmetros máximo e mínimo de alíquotas e base de cálculo, dentro dos quais o Executivo pode variar; estas variações ficam a salvo da segunda parte do § 29 do art. 153; a lei pode vincular o produto da arrecadação sem necessidade da lei complementar referida no art. 62, § 2º. Normas, princípios e regras constitucionais são plenamente aplicáveis.[224]

A jurisprudência também perfilhava a mesma diretriz, como se colhe do aresto seguinte:

• Tributário – PIS – Natureza jurídica – Hipótese de incidência – Cobrança na base de faturamento mensal – Compatibilidade com a exigência do IUCLEEM.

---

223. *Caderno de Pesquisas Tributárias* 3/444-445.

224. "PIS – Inexigibilidade – Hipóteses de cabimento do Imposto Único sobre Lubrificantes e Combustíveis", *Revista da AJUFE* (Associação dos Juízes Federais do Brasil)7/17-31.

I – A contribuição para o PIS insere-se na categoria de tributo, pouco importando o *nomen iuris* que se lhe dá. A sua finalidade social não lhe retira a natureza jurídico-tributária; tendência histórica, neste particular, da jurisprudência do Pretório Excelso. (...). (*Lex-JTFR* 49/32)
• Tributário – PIS – Natureza tributária.

I – A contribuição para o PIS tem natureza tributária, classificada como contribuição especial, ou parafiscal, assim um *tertium genus* tributário, desta forma submetido ao regime tributário. (Acórdão 124.099-DF, rel. Min. Carlos Velloso, *DJU* 6.8.1987, p. 15.366)

Constata-se que, ao determinar o cálculo do PIS sobre o *faturamento* das empresas, a Lei Complementar 7/1970 já se distanciava da norma programática do inciso V do art. 16 da CF vigente em 1969, que prometera a participação dos empregados nos *lucros* das empresas.

5.4.2.2 A mudança da natureza jurídica para contribuição (não tributária)

A Emenda Constitucional 8, de 14.4.1977, introduziu o inciso X no art. 43 da CF de 1967, com a seguinte redação:

> Art. 43. Cabe ao Congresso Nacional, com a sanção do Presidente da República, dispor sobre todas as matérias de competência da União, especialmente: (...); X – contribuições sociais, para custear os encargos previstos nos arts. 165, itens II, V, XII, XVI e XIX, 166, § 4º, e 178.

Então, passou-se a entender que, na medida em que o preceito constitucional previu que a participação dos empregados nos lucros das empresas seria custeada por contribuições novas, o PIS perdeu sua natureza tributária.

A matriz constitucional do PIS deixou de ser os arts. 18, § 5º, e 21, § 1º, aplicando-se o inciso X do art. 43 (na redação da Emenda Constitucional 8/1977).

Confiram-se os julgados do Supremo Tribunal Federal:

> • PIS – Natureza jurídica. Passível de apreciação o extraordinário pelo enfoque constitucional, quanto à natureza tributária do PIS, tem-se ser ele considerado tributo até o advento da Emenda Constitucional n. 8/1977, perdendo tal natureza jurídica a partir de então. (RE 103.089-5-SP, rel. Min. Aldir Passarinho, *DJU* 15.4.1988, p. 84.000)
> • Programa de Integração Social/PIS – Imposto Único sobre Combustíveis e Lubrificantes. A regra da exclusividade do Imposto Único

sobre Combustíveis e Lubrificantes não constitui obstáculo à incidência e à exigibilidade de contribuição como a do PIS, que não tem natureza tributária. (*RTJ* 120/1.190)

• Tributário – PIS e Imposto Único – Compatibilidade. O PIS não instituiu um imposto, mas uma contribuição, autorizada pelo art. 43, X, da Constituição da República, tendo por finalidade cumprir o art. 165, V, da Constituição da República. Agravo regimental a que se nega provimento. (*RTJ* 111/1.152)

5.4.2.3 A não recepção da lei complementar pela Emenda 8/1977

Como contribuição social destinada a materializar o princípio constitucional de participação dos empregados nos *lucros* das empresas, não poderia o PIS incidir sobre o *faturamento*. Essa incidência somente poderia ser considerada válida enquanto fosse o PIS um imposto residual.

Vale lembrar que "lucro" e "faturamento" são conceitos distintos.

Faturamento representa o resultado da venda de cada mercadoria ou produto, bem como da prestação de serviços, que constitua objeto da empresa.

Lucro representa a diferença positiva dos negócios de venda de mercadorias e produtos, de prestação de serviços, e o custo dos bens, sendo, pois, um evento incerto, de modo que a empresa pode (ou não) obter lucro, enquanto que qualquer sociedade (civil ou comercial), por menor que seja, normalmente tende a apresentar faturamento em todos os exercícios financeiros.

Ocorre que, com o advento da Emenda 8/1977, a única incidência válida do PIS seria sobre o Imposto de Renda, que, na realidade, é parte do lucro. Portanto, a Lei Complementar 7/1970 teve sua eficácia parcialmente paralisada, porque não foi recebida no que tange à incidência do PIS como contribuição social sobre o faturamento.

5.4.2.4 A incidência sobre a receita bruta

Por intermédio dos Decretos-leis 2.445, de 29.6.1988, e 2.449, de 21.7.1988, a partir dos fatos ocorridos após 1.7.1988, as empresas ficaram obrigadas a contribuir mensalmente para o PIS sobre a "receita bruta operacional", admitidas determinadas exclusões ou deduções. Entretanto, ao exigirem que o PIS fosse calculado somente sobre a denominada "receita bruta operacional", terminaram por suprimir a única incidência sobre o Imposto de Renda.

Não resta dúvida de que a receita operacional bruta – compreendendo faturamento mais receitas financeiras (resultantes de atividades não operacionais) e mais variações monetárias – não é faturamento, e muito menos lucro, que seria a única base imponível válida para a contribuição ao PIS.

Acontece que os Decretos-leis 2.445/1988 e 2.449/1988 são formalmente inconstitucionais, porque versam sobre matéria estranha às finanças públicas. A atribuição da função legislativa ao Presidente da República (art. 55, II, da CF de 1969) era condicionada a que (a) ocorressem casos de urgência ou de interesse público relevante, (b) não houvesse aumento de despesa e (c) a matéria fosse de finanças públicas, inclusive de normas tributárias.

As "finanças públicas" referem-se a dinheiros públicos e, por extensão, à sua aquisição, administração e emprego,[225] não se aplicando ao PIS, porque seus recursos não integram a receita da União, destinando-se a um fundo dos trabalhadores.

Segundo o art. 3º do Decreto-lei 2.445/1988, o Fundo de Participação PIS/PASEP é um condomínio social dos trabalhadores, administrado por um Conselho Diretor e por uma Secretaria Executiva, conforme o disposto em Regulamento. O fato de a gestão do referido Fundo ser cometida ao Estado não retira a destinação dessa massa de recursos que servirá à formação do patrimônio dos trabalhadores.

Deixando de caracterizar-se como tributo, e não se enquadrando como "finanças públicas", sua alteração normativa teria que verificar-se por lei ordinária, e nunca por decreto-lei. Além disso, os diplomas legais em comento devem ser considerados como inexistentes (excluídos do mundo jurídico), pois foram automaticamente rejeitados, uma vez que deixaram de ser apreciados pelo Congresso Nacional dentro do prazo de 180 dias fixado pelo art. 25, § 1º, I, do ADCT. Esse prazo iniciou-se em 6.10.1988 e, descontados os 61 dias de recesso parlamentar, findou-se em 4.6.1989. O decreto legislativo que aprovou aqueles diplomas foi publicado no *DJU* de 15.6.1989.

Por conseguinte, a partir de 5.6.1989 os Decretos-leis 2.445/1988 e 2.449/1988 não têm mais vigência (e muito menos eficácia), deixando de produzir os efeitos que lhes seriam próprios. E o pressuposto da contribuição prevista no art. 43, X, da CF de 1969, relacionada especificamente no art. 165, V, da mesma CF, tem que, necessariamente, tomar como base de cálculo o lucro das empresas.

---

225. Geraldo Ataliba, *Apontamentos de Ciência das Finanças, Direito Financeiro e Tributário*, p. 5.

O Supremo Tribunal Federal fulminou a controvérsia, fixando a diretriz seguinte:

> Constitucional – Art. 55, II, da Carta anterior – Contribuição para o PIS – Decretos-leis ns. 2.445 e 2.449, de 1988 – Inconstitucionalidade.
>
> I – Contribuição para o PIS: sua estraneidade ao domínio dos tributos e mesmo àquele, mais largo, das finanças públicas – Entendimento, pelo Supremo Tribunal Federal, da Emenda Constitucional n. 8/1977 (*RTJ* 120/1.190).
>
> II – Trato por meio de decreto-lei: impossibilidade, ante a reserva qualificada das matérias que autorizavam a utilização desse instrumento normativo (art. 55 da Constituição de 1969).
>
> Inconstitucionalidade dos Decretos-leis ns. 2.445 e 2.449, de 1988, que pretenderam alterar a sistemática da contribuição para o PIS. (Pleno, RE 148.754.2-RJ, rel. para o acórdão Min. Francisco Rezek, j. 24.6.1993, *DJU* 4.3.1994, *Lex-JSTF* 185/206-250)

A Resolução 49/1995 do Senado Federal[226] suspendeu a execução dos Decretos-leis 2.445/1988 e 2.449/1988.

5.4.3 O PIS na Constituição de 1988

5.4.3.1 A aplicação da Lei Complementar 7/1970

A Constituição vigente estabeleceu a incidência de "contribuições sociais sobre o faturamento" (art. 195, I) – pelo que, em princípio, permitiria a exigência do PIS, porque fundada expressamente na Lei Complementar 7/1970 (ressalvada pelo art. 239 da CF), que trata do "faturamento" como elemento tributável.

Entretanto, a circunstância de os mencionados decretos-leis estarem sob constitucionalidade comprometida não permitiria a aplicação repristinatória da legislação anterior (Lei Complementar 7/1970), uma vez que não fora recebida pela Emenda Constitucional 8/1977, impondo-se a aplicação do § 3º do art. 2º da Lei de Introdução às Normas do Direito Brasileiro ("Salvo disposição em contrário, a lei revogada não se restaura por ter a lei revogadora perdido a vigência").

Nesse sentido é a lição de Manoel Gonçalves Ferreira Filho, que demonstra a total impossibilidade de revigoramento da Lei Complementar 7/1970:

---

226. *DOU* 10.10.1995.

(...) o dispositivo de uma lei ordinária a uma Constituição que é incompatível com preceitos dessa Constituição perde sua eficácia. Não a recobra, a menos que nova Constituição, que faça cessar a eficácia dessa Constituição revogadora, venha expressamente revigorá-lo. Sem isto, tal dispositivo não recobra eficácia. A repristinação há de ser sempre expressa.[227]

Nem se diga que o art. 195, I, da CF de 1988 teria instituído o PIS sobre o faturamento, pois para tal mister tornar-se-ia necessária a edição de nova lei federal autorizadora da cobrança da exação no plano normativo. E a circunstância de o art. 239 e seus §§ da CF de 1988 haverem tratado da arrecadação das contribuições não permitiria a imediata exigência do PIS, por ausência de legitimidade.

Realmente, a Constituição Federal de 1988 dispôs sobre um novo PIS (programa de Seguro-Desemprego e abono salarial), que não tem identidade com o anterior PIS (participação nos lucros da empresa), traduzindo a fisionomia de um novo tributo, conforme apontamos no *VI Congresso Brasileiro de Direito Tributário*, realizado em São Paulo em setembro/1992.[228] E, ainda que se pudesse admitir que os Decretos-leis 2.445 e 2.449 fossem válidos, o fato é que a partir da Constituição Federal de 1988 o PIS não poderia incidir sobre receitas financeiras e nem sobre variações monetárias, por exemplo, porquanto a autorização do inciso I do art. 195 é para a instituição de contribuições sociais sobre o lucro, a folha de salários e o faturamento.

Não remanesceria dúvida quanto à imperiosa necessidade de edição de lei complementar, com respaldo no art. 146 da CF de 1988.

Entretanto, o Supremo Tribunal Federal solucionou esta insegurança jurídica:

> PIS – Lei Complementar n. 7/1970 – Recepção, sem solução de continuidade, pelo art. 239 da Constituição. Dispondo o art. 239/CF sobre o destino da arrecadação da contribuição para o PIS, a partir da data mesma da promulgação da Lei Fundamental em que se insere, é evidente que se trata de norma de eficácia plena e imediata, mediante a recepção de legislação anterior; o que, no mesmo art. 239, se condicionou à disciplina da lei futura não foi a continuidade da cobrança da exação, mas, apenas, como explícito na parte final do dispositivo, os termos em que a sua arrecadação seria utilizada no financiamento do programa de Seguro-Desemprego e do abono instituído por seu art. 3º. (Pleno, RE

227. *O Poder Constituinte*, 2ª ed., pp. 91-92.
228. *VI Congresso...*, p. 61.

169.091-7-RJ, rel. Min. Sepúlveda Pertence, j. 7.6.1995, *DJU* 4.8.1995, pp. 22.522-22.523)

5.4.3.2 A evolução da estrutura normativa

A Medida Provisória 1.212, de 28.11.1995 (reeditada pelas medidas provisórias que se seguiram e posteriormente convertida na Lei 9.715, de 25.11.1998), dispôs sobre as contribuições para o PIS/PASEP, na forma básica seguinte:

Art. 2º. A contribuição para o PIS/PASEP será apurada mensalmente:

I – pelas pessoas jurídicas de direito privado e as que lhes são equiparadas pela legislação do Imposto de Renda, inclusive as empresas públicas e as sociedades de economia mista e suas subsidiárias, com base no faturamento do mês;

II – pelas entidades sem fins lucrativos definidas como empregadoras pela legislação trabalhista, inclusive as fundações, com base na folha de salários;

III – pelas pessoas jurídicas de direito público interno, com base no valor mensal das receitas correntes arrecadadas e das transferências correntes e de capital recebidas.

Parágrafo único. As sociedades cooperativas, além da contribuição sobre a folha de pagamento mensal, pagarão, também, a contribuição calculada na forma do inciso I, em relação às receitas decorrentes de operações praticadas com não associadas.

Art. 3º. Para os efeitos do inciso I do artigo anterior considera-se faturamento a receita bruta, como definida pela legislação do Imposto de Renda, proveniente da venda de bens nas operações de conta própria, do preço dos serviços prestados e do resultado auferido nas operações de conta alheia.

Parágrafo único. Na receita bruta não se incluem as vendas de bens e serviços canceladas, os descontos incondicionais concedidos, o Imposto sobre Produtos Industrializados – IPI e o Imposto sobre Operações Relativas à Circulação de Mercadorias – ICMS, retido pelo vendedor dos bens ou prestador dos serviços na condição de substituto tributário.

Fixou regras especiais com referência à exclusão de determinadas receitas, operações realizadas pelos fabricantes de cigarros e distribuidores de derivados de petróleo e álcool etílico hidratado para fins carburantes.

Dispôs (art. 8º) sobre alíquotas específicas: (I) 0,65% sobre o faturamento; (II) 1% sobre a folha de salários; (III) 1% sobre o valor das receitas correntes arrecadadas e das transferências correntes e de capital recebidas.

Embora a medida provisória já fosse aplicada aos fatos geradores ocorridos a partir de 1.10.1995, o início de vigência para as pessoas jurídicas que auferiram receita bruta exclusivamente da prestação de serviços (inciso I do art. 2º) foi determinado para 1.3.1996, o mesmo ocorrendo relativamente à regra inserta no inciso III do art. 8º com relação às autarquias.

Simultaneamente, foi expedido o Ato Declaratório 39, de 28.11.1995, que, objetivamente, procura disciplinar a contribuição devida pelas pessoas jurídicas que aufiram receita bruta exclusivamente da prestação de serviços, correspondente ao período de 1.10.1995 a 28.2.1996.

Nesta situação, devem considerar (a) dedução do Imposto de Renda devido, ou calculado como se devido fosse (PIS-Dedução), e (b) recursos próprios, em montantes variáveis, de conformidade com as formas de tributação utilizadas (lucro real anual e pagamento mensal do imposto por presunção, lucro mensal, lucro presumido ou arbitrado).

O Supremo Tribunal Federal decidiu questão afeta ao início de vigência do art. 15 do referido diploma – fixado para 1.10.1995 – na forma seguinte:

Constitucional – Tributário – Contribuição social – PIS/PASEP – Princípio da anterioridade nonagesimal – Medida provisória – Reedição.

I – Princípio da anterioridade nonagesimal – CF, art. 195, § 6º – Contagem do prazo de 90 dias – Medida provisória convertida em lei. Conta-se o prazo de 90 dias a partir da veiculação da primeira medida provisória.

II – Inconstitucionalidade da disposição inscrita no art. 15 da Medida Provisória n. 1.212, de 28.11.1995 – "aplicando-se aos fatos geradores ocorridos a partir de 1º de outubro de 1995" –, de igual disposição inscrita nas medidas provisórias reeditadas e na Lei n. 9.715, de 25.11.1998, art. 18.

III – Não perde eficácia a medida provisória, com força de lei, não apreciada pelo Congresso Nacional, mas reeditada por meio de nova medida provisória, dentro do seu prazo de validade de 30 dias.

IV – Precedentes do STF: ADI 1.617-MS, Min. Octávio Gallotti, *DJU* de 15.8.1997; ADI 1.610-DF, Min. Sidney Sanches; RE 221.856-PE, Min. Carlos Velloso, 2ª T., 25.5.1998.

V – Recurso extraordinário conhecido e provido, em parte. (Pleno, RE 232.896-3-PA, rel. Min. Carlos Velloso, j. 2.8.1999, *DJU*-1 1.10.1999, p. 52)

Considerando que o Supremo Tribunal Federal decidiu que, relativamente aos fatos ocorridos no período compreendido entre 1.10.1995 a 29.2.1996, não haveria embasamento jurídico para respaldar a exigibilidade do PIS, na forma contida na aludida Medida Provisória 1.212/1995, a Secretaria da Receita Federal expediu a Instrução Normativa 6, de 19.1.2000, vedando a constituição de crédito tributário e determinando o cancelamento do lançamento.

Argutamente fora observada a destinação constitucional seguinte (a) para financiar o programa do Seguro-Desemprego e o abono salarial (art. 239); e (b) para integrar o Fundo de Estabilização Fiscal, de acordo com o art. 72 do ADCT, inserido pela Emenda Constitucional de Revisão 1/1994, reeditada pela Emenda Constitucional 10/1996 e pela Emenda Constitucional 17/1997.[229]

Relativamente à natureza jurídica específica do PIS, Octávio Campos Fischer verificou que o art. 239 da CF de 1988 e o art. 72 do ADCT contêm quatro diferentes impostos, a saber: (a) um imposto sobre o faturamento; (b) um imposto sobre a folha de pagamento; (c) um adicional sobre o Imposto de Renda; e (d) um imposto sobre a receita bruta operacional.

Foram estabelecidos em razão da natureza dos seus contribuintes, pois (a) sobre o faturamento deveriam pagar aqueles que vendem mercadorias; (b) sobre a folha de pagamento, aqueles contribuintes sem fins lucrativos; (c) sobre o Imposto de Renda devido (ou como se devido fosse), aqueles que não vendem mercadoria; e (d) sobre a receita bruta operacional, aqueles previstos no art. 22, § 1º, da Lei 8.212/1991.[230]

A Lei 9.718, de 27.11.1998, de modo assemelhado à COFINS, também considerou a "totalidade das receitas auferidas" como base de cálculo da contribuição em comento.

Os vícios normativos perpetrados com relação à COFINS – consoante elucidado anteriormente – aplicam-se rigorosamente à contribuição em análise (salvo a majoração da alíquota, no âmbito exclusivo da COFINS).

Por conseguinte, tendo em vista (a) os vícios da Lei federal 9.718/1998 e (b) a impossibilidade de considerar a receita total como base de cálculo, é indiscutível a nulidade da legislação prevista para o PIS.

Após a edição da Lei 9.718/1998 foi promulgada a Emenda Constitucional 20/1998, foram editadas diversas medidas provisórias (consoli-

---

229. Octávio Campos Fischer, *A Contribuição ao PIS*, p. 96.
230. Idem, p. 100.

dadas na Medida Provisória 2.158-35/2001) e expedidos inúmeros atos normativos.

5.4.3.3 Alíquotas

As alíquotas básicas do PIS são 0,65% (sistemática cumulativa) e 1,65% (sistemática não cumulativa).

5.4.3.4 Bases de cálculo

A sistemática do PIS não é rigorosamente igual à da COFINS, haja vista que os embasamentos constitucionais são distintos (art. 239 para o PIS; e art. 195, I, "b", para a COFINS), observando-se a postura assumida pelo Supremo Tribunal Federal,[231] referida anteriormente.

Entretanto, relativamente à *base de cálculo* também deve ser considerado o faturamento, que corresponde à "receita bruta" (totalidade das receitas auferidas independentemente da atividade exercida pelos contribuintes e da classificação contábil adotada).

As contribuições para o PIS/PASEP incidentes sobre receitas auferidas por empresas estabelecidas na Zona Franca de Manaus foram disciplinadas pela Instrução Normativa STF-546, de 16.6.2005.

Para a regular (e jurídica) aplicação do PIS é importante considerar os aspectos a seguir referidos.

5.4.3.5 Prazo de recolhimento

Mediante a decretação de inconstitucionalidade dos Decretos-leis 2.445/1988 e 2.449/1988 e a suspensão de sua execução, restaram válidas as regras da Lei Complementar 7/1970 que dispuseram sobre a estrutura do PIS (fato gerador, contribuinte, base de cálculo, alíquota – com a majoração da Lei Complementar 17/1973 – e *prazo de recolhimento*).

Embora os contribuintes ficassem obrigados a efetuar o recolhimento do PIS, mensalmente, deveriam calcular o valor das contribuições segundo o faturamento realizado nos seis meses anteriores, tendo em vista determinação específica (parágrafo único do art. 6º), *verbis*: "A contribuição de julho será calculada com base no faturamento de janeiro; a de agosto, com base no faturamento de fevereiro; e assim sucessivamente".

O preceito nada tem a ver com o prazo de recolhimento, mas com a base de cálculo, que constitui o aspecto fundamental da estrutura do tipo

---

231. ADI 1, j. 1.12.1993.

tributário, por conter a dimensão da obrigação pecuniária, tendo a finalidade de quantificar a imposição fiscal. É inerente ao fato gerador relativo à realização de negócios jurídicos, estando intimamente vinculados, sem possibilidade alguma de serem dissociados.

Assim, significa que a contribuição (compreendendo o fato gerador e a base de cálculo) de um determinado mês só será objeto de recolhimento dentro dos seis meses seguintes.

A circunstância de os depósitos terem que ser efetuados mensalmente (art. 6º, *caput*, da Lei Complementar 7/1970) não significa que o fato gerador (operações mercantis e prestação de serviços) tenha ocorrido na data do recolhimento, e que o PIS seja quantificado por base de cálculo (relativa a negócios jurídicos) ocorrida há seis meses atrás. Não haveria sentido lógico-jurídico algum em considerar ocorridos os fatos geradores em um determinado mês, apurando a respectiva base de cálculo de mês totalmente distinto.

Este aspecto, que constitui o cerne da controvérsia jurídica, fora solucionado pela Administração Fazendária (Conselho Administrativo de Recursos Fiscais), conforme se contém na diretriz seguinte:

> A base de cálculo do PIS, prevista no artigo 6º da Lei Complementar n. 7, de 1970, é o faturamento do sexto mês anterior, sem correção monetária (Súmula CARF n. 15, Súmulas Vinculantes, Portaria MF n. 383, *DOU* de 14.7.2010).

A respeito desta matéria patenteiam-se a *insegurança* e a *inconsistência de postura da Fazenda Nacional*, diante de distintos pronunciamentos.

Analisando as consequências jurídicas da Resolução 49 do Senado Federal (Parecer 1.185/1995), a Procuradoria da Fazenda Nacional firmou as conclusões seguintes:

> III – *Terceiro aspecto: a vigência da Lei Complementar n. 7/1970*
> (...).
> 10. A suspensão da execução dos decretos-leis em pauta em nada afeta a permanência do vigor pleno da Lei Complementar n. 7/1970. (...).
> 12. Descendo ao caso vertente, o que jurisprudência e doutrina entendem, sem divergência, é que as alterações inconstitucionais trazidas pelos dois decretos-leis examinados deixaram de ser aplicadas *inter partes* com a decisão do Supremo Tribunal Federal; e, desde a resolução, deverão deixar de ser aplicadas *erga omnes*. Com isso voltam a ser aplicados, em toda a sua integralidade, o texto constitucional infringido

e, com ele, o restante do ordenamento jurídico afetado, com a Lei Complementar n. 7/1970 que o legislador intentara modificar.

13. Mas há outro argumento que põe pá de cal em qualquer discussão. Se os dois decretos-leis revogaram a Lei Complementar n. 7/1970, o art. 239, *caput*, da Constituição, que lhes foi posterior, repristinou inteiramente a lei complementar. Assim, entender que o PIS não é devido na forma da Lei Complementar n. 7/1970 é afrontar o art. 239 da CRFB.

14. Em suma: *o sistema de cálculo do PIS consagrado na Lei Complementar n. 7/1970 encontra-se plenamente em vigor e a Administração está obrigada a exigir a contribuição nos termos desse diploma* (grifei).

Entretanto, decorridos mais de dois anos, retorna a Procuradoria da Fazenda Nacional ao reexame da mesma temática (objeto do Parecer 437/1998), para o fim de modificar o entendimento anteriormente esposado, sob a assertiva seguinte:

(...) 11.7 É certo que o art. 239 da Constituição de 1988 restaurou a vigência da Lei Complementar n. 7/1970, mas, quando da elaboração do Parecer PGFN n. 1.185/1995 (novembro de 1995), o sistema de cálculo da contribuição para o PIS, disposto no parágrafo único do art. 6º da citada lei complementar, já fora alterado, primeiramente pela Lei n. 7.691, de 15.12.1988, e depois, sucessivamente, pelas Leis ns. 7.799, de 10.7.1989, 8.218, de 2.9.1981, e 8.383, de 30.12.1991.

Portanto, a cobrança da contribuição deve obedecer à legislação vigente à época da ocorrência do respectivo fato gerador, e não mais ao disposto na lei complementar de 1970.

E, após tecer diversas considerações a respeito desta matéria e da legislação que sobreveio à Lei Complementar 7/1970, modifica o entendimento anterior, na forma a seguir exposta:

46. Por todo o exposto, podemos concluir que:

I – A Lei n. 7.691/1988 revogou o parágrafo único do art. 6º da Lei Complementar n. 7/1970; não sobreviveu, portanto, a partir daí, o prazo de seis meses, entre o fato gerador o pagamento da contribuição, como originariamente determinara o referido dispositivo.

II – Não havia, e não há, impedimento constitucional à alteração da matéria por lei ordinária, porque o PIS, contribuição para a Seguridade Social que é prevista na própria Constituição, não se enquadra na exigência do § 4º do art. 195 da CF, e, assim, dispensa lei complementar para sua regulamentação.

III – Na execução dos cálculos para atualização dos valores dos depósitos efetuados para suspensão da exigibilidade deve-se observar a legislação vigente na data do respectivo depósito. (...).

VI – Em decorrência de todo o exposto, impõe-se tornar sem efeito o Parecer PGFN n. 1.185/1995.

Improcede o argumento fazendário (também refletido neste último parecer) no sentido de que a expressão "faturamento" (utilizada na Lei Complementar 7/1970) compreenderia dois sentidos diversos: (a) núcleo da hipótese de incidência, ou fato juridicamente relevante (art. 3º, "b"), representando o *quantum debeatur*, e (b) data a partir da qual os depósitos passam a ser mensalmente efetivados (art. 6º e seu parágrafo único).

Realmente, é estranha a inteligência fazendária, porque a expressão "faturamento" – veiculada em distintos preceitos da Lei Complementar 7/1970 – não representa diferentes aspectos ou institutos jurídicos, significando unicamente a quantificação dos negócios jurídicos. Assim, enquanto o art. 3º, "b", trata singelamente da base de cálculo como valores das operações, o art. 6º, parágrafo único, estipula qual a base de cálculo que deve ser considerada para efeito de recolhimento.

Não se trata, em absoluto, de realidades jurídicas distintas, impondo-se a interpretação sistemática, que considera o ordenamento como um todo coerente, cabendo ao intérprete analisar a norma neste contexto múltiplo de preceitos, inserida num conjunto orgânico. É inconcebível aceitar a interpretação fiscalista, sob o suposto de que a "norma sob exame está pessimamente redigida", e que o legislador utiliza a expressão "base de cálculo" no sentido léxico comum, não técnico.

A respeito da aplicabilidade da correção monetária à contribuição para o PIS a Fazenda Nacional consigna uma parafernália de diplomas jurídicos, com o escopo de fixar a premissa de que teria sido revogado o parágrafo único do art. 6º da Lei Complementar 7/1970, não mais prevalecendo a utilização da base de cálculo apurada nos seis meses anteriores, a saber:

Lei 7.691/1988 – Dispõe sobre o pagamento de tributos e contribuições federais, e dá outras providências:

Art. 1º. Em relação aos fatos geradores que vierem a ocorrer a partir de 1º de janeiro de 1989, far-se-á a conversão em quantidade de Obrigações do Tesouro Nacional – OTNs, do valor: (...); III – das contribuições para o Fundo de Investimento Social – FINSOCIAL, para o Programa de Integração Social – PIS e para o Programa de Formação do

Patrimônio do Servidor Público – PASEP, no terceiro dia do mês subsequente ao do fato gerador. (...).

Art. 3º. Ficará sujeito exclusivamente à correção monetária, na forma do art. 1º, o recolhimento que vier a ser efetuado nos seguintes prazos: (...); II – contribuições para: a) o PIS e o PASEP – até o dia 10 do terceiro mês subsequente ao da ocorrência do fato gerador, exceção feita às modalidades especiais (Decreto-lei n. 2.445, de 29 de junho de 1988, arts. 7º e 8º), cujo prazo será o dia 15 do mês subsequente ao da ocorrência do fato gerador; (...).

No mesmo diapasão jurídico encontrar-se-iam as Leis 7.799/1989 (art. 69, II, "b"), 8.218/1989 (art. 2º, IV, "a" e "b") e 8.383/1991 (arts. 52 e 53, IV), que também dispuseram sobre a conversão dos valores tributários em BTN-Fiscal, INPC e UFIR.

Em razão da edição da mencionada legislação, passou a compreender que "o fato gerador da contribuição é o faturamento de um determinado mês e a base de cálculo é o montante desse faturamento" – não mais prosperando a assertiva de que o fato gerador e a base de cálculo estariam separados por um lapso de seis meses.

Ora, é fácil perceber que o esforço demandado pela Procuradoria da Fazenda Nacional em deslocar o âmbito da base de cálculo no que tange a prazos de recolhimento é desprovido de fundamento jurídico, não só em razão dos argumentos que anteriormente apontei, mas também porque a atualização dos valores a serem recolhidos não interfere e nem pode significar atualização (ou correção) da própria base de cálculo.

Com efeito, os valores relativos às operações mercantis e aos preços dos serviços – considerados como as autênticas bases de cálculo do PIS – são imutáveis, uma vez que foram devidamente caracterizados num preciso e determinado momento (venda das mercadorias e prestação dos serviços), em razão de pacto negocial, que não sofre alterações para efeito de recolhimento do tributo.

Em realidade, a legislação federal citada pela Procuradoria jamais revogou o parágrafo único do art. 6º da Lei Complementar 7/1970, porque, além de inexistir qualquer referência expressa a este preceito, ou específica revogação, trata de matéria distinta (correção monetária), nada tendo a ver com base de cálculo.

Não se ignora que possa ocorrer a mudança de diretriz fazendária, como é o caso do Parecer PGFN/CAT-437/1998, de 30.3.1998, que tornou sem efeito o Parecer 1.185/1995, introduzindo novo critério jurídico sobre a temática do PIS. Também não se desconhece a aplicação do princípio da autotutela, consagrado no direito administrativo e sufragado pelo Supremo Tribunal Federal, no sentido de que "a Administração pode anular seus próprios atos, quando eivados de vícios que os tornam ilegais, porque deles não se originam direitos; ou revogá-los, por motivo de conveniência ou oportunidade, respeitados os direitos adquiridos, e ressalvada, em todos os casos, a apreciação judicial" (Súmula 473).

Entretanto, é de ponderar que a estranha mudança de posicionamento jurídico pela Procuradoria da Fazenda Nacional, com o manifesto propósito de impedir a plena aplicação da inconstitucionalidade decretada pelo Supremo Tribunal Federal, de per si, não tem o condão de obrigar os contribuintes do PIS. Com efeito, além de revelar insegurança e inconsistência jurídica, não permite a imposição de suas regras, uma vez que a Administração Fazendária não pode *venire contra factum proprio*, prejudicando direitos conferidos aos contribuintes, especialmente no tocante à observância da base de cálculo prevista nos seis meses anteriores ao prazo de recolhimento, conforme apontado anteriormente.[232]

O Superior Tribunal de Justiça consagrou o entendimento seguinte:

Tributário – PIS – Semestralidade – Base de cálculo – Correção monetária.

1. O PIS Semestral, estabelecido na Lei Complementar 7/1970, diferentemente do PIS-Repique – art. 3º, letra "a", da mesma lei –, tem como fato gerador o faturamento mensal.

2. Em benefício do contribuinte, estabeleceu o legislador como base de cálculo, entendendo-se como tal a base numérica sobre a qual incide a alíquota do tributo, o faturamento de seis meses anteriores à ocorrência do fato gerador – art. 6º, parágrafo único, da Lei Complementar 7/1970.

3. A incidência da correção monetária, segundo a posição jurisprudencial, só pode ser calculada a partir do fato gerador.

4. Corrigir-se a base de cálculo do PIS é prática que não se alinha à previsão da lei e à posição da jurisprudência.

5. Recurso especial conhecido e provido. (1ª S., REsp 147.708-RS, rela. Min. Eliana Calmon, j. 29.5.2001, *DJU*-1-E 8.10.2001, p. 220)

O STJ firmou a diretriz seguinte:

[232]. José Eduardo Soares de Melo, "PIS – Base de cálculo e semestralidade", *Repertório IOB de Jurisprudência* 14/338-342.

A base de cálculo do PIS, até a edição da MP n. 1.212/1995, era o faturamento ocorrido no sexto mês anterior ao do fato gerador. (Súmula 468).

Atualmente o período de apuração da contribuição é mensal (excetuadas as hipóteses relativas à dedução das contribuições retidas na fonte e do abatimento da CIDE-Combustíveis), devendo o pagamento ser efetuado até o último dia útil da primeira quinzena do mês subsequente (I) ao da ocorrência do fato gerador, na hipótese de auferimento de receita e de folha de salários, e (II) ao da venda dos produtos ou mercadorias pelo contribuinte substituto.

5.4.3.6 Operações imobiliárias

As considerações expendidas para a COFINS são plenamente cabíveis ao PIS, em razão de sua identidade jurídica, tornando-se oportuno mencionar julgado do Superior Tribunal de Justiça no sentido seguinte:

Tributário – Contribuição para o PIS – Comercialização de imóveis.

A despeito de que os imóveis não se subsumam no conceito de mercadorias (art. 191 do CComercial c/c o art. 109 do CTN), o faturamento decorrente da respectiva comercialização está sujeito à contribuição para o Programa de Integração Social, por expressa disposição do art. 3º, *caput* e § 2º, da Lei Complementar n. 7, de 1970. Recurso especial conhecido e provido. (2ª T., REsp 187.745-PE, rel. Min. Ari Pargendler, j. 1.12.1998, *DJU*-1 22.2.1999, p. 96)

5.4.3.7 Sistemática vigente

A Lei federal 10.637, de 30.12.2002 (com alterações), dispôs que a contribuição para o PIS/PASEP tem como *fato gerador* o faturamento mensal, assim entendido o total das receitas auferidas pela pessoa jurídica (*contribuinte*), independentemente de sua denominação ou classificação contábil.

O total das receitas compreende a receita bruta da venda de bens e serviços nas operações em conta própria ou alheia e todas as demais receitas auferidas pela pessoa jurídica.

A *base de cálculo* é o valor do faturamento (total das receitas auferidas, compreendendo os elementos mencionados nos parágrafos anteriores), não sendo integrada pelas receitas (I) decorrentes de saídas isentas da contribuição ou sujeitas à alíquota zero; (II) auferidas pela pessoa jurídica revendedora de mercadorias em relação às quais a contribuição seja exigida da empresa vendedora, na condição de substituta tributária; (III) referentes a (a) vendas canceladas e aos descontos incondicionais concedidos; (b) reversões de provisões e recuperações de créditos baixados como perda, que não representem ingresso de novas receitas, o resultado positivo da avaliação de investimentos pelo valor do patrimônio líquido e os lucros e dividendos derivados de participações societárias, que tenham sido computados como receita; (IV) não operacionais, decorrentes de venda de bens do ativo circulante, classificado como investimento, imobilizado ou intangível; (V) decorrentes de transferência onerosa, a outros contribuintes do Imposto sobre Operações relativas à Circulação de Mercadorias e sobre Prestações de Serviços de Transporte Interestadual e Intermunicipal e de Comunicação – ICMS, de créditos de ICMS originados de operações de exportação, conforme o disposto no inciso II do § 1º do art. 25 da Lei Complementar 87, de 13.9.1996; (VI) financeiras decorrentes do ajuste a valor presente de que trata o inciso VIII do *caput* do art. 183 da Lei 6.404, de 15.12.1976, referente a receitas excluídas da base de cálculo da contribuição para o PIS/Pasep; (VII) relativamente aos ganhos decorrentes de avaliação de ativo e passivo com base no valor justo; (VIII) de subvenções para investimento, inclusive mediante isenção ou redução de impostos, concedias como estímulo à implantação ou expansão de empreendimentos econômicos e de doações feitas pelo poder público; (IX) reconhecidas pela construção, recuperação, reforma, ampliação ou melhoramento de infraestrutura, cuja contrapartida seja ativo intangível representativo de direito de exploração, no caso de contratos de concessão de serviços públicos; (X) relativas ao valor do imposto que deixar de ser pago em virtude das isenções e reduções de que tratam as alíneas "a", "b", "c" e "e" do § 1º do art. 8º do Decreto-lei 1.598, de 26.12.1977; e (XI) relativas ao prêmio na emissão de debêntures.

A Instrução Normativa RFB 1700, de 14.3.2017, disciplinou as atividades de "arrendamento mercantil"; "do ativo não circulante mantido para venda"; e "dos contratos de concessão de serviços públicos".

Para a determinação do valor da contribuição deve ser aplicada à base de cálculo a *alíquota* de 0,65% (sistemática cumulativa) ou 1,65% (sistemática não cumulativa – prevista no Capítulo 4, item 2), excetuando-se a receita bruta auferida pelos produtores ou importadores, que devem aplicar específicas alíquotas; o contribuinte é a pessoa jurídica que auferir as receitas.

A contribuição *não incide* sobre as receitas decorrentes das operações de (I) exportação de mercadorias para o exterior; (II) prestação de serviços para pessoa física ou jurídica residente ou domiciliada no exterior, cujo pagamento represente ingresso de divisas; (III) vendas a empresa comercial exportadora com o fim específico de exportação.

A contribuição deverá ser paga até o último dia útil da primeira quinzena do mês subsequente ao da ocorrência do fato gerador.

5.5 PASEP

A Lei Complementar 8, de 3.12.1970, institui o Programa de Formação do Patrimônio do Servidor Público (PASEP), mediante contribuição da União, Estados, Municípios e Distrito Federal, de específicos percentuais aplicáveis sobre receitas correntes, deduzidas transferências feitas a outras entidades da Administração Pública.

A lei complementar facultara a adesão ao PASEP (na época, de natureza não tributária),[233] instituído com o objetivo de distribuir a receita entre os servidores da União, Estados, Municípios e Distrito Federal. Por essa razão, os Municípios podiam abster-se da contribuição ou mesmo desvincular-se do Programa.

Com o advento da Constituição Federal de 1988 a contribuição passou a ter natureza tributária, tornando-se obrigatória,[234] tendo sua destinação por objeto o financiamento do Seguro-Desemprego e o abono devido aos empregados menos favorecidos (CF, art. 239, § 3º).

O Supremo Tribunal Federal fixou o entendimento de que:

> O PASEP, sendo contribuição instituída pela própria Carta da República, não se confunde com aquelas que a União pode criar na forma dos seus arts. 149 e 195, nem se lhe aplicam quaisquer dos princípios ou restrições constitucionais que regulam as contribuições em geral. (Pleno, ACOr 580-6-MG, rel. Min. Maurício Corrêa, j. 15.8.2002, *DJU*-1 25.10.2002, p. 23)

O Tribunal ponderou que a contribuição para o PIS foi recepcionada pela nova ordem constitucional, sendo que o preceito consagrado no art. 239 condicionou a disciplina de lei futura apenas nos termos em que a arrecadação dela decorrente seria utilizada no financiamento do progra-

---

233. STF, RE 148.754, rel. Min. Francisco Rezek, *DJU* 4.3.1994.
234. STF, ADI 1.417, rel. Min. Sepúlveda Pertence, j. 2.8.1999.

ma do Seguro-Desemprego e do abono instituído no seu § 3º, e não a continuidade da cobrança da exação.²³⁵

5.5.1 Contribuintes e responsáveis

A União, os Estados, o Distrito Federal, os Municípios e suas autarquias são *contribuintes* do PIS/PASEP incidente sobre as receitas correntes arrecadadas e transferências correntes e de capital recebidas. A contribuição é obrigatória e independe de ato de adesão aos Programas de Integração Social e de Formação do Patrimônio do Servidor Público.

A Secretaria do Tesouro Nacional, na qualidade de *responsável*, efetuará a retenção do PIS/PASEP incidente sobre o valor das transferências correntes e de capital efetuadas para as pessoas jurídicas de direito público interno, excetuada a hipótese de transferências para as fundações públicas. Não incidirá, em hipótese alguma, sobre as transferências mais de uma contribuição.

5.5.2 Folha de salários

As fundações públicas contribuem para o PIS/PASEP com base na folha de salários.

5.5.3 Base de cálculo

As pessoas jurídicas de direito público interno devem apurar a contribuição para o PIS/PASEP com base nas receitas arrecadadas e nas transferências correntes e de capital recebidas, não se incluindo entre as receitas das autarquias os recursos classificados como receitas do Tesouro Nacional nos Orçamentos Fiscal e da Seguridade Social da União.

Nas receitas correntes serão incluídas quaisquer receitas tributárias, ainda que arrecadadas, no todo ou em parte, por outra entidade da Administração Pública, e deduzidas as transferências efetuadas a outras entidades de direito público interno.

O Banco Central do Brasil deve apurar a contribuição para o PIS/PASEP com base no total das receitas correntes arrecadadas, e consideradas como fonte para atender às suas dotações constantes do Orçamento Fiscal da União.

A base de cálculo incidente sobre a folha de salários corresponde à remuneração paga, devida ou creditada.

---

235. EDecl no RE 214.229, rel. Min. Maurício Corrêa, *DJU* 17.4.1998.

5.5.4 Alíquota

A alíquota do PIS/PASEP é de 1% quando aplicável sobre a folha de salários e sobre as receitas arrecadadas e as transferências recebidas.

5.6 Seguro de Acidente do Trabalho

5.6.1 Evolução legislativa a partir da Constituição Federal de 1988

Examina-se a juridicidade da contribuição (SAT) na vigência da Constituição de 1988, que consignou como direito dos trabalhadores o "seguro contra acidente do trabalho, a cargo do empregador" (art. 7º, XXVIII), e a previsão de contribuição previdenciária para atender à cobertura de eventos de doença, invalidez e morte, incluídos os resultantes de acidente do trabalho (art. 201, I).

No início de vigência da Constituição Federal teve aplicação a legislação pretérita (no caso, a Lei 6.367, de 19.10.1976, art. 15; o Decreto 79.037, de 24.12.1976, art. 53; e a Lei 7.787, de 30.6.1989), até que foi editada a Lei 8.212, de 24.7.1991 (Plano de Custeio da Seguridade Social), dispondo o seguinte:

> Art. 22. A contribuição a cargo da empresa, destinada à Seguridade Social, além do disposto no art. 23, é de: (...) II – para o financiamento da complementação das prestações por acidente do trabalho, dos seguintes percentuais, incidentes sobre o total das remunerações pagas ou creditadas, no decorrer do mês, aos segurados empregados e trabalhadores avulsos: a) 1% para as empresas em cuja atividade preponderante o risco de acidente do trabalho seja considerado leve; b) 2% para as empresas em cuja atividade preponderante esse risco seja considerado médio; c) 3% para as empresas em cuja atividade preponderante esse risco seja considerado grave.

Regulamentando o aludido preceito – no que concerne à fixação dos parâmetros de *incapacidade laborativa* –, o Decreto 356, de 7.12.1991, com a alteração do Decreto 612, de 21.7.1992, dispôs:

> Art. 26. A contribuição da empresa, destinada ao financiamento da complementação das prestações por acidente do trabalho, corresponde à aplicação dos seguintes percentuais incidentes sobre o total da remuneração paga ou creditada a qualquer título, no decorrer do mês, aos segurados-empregados, trabalhadores avulsos e médicos-residentes: I – 1% para a empresa em cuja atividade preponderante o risco de acidente do trabalho seja considerado leve; II – 2% para as empresas em cuja ativida-

de preponderante esse risco seja considerado médio; III – 3% para as empresas em cuja atividade preponderante esse risco seja considerado grave.

§ 1º. *Considera-se preponderante a atividade econômica que ocupa, em cada estabelecimento da empresa, o maior número de segurados-empregados, trabalhadores avulsos e médicos-residentes* (grifei).

Ao considerar as atividades preponderantes em riscos leve, médio e grave, o Executivo exorbitou o âmbito privativo da lei (aspecto quantitativo da obrigação tributária).

Pertinente a observação de que as leis em questão deixaram de tipificar e qualificar os significados de "atividade preponderante" e "grau de risco leve, médio e grave", que são conceitos indeterminados ou vazios de conteúdo (tipos abertos), quando deveriam ser jurídico-positivos (tipos fechados).

Caberia, pois, a tais leis estabelecer juízos claros e específicos para se avaliar cada uma dessas três graduações de risco, pois "todos os elementos da norma tributária devem estar constituídos na lei (CTN, art. 92)", conforme decidiu o Superior Tribunal de Justiça,[236]

proporcionando, assim, ao sujeito passivo um norte seguro para cumprir sua obrigação tributária. Por exemplo: se o número de acidentados num mês é de 5 num total de 1.000 empregados, ocasionando 25 dias sem trabalho nesse mesmo mês, o grau de risco seria leve, e, na medida em que essas proporções se agravassem, o grau de risco passaria a ser médio ou grave. Se elas tivessem disposto dessa forma – ou de outra que lhes parecesse melhor –, aí, sim, o tipo tributário estaria suficientemente definido.[237]

Depois, o Decreto 2.173, de 6.3.1997, art. 26, modificou o conceito de *atividade preponderante*, a saber:

Art. 26. (...).

§ 1º. Considera-se preponderante a atividade que ocupa, na empresa, o maior número de segurados-empregados, trabalhadores avulsos ou médicos-residentes.

§ 2º. A atividade econômica preponderante da empresa e os respectivos riscos de acidentes do trabalho compõem a Relação de Atividades Preponderantes e Correspondentes Graus de Risco, anexa a este Regulamento.

---

236. 2ª T., REsp 169.251-RS, rel. Min. Ari Pargendler, *DJU*-2 19.4.1994, p. 114.
237. Aroldo Gomes de Mattos, "As contribuições sociais para os 'riscos ambientais do trabalho' e para a 'aposentadoria especial'", *RDDT* 47/13.

Percebe-se que o grau de risco levava em consideração "cada estabelecimento da empresa", passando a tomar em conta a "empresa de modo integral", sem distinguir os específicos níveis de risco efetivamente existentes em cada estabelecimento.

É evidente que esta nova situação regulamentar tem o condão de implicar majoração tributária, como se colhe dos exemplos seguintes:

a) Empresa com expressivo número de funcionários administrativos, além da Diretoria, funções, em tese, submetidas ao risco leve. Presumamos que esta mesma empresa tenha por objeto social uma atividade reputada como de risco grave. Pensemos, ainda, que os segmentos administrativos empreguem 100 pessoas, entre funcionários e Diretoria, enquanto a atividade concernente ao seu objeto social empregaria também 100 pessoas. Aqueles receberiam R$ 500.000,00, enquanto estes perceberiam apenas R$ 100.000,00.

Pois bem, segundo o ilogismo da lei, esse desafortunado contribuinte teria que pagar 3% sobre R$ 600.000,00, que é o total das remunerações = R$ 500.000,00 + R$ 100.000,00.

b) A empresa "X" se dedica a três atividades, na qual a preponderante é categorizada como de risco grave, e, portanto, sujeita à alíquota de 3%, enquanto as outras duas são de risco leve, e, por isso, seriam catalogadas a 1%; mas, por força do conceito abrangente estribado na preponderância, o referido contribuinte haverá de pagar a contribuição social – SAT – na proporção de 3% em relação ao montante das remunerações.

Por outro lado, a empresa "Y" se dedica tão somente a uma atividade de risco grave, e, obviamente, deverá recolher a mesma contribuição na proporção de 3% em relação à totalização das remunerações.[238]

Corretamente se apontou que

a obrigação tributária do sujeito passivo seria apurada, ou, melhor, mensurada (medida), de acordo com o respectivo grau de risco (alíquotas variáveis) que oferece o "meio ambiente" da "empresa" (sic), onde a atividade seria exercida pelo "trabalhador", tudo porque o legislador ordinário, na linha do constituinte, levou em consideração o nexo etiológico entre o potencial de risco e a atividade laboral.[239]

---

238. Eduardo Marcial Ferreira Jardim, "Inconstitucionalidades que permeiam a contribuição social para o Seguro de Acidentes do Trabalho-SAT", *RDDT* 31/31 e 33.

239. Édison Araújo Peixoto, "Contribuição parafiscal de Seguridade Social – Adicional do Seguro de Acidente do Trabalho (SAT) – Natureza tributária – Observância do 'nexo etiológico entre o dano em potencial e a atividade laboral', para o correto e perfeito enquadramento da 'empresa' (sic) no correspondente grau de risco (leve, médio ou grave)

Penso inadequada a assertiva de que as normas em causa simplesmente instituíram um novo critério jurídico de lançamento (art. 146 do CTN), e que seria irrelevante o aumento de alíquota para alguns contribuintes após a alteração do critério, como se tem apontado.[240]

É induvidoso cogitar-se de alteração de aspectos integrantes da estrutura normativa das contribuições, que somente podem ser veiculados por lei, que deve fixar os elementos certos e determinados de riscos das atividades, a fim de conferir segurança e certeza à tributação.

Posteriormente, a Lei 9.528, de 10.12.1997, modificou a Lei 8.212/1991, na forma seguinte:

> Art. 22. A contribuição a cargo da empresa, destinada à Seguridade Social, além do disposto no art. 23, é de: (...); II – para o financiamento dos benefícios concedidos em razão do grau de incidência de incapacidade laborativa decorrente dos riscos ambientais do trabalho, *conforme dispuser o Regulamento*, nos seguintes percentuais, *sobre o total das remunerações pagas ou creditadas*, no decorrer do mês, aos segurados empregados e trabalhadores avulsos: (...).
>
> § 3º. *O Ministério do Trabalho e da Previdência Social poderá alterar*, com base nas estatísticas de acidentes do trabalho, apuradas em inspeção, *o enquadramento de empresas para efeito da contribuição* a que se refere o inciso II deste artigo, a fim de estimular investimentos em prevenção de acidentes (grifei).

Segue-se a Lei 9.732, de 11.12.1998 – modificação da Lei 8.212/1991, art. 22:

> II – para o financiamento do benefício previsto nos arts. 57 e 58 da Lei n. 8.213, de 24 de julho de 1991, e daqueles concedidos em razão do grau de incidência de incapacidade laborativa, decorrente dos riscos ambientais do trabalho, sobre o total das remunerações pagas ou creditadas, no decorrer do mês, aos segurados-empregados e trabalhadores avulsos.

Modificação da Lei 8.213, de 24.7.1991:

> Art. 57. A aposentadoria especial será devida, uma vez cumprida a carência exigida nesta Lei, ao segurado que tiver trabalhado sujeito a

---

– Relação de pertinência jurídica dos estabelecimentos – Proporcionalidade da exigência tributária com o potencial de risco", *RDTributário* 70/247

240. Eduardo Rocha Dias, "Contribuição para o SAT-Seguro contra Acidentes do Trabalho: ausência de inconstitucionalidade", *RDDT* 45/53.

condições especiais que prejudiquem a saúde ou a integridade física, durante 15 (quinze), 20 (vinte) ou 25 (vinte e cinco) anos, conforme dispuser a lei. (...).

§ 6º. O benefício previsto neste artigo será financiado com os recursos provenientes da contribuição de que trata o inciso II do art. 22 da Lei n. 8.212, de 24 de julho de 1991, cujas alíquotas serão acrescidas de 12 (doze), 9 (nove) ou 6 (seis) pontos percentuais, conforme a atividade exercida pelo segurado a serviço da empresa permita a concessão de aposentadoria especial, após 15 (quinze), 20 (vinte) ou 25 (vinte e cinco) anos de contribuição, respectivamente.

§ 7º. O acréscimo de que trata o parágrafo anterior incide exclusivamente sobre a remuneração do segurado sujeito às condições especiais referidas no *caput*.

Esse novo plano normativo veio acrescer novas alíquotas (6%, 9% e 12%), de conformidade com a atividade do segurado, relativamente à aposentadoria especial, sendo que objetivamente ficam assentadas as situações seguintes: (a) *segurado não sujeito à aposentadoria especial* – alíquotas de 1%, 2% ou 3%, condicionadas aos graus de risco (leve, médio e grave); (b) *segurado sujeito à aposentadoria especial* – alíquotas básicas de 1%, 2% e 3%, aditadas de 6%, 9% e 12%.

Considerando que as contribuições para fazer face aos "riscos ambientais do trabalho" (arts. 7º, XXVIII, e 201, § 7º, da CF) e para a "aposentadoria especial" (art. 202 da CF) têm destinação suplementar aos planos de Previdência Social, tornar-se-ia necessária a edição de lei complementar,[241] prevista no art. 195, § 4º, *verbis*: "A lei poderá instituir outras fontes destinadas a garantir a manutenção ou expansão da Seguridade Social, obedecido o disposto no art. 154, I" (requisitos de não cumulatividade e inexistência de fato gerador ou base de cálculo próprios dos discriminados na Constituição).

Embora se possa considerar que tais contribuições integram o universo de encargos previdenciários, o fato é que não se encontram enquadradas na normal sistemática constitucional do art. 195, I.

Em razão de percuciente análise da matéria, restou entendido que "a contribuição para o SAT só está totalmente criada no que concerne ao grau mínimo de risco de acidente do trabalho", por se haver ponderado que, "reconhecendo a eficácia do art. 22, II, da Lei 8.212/1991, na parte que prevê tratamento tributário mais benigno às empresas (alínea 'a'),

---

241. Aroldo Gomes de Mattos, "As contribuições...", *RDDT* 47/10-11.

salvará a exigência tributária e, ao mesmo tempo, removerá as antinomias existentes entre ela e a Constituição".²⁴²

Partilho desse entendimento, porque essas específicas contribuições não se enquadram na moldura jurídica (art. 195, I, da CF) própria do financiamento regular para a Previdência Social, como é o caso da COFINS e da CSLL.

Incisivamente se aponta que

as leis (ns. 8.212/1991, 9.528/1997 e 9.732/1998) são formalmente inconstitucionais, já que versaram sobre matéria da reserva absoluta da lei complementar, estranha, portanto, à lei ordinária. Por outro lado: como é consabido, as contribuições são tributos afetados a finalidades específicas, constituindo-se a destinação na sua própria razão de ser, e nada surge sem uma causa ou interesse determinado. Assim, tantas quantas forem as destinações, tantas serão múltiplas ou diversas as contribuições. Por isso, a Lei 9.732, art. 2º, ao instituir um impropriamente denominado "acréscimo" às alíquotas da contribuição destinada a custear os "riscos ambientais do trabalho", nada mais fez, na verdade, do que criar uma nova contribuição, com outra finalidade, qual seja, a de financiar, a "aposentadoria especial", sendo, assim, inconfundíveis.²⁴³

Realmente, é da natureza das contribuições a específica afetação (destinação) de suas receitas a uma certa e determinada finalidade; que, no caso da contribuição em foco, tem por objetivo financiar a aposentadoria especial, diferentemente das finalidades concernentes ao art. 195, I, da CF.

A manifestação mais eloquente da injuridicidade da base de cálculo e da finalidade diversa (implicadora de lei complementar) conteve-se na posterior Emenda Constitucional 20, de 15.12.1998, ampliando o inciso I do art. 195, *de* "contribuições sociais dos empregadores sobre a folha de salários" *para* "folha de salários e demais rendimentos do trabalho pagos, ou creditados, a qualquer título, à pessoa física que lhe preste serviço, mesmo sem vínculo empregatício".

É evidente (raciocínio lógico-jurídico) que somente após a Emenda Constitucional 20/1998 é que os contribuintes – adstritos a "riscos ambientais" e "aposentadoria especial" – devem tomar como base de cálculo o aludido montante (salários + rendimentos).

---

242. Roque Carrazza, "Contribuição denominada 'Seguro de Acidentes do Trabalho (SAT)' – Sua natureza tributária – Alíquotas majoradas por meio de decreto – Inviabilidade Questões conexas", *RDTributário* 70/78-79.

243. Aroldo Gomes de Mattos, "As contribuições...", *RDDT* 47/11.

No entanto, para a eficácia do novo preceito constitucional torna-se imprescindível a edição de lei (agora, sim, formalmente ordinária), uma vez que as anteriores Leis 9.528/1997 e 9.732/1998 foram emitidas sem fundamento na Constituição Federal, não se constitucionalizando automaticamente.

Não colhe a engenhosa e articulada argumentação no sentido de que não se teria verificado efetiva ampliação na base imponível tributária, porque a expressão "remunerações" significaria um dos vários sinônimos para "salário". Este vocábulo – neste diapasão – compreenderia o "conjunto de percepções (vantagens) econômicas auferidas pelo trabalhador", ou seja, "aquilo que se recebe acrescendo-se ao patrimônio contraprestação do trabalho do empregado, ou férias, licença e descanso remunerados".[244]

Oportuna a consideração de que:

> Há diversas remunerações, feitas pelas empresas, que não se enquadram nos salários: (a) ajudas de custo e diárias não excedentes a 50% do salário recebido pelo empregado (cf. Súmula TST 101); (b) vestuários, acessórios e equipamentos (cf. CLT, art. 458); (c) pagamentos feitos a autônomos, avulsos e terceiros, em geral, sem vinculação empregatícia com o empregador.[245]

Esta linha expositiva não poderá encontrar ressonância no Supremo Tribunal Federal, porque já acolheu o verdadeiro sentido jurídico da expressão "salário", tendo afastado a incidência de contribuições pertinentes a trabalhadores autônomos, empresários e avulsos[246] – o que obrigou à edição da Lei Complementar 84/1996 para instituir contribuição social relativamente às apontadas verbas.

Nesse passo, cabe atentar para outra alteração promovida pela Emenda Constitucional 20/1998 (art. 201, I), ao suprimir da exclusividade pública da Previdência Social a cobertura de eventos resultantes de acidentes do trabalho; passando a dispor, outrossim, que "a lei disciplinará a cobertura do risco de acidente do trabalho, a ser atendido concorrentemente pelo regime geral de Previdência Social e pelo setor privado" (inclusão do § 10 ao art. 201).

---

244. Fernando Osório de Almeida Júnior, "As contribuições sociais destinadas à 'cobertura dos riscos ambientais do trabalho' e à 'aposentadoria especial': análise da suposta instituição de 'nova fonte de custeio' para a Seguridade Social", *RDDT* 50/19-20.

245. Dora Martins de Carvalho, "A contribuição de acidente do trabalho", *RDDT* 39/45.

246. RE 166.972-9-RS; ADI 1.102-2 e 1.153-7.

Destarte, devem ser recebidas com reservas as regras contidas no Regulamento Geral da Previdência Social (Decreto 3.048, de 6.5.1999, arts. 202, § 1º, e 378, § 2º), que trataram da temática em pauta.

O Supremo Tribunal Federal firmou a jurisprudência seguinte:

> Constitucional – Tributário – Contribuição: Seguro de Acidente do Trabalho – SAT – Lei n. 7.787/1989, arts. 3º e 4º – Lei n. 8.212/1991, art. 22, II, redação da Lei n. 9.732 – Decretos ns. 612/1991, 2.173/1997 e 3.048/1999 – CF, art. 195, § 4º; art. 154, II; art. 5º, II; art. 150, I.
>
> Contribuição para o Custeio do Seguro de Acidente do Trabalho – SAT: Lei 7.787/1989, art. 3º, II; Lei 8.212/1991, art. 22 – Alegação no sentido de que são ofensivos ao art. 195, § 4º, c/c o art. 154, I, da CF: improcedência – Desnecessidade de observância da técnica da competência residual da União – CF, art. 154, I – Desnecessidade de lei complementar para a instituição da contribuição para o SAT.
>
> II – O art. 3º, II, da Lei n. 7.787/1989 não é ofensivo ao princípio da igualdade, por isso que o art. 4º da mencionada Lei n. 7.787/1989 cuidou de tratar desigualmente os desiguais.
>
> III – As Leis ns. 7.787/1989, art. 3º, II, e 8.212/1991, art. 22, II, definem, satisfatoriamente, todos os elementos capazes de fazer nascer a obrigação tributária válida. O fato de a lei deixar para o regulamento a complementação dos conceitos de "atividade preponderante" e "grau de risco leve, médio e grave" não implica ofensa ao princípio da legalidade genérica, CF, art. 5º, II, e da legalidade tributária, CF, art. 150, I.
>
> IV – Se o regulamento vai além do conteúdo da lei, a questão não é de inconstitucionalidade, mas de ilegalidade, matéria que não integra o contencioso constitucional.
>
> V – Recurso extraordinário não conhecido. (Pleno, RE 343.446-2-SC, rel. Min. Carlos Velloso, j. 20.3.2003, *DJU*-1 4.4.2003, p. 40)

O Superior Tribunal de Justiça assentara que "a alíquota de contribuição para o Seguro de Acidente do Trabalho (SAT) é aferida pelo grau de risco desenvolvido em cada empresa, individualizada pelo seu CNPJ, ou pelo grau de risco da atividade preponderante quando houver apenas um registro" (Súmula 351).

A Lei federal 10.666, de 8.5.2003, dispôs sobre níveis de flexionamento da carga tributária, na forma seguinte:

> Art. 10. A alíquota de contribuição de 1, 2 ou 3%, destinada ao financiamento do benefício de aposentadoria especial ou daqueles concedidos em razão do grau de incidência de incapacidade laborativa decorrente dos riscos ambientais do trabalho, poderá ser reduzida, em

até 50%, ou aumentada em até 100%, conforme dispuser o regulamento, em razão do desempenho da empresa em relação à respectiva atividade econômica, apurado em conformidade com os resultados obtidos a partir dos índices de frequência, gravidade e custo, calculados segundo metodologia aprovada pelo Conselho Nacional de Previdência Social.

Assim, a Resolução 1.236, de 28.4.2004, do Conselho Nacional de Previdência Social, dispõe sobre a metodologia que trata da flexibilização das alíquotas, que considera o CID (Código Internacional de Doenças) como novo parâmetro e fonte primária estatística.

5.6.2 Sistemática vigente a partir de 2010

O Decreto federal 6.957, de 9.9.2009, modificou a legislação relativa à contribuição destinada ao financiamento do Seguro de Acidentes do Trabalho/SAT, relativa aos Riscos Ambientais do Trabalho/RAT.

Relaciona 1.310 atividades, com respectivos graus de risco (leve a grave), dispondo sobre o Fator Acidentário de Prevenção/FAP, implicador de redução ou majoração das alíquotas, procedendo-se à discriminação do desempenho da empresa, dentro da respectiva atividade econômica, a partir da criação de um índice composto pelos índices de gravidade, de frequência e de custo, que pondera os respectivos percentuais com pesos de 50%, de 35% e de 15%, respectivamente.

O FAP é um multiplicador aplicado às três alíquotas do SAT, incidentes sobre a folha de salários das empresas para financiar aposentadorias especiais e benefícios decorrentes de acidentes do trabalho. A nova metodologia leva em conta as ocorrências a partir dos registros da Comunicação de Acidente do Trabalho (CAT), e do Nexo Etiológico Epidemiológico Previdenciário (NTEP), em vigor desde 2007, criado com o objetivo de relacionar a Classificação Internacional de Doenças (CID) com a Classificação Nacional de Atividade Econômica (CNAE).

A legislação previdenciária (IN-RFB n. 971, de 13 de novembro de 2009, art. 72, com alterações) estabelece normas relativas ao enquadramento nos correspondentes graus de risco de responsabilidade da empresa; o critério de preponderância da atividade econômica; a atividade de construção civil; o erro no auto enquadramento; o exercício de atividades em condições especiais, etc.

A Portaria Interministerial MPS/MF 329, de 10.12.09, dispôs sobre o modo de apreciação das divergências apresentadas pelas empresas na determinação do Fator Acidentário de Prevenção (FAP).

5.7 Cessão de mão de obra, retenção na fonte compensação

A Lei federal 9.711, de 20.11.1998 – introduzindo modificações na Lei 8.212, de 24.7.1991 –, dispôs o seguinte:

Art. 31. A empresa contratante de serviços executados mediante cessão de mão de obra, inclusive em regime de trabalho temporário, deverá reter 11% (onze por cento) do valor bruto da nota fiscal ou fatura de prestação de serviços e recolher a importância retida até o dia 2 do mês subsequente ao da emissão da respectiva nota fiscal ou fatura, em nome da empresa cedente da mão de obra, observado o disposto no § 5º do art. 33.

§ 1º. O valor retido de que trata o *caput*, que deverá ser destacado na nota fiscal ou fatura de prestação de serviços, será compensado pelo respectivo estabelecimento da empresa cedente da mão de obra, quando do recolhimento das contribuições destinadas à Seguridade Social devidas sobre a folha de pagamento dos segurados a seu serviço.

§ 2º. Na impossibilidade de haver compensação integral na forma do parágrafo anterior, o saldo remanescente será objeto de restituição.

§ 3º. Para fins desta Lei, entende-se como cessão de mão de obra a colocação à disposição do contratante, em suas dependências ou nas de terceiros, de segurados que realizem serviços contínuos, relacionados ou não com a atividade-fim da empresa, quaisquer que sejam a natureza e a forma de contratação.

§ 4º. Enquadram-se na situação prevista no parágrafo anterior, além de outros estabelecidos em Regulamento, os seguintes serviços: I – limpeza, conservação e zeladoria; II – vigilância e segurança; III – empreitada de mão de obra; IV – contratação de trabalho temporário na forma da Lei n. 6.019, de 3 de janeiro de 1974.

Este diploma jurídico (regulamentado pela Ordem de Serviço do Diretor de Arrecadação e Fiscalização do INSS-195/1998, alterado pelas de ns. 203/1999 e 209/1999, e objeto do Decreto 3.048/1999 – novo Regulamento da Previdência Social) estabeleceu responsabilidade tributária por substituição, porque atribuiu ao tomador dos serviços a obrigação de efetuar a retenção e o recolhimento relativo ao valor bruto da nota fiscal ou fatura de prestação de serviços.

O prestador dos serviços caracteriza-se como autêntico contribuinte de fato, ao sofrer o ônus concernente à retenção de 11% dos valores relativos aos serviços.

Embora a norma em exame tenha por objetivo o prévio recolhimento das contribuições destinadas à Seguridade Social, devidas em razão da folha de pagamento dos segurados do prestador de serviços, o caso é que a determinação imposta à fonte pagadora (tomadora dos serviços) não guarda qualquer correspondência, vínculo ou nexo lógico com o pagamento dos salários.

Trata-se de fato gerador de contribuição previdenciária, que somente pode ser devida pelo prestador de serviços; e que nunca poderia ser praticado por terceiros, porque não tem qualquer atinência com as atividades relacionadas com o tomador dos serviços (eleito como fonte retentora).

O fato gerador das contribuições é o pagamento de salários pelo empregador (prestador de serviços), enquanto que o pagamento feito pelo tomador dos serviços vincula-se exclusivamente ao preço desses serviços, não tendo qualquer semelhança ou identidade com os salários.

Somente existe fundamento para cogitar-se de retenção de valores, pela fonte pagadora, no caso de antecipação de tributo devido pela ocorrência dos respectivos fatos geradores pertinentes ao faturamento dos serviços, ou seja, (a) ISS (art. 156, III, da CF) e (b) contribuições sobre o faturamento (arts. 195, II, e 239 da CF).

Não há dúvida de que a vinculação com o fato gerador da obrigação tributária tem como finalidade garantir o ressarcimento por parte do responsável tributário, mediante a antecipação dos valores que serão devidos pelo real contribuinte de direito. Assim, quando se procede à retenção do Imposto de Renda na fonte, por exemplo, apenas se está procurando antecipar este mesmo imposto devido pela pessoa beneficiária dos rendimentos.

Luciano da Silva Amaro é categórico:

> É claro que a escolha de um terceiro para figurar como sujeito passivo da obrigação tributária não pode ser feita arbitrariamente. O Código fornece critérios para essa eleição (e, em diversas situações, ele próprio elege os responsáveis). Mais adiante veremos os *limites* à definição legal de terceiros como responsáveis.
>
> Já vimos que o terceiro é elegível como sujeito passivo à vista de um liame *indireto* com o fato gerador. Embora o fato gerador (do Imposto de Renda, por exemplo) seja realizado por uma pessoa (aquela que aufere renda), a lei tem a possibilidade de escolher um terceiro, vinculado a esse fato gerador (a fonte pagadora), como sujeito passivo da obrigação (grifei).[247]

---

247. *Direito Tributário Brasileiro*, p. 185.

Na espécie vertente, inviável a invocação do art. 150, § 7º (redação dada pela Emenda Constitucional 3/1993) –, que dispôs sobre a figura da substituição tributária "para frente" –, uma vez que o fato gerador presumido (contribuições previdenciárias a serem devidas pelo prestador dos serviços, ou cessão de mão de obra) não tem qualquer correspondência com os valores objeto de retenção.

Com efeito,

> não se trata de mera antecipação. Nem se aplica ao caso o art. 128 do CTN, porque não se trata de transferência de responsabilidade. Cuida-se, isto, sim, de nova relação tributária, com fato gerador distinto, próprio, com sujeito passivo direto – contribuinte –, que é a empresa cedente de mão de obra, e com sujeito passivo indireto, responsável tributário, que é a tomadora de mão de obra.[248]

A antiga Lei Complementar 56/1987 (relacionando serviços sujeitos ao ISS) fez menção específica a tal atividade, relativamente ao "recrutamento, agenciamento, seleção, colocação ou *fornecimento de mão de obra*, mesmo em caráter temporário, inclusive por empregados do prestador do serviço ou por trabalhadores avulsos por ele contratados" (item 84).

É inquestionável que todos esses serviços envolvem a prestação de esforço humano a terceiros; observam o regime de direito privado; objetivam produzir uma utilidade a terceiros; e sempre implicam uma contraprestação.

No entanto, apresentam uma marcante distinção, na medida em que na cessão de mão de obra (espécie do gênero "prestação de serviços") a prestação do esforço humano é a própria colocação de pessoas físicas (segurados) à disposição do tomador dos serviços, para que este as utilize segundo seus interesses particulares.

A própria Lei 8.212/1991 (na redação dada ao § 3º do seu art. 31, pela Lei 9.718/1998) entende como "cessão de mão de obra a colocação à disposição do contratante, em suas dependências ou nas de terceiros, de segurados que realizem serviços contínuos, relacionados ou não com a atividade-fim da empresa, quaisquer que sejam a natureza e a forma de contratação".

---

248. Hugo de Brito Machado, "Responsabilidade tributária e retenção na fonte de contribuição ao INSS na locação de mão de obra", in *Grandes Questões Atuais do Direito Tributário*, vol. 3º, p. 117.

Como decorrência lógica, se não houver sujeição dos segurados envolvidos na prestação de serviços, haverá apenas um genérico contrato de prestação de serviços.

Parece claro que a prestação de serviços é gênero, e a cessão de mão de obra uma espécie. As empresas têm liberdade para contratar uma prestação de serviços, que acarreta a colocação de segurados nas dependências do contratante, mas não à disposição deste. O fato de os segurados se encontrarem no estabelecimento ou outro local do contratante, para a realização do serviço, não significa simplesmente a "cessão de mão de obra".

Inocorrendo sujeição dos segurados ao contratante dos serviços, não se cogitará da cessão de mão de obra, que só estaria caracterizada se houvesse subordinação e mando por parte do referido contratante.

A regra tributária também não tem plena condição de ser considerada em relação aos serviços realizados mediante empreitada de mão de obra no caso da construção civil, porque a mão de obra não é responsável por parcela significativa na formação dos custos do contrato, mas sim a tecnologia detida pela empresa, que é revertida em sua margem de lucro.[249]

Observa Ricardo Lacaz Martins que a inclusão da empreitada de mão de obra é completamente descabida, na medida em que esta modalidade possui definição própria e distinta da cessão de mão de obra. Nesse sentido, aponta que os contratos relativos à construção civil compreendem

> "contratos de construção por administração" (o construtor apenas supervisiona a obra, não se comprometendo a fornecer os materiais e a mão de obra utilizada na construção) e "contratos de construção por empreitada" (o empreiteiro é contratado pelo dono da obra para *executar* a construção, por sua conta e assumindo o risco da atividade econômica, fornecendo os materiais e a mão de obra, em troca de um preço fechado a ser pago pelo dono da obra).[250]

O legislador ordinário não tem competência para alterar conceitos utilizados implicitamente pelo constituinte – "prestação de serviços" e "cessão de mão de obra" –, de modo a igualá-los, pois estaria descumprindo o Código Tributário Nacional, *verbis*:

---

249. Ricardo Lacaz Martins, "A Lei 9.711/1998 e a responsabilidade tributária na construção civil", *RDDT* 46/71-72.

250. Idem, p. 74.

Art. 110. A lei tributária não pode alterar a definição, o conteúdo e o alcance de institutos, conceitos e formas de direito privado, utilizados, expressa ou implicitamente, pela Constituição Federal, pelas Constituições dos Estados, ou pelas Leis Orgânicas do Distrito Federal ou dos Municípios, para definir ou limitar competências tributárias.

Em razão das considerações alinhadas, entendo que a retenção de 11% sobre o preço dos serviços prestados representa uma nova figura tributária, totalmente diferente da contribuição incidente sobre a folha de salários (art. 195, I, "a", da CF), em razão do que, por si só, não poderia gerar qualquer efeito jurídico, pela circunstância de não ter observado as diretrizes constitucionais seguintes: (a) impossibilidade de ser criada com fulcro no art. 195, § 4º, da CF, por infringir o inciso I do art. 154 da CF, uma vez que apresenta os mesmos fatos geradores e as mesmas bases de cálculo do ISS, da COFINS e do PIS; (b) inexistência de lei complementar (art. 154, I); (c) violação ao princípio da anterioridade (art. 195, § 6º), uma vez que já exige o tributo a partir de fevereiro/1999; (d) falta de específica destinação constitucional da receita (art. 165, § 5º, III).

O Supremo Tribunal Federal decidiu o seguinte:

Constitucional – Tributário – Contribuição social: Seguridade – Retenção de 11% sobre o valor bruto da nota fiscal ou da fatura de prestação de serviços – Lei n. 8.212/1991, art. 31, com a redação da Lei n. 9.711/1998.

I – Empresa contratante de serviços executados mediante cessão de mão de obra: obrigação de reter 11% do valor bruto da nota fiscal ou fatura de prestação de serviços e recolher a importância retida até o dia 2 do mês subsequente ao da emissão da respectiva nota fiscal ou fatura, em nome da empresa cedente da mão de obra – Inocorrência de ofensa ao disposto no art. 50, § 7º, art. 150, IV, art. 195, § 4º, art. 154, I, e art. 148 da CF; (...). (Pleno, RE 393.946-7-MG, rel. Min. Carlos Velloso, j. 3.1.2004, *DJU*-1 1.4.2005, pp. 7-8)

A Instrução Normativa 971, de 13.11.2009, do Secretário da Receita Federal do Brasil, dispôs sobre a sistemática de retenção (arts. 112 a 147).

5.8 Sociedades cooperativas

A legislação previdenciária (Instrução Normativa 971, de 13.11.2009, do Secretário da Receita Federal do Brasil, arts. 208 a 225) disciplinou as referidas atividades da forma básica seguinte:

I – *Cooperativa, urbana ou rural*, é a sociedade de pessoas, sem fins lucrativos, com forma e natureza jurídica próprias, de natureza civil, não sujeita a falência, constituída para prestar serviços a seus associados.

II – *Cooperativa de trabalho*, espécie de cooperativa também denominada *cooperativa de mão de obra*, é a sociedade formada por operários, artífices ou pessoas da mesma profissão ou ofício ou de vários ofícios de uma mesma classe, que, na qualidade de associados, prestam serviços a terceiros por seu intermédio.

III – *Cooperativa de produção*, espécie de cooperativa, é a sociedade que, por qualquer forma, detém os meios de produção, oferecendo um produto final e não intermediando prestação de serviços de seus cooperados, tais como as de ensino.

IV – *Cooperativa de produtores*, espécie de cooperativa, é a sociedade organizada por pessoas físicas ou pessoas físicas e jurídicas com o objetivo de comercializar, de industrializar ou de comercializar e industrializar a produção de seus cooperados.

V – Considera-se *cooperado* o trabalhador associado à cooperativa que adere aos propósitos sociais e preenche as condições estabelecidas no estatuto dessa cooperativa.

VI – As bases de cálculo das contribuições previdenciárias e as alíquotas estão previstas de conformidade com as atividades específicas.

No caso de *empresa prestadora de serviços de locação de mão de obra temporária* (regida pela Lei 6.019/1974 e pelo Decreto 73.841/1974), independentemente do regime normativo aplicável (fatos anteriores ou posteriores às Leis federais 10.637/2002 e 10.833/2003), os valores recebidos a título de pagamento de salários e encargos sociais dos trabalhadores temporários não podem ser excluídos da base de cálculo do PIS e da COFINS (STJ, 1ª S., REsp 847.641-RS, rel. Min. Luiz Fux, j. 25.3.2009, *DJ*e 20.4.2009).

Entretanto, o mesmo Superior Tribunal de Justiça decidira que a empresa que agencia mão de obra temporária age como intermediária entre o contratante da mão de obra e o terceiro que é colocado no mercado, sendo a comissão o preço do serviço, valor sobre o qual incide o ISS, excluídas as importâncias voltadas para o pagamento dos salários e encargos sociais dos trabalhadores. Procedeu à distinção de valores pertencentes a terceiros (os empregados) e despesas, que pressupõem o reembolso, ou seja, entre receita e entrada para fins financeiros-tributários (1ª T., REsp 411.580-SP, rel. Min. Luiz Fux, j. 8.10.2002, *DJU* 16.12.2002, p. 253).

5.9 Serviço Social Rural

A Lei federal 7.787/1989 (art. 3º, § 1º) – a partir de 1.9.1989 – suprimiu as contribuições ao PRORURAL, onde se compreendiam as contribuições ao INCRA, por força da unificação ao FUNRURAL (Lei Complementar 11/1971, art. 15, II). As atividades implicadoras do Serviço Social Rural (INCRA) foram substituídas e implementadas pelo Serviço Nacional de Aprendizagem Rural (SENAR), com fundamento no art. 62 do ADT à Constituição Federal de 1988 e decorrente de legislação federal própria.

O Superior Tribunal de Justiça firmou a diretriz seguinte:

> Tributário – Contribuição para o FUNRURAL – Empresa vinculada exclusivamente à Previdência Urbana – Im1possibilidade de superposição contributiva – Embargos conhecidos e rejeitados.
>
> Não é de se exigir o pagamento das contribuições relativas ao FUNRURAL e ao INCRA das empresas vinculadas exclusivamente à Previdência Urbana em face da impossibilidade da superposição contributiva. (1ª S., EDiv no REsp 173.380-DF, rel. Min. José Delgado, j. 8.11.2000, *DJU*-1-E 5.3.2001, pp. 119-120)

Entretanto, o Superior Tribunal de Justiça passou a positivar o entendimento seguinte:

> Processual civil – Recurso especial – Tributário – Contribuição destinada ao INCRA – Adicional de 0,2% – Não extinção pelas Leis ns. 7.787/1989, 8.212/1991 e 8.213/1991 – Legitimidade. (...).
>
> 3. A política agrária encarta-se na ordem econômica (art. 184 da CF/1988), por isso que a exação que lhe custeia tem inequívoca natureza de Contribuição de Intervenção no Domínio Econômico, coexistente com a ordem social, onde se insere a Seguridade Social custeada pela contribuição que lhe ostenta o mesmo *nomen juris*. (...).
>
> 8. Diversamente, sob o pálio da interpretação histórica, restou hígida a contribuição para o INCRA, cujo desígnio em nada se equipara à contribuição securitária social.
>
> 9. Consequentemente, resta inequívoca dessa evolução, constante do teor do voto, que: a) a Lei n. 7.787/1989 só suprimiu a parcela de custeio do PRORURAL; b) a Previdência Rural só foi extinta pela Lei n. 8.213, de 24.7.1991, com a unificação dos regimes de previdência; c) entretanto, a parcela de 0,2% – destinada ao INCRA – não foi extinta pela Lei n. 7.787/1989 e tampouco pela Lei n. 8.213/1991, como vinha sendo proclamado pela jurisprudência desta Corte.

10. Sob essa ótica, à míngua de revogação expressa e inconciliável a adoção da revogação tácita por incompatibilidade, porquanto distintas as razões que ditaram as exações *sub judice*, ressoa inequívoca a conclusão de que resta hígida a contribuição para o INCRA (...). (1ª S., REsp 977.058-RS, rel. Min. Luiz Fux, j. 22.10.2008, *DJe* 10.11.2008)

5.10 Contribuição residual

O art. 195, § 4º, da CF estabelece que "a lei poderá instituir outras fontes destinadas a garantir a manutenção ou expansão da Seguridade Social, obedecido o disposto no art. 154".

No âmbito restrito deste estudo, circunscrito ao perfil tributário das contribuições sociais, não tem cabimento expender considerações financeiras, políticas, sociais etc., inerentes ao custeio da Seguridade Social e à necessidade de obter os indispensáveis recursos para alcançar o objetivo constitucional.

A finalidade do preceito, segundo se percebe, é atender aos programas previdenciários, mediante um amplo financiamento, desde que não conflite com tributos previstos constitucionalmente e não implique superposições de cargas financeiras. Interessa examinar as condições exigidas para a edição de novas fontes de custeio, no que diz respeito aos aspectos nitidamente tributários.

Insere-se nesta temática a Lei Complementar 84, de 18.1.1996, regulamentada pelo Decreto 1.826, de 29.2.1996, que voltou a dispor sobre a obrigação das empresas e pessoas jurídicas, inclusive cooperativas, de recolher contribuição previdenciária, no percentual básico de 15%, calculado sobre o total das remunerações ou retribuições por elas pagas ou creditadas, pelos serviços que lhes prestem sem vínculo empregatício (a) os segurados-empresários, (b) os trabalhadores autônomos e equiparados e (c) os avulsos.

O Judiciário conferiu legitimidade a essa contribuição em razão de ter sido criada por lei complementar, inexistir identidade de base de cálculo com o IR e o ISS e observar o disposto nos arts. 195, § 4º, e 154, I, da CF,[251] tendo o Supremo Tribunal Federal decidido por sua constitucionalidade.[252]

A Lei Complementar 84/1996 foi revogada pela Lei federal 9.876, de 26.11.1999.

---

251. TRF-5ª Região, Pleno, ArgInconst na Ap. Cível 109.652-PB, rel. Juiz Ubaldo Ataíde Cavalcante, j. 5.8.1998, *DJU-2* 2.10.1998, pp. 494-495.
252. Pleno, RE 228.321, rel. Min. Carlos Velloso.

5.11 Fontes alternativas de custeio da Seguridade Social

A faculdade de a União criar outras fontes de custeio para a Seguridade Social (mediante novas contribuições sociais) constitui medida excepcional, condicionada a diversos requisitos fundamentais (como analisado em capítulos precedentes), entre os quais a inexistência de fato gerador ou base de cálculo idênticos aos dos impostos discriminados na Constituição (art. 154, II, da CF).

Tratando-se de nova figura tributária, com característica de imposto, há que se respeitar todas as materialidades dispostas no art. 153, adicionais desses impostos, bem como os impostos residuais (art. 154), para evitar bitributação; e, ainda, aqueles contidos nos arts. 155 e 156, para impedir invasão de competências.

Ives Gandra da Silva Martins ressalta que "a incidência, por outro lado, de uma contribuição sobre o faturamento das empresas tem a mesma característica de um imposto sobre a circulação de bens ou serviços, assemelhando-se ao IPI, IVV, ICMS e ISS".[253]

Gilberto de Ulhôa Canto é tranquilo em sua afirmativa:

> É evidente que as contribuições sobre o lucro e o faturamento, explicitamente referidas no inciso I do art. 195, podem ser cumulativas (como certamente o são as que incidem sobre o faturamento) e ter fato gerador ou base de cálculo de outros impostos do sistema (como seguramente têm), dada sua semelhança com o Imposto de Renda (a sobre o lucro das empresas) e com o ICMS ou ISS (a que grava o faturamento), devendo-se entender que tais características foram conscientemente toleradas quanto às modalidades expressamente previstas no inciso I, mas os constituintes não desejaram emitir, em favor da União, um cheque em branco para constituir contribuições (...) cuja observância exigem para a criação de impostos novos (residuais).[254]

Não há dúvida de que o art. 154, I, da CF proíbe a bitributação, de modo categórico – isto é, "a pluralidade de incidências tributárias sobre a mesma riqueza ou hipótese, ainda que exercitada pela mesma pessoa política".[255]

O perfil do *bis in idem* só se positiva na medida em que impõe dupla, tripla, etc., incidência sobre o mesmo fato imponível, por parte

---

253. "Contribuições sociais", *Caderno de Pesquisas Tributárias* 17/9.
254. "Contribuições sociais", *Caderno de Pesquisas Tributárias* 17/58-59.
255. Marçal Justen Filho, "Contribuições sociais", *Caderno de Pesquisas Tributárias* 17/160.

da mesma pessoa jurídica de direito público. Assim, nas alienações de mercadorias, realizadas no território do país, não se pode arguir bitributação no caso de exigir-se tanto o ICMS como o IPI, em razão da partilha de competências da União (art. 153, IV), dos Estados e Distrito Federal (art. 155, II).

Todavia, no âmbito da importação de bens poderá ser constitucionalmente objetada a exigência de Imposto de Importação (art. 153, I) e IPI (art. 153, IV), porque a pessoa competente é a mesma (União), o fato imponível (operações de aquisição de produtos industrializados) é o mesmo; o que não ocorreria com relação ao ICMS (art. 155, § 2º, X), tendo em vista distinta competência (Estados e Distrito Federal).

Também na hipótese de operações com circulação (jurídica) de produtos industrializados incidirá o IPI (art. 159, I), distintamente, porque, embora os fatos/bases de cálculo possam ser os mesmos, a própria Constituição permite a dupla tributação, pela mesma pessoa política (União), tratando-se de tributos diferentes (imposto e contribuição).

Portanto, no caso do § 4º do art. 195 a dicção constitucional só permite a instituição de outras contribuições sociais, além das concernentes sobre a receita, faturamento, lucro, salários e rendimentos (art. 195), que não compreendam os impostos encartados nos arts. 153 a 156.

Deve o legislador estar alerta a que o campo residual de novas contribuições deve sempre considerar a capacidade contributiva e a retributividade (conforme estejam delineadas ou conformadas por imposto ou taxa), a fim de evitar confisco tributário.

Finalmente, a Constituição Federal também estabelece o direito da União de instituir CIDE tendo por base o "faturamento", a "receita bruta" ou o "valor da operação", além do "valor aduaneiro" (Emenda Constitucional 33/2001), convivendo com as demais contribuições.

6. Importação

6.1 Fundamentos jurídicos

A Lei federal 10.865, de 30.4.2004 (conversão da Medida Provisória 164, de 29.1.2004), dispôs sobre a contribuição para o PIS/PASEP e para a COFINS incidente sobre a importação de produtos estrangeiros ou serviços provenientes do exterior prestados por pessoa física ou jurídica, residente ou domiciliada no exterior, e que sejam executados no País, ou executados no exterior, cujo resultado se verifique no País. Aponta como embasamento os arts. 149, § 2º, II, e 195, IV, da CF, observado o disposto no seu art. 195, § 6º.

Originariamente, o art. 149, § 2º, II (introduzido pela Emenda 33, de 11.12.2001), estabelecera que as contribuições *sociais* (genéricas) e de *intervenção no domínio econômico* (CIDEs) "poderão incidir sobre a importação de petróleo e seus derivados, gás natural e seus derivados e álcool combustível".

O referido preceito foi alterado pela Emenda 42 de 19.12.2003, passando a viger com a seguinte redação: "II – incidirão também sobre a importação de produtos estrangeiros ou serviços".

A seu turno, o art. 195, IV, fora introduzido pela Emenda Constitucional 42/2003, ao dispor que as contribuições sociais destinadas à Seguridade Social poderão ser exigidas do "importador de bens ou serviços do exterior, ou de quem a lei a ele equiparar".

Assim, a importação de bens e serviços do exterior possibilita tanto a instituição de contribuições sociais genéricas e CIDEs quanto a criação de contribuições à Seguridade Social. Portanto, há fundamento para a dupla exigência das contribuições, observando peculiares regimes jurídicos (anterioridade ao exercício financeiro, acrescido de 90 dias, ou período nonagesimal; e destinações diferenciadas a setores econômicos etc. ou à Seguridade Social).

Na medida em que a Lei 10.865/2004 tem como embasamento distintos preceitos constitucionais, ficaria evidenciado que fora estabelecida uma única incidência das mencionadas contribuições relativamente às operações com o comércio exterior (importação de bens e serviços), englobando as distintas contribuições sociais (genéricas, interventivas e de Seguridade Social).

Trata-se de complexa situação, porque os dispositivos constitucionais (art. 149, § 2º, II, e art. 195, IV) são totalmente estranhos ao PIS/ PASEP, enquadrados no art. 239 da CF. Apesar de estas contribuições possuírem identidade com a COFINS (contribuintes, fatos geradores e bases de cálculo), não poderiam ser previstas para as operações de importação, diante da ausência de fundamento de validade em específico preceito constitucional.

Realmente, o art. 239 (inserido nas Disposições Transitórias) confere *status* constitucional às contribuições ao PIS/PASEP e dispõe sobre a nova destinação específica de seus recursos.

Portanto, diante da falta de vinculação e conexão entre os arts. 149, § 2º, II, e 195, IV, e o art. 239 da CF, torna-se estranha ao sistema jurídico a instituição – e a decorrente exigência – de contribuições ao PIS/PASEP no que concerne às operações de importação de bens e serviços.

Por outro lado, a vigência da Lei 10.865/2004 implica a indagação seguinte: continua eficaz a Lei federal 10.336, de 19.12.2001, que instituiu a contribuição incidente sobre as importações de petróleo, gás natural (e seus derivados) e álcool combustível?

A Lei 10.336/2001 toma como fundamento o art. 149, § 2º, II, da CF, que outorgou competência à União para instituir contribuições sociais e de intervenção no domínio econômico "sobre a importação de petróleo e seus derivados, gás natural e seus derivados e álcool combustível", em razão da promulgação da Emenda Constitucional 33/2001.

A CIDE-Combustíveis inaugurara a incidência das contribuições no âmbito das importações, operando-se a não cumulatividade mediante disposições relativas à dedução desta CIDE dos valores relativos ao PIS/PASEP e da COFINS (art. 8º da Lei 10.336, de 19.12.2001).

Esta peculiar sistemática não tinha conotação com as sistemáticas previstas nas Leis 10.637/2002 e 10.833/2003, não só porque estas não trataram da CIDE, mas também porque as contribuições ao PIS/PASEP e à COFINS ficaram restritas a operações no mercado interno, naturalmente diante da inexistência de previsão constitucional.

Todavia, a Emenda Constitucional 42/2003 impôs um âmbito mais amplo de incidência das contribuições relativas às importações, porque não manteve a limitação aos combustíveis (Emenda Constitucional 33/2001), abrangendo a totalidade das importações de produtos estrangeiros, sem restrições.

No plano da legislação ordinária, a Lei 10.865/2004 disciplinou todos os aspectos da hipótese de incidência dos tributos (em geral), oferecendo regramento integral à matéria tributária (incidência das contribuições na importação). Embora não tenha tratado das espécies de combustíveis (como constara da Lei 10.336/2001), dispõe sobre alíquotas de gasolinas e suas correntes; e gás natural (art. 8º e §§ 8.º e 12, IX) e regime especial de apuração para pagamento das contribuições relativas às gasolinas, óleo diesel, gás liquefeito de petróleo etc. (art. 22).

A singularidade da questão reside na circunstância de que a vinculação da CIDE-Importação (art. 177, II, da CF) é distinta da destinação da COFINS e do PIS/PASEP (Seguridade Social). Além disso, a Lei 10.865/2004 sequer faz referência à Lei 10.336/2001 – o que poderia presumir a manutenção dos seus efeitos jurídicos.

Parece que estas considerações permitiriam conduzir ao entendimento de que a partir da vigência da Lei 10.865/2004 não haveria condição jurídica para continuar prevalecendo a específica CIDE-Importação (combustíveis), em paralelo e duplicidade com a nova sistemática, a despeito de não ter sido expressamente revogada, nos termos da Lei Complementar 95 (art. 9º).

Entretanto, o Decreto federal 5.060, de 30.4.2004, trata da redução das alíquotas da CIDE incidente sobre a importação e a comercialização de petróleo e seus derivados, gás natural e seus derivados e álcool etílico combustível (instituída pela Lei 10.336/2001), numa demonstração de que permanecem vigentes as diferentes espécies de contribuições relativas à importação dos mencionados produtos (previstas na Lei 10.336/2001 e na Lei 10.865/2004).

No mesmo sentido, a Lei federal 10.866, de 4.5.2004, acrescenta preceitos à Lei 10.336/2001 relativos à destinação dos recursos (aplicação no financiamento de programas de infraestrutura de transportes).

Argumenta-se que "a mera importação de bens e serviços não é causa para a instituição de contribuição social, já que essa operação não desencadeia qualquer atuação estatal que justifique a cobrança".[256]

6.2 Fatos geradores

O fato gerador será:

> I – a entrada de bens estrangeiros no território nacional; ou II – o pagamento, o crédito, a entrega, o emprego ou a remessa de valores a residentes ou domiciliados no exterior como contraprestação por serviço prestado.

Para efeito de cálculo das contribuições, considera-se ocorrido o fato gerador (art. 4º):

> I – na data do registro da declaração de importação de bens submetidos a despacho para consumo; II – no dia do lançamento do correspondente crédito tributário, quando se tratar de bens constantes de manifesto ou de outras declarações de efeito equivalente, cujo extravio ou avaria for apurado pela autoridade aduaneira; III – na data do vencimento do prazo de permanência dos bens em recinto alfandegado, se iniciado o respectivo despacho aduaneiro antes de aplicada a pena de perdimento, em específica situação (art. 18 da Lei 9.779, de 19.1.1999); IV – na data

---

[256]. Ives Gandra da Silva Martins e Fátima Fernandes Rodrigues de Souza, "PIS/PASEP e COFINS-Importação – Inconstitucionalidades", in Marcelo Magalhães Peixoto e Octávio Campos Fischer (coords.), *PIS-COFINS – Questões Atuais e Polêmicas*, p. 163.

do pagamento, do crédito, da entrega, do emprego ou da remessa de valores.

Os serviços tributados são os provenientes do exterior prestados por pessoa física ou pessoa jurídica residente ou domiciliada no exterior (art. 1º, § 1º), nas seguintes hipóteses: "I – executados no País; ou II – executados no exterior, cujo resultado se verifique no País".

6.3 Sujeitos passivos

São contribuintes:

I – o importador, assim considerada a pessoa física ou jurídica que promova a entrada de bens estrangeiros no território nacional; II – a pessoa física ou jurídica contratante de serviços de residente ou domiciliado no exterior; e III – o beneficiário do serviço, na hipótese em que o contratante também seja residente ou domiciliado no exterior.

Equiparam-se ao importador o destinatário de remessa postal internacional indicado pelo respectivo remetente e o adquirente de mercadoria entrepostada (parágrafo único).

São responsáveis solidários:

I – o adquirente de bens estrangeiros, no caso de importação realizada por sua conta e ordem, por intermédio de pessoa jurídica importadora; II – o transportador, quando transportar bens procedentes do exterior ou sob controle aduaneiro, inclusive em percurso interno; III – o representante, no país, do transportador estrangeiro; IV – o depositário, assim considerado qualquer pessoa incumbida da custódia de bem sob controle aduaneiro; e V – o expedidor, o operador de transporte multimodal ou qualquer subcontratado para a realização do transporte multimodal.

6.4 Bases de cálculo

A base de cálculo será:

I – o *valor aduaneiro*, no caso de entrada de produtos no território nacional; II – o valor pago, creditado entregue, empregado ou remetido para o exterior, antes da retenção do Imposto de Renda, acrescido do Imposto sobre Serviços de Qualquer Natureza – ISS e do valor das próprias contribuições.

O Acordo de Valoração Aduaneira (Implementação do art. VII do Acordo Geral de Tarifas e Comércio 1994 – GATT/1994, aprovado pelo Decreto 1.355/1994) fixa as bases para a aplicação nos tributos incidentes sobre a importação, determinando a observância de métodos específicos para sua apuração, numa ordem sequencial e obrigatória. O valor aduaneiro corresponde ao preço da transação, isto é, o preço efetivamente pago ou a pagar pelas mercadorias em uma venda para exportação para o país da importação, não cogitando da inclusão de qualquer espécie de tributo.

O Decreto federal 6.759, de 5.2.2009 (Regulamento Aduaneiro), dispõe (art. 77) que integram o *valor aduaneiro*, independentemente do método de valoração utilizado:

> I – o custo de transporte da mercadoria importada até o porto ou o aeroporto alfandegado de descarga ou o ponto de fronteira alfandegado onde devam ser cumpridas as formalidades de entrada no território aduaneiro; II – os gastos relativos à carga, à descarga e ao manuseio, associados ao transporte da mercadoria importada, até a chegada aos locais referidos no inciso I; e III – o custo do seguro da mercadoria durante as operações referidas nos incisos I e II.

Considerando que o Acordo fora estabelecido em tratado internacional (incorporado à legislação interna), as regras que nele se contêm devem ser observadas pelos seus destinatários. A circunstância de as partes contratantes (adquirentes de bens, prestadores de serviço, tomadores etc.) terem liberdade para pactuar o preço dos bens/produtos que entenderem conveniente (autonomia da vontade) não prejudica o entendimento de que, para efeito de tributação, devem ser aplicadas as diretrizes pertinentes à valoração aduaneira.

O STF reconheceu a inconstitucionalidade da inclusão do ICMS, e das próprias contribuições constantes da ementa do acórdão seguinte:

> Tributário. Recurso extraordinário. Repercussão geral. PIS/COFINS – importação. Lei n. 10.865/04. Vedação de *bis in idem*. Não ocorrência. Suporte direto da contribuição do importador (arts. 149, II, e 195, IV, da CF e art. 149, § 2º, III, da CF, acrescido pela EC 33/01). Alíquota específica ou *ad valorem*. Valor aduaneiro acrescido do valor do ICMS e das próprias contribuições. Inconstitucionalidade. Isonomia. Ausência de afronta.
> 1. Afastada a alegação de violação da vedação ao *bis in idem*, com invocação do art. 195, § 4º, da CF. Não há que se falar sobre invalidade da instituição originária e simultânea de contribuições idênticas com

fundamento no inciso IV do art. 195, com alíquotas apartadas para fins exclusivos de destinação para fins exclusivos de destinação.

2. Contribuições cuja instituição foi previamente prevista e autorizada, de modo expresso, em um dos incisos do art. 195 da Constituição validamente instituídas por lei ordinária. Precedentes.

3. Inaplicável ao caso o art. 195, § 4º, da Constituição. Não há que se dizer que devessem as contribuições em questão ser necessariamente cumulativas. O fato de não se admitir o crédito senão para as empresas sujeitas á apuração do PIS e da COFINS pelo regime não cumulativo não chega implicar ofensa à isonomia, de modo a fulminar todo o tributo. A sujeição ao regime do lucro presumido, que implica submissão ao regime cumulativo, é opcional, de modo que não se vislumbra, igualmente, violação do art. 150, II, da CF.

4. Ao dizer que a contribuição ao PIS/PASEP-Importação e a COFINS-Importação poderão ter alíquotas *ad valorem* e base de cálculo o valor aduaneiro, o constituinte derivado circunscreveu a tal base a respectiva competência.

5. A referência ao *valor aduaneiro* no art. 149, § 2º, III, "a", da CF, implicou utilização de expressão com sentido técnico inequívoco, porquanto já era utilizada pela legislação tributária para indicar a base de cálculo do Imposto sobre a Importação.

6. A Lei 10.865/04, ao instituir o PIS/PASEP-Importação e a COFINS-Importação, não alargou propriamente o conceito de valor aduaneiro, de modo que passasse a abranger, para fins de apuração de tais contribuições, outras grandezas nele não contidas. O que se fez foi desconsiderar a imposição constitucional de que as contribuições sociais sobre a importação que tenham alíquota *ad valorem* sejam calculadas com base no valor aduaneiro, extrapolando a norma do art. 149, § 2º, III, "a", da Constituição Federal.

7. Não há como equiparar, de modo absoluto, a tributação da importação com a tributação das operações internas. O PIS/PASEP--Importação e a COFINS-Importação incidem sobre operação do qual o contribuinte efetuou despesas com a aquisição do produto importado, enquanto a PIS e a COFINS internas incidem sobre o faturamento ou a receita, conforme o regime. São tributos distintos.

8. O gravame das operações de importação se dá não como concretização do princípio da isonomia, mas como medida de política tributária tendente a evitar que a entrada de produtos desonerados tenha efeitos predatórios relativamente às empresas sediadas no país, visando, assim, ao equilíbrio da balança comercial.

9. Inconstitucionalidade da seguinte parte do art. 7º, inciso I, da Lei 10.865/04: "acrescido do valor do Imposto (...) ICMS incidente no desembaraço aduaneiro e do valor das próprias contribuições, por viola-

ção do art. 140, III, "a", da CF, acrescido pela EC 33/01". (RE 559.937, Plenário, rel. Min. Ellen Gracie, j. 20.3.2013, *DJe* 17.10.2013, p. 25)

As contribuições serão pagas (I) na data do registro da declaração de importação de bens; (II) na data do pagamento, crédito, entrega, emprego ou remessa, na hipótese de importação dos serviços; e (III) na data do vencimento do prazo de permanência do bem no recinto alfandegado.

6.5 *Alíquotas*

As contribuições serão calculadas mediante aplicação, sobre a base de cálculo, das alíquotas básicas seguintes: (I) entrada de produtos – (a) 2,1% para o PIS-PASEP; e (b) 9,65% para a COFINS; (II) contraprestação de serviços – 1,65% para a COFINS, salvo os casos de específicas situações (alíquotas diferenciadas, inclusive zero).

Relativamente às alíquotas diferenciadas fora decidido o seguinte:

COFINS e PIS – Importações – Alíquotas diferenciadas – Recurso Extraordinário – Repercussão Geral Configurada.

Possui repercussão geral a controvérsia alusiva à constitucionalidade da previsão, no artigo 8º, incisos I e II, § 9º, da Lei n.10.865, de 2004, de alíquotas mais onerosas quanto ao regime monofásico de importação de autopeças – 2,3% para a Contribuição PIS-Importação, e 10,8% para a COFINS-Importação, apesar de a norma ter estabelecido a observância das alíquotas gerais – 1,65% e 7,6% – relativamente à importação dos mesmos bens por pessoas jurídicas fabricantes de máquinas e veículos. (Repercussão Geral no RE 633.345, Plenário, rel. Min. Marco Aurélio, *DJe* 22.9.14, p. 35)

As contribuições serão pagas: (I) na data do registro da declaração de importação de bens; (II) na data do pagamento, crédito, entrega, emprego ou remessa, na hipótese da importação dos serviços; e (III) na data do vencimento do prazo de permanência do bem no recinto alfandegado.

7. *Retenção na fonte*

A Lei federal 10.833, de 29.12.2003 (com suas alterações e regulamentações), disciplinou o assunto na forma seguinte.

Os pagamentos efetuados pelas pessoas jurídicas a outras pessoas jurídicas de direito privado pela prestação de serviços de limpeza, conservação, manutenção, segurança, vigilância, transporte de valores, locação de mão de obra pela prestação de serviços, assessoria creditícia, mercadológica, gestão de crédito, seleção e riscos, administração de contas a pagar e a receber, bem como pela remuneração de serviços profissionais, estão sujeitos à retenção da Contribuição Social sobre o Lucro Líquido – CSLL, da COFINS e da contribuição para o PIS/PASEP.

A retenção aplica-se inclusive aos pagamentos efetuados por (I) associações, inclusive entidades sindicais, federações, confederações, centrais sindicais e serviços sociais autônomos; (II) sociedades simples, inclusive sociedades cooperativas; (III) fundações de direito privado; e (IV) condomínios de edifícios.

Não estão obrigadas a efetuar a retenção as pessoas jurídicas optantes pelo SIMPLES.

As retenções serão realizadas sem prejuízo da retenção do Imposto de Renda na fonte das pessoas jurídicas sujeitas a alíquotas específicas previstas na legislação do Imposto de Renda.

O valor da CSLL, da COFINS e da contribuição para o PIS/PASEP será determinado mediante a aplicação, sobre o montante a ser pago, do percentual de 4,65%, correspondente à soma das alíquotas de 1%, 3% e 0,65%, respectivamente.

As alíquotas de 0,65% e 3% aplicam-se inclusive na hipótese de a prestadora do serviço enquadrar-se no regime de não cumulatividade na cobrança da contribuição para o PIS/PASEP e da COFINS.

No caso de pessoa jurídica beneficiária de isenção de uma ou mais das contribuições, a retenção dar-se-á mediante a aplicação da alíquota específica correspondente às contribuições não alcançadas pela isenção.

É dispensada a retenção para pagamentos de valor igual ou inferior a R$ 5.000,00. Ocorrendo mais de um pagamento no mesmo mês, à mesma pessoa jurídica, deverá ser efetuada a soma de todos os valores pagos no mês para efeito de cálculo do limite de retenção, compensando-se o valor retido.

A retenção não será exigida na hipótese de pagamentos efetuados a: I – cooperativas, relativamente à CSLL; II – empresas estrangeiras de transporte de valores; III – pessoas jurídicas optantes pelo SIMPLES.

> A retenção da COFINS e da contribuição para o PIS/PASEP não será exigida, cabendo somente a retenção da CSLL, nos pagamentos (I) a título de transporte internacional de cargas ou de passageiros por empresas nacionais; (II) aos estaleiros navais brasileiros nas atividades de conservação, modernização, conversão e reparo de embarcações

pré-registradas ou registradas no Registro Especial Brasileiro – REB (instituído pela Lei 9.432, de 8.1.1997).

Ficam obrigadas a efetuar as retenções da CSLL, da COFINS e da contribuição para o PIS/PASEP as seguintes entidades da Administração Pública Federal: (I) empresas públicas; (II) sociedades de economia mista; (III) demais entidades em que a União, direta ou indiretamente, detenha a maioria do capital social com direito a voto, e que dela recebam recursos do Tesouro Nacional e estejam obrigadas a registrar sua execução orçamentária e financeira na modalidade total no Sistema Integrado de Administração Financeira do Governo Federal – SIAFI.

A retenção pelas referidas entidades não se aplica na hipótese de pagamentos relativos à aquisição de: I – petróleo, gasolina, gás natural, óleo diesel, gás liquefeito de petróleo, querosene de aviação e demais derivados de petróleo e gás natural; II – álcool, biodiesel e demais biocombustíveis.

Os valores retidos na quinzena deverão ser recolhidos ao Tesouro Nacional pelo órgão público que efetuar a retenção ou, de forma centralizada, pelo estabelecimento matriz da pessoa jurídica, até o último dia útil da semana subsequente àquela quinzena em que tiver ocorrido o pagamento à pessoa jurídica fornecedora dos bens ou prestadora do serviço.

Os valores retidos serão considerados como antecipação do que for devido pelo contribuinte que sofreu a retenção, em relação às respectivas contribuições.

Capítulo IV
ASPECTOS DAS CONTRIBUIÇÕES SOCIAIS

1. Instituição, majoração ou extinção das contribuições sociais. Instrumentos normativos: 1.1 Lei – 1.2 Medida provisória – 1.3 Lei complementar. 2. Não cumulatividade: 2.1 Previsões constitucionais – 2.2 Conceito e natureza – 2.3 Operacionalidade (IPI e ICMS). Distinção necessária – 2.4 Contribuições sociais: 2.4.1 CIDE-Combustíveis – 2.4.2 PIS – 2.4.3 COFINS – 2.4.4 PIS e COFINS-Importação. 3. Anterioridade. 4. Imunidade, isenção e não incidência: 4.1 Imunidade. Conceito – 4.2 Imunidade. Requisitos – 4.3 Operações com energia elétrica, serviços de telecomunicações, petróleo, combustíveis e minerais – 4.4 Isenção – 4.5 Não incidência. 5. A isonomia tributária e as contribuições de diferentes setores de atividades econômicas. 6. Categoria especial de contribuinte.

1. Instituição, majoração ou extinção das contribuições sociais. Instrumentos normativos

1.1 Lei

A instituição, majoração ou extinção dos tributos deve ser sempre prevista em *lei* (art. 150, I, da CF), compreendida esta como espécie normativa editada pelo Poder Legislativo, dotado de competência para emanar normas genéricas, impessoais, abstratas, contendo preceitos vinculantes.

O postulado da legalitariedade (Pontes de Miranda) constitui uma das garantias do Estado de Direito, desempenhando uma "função de proteção dos direitos e garantias individuais, consubstanciando o consentimento dos cidadãos (representantes do povo) à intromissão (um verdadeiro desfalque) em seus patrimônios".[1]

Roque Carrazza acentua que "é da essência de nosso regime republicano que as pessoas só devem pagar os tributos em cuja cobrança

---
1. *Comentários à Constituição de 1967*, t. V, p. 1.

consentirem e que tal consentimento há que ser dado por meio de lei ordinária, pelo Poder Legislativo, obedecida a Constituição".[2]

À *lei* – como preleciona Geraldo Ataliba –

> incumbe descrever as hipóteses de incidência, determinar os sujeitos passivos, em tese, fixar as alíquotas e estabelecer a base imponível ou, para usar a feliz expressão de Berliri, seus parâmetros. Ditar, enfim, todos os pressupostos da instauração da obrigação tributária. Pois bem: toda essa matéria é privativa da lei. Por pertencer à essência mesma do Poder Público, por consistir visceralmente em atributo ínsito à soberania, esta matéria é indelegável e insuscetível de ser deferida a outrem.[3]

Michel Temer esclarece que "lei é ato normativo produzido pelo Poder Legislativo segundo forma prescrita na Constituição, gerando direitos e deveres em nível imediatamente infraconstitucional".[4]

O cânone da legalidade, correspondente ao princípio da reserva absoluta da lei formal, de conformidade com Roque Carrazza, pauta-se no sentido de que a lei ordinária (federal, estadual ou municipal), necessariamente minuciosa, "deve conter não só o fundamento da conduta da Administração, mas também o próprio critério da decisão no caso concreto", de modo que esta possa ser obtida "por mera dedução da própria lei, limitando-se o órgão de aplicação a subsumir o fato na norma, independentemente de qualquer valoração pessoal".[5]

Aponta Celso Bastos que

> a sua significação é dúplice. De um lado representa o marco avançado do Estado de Direito, que procura regular os comportamentos, quer individuais, quer dos órgãos estatais, as normas jurídicas das quais as leis são a suprema expressão. Nesse sentido, o princípio da legalidade é de transcendental importância para vincar as distinções entre o Estado constitucional e o absolutista (...).[6]

Por conseguinte, num regime republicano somente os representantes dos particulares é que podem criar suas próprias obrigações, inclusive as incidentes sobre seus patrimônios, compelindo-os, por via da lei, ao recolhimento dos tributos.

---

2. *Princípios Constitucionais Tributários e Competência Tributária*, p. 97.
3. *Apontamentos de Ciência das Finanças, Direito Financeiro e Tributário*, p. 226.
4. *Elementos de Direito Constitucional*, 24ª ed., 4ª tir., p. 137.
5. *Princípios...*, p. 255.
6. *Curso de Direito Constitucional*, p. 172.

1.2 Medida provisória

Este tipo normativo – introduzido na vigente Constituição (art. 59, V) – constitui instrumento competente para instituição, aumento ou extinção de tributo, em especial de contribuição social?

É o que procurarei responder.

O art. 62 da CF (com a redação da Emenda Constitucional 32, de 11.9.2001) dispõe:

> Art. 62. Em caso de relevância e urgência, o Presidente da República poderá adotar medidas provisórias, com força de lei, devendo submetê-las de imediato ao Congresso Nacional. (...).
>
> § 2º. Medida provisória que implique instituição ou majoração de impostos, exceto os previstos nos arts. 153, I, II, IV, V, e 154, II, só produzirá efeitos no exercício financeiro seguinte se houver sido convertida em lei até o último dia daquele em que foi editada.
>
> § 3º. As medidas provisórias, ressalvado o disposto nos §§ 11 e 12, perderão eficácia, desde a edição, se não forem convertidas em lei no prazo de 60 (sessenta) dias, prorrogável, nos termos do § 7º, uma vez por igual período, devendo o Congresso Nacional disciplinar, por decreto legislativo, as relações jurídicas delas decorrentes.
>
> § 4º. O prazo a que se refere o § 3º contar-se-á da publicação da medida provisória, suspendendo-se durante os períodos de recesso do Congresso Nacional.
>
> § 5º. A deliberação de cada uma das Casas do Congresso Nacional sobre o mérito das medidas provisórias dependerá de juízo prévio sobre o atendimento de seus pressupostos constitucionais.
>
> § 6º. Se a medida provisória não for apreciada em até 45 (quarenta e cinco) dias contados de sua publicação, entrará em regime de urgência, subsequentemente, em cada uma das Casas do Congresso nacional, ficando sobrestadas, até que se ultime a votação, todas as demais deliberações legislativas da Casa em que estiver tramitando.
>
> § 7º. Prorrogar-se-á uma única vez por igual período a vigência de medida provisória que, no prazo de 60 (sessenta) dias, contado de sua publicação, não tiver a sua votação encerrada nas duas Casas do Congresso Nacional. (...).
>
> § 10. É vedada a reedição, na mesma sessão legislativa, de medida provisória que tenha sido rejeitada ou que tenha perdido sua eficácia por decurso de prazo.
>
> § 11. Não editado o decreto legislativo a que se refere o § 3º até 60 (sessenta) dias após a rejeição ou perda de eficácia de medida provisória,

as relações jurídicas constituídas e decorrentes de atos praticados durante sua vigência conservar-se-ão por ela regidas.

§ 12. Aprovado projeto de lei de conversão alterando o texto original da medida provisória, esta manter-se-á integralmente em vigor até que seja sancionado ou vetado o projeto.

É cediço que a inovação na ordem jurídica – compreendendo a típica atividade de legislar – só pode ser promovida pelos representantes do povo (princípio do consentimento).

Na competência do Executivo e nas atribuições do Presidente da República (e de seus Ministros de Estado), consoante os arts. 76 a 86 da CF, se contém exclusivamente a atividade administrativa consistente na "prática pelo Estado, como parte interessada de uma relação jurídica, de atos infralegais destinados a atuar praticamente nas atividades descritas na lei", conforme Celso Bastos.[7]

É evidente que não há efetiva participação (completa e abrangente) do Executivo na elaboração da lei ou, mais propriamente, no seu conteúdo; porque atua em momento anterior (iniciando o processo legislativo) ou posterior à sua edição (sancionando, promulgando, publicando ou vetando as leis), como deflui dos incisos III, IV e V do art. 84 da CF.

Entretanto, no que tange à medida provisória, a Constituição Federal, na redação originária, anterior à Emenda Constitucional 32, de 11.9.2001, não havia estabelecido qualquer limite de conteúdo à atuação do Presidente da República, que, por esse veículo, poderia, em princípio, inovar a ordem jurídica sobre todas as matérias, inclusive as de natureza tributária.

Esta situação veio a ser excepcionada pela Emenda 7, de 15.8.1995, ao incluir o art. 246 ao texto constitucional, cuja redação foi modificada pela Emenda Constitucional 32/2001, vedando a adoção de medida provisória na regulamentação de artigo da Constituição cuja redação tivesse sido alterada por meio de emenda promulgada a partir de 1995.

Neste momento perquire-se a respeito do âmbito de sua atuação, principalmente no atinente aos requisitos e limites explícitos (e implícitos, também) na mesma Constituição Federal, formulando-se as indagações seguintes:

– Em que consistem os casos de relevância e urgência?

– Têm cabimento no âmbito dos tributos, especialmente nas contribuições sociais?

7. *Curso...*, p. 169.

É inquestionável que o ato presidencial possui "força de lei", obrigando (do mesmo modo que a lei) os seus destinatários.

O critério de relevância é sobremodo vago, impreciso, fluido, especialmente porque toda a produção legislativa contém, implicitamente, foros de relevância – que será intensa na medida em que seja fundamental para um universo abrangente de destinatários, tendo em vista, ademais, o contexto histórico em que é expedida.

Difícil precisar se à autoridade máxima do Executivo Federal é concedida faculdade (discricionariedade) para editar medida provisória sob o suposto de se tratar de situação de "relevância" sem que haja, ao menos, qualquer outro tipo de controle. Esta questão, de certa forma, já sofrera análise na vigência da Carta Constitucional anterior, que, no art. 55, outorgava competência ao Presidente da República para expedir "decretos-leis" sobre determinadas matérias em casos de urgência e "interesse público relevante".

Em monografia específica, Geraldo Ataliba destaca, ao lado da mencionada urgência, "a relevância (interesse público) como um dos pressupostos constitucionalmente estabelecidos como capaz de deflagrar a competência presidencial". Enfatiza, em sua obra, que "a ausência destes pressupostos, alternativamente colocados pela Constituição, vicia o ato produzido, que é sujeito a ser declarado nulo pelos órgãos do Poder Judiciário".[8]

Entretanto, não tece considerações sobre tal específico requisito, tendo Roque Carrazza afirmado que constitui "tarefa eminentemente política". "O Judiciário, porém, avaliando os fatos invocados, poderá se pronunciar acerca da existência de também este pressuposto, declarando nulo o pretenso decreto-lei, expedido sem interesse público relevante".[9]

O Supremo Tribunal Federal teve oportunidade de apreciar a questão, consoante se contém na ementa do julgado seguinte:

> Decreto-lei – Inteligência do art. 55 da Constituição do Brasil de 1967 – Apreciação discricionária, pelo Presidente da República, da "urgência" e do "interesse público relevante" – Conceito de "segurança nacional" – Inadmissibilidade de abranger matéria de direito privado – Inconstitucionalidade do art. 5º do Decreto-lei n. 322, de 1967. (RE 62.739-SP, Pleno, rel. Min. Aliomar Baleeiro, j. 23.8.1967, *DJU* de 13.12.1967)

---

8. *O Decreto-lei na Constituição de 1967*, p. 28.
9. Roque Carrazza, *O Regulamento no Direito Tributário Brasileiro*, pp. 30-39.

"Segurança nacional" envolve toda a matéria pertinente à defesa da integridade do território, independência, sobrevivência e paz do país, suas instituições e valores materiais ou morais contra ameaças externas e internas, sejam elas atuais e imediatas ou ainda em estado potencial próximo ou remoto.

Repugna à Constituição que nesse conceito de "segurança nacional" seja incluído assunto miúdo de direito privado, que apenas joga com interesses também miúdos e privados de particulares, como a purgação da mora nas locações contratadas com negociantes como locatários.

Não creio que interesse público se enquadre como matéria de exclusivo arbítrio público, pois o próprio texto constitucional naturalmente estabelece uma escala de matérias mais importantes. Assim é que sempre que se examine a temática dos "princípios" vem à baila a superioridade incontestável dos cânones da Federação e da República, que não podem jamais ser equiparados ao mero número de representantes de um determinado órgão administrativo. O mesmo ocorrerá com o requisito da "relevância", importância, preeminência, que, embora tenha conotação de caráter político, implica o exame das matérias postas na Constituição.

Ressalto que determinadas matérias não podem ser objeto de medidas provisórias, o que não é o caso dos temas tributários, salvo aqueles privativos de lei complementar (art. 62, § 1º, III).

A tarefa do intérprete vê-se mais facilitada no que cuida do requisito de "urgência", pois os próprios preceitos do art. 62 (na redação da Emenda Constitucional 32/2001) estabelecem os prazos respectivos.

Misabel Derzi aponta que

relevância e urgência são importantes conceitos que explicam: a antecipação da eficácia e da aplicabilidade da lei, em que se hão de converter as medidas provisórias, a momento prévio ao de sua existência; a eficácia imediata, desde a edição, como necessária e essencial prioridade das medidas provisórias; a inexistência de qualquer discricionariedade para o Chefe do Poder Executivo, o qual não tem a faculdade de adiar a eficácia e a aplicabilidade das medidas provisórias para data posterior à de sua edição, quer para o exercício subsequente, quer para o momento da regulamentação. Ou se dão, no caso concreto, a relevância e a urgência, cabendo e sendo próprio e adequado o uso de medidas provisórias, ou não; a antinomia existente entre o princípio da anterioridade e as medidas provisórias, é uma insolúvel contradição.[10]

10. "Medidas provisórias. Sua absoluta inadequação à instituição e majoração de tributos", *RDTributário* 45/134.

De qualquer forma, sempre estará aberta a via judicial, uma vez que superior princípio estabelece que não se exclui da apreciação do Poder Judiciário lesão ou ameaça a direito (inciso XXXV do art. 5º da CF).

O Judiciário, no entanto, assumiu postura diversa da linha expositiva de meu estudo, como se confere do acórdão seguinte:

Tributário – Decreto-lei – Urgência e interesse público – Questões políticas. (...). II – A apreciação de casos de "urgência" e de "interesse público relevante" (CF, art. 55) assume caráter político, assim entregue ao discricionarismo do Executivo e do Congresso Nacional. (TFR, AMS 103.010-SP, rel. Min. Carlos Velloso, *DJU* 24.5.1984, p. 8.142)

O Supremo Tribunal Federal entende que:

Não cabe ao Poder Judiciário aquilatar a presença, ou não, dos critérios de relevância e urgência exigidos pela Constituição, para a edição de medida provisória – ADI 162, 526, 1.397 e 1.417. (Pleno, ADI/Medida Liminar 1.667-9-DF, rel. Min. Ilmar Galvão, j. 25.9.1997, *DJU*-1 21.11.1997, p. 60.580)

Observara o STF que

no julgamento da ADI 425, rel. Min. Maurício Corrêa, *DJU* 19.12.2003, o Plenário já havia reconhecido, por ampla maioria, a constitucionalidade da instituição da medida provisória estadual, desde que, primeiro, esse instrumento esteja expressamente previsto na Constituição do Estado e, segundo, sejam observados os princípios e as limitações impostas pelo modelo adotado pela Constituição Federal, tendo em vista a necessidade da observância simétrica do processo legislativo federal, em consonância com demais precedentes: ADI 691, rel. Min. Sepúlveda Pertence, *DJU* 19.6.2002 e ADI 812-MC, rel. Min. Moreira Alves, *DJU* 14.5.1993 (ADI 2.391-8-SC, rel. Min. Ellen Gracie, j. 28.6.2006, *DJU* 1 de 16.3.2007, p. 20).

O STF firmou a diretriz seguinte:

A medida provisória não apreciada pelo Congresso Nacional podia, até a Emenda Constitucional 32/2001, ser reeditada dentro do seu prazo de eficácia de 30 dias, mantidos os efeitos de lei desde a primeira edição (Súmula Vinculante 54).

1.3 Lei complementar

Na temática da legalidade revela importância o exame da necessidade, ou impedimento, de lei complementar para estabelecer regras das contribuições sociais, quer quanto aos seus elementos estruturadores, quer no atinente às normas gerais que lhes possam ser aplicáveis. Esta preocupação decorre da circunstância de a Constituição tratar da figura da lei complementar em diversas matérias previstas no art. 146.

Interessa a regra inserta na alínea "a" do inciso III do citado preceito, que trata da definição do tributo, do respectivo fato gerador, base de cálculo e contribuinte, com o escopo de se constatar se é possível a instituição de contribuição sem que seu perfil esteja conformado por lei complementar.

A simples leitura do permissivo em foco – que nem chega a traduzir interpretação literal (por todas as instâncias inadmissível) – conduziria ao afoito entendimento de que, à primeira vista, seria tranquila a competência (exclusiva) da lei complementar para a fixação dos lineamentos básicos das normas tributárias (incluindo-se as contribuições sociais).

Entretanto, para que se possa estabelecer o real alcance da regra constitucional e, sobretudo, a eficácia da lei complementar, é imprescindível proceder-se a uma análise sistemática da Carta Magna. Imperioso tornar precisa a participação da lei complementar no processo de elaboração legislativa e sua harmonia com as demais espécies normativas, delimitando os respectivos âmbitos materiais.

Para se fixar a função e a finalidade da lei complementar é mister atentar para a rigorosa classificação científica das normas constitucionais (segundo sua eficácia e aplicabilidade) elaborada por José Afonso da Silva, a saber:

> (1) normas de eficácia plena e aplicabilidade direta, imediata e integral; (2) normas de eficácia contida e aplicabilidade direta e imediata, mas possivelmente não integral; (3) normas de eficácia limitada (a) declaratórias de princípios instintivos ou organizativos; (b) declaratórias de princípio programático.

O autor observa que "toda vez que uma norma constitucional de eficácia limitada exige, para aplicação ou execução, outra lei, esta pode ser considerada *complementar*, porque integra, completa, a eficácia daquela".[11] A seu ver, as leis complementares da Constituição têm, essencialmente, a função e a finalidade de integrar a eficácia de normas constitucionais referentes à estrutura do Estado, à formação dos Poderes

---

11. José Afonso da Silva, *Aplicabilidade das Normas Constitucionais*, 8ª ed., 2ª tir., pp. 85 e 234.

e suas relações,[12] coincidindo com a posição de Souto Maior Borges,[13] acrescentando que não se caracterizam como normas constitucionais em sentido normal, pois trata-se de um conceito jurídico positivo.

Geraldo Ataliba preconiza a necessidade metodológica de colocar em confronto os conceitos "doutrinário e jurídico-positivo" da lei complementar, ligando-se o primeiro à distinção entre disposições constitucionais autoexecutáveis e não autoexecutáveis. É lei complementar aquela que completa este último tipo de dispositivo. O conceito jurídico-positivo depende do sistema posto pelo legislador. Percebe que a lei complementar constitui-se no instrumento normativo necessário para explicitar e operacionalizar o comando constitucional que lhe complete a eficácia e lhe dê aplicação. A validade e a eficácia (legitimidade) da lei complementar só estarão asseguradas uma vez observados os requisitos de "forma" (*quorum* especial) e de "fundo" (matéria constitucionalmente prevista como objeto de lei complementar).[14]

Nesse ponto, sublinho tratar-se de lei nacional, um autêntico produto do Estado total (global), que inspira, fundamenta e determina a edição de normas federais, estaduais e municipais (ordens parciais do Estado).

A propósito, Geraldo Ataliba ensina que "a lei nacional, categoria jurídico-positiva diversa de lei federal, é o produto legislativo do Estado Nacional global. As dificuldades para o estabelecimento da distinção entre leis federais e leis nacionais decorrem da origem comum, porque ambas são editadas pela União"[15] – com o que não concorda Souto Maior Borges, por entender que tal distinção repousa em critérios de consistência extrajurídica, dada sua referibilidade à lei nacional enquanto categoria sociológica, e não aos âmbitos de validade da norma, entendendo, também, que a lei complementar da União pode revestir-se de tal caráter em função dos conteúdos e âmbitos pessoais de validade.

No tocante à hierarquia normativa a doutrina tem-se manifestado de forma antagônica, em relação ao que transcrevo as seguintes lições:

Víctor Nunes Leal aduz que

a designação de leis complementares não envolve, porém, como é intuitivo, nenhuma hierarquia do ponto de vista da eficácia em relação às outras leis declaradas não complementares. Todas as leis, complementa-

12. Idem, p. 239.
13. *Lei Complementar Tributária*, p. 33.
14. *Lei Complementar na Constituição*, p. 30.
15. "Normas gerais de direito financeiro", *RDP* 10/49.

res ou não, têm a mesma eficácia jurídica e umas e outras se interpretam, segundo as mesmas regras destinadas a resolver conflitos de leis no tempo.[16]

José Afonso da Silva esclarece que "integram a ordem jurídica nacional numa escala imediatamente abaixo das normas constitucionais. Sendo inferiores à Constituição, sua validade afere-se segundo o princípio da compatibilidade vertical".[17]

Em estudo pioneiro na vigência da Constituição de 1967, Geraldo Ataliba, originariamente, pontificava que

> é próprio da técnica de elaboração legislativa inserir os mandamentos eventualmente hierarquizados em ordem tal que os superiores precedam os inferiores, e vice-versa. Assim, as enumerações em regra começam pelo mais relevante ou importante, em ordem decrescente. Esse critério, aliado ao critério sistemático, que consiste em organizar por grupos os assuntos, permite, na maioria das vezes, determinar-se, num texto, quais os princípios ou mandamentos mais importantes e quais os menos; quais os fundamentais, quais os contingentes; quais os principais, quais os acessórios. O texto do art. 46 observa inteiramente estas recomendações técnicas, ao arrolar as normas jurídicas do sistema positivo brasileiro. Abaixo das leis constitucionais localizou as complementares, seguidas imediatamente das ordinárias. A hierarquia jurídica ideal corresponde a esta gradação. A principal consequência jurídica desta circunstância reside na superioridade da lei complementar sobre a lei ordinária.[18]

Posteriormente, em diversas manifestações verbais exprimidas em Congressos, inclusive, o autor manifestou mudança de pensamento, não entendendo existente a hierarquia da lei complementar.

Souto Maior Borges assevera que

> a procedência dessas ponderações se revela, em toda a sua evidência, se considerarmos que concluir pela supremacia hierárquica da lei complementar – porque está ela situada na enunciação das categorias legislativas pelo art. 46, logo abaixo das emendas constitucionais – é tão descabido quanto sustentar que as leis delegadas (item IV) e os decretos-leis (item V), porque situados abaixo das leis ordinárias (item III), estão hierarquicamente numa posição inferior a estas.[19]

16. "Leis complementares da Constituição", *RDA* 7/382.
17. *Aplicabilidade...*, 8ª ed., 2ª tir., p. 244.
18. *Lei Complementar...*, p. 29.
19. *Lei Complementar Tributária*, pp. 23-24.

É de sentir que não há superioridade formal da lei complementar, porque não pode revogar a lei ordinária, em virtude de dois argumentos:

1º) os campos da lei complementar e da lei ordinária em princípio não se interpenetram, numa decorrência da técnica constitucional da distribuição *ratione materiae* de competências legislativas; 2º) a superveniência da lei complementar somente suspende ou paralisa a eficácia da lei ordinária em casos excepcionais e que serão oportunamente considerados.[20]

Estas considerações demonstram que o art. 46 da CF confere à lei complementar apenas um mais abrangente âmbito de validade em matéria tributária, como não se continha na Constituição anterior.

No pertinente às normas gerais de direito tributário, e de forma específica à definição dos tributos, todavia, transparece uma difícil e problemática atuação do legislador complementar, tendo em vista a competência outorgada às pessoas de direito público interno.

Três posturas podem ser assumidas a respeito dessa questão: (a) a lei complementar (mediante definição) delimita os tributos e especifica os fatos geradores, as bases de cálculo e os contribuintes dos impostos, restando uma mínima atuação legislativa das pessoas tributantes; (b) a lei complementar traça apenas os contornos dos tributos e impostos, permanecendo ampla margem legislativa das pessoas tributantes; (c) a lei complementar caracteriza-se como lei federal, não sendo aplicável aos Estados, Distrito Federal e Municípios, em razão de suas autonomias.

Deslindar a questão não constitui tarefa simples, pois a competência da lei complementar restringe-se à "definição", que representa temática mais apropriada ao campo doutrinário e que, em termos legais, deve ser concebida como mera finalidade prática.

Segundo Bielsa: "Las definiciones son necesarias para comprender y diferenciar los conceptos, sobre todo estos últimos. Es también una exigencia del método en el estudio del Derecho".[21]

Para Hugo de Brito Machado

> o Direito tem sido utilizado para a realização de valores, entre os quais se destacam como os mais importantes a segurança e a justiça. Diríamos que as definições legais melhormente realizam o valor segurança, enquanto as normas que conferem maior liberdade ao intérprete melhor-

---

20. Idem, p. 25.
21. *Los Conceptos Jurídicos y su Terminología*, 3ª ed.

mente realizam o valor justiça. A virtude, como sempre, está no meio. Não nos parece aconselhável um sistema jurídico dotado de exagerado número de definições normativas. Também não nos parece que se deva desaconselhar inteiramente o uso de tais definições.[22]

A definição na lei, para mim, não se insere como elemento científico, visando apenas a facilitar a aplicação das normas, podendo-se entender, até, que o intérprete e o aplicador da lei não se encontram adstritos às construções teóricas do legislador.

Ao definir os tributos e elementos específicos dos impostos o legislador nada mais fez do que clarificar os implícitos comandos constitucionais, não criando Direito novo.

Como a Constituição expressamente indica as espécies tributárias (impostos, taxas, contribuições de melhoria – art. 145, I, II e III; empréstimos compulsórios – art. 148; e contribuições sociais – arts. 149, 195, 201, § 1º, 212, § 5º, 239 e 240; e Emendas Constitucionais 37/2002 e 42/2003), à lei complementar pouco restaria fazer, salvo a instituição de empréstimos compulsórios, do Imposto sobre Grandes Fortunas (art. 153, VII); bem como os impostos e contribuições sociais decorrentes de competência residual da União (arts. 154, I, e 195, § 4º). A natureza de cada tipo tributário encontra-se plasmada nas normas e princípios constitucionais que podem ser captados pelo hermeneuta e aplicador do Direito.

Desnecessário instituir lei complementar para definir "taxa", em face da compreensão do conceito encartado no inciso II do art. 145 da CF ("exercício regular do poder de polícia ou pela utilização, efetiva ou potencial, de serviços públicos específicos e divisíveis, prestados ao contribuinte ou postos à sua disposição"). A lei complementar que pretendesse definir taxa nada poderia acrescentar, muito menos restringir.

Também no que tange aos impostos o empenho do legislador complementar revelaria caráter meramente didático. Embora o art. 145, I, da CF, só mencione o vocábulo "impostos", a pauta de competências arroladas nos arts. 153, 155 e 156 permite visualizar exação não vinculada à atuação do Poder Público.

Com efeito, as materialidades "renda", "produtos industrializados", "serviços", "propriedade imobiliária", etc., implicam atos, operações ou situações afetas aos particulares. O mesmo ocorre com contribuições de melhoria (art. 145, III), contribuições sociais (arts. 149 e 195), em que a própria Constituição, numa interpretação sistemática do quadro tributário, permite apurar os lineamentos básicos.

22. *O Conceito de Tributo no Direito Brasileiro*, p. 18.

Encaixam-se nessa situação os aspectos dos impostos (fatos geradores, bases de cálculo, contribuintes), posto que o legislador complementar só poderá desenhar componentes do tributo que já se encontravam contidos na dicção constitucional (com as ressalvas apontadas).

Tratando-se, por exemplo, do Imposto de Importação, o fato gerador, inevitavelmente, só poderá concernir à operação relativa à aquisição dos bens do Estrangeiro; a base de cálculo terá que ser o "valor do produto importado"; e os contribuintes, certamente, serão os importadores realizadores da importação.

Tendo a Constituição relacionado as materialidades tributárias, é de se supor, como lógica elementar, que todos os aspectos da hipótese de incidência tributária devam estar vinculados às específicas materialidades. Além disso, seria irrelevante a inexistência de lei complementar definidora de fatos geradores, bases de cálculo e contribuintes; ou, se editada, o fizesse de modo restritivo, impossibilitando as pessoas políticas de exercitarem suas competências.

Realmente, a competência para colher, eleger e fixar os aspectos da hipótese normativa (materiais, pessoais, espaciais, temporais, quantitativos) é adstrita exclusivamente à União, Estados, Distrito Federal e Municípios (arts. 24, I, 30, III, e 32, § 1º). Não poderiam referidas pessoas dotadas de autonomia ver suprimido o incontrastável direito haurido em princípio federativo (com as ressalvas apontadas).

Creio que a norma em causa não alberga lei nacional aplicável às entidades periféricas, porque não pode impedir, tolher, sequer desvirtuar, o exercício de seus direitos públicos subjetivos. Sua edição, sempre respaldada nas implícitas diretrizes constitucionais, não se faz imprescindível para a plena atuação dos poderes tributários, só tendo eficácia no âmbito federal, em razão de o mesmo órgão (Congresso Nacional) ser o produtor das normas federais.

Conclui-se, portanto, que a lei complementar objetiva explicitar a norma constitucional de eficácia limitada, caracterizando-se como lei nacional que fundamenta a legislação federal, estadual e municipal.

O art. 146, III, "a", da CF não trata, normativamente, de autêntica lei complementar, porque a definição de "tributo" da norma tributária (salvo a previsão dos arts. 153, VII, e 154, I) não constitui norma geral de direito tributário (como examinei anteriormente).[23]

---

23. José Eduardo Soares de Melo, *O Imposto sobre Produtos Industrializados na Constituição de 1988*, p. 52.

Entretanto, o § 4º do art. 195 da CF estabelece que "a lei poderá instituir outras fontes destinadas a garantir a manutenção ou expansão da Seguridade Social, obedecido o disposto no art. 154, I" – que, por sua vez, dispõe que "a União poderá instituir: I – mediante lei complementar, impostos não previstos no artigo anterior, desde que sejam não cumulativos e não tenham fato gerador ou base de cálculo próprios dos discriminados nesta Constituição".

A remissão que o § 4º do art. 195 faz ao art. 154, I, constitui uma efetiva condicionante, um requisito irremovível, só permitindo a imposição de novos encargos aos contribuintes (pela via das contribuições inseridas na competência residual da União) mediante camisa de força jurídica.

Sacha Calmon adverte que "as contribuições previdenciárias novas exigem lei complementar para serem instituídas pela fórmula da competência residual", entendendo

> absolutamente legítimo supor que o processo legislativo para instituir ditas contribuições é o da lei ordinária federal, porquanto não se vê no art. 149 nem no art. 195, I, II e III, previsão constitucional exigindo lei complementar institutiva ou modificativa, como existe para outras contribuições sociais, em prol da Seguridade, meramente virtuais (novas, não incidentes sobre salários, folha de salários, lucro ou faturamento), previstas no art. 195, § 4º. Podemos até chamá-las de contribuições residuais. Vale dizer, as contribuições sociais novas não incidentes sobre salários, lucro, faturamento e prognósticos exigem lei complementar para serem criadas e/ou modificadas e submetem-se, ademais, aos limitativos do art. 154, I, da CF (proibição de ter fato gerador e base de cálculo idênticos aos de "impostos" e "contribuições" existentes e não ter natureza cumulativa, por isso que a técnica da incidência terá que ser não cumulativa).[24]

Divergindo dos mencionados autores, Gilberto de Ulhôa Canto explica que

> a remissão feita ao art. 146 apenas significa, reforçando a tese de que as contribuições parafiscais são tributos, que a elas se aplica atribuição de competência feita à lei complementar para estabelecer as normas gerais de direito tributário, e não que elas somente podem ser instituídas por lei complementar. A restrição só se aplica, como foi dito, às contribuições novas, que são as mencionadas nos incisos I, II e III do art. 195.[25]

---

24. *Comentários à Constituição de 1988 – Sistema Tributário*, 3ª ed., p. 167.
25. "Contribuições sociais", *Caderno de Pesquisas Tributárias* 17/59.

Numa posição mais abrangente, Ives Gandra da Silva Martins não se impressiona com o fato de o art. 154, I, exigir lei complementar, posto que a seu ver todas as contribuições sociais dependem de lei complementar, à luz do que dispõe o art. 195 da CF: "Com efeito, ao exigir a Constituição que as contribuições sociais sejam criadas, respeitado o disposto no art. 146, inciso III, (...) à evidência, exigiu lei complementar para definir a espécie tributária, seu fato gerador, base de cálculo e contribuintes".[26]

Gustavo Miguéz de Melo vislumbra dois tipos de lei complementar, isto é, a prevista no *caput* e no inciso I do art. 154 da CF como instituidora do tributo, esclarecendo que

a criação de contribuições com base no § 4º do art. 195 da CF pressupõe lei complementar de normas gerais em matéria de legislação tributária (Constituição, art. 146, *caput*, inciso III, letra "a") e outra lei complementar instituidora do tributo (Constituição, art. 195, § 4º, combinado com o art. 154, *caput*, e inciso I).[27]

O Tribunal Regional Federal da 3ª Região, ao apreciar o FINSOCIAL, decidiu pela "impossibilidade, outrossim, de a União legislar nos termos de sua competência residual, art. 154, I, da Constituição, por ausência de lei complementar".[28]

Em sentido oposto, decidindo sobre a legitimidade da contribuição social instituída pela Lei Complementar 70/1991 (COFINS), o Supremo Tribunal Federal (voto do Relator) manifestou o entendimento seguinte:

(...) essa contribuição poderia ser instituída por lei ordinária. A circunstância de ter sido instituída por lei formalmente complementar – a Lei Complementar n. 70/1991 – não lhe dá, evidentemente, a natureza de contribuição social nova, a que se aplicaria o disposto no § 4º do art. 195 da Constituição, porquanto essa lei, com relação aos dispositivos concernentes à contribuição social por ela instituída – que são objeto desta ação –, é materialmente ordinária, por não tratar, nesse particular, de matéria reservada, por texto expresso da Constituição, à lei complementar.

A jurisprudência desta Corte, sob o império da Emenda Constitucional n. 1/1969 – e a Constituição atual não alterou esse sistema –, se firmou no sentido de que só se exige lei complementar para as matérias

---

26. "Contribuições sociais", *Caderno de Pesquisas Tributárias* 17/12-13.
27. "Contribuições sociais", *Caderno de Pesquisas Tributárias* 17/496.
28. Pleno, AgRg Inconst na AMS 538.950, rela. Juíza Lúcia Figueiredo, j. 12.12.1991.

para cuja disciplina a Constituição expressamente faz tal exigência, e se, porventura, a matéria, disciplinada por lei cujo processo legislativo observado tenha sido o da lei complementar, não seja daquelas para que a Carta Magna exige essa modalidade legislativa, os dispositivos que tratam dela se têm como dispositivos de lei ordinária. (Pleno, ADC 1-1-DF, rel. Min. Moreira Alves, j. 1.12.1993, *DJU*-1 16.6.1995, p. 18.213)

O Supremo Tribunal Federal tem reiterado a desnecessidade de lei complementar (Pleno, RE 146.733-9-SP, rel. Min. Moreira Alves, j. 26.6.1992; Pleno, RE 343.446-2-SC, rel. Min. Carlos Velloso, j. 20.3.2003, *DJU* 4.4.2003; e RE 377.457-3-PR, rel. Min. Gilmar Mendes, j. 17.9.2008, *DJe* 19.12.2008).

As contribuições ao SESC e SENAC não estão submetidas à reserva de lei complementar, *verbis*:

> Agravo regimental no recurso extraordinário. Contribuição ao SESC/SENAC. Empresa prestadora de serviço. Sujeição passiva.
>
> 1. A instituição da contribuição ao SESC/SENAC não se submete à reserva de lei complementar para a sua instituição, pois se enquadra nas espécies das contribuições sociais de interesse de categorias profissionais ou econômicas, não estando inserida no rol dos tributos cuja criação está sujeita a lei complementar. As contribuições destinadas ao chamado Sistema "S" foram expressamente recepcionadas pelo art. 240 da Constituição Federal, conforme decidido pela Corte. Precedentes.
>
> 2. A Segunda Turma da Corte tem concluído pela exigibilidade do recolhimento da contribuição ao SESC/SENAC às empresas prestadoras de serviço enquanto não for criada entidade sindical de grau superior, com o objetivo de orientar, coordenar e defender todas as atividades econômicas relacionadas à prestação de serviços (...). (AgRg no RE 466.490, 1ª T., rel. Min. Dias Toffoli, j. 25.6.2013, *DJe* 26.9.2013, p. 20)

2. Não Cumulatividade

2.1 Previsões constitucionais

A Constituição Federal contém distintas situações concernentes à não cumulatividade de ônus tributários.

I – *IPI* (art. 153, § 3º, II): O imposto "será não cumulativo, compensando-se o que for devido em cada operação com o montante cobrado nas anteriores".

II – *ICMS* (art. 155, § 2º, I e II): O imposto "será não cumulativo, compensando-se o que for devido em cada operação relativa à circulação de mercadorias ou prestação de serviços com o montante cobrado nas anteriores pelo mesmo ou outro Estado ou pelo Distrito Federal". "A isenção ou não incidência, salvo determinação em contrário da legislação: a) não implicará crédito para a compensação com o montante devido nas operações ou prestações seguintes; b) acarretará a anulação do crédito relativo às operações anteriores". "Cabe à lei complementar: (...) c) disciplinar o regime de compensação do imposto" (art. 155, XII, "c").

III – *Contribuições* (art. 195, §§ 12 e 13): "A lei definirá os setores de atividade econômica para os quais as contribuições incidentes na forma dos incisos I, 'b', e IV do *caput* do art. 195 serão não cumulativas". Aplica-se esse preceito inclusive na hipótese de substituição gradual, total ou parcial, das contribuições incidentes sobre o faturamento ou receita (COFINS); e da importação.

IV – *Imposto residual* (art. 154, I): "A União poderá instituir: I – mediante lei complementar, impostos não previstos no artigo anterior, desde que sejam não cumulativos e não tenham fato gerador ou base de cálculo próprios dos discriminados nesta Constituição".

2.2 Conceito e natureza

A *não cumulatividade* tributária constitui princípio constitucional, porque representa uma regra de comportamento de forte conteúdo axiológico, balizando a estrutura econômica sobre a qual foi organizado o Estado. Constitui um sistema operacional destinado a minimizar o impacto do tributo sobre o preço dos produtos, mercadorias e serviços.

Caso fosse suprimida, a cumulatividade tributária geraria um custo artificial e indesejável aos preços dos bens e serviços comercializados, que ficariam desvinculados da realidade da produção e da comercialização, onerando o custo de vida da população, com reflexos nas relações de emprego, ofendendo a Constituição Federal (art. 170, V), que assegura a defesa do consumidor.

É um comando normativo repleto de valores extraídos dos anseios da sociedade, positivado para disciplinar a instituição de tributos cuja característica essencial para a apuração do *quantum debeatur* deve ser o confronto entre os encargos ou tributos gerados em cada relação correspondente aos negócios jurídicos realizados com produtos, mercadorias e serviços do contribuinte e o montante dos encargos ou tributos relativos à aquisição de bens ou serviços de qualquer natureza, pelo mesmo contribuinte, em um dado período de tempo.

Os princípios da igualdade e da capacidade contributiva mantêm congruência com o princípio da não cumulatividade. O objeto último da produção, circulação de mercadorias e prestação de serviços é o consumidor final. É para a satisfação de suas necessidades que está direcionada a atividade dos produtores, das empresas industriais, comerciais, prestadoras de serviços etc. Estes, por sua vez, submetem-se ao mencionado comando (arts. 170 e seguintes da CF), que lhes impõem o dever de observância à valorização do trabalho, da existência digna e da justiça social.

Tais princípios são comandos endereçados ao legislador ordinário. A ele incumbe a tarefa de instituir tributos que sejam uniformes e que respeitem a capacidade econômica de todos aqueles que estejam na mesma situação jurídica. Assim, deveria o legislador impor aos agentes do ciclo de produção/comercialização/prestação de serviços uma única regra de comportamento, para que a carga tributária incorporada ao preço das mercadorias e bens seja uniforme, impedindo que algumas pessoas sejam mais beneficiadas que outras no transcorrer do ciclo produtivo/comercial.

Da mesma forma, a lei não poderia estabelecer que, em certa etapa do ciclo, a não cumulatividade seja abolida. A igualdade e a capacidade contributiva de cada um dos agentes do ciclo de produção, de comercialização ou de prestação de serviços estão intimamente ligadas à capacidade econômica dos mesmos. Sua preservação pelo legislador ordinário faz com que se mantenha o poder do consumidor de adquirir esses produtos e serviços.

Alinhando o princípio da proibição do efeito confiscatório dos tributos com o princípio da não cumulatividade, pode-se observar que os mesmos se tocam e se complementam. Supondo-se que, em algum negócio jurídico, o ente tributante venha a estabelecer a proibição total ou parcial do dever-poder do contribuinte de aproveitar o imposto, ou encargo, incidente nas operações e prestações anteriores, estará provocando o efeito cumulativo, condutor de um aumento artificial no preço dos bens, em prejuízo do consumidor, conforme examinado em estudo específico.[29]

Perspicaz a observação de que:

> O princípio da não cumulatividade, que na realidade é um subprincípio estruturante que perpassa todos os outros princípios constitu-

---

29. José Eduardo Soares de Melo e Luiz Francisco Lippo, *A Não Cumulatividade Tributária – ICMS, IPI, ISS, PIS e COFINS*, 3ª ed., 2008.

cionais sobre a matéria (capacidade contributiva, neutralidade, país de destino e repercussão obrigatória), passou por profundas modificações constitucional e legal e exibe hoje nova potencialidade através do aperfeiçoamento do sistema de créditos em que assenta: a) o crédito físico se entrelaçou com o financeiro, principalmente a partir da Lei Complementar 87/1996; b) o crédito real se afirmou definitivamente com o advento da Emenda Constitucional 23/1983 e com o art. 155, § 2º, II, da CF/1988, passando a ser reconhecido o efeito de recuperação, que era a *vexata quaestio* da problemática dos impostos sobre o valor acrescido no Brasil; c) crédito condicionado à ulterior saída tributada recebeu nova regulamentação, principalmente pela ampliação do quadro das imunidades das exportações e pelo reconhecimento de sua jusfundamentalidade.[30]

A cláusula da não cumulatividade não consubstancia mera norma programática, nem traduz simples recomendação, sequer apresenta cunho didático ou ilustrativo, pois trata de direito público subjetivo oponível à Fazenda, bem como obrigação cometida ao contribuinte.

O objetivo primordial é evitar a superposição de cargas tributárias, de modo que o valor efetivo dos produtos, mercadorias e serviços, ao final de um ciclo operacional, corresponda exatamente à diferença entre os tributos incidentes nas aquisições e os tributos decorrentes dos fatos geradores realizados pelo contribuinte.

Os métodos de cálculo para a exigência de tributos não cumulativos podem ser considerados do modo seguinte:

a) Método direto substrativo: consiste na aplicação da alíquota do tributo sobre a diferença entre as saídas e as entradas. Deduz-se da base de cálculo do tributo (preço de venda, do serviço, valor da receita etc.) o montante correspondente às entradas necessárias ao desenvolvimento da atividade tributada, para, sobre esse resultado, aplicar-se a alíquota.

b) Método direto aditivo: determina a aplicação da alíquota tributária sobre o valor efetivamente agregado. Nesse caso, o *quantum* devido é calculado mediante a incidência da alíquota sobre o somatório da mão de obra, matérias-primas, insumos, margem de lucro e quaisquer despesas do contribuinte, tendo em vista ser essa soma acrescida ao preço da atividade sujeita à tributação.

c) Método indireto substrativo: determina o valor devido por meio da diferença entre a alíquota aplicada sobre as saídas e a alíquota correspondente às entradas. É a sistemática adotada para o IPI e ICMS.

---

30. Ricardo Lobo Torres, "O princípio da não cumulatividade e o IVA no Direito Comparado", in Ives Gandra da Silva Martins (coord.), *Pesquisas Tributárias – Nova Série 10*, pp. 166-167.

d) Método indireto aditivo: estipula seja o tributo calculado por meio da somatória da aplicação da alíquota a cada um dos elementos que compõem o valor agregado pelo contribuinte. Por exemplo: o somatório da alíquota incidente sobre os fatores mão de obra, matérias-primas, margem de lucro e demais despesas voltadas à consecução da atividade do contribuinte.[31]

Marçal Justen Filho explica que

numa acepção mais técnica significa a impossibilidade de cobrança de tributos com efeito de "cascata". Supõe-se a situação em que a riqueza possa ser objeto de incidências tributárias sucessivas. Se o "custo" da incidência de um tributo lógica e cronologicamente antecedente foi objeto de incidência do tributo posterior, verifica-se a cumulatividade.[32]

Anteriormente à Emenda Constitucional 42/2003 (que abrangeu as contribuições sociais) fora entendido que

a cumulatividade ou não cumulatividade são atributos próprios dos impostos plurifásicos, como no nosso sistema são o IPI e o ICMS. A Constituição apenas alude a ela, quando trata desses dois tributos, deixando sua conceituação ou configuração para o Código Tributário Nacional. Quando o inciso I do art. 154 da Lei Maior estabelece como uma das condições de legitimidade de impostos novos instituídos pela União na sua faixa residual, e das contribuições novas facultadas no § 4º do art. 195 (outras, e não as expressamente mencionadas no seu § 4º), que eles sejam não cumulativos, parece-nos fora de dúvida que ela está aludindo à não cumulatividade que a legislação complementar (Código Tributário Nacional), e suas alterações, regulou, vale dizer, a um atributo que assegure a não incidência de um mesmo tributo mais de uma vez sobre o mesmo valor que já serviu de base à sua cobrança em sua(s) fase(s) anterior(es) do processo econômico.[33]

Somente se pode conceber a existência e aplicação da técnica "não cumulativa" na medida em que ocorra um complexo de operações, diversos negócios jurídicos, impedindo-se o efetivo ônus tributário sobre o montante de cada operação.

31. Fabiana Del Padre Tomé, "Natureza jurídica da não cumulatividade da contribuição ao PIS/PASEP e da COFINS: consequências e aplicabilidade", in Marcelo Magalhães Peixoto e Octávio Campos Fischer (coords.), *PIS/COFINS – Questões Atuais e Polêmicas*, pp. 542-543.
32. "Contribuições sociais", *Caderno de Pesquisas Tributárias* 17/161.
33. Gilberto de Ulhôa Canto, "Contribuições sociais", *Caderno de Pesquisas Tributárias* 17/61.

O cânone da não cumulatividade não integra a estrutura da norma tributária (sujeito ativo e passivo, materialidade, base de cálculo e alíquota), tendo operatividade em momento posterior à configuração do débito. Nasce, age e interfere no *quantum debeatur* por meio de mecanismos compensatórios de tributos ou encargos suportados financeiramente com os tributos suportados juridicamente.

2.3 Operacionalidade (IPI e ICMS). Distinção necessária

A não cumulatividade no âmbito do IPI e do ICMS é diferente daquela prevista relativamente às contribuições sociais, tornando-se conveniente elucidar a sistemática prevista para os referidos impostos.

A eficácia da não cumulatividade é realizada segundo um *regime de compensação* dos valores tributários, mediante o encontro de contas (créditos e débitos).

O *crédito* nasce das operações anteriores relativas à aquisição de bens pelo contribuinte, e que são utilizados (direta ou indiretamente) na fabricação, comercialização e prestação de serviços, devendo compreender os insumos (matérias-primas, materiais auxiliares, embalagens, produtos intermediários), bens do ativo (imobilizado), energia elétrica, uso e consumo. O *débito* origina-se da realização de negócios jurídicos, tendo por objeto produto industrializado, mercadoria e prestação de serviços.

O postulado da não cumulatividade – consistente na compensação dos valores creditados com os valores debitados, num ciclo de tempo – não se confunde com a base de cálculo, tendo operatividade em momento posterior à configuração das operações realizadas com produtos, mercadorias e serviços.

O direito ao crédito relativo ao estabelecimento que tenha recebido os bens, ou para o qual tenham sido prestados os serviços, está condicionado à idoneidade documental; e, se for o caso, à escrituração (livros fiscais) nos prazos e condições legais. Esse direito extingue-se depois de decorrido determinado período a contar da data da emissão dos documentos.

As normas infraconstitucionais têm a função de explicitar a forma pela qual deverá ser operacionalizada a conta corrente fiscal afeta ao princípio da não cumulatividade, que não se circunscreve às regras do Código Civil e do Código Tributário Nacional. Tratando-se de compensação obrigatória aplicável a tributo de perfil plurifásico, à lei (complementar ou ordinária) incumbe apenas ditar seus contornos, uma vez que a Constituição Federal não estipula os créditos que são aproveitáveis e os que não poderão sê-lo.

Assim, todas as operações que envolvam produtos, mercadorias e serviços e que estejam sujeitas à incidência dos tributos (federal e estadual) autorizam o creditamento incidente sobre as operações e prestações anteriores.

Não importa que a mercadoria ou o produto adquirido não sirvam para posterior comercialização ou industrialização. A determinação constitucional não distingue quais mercadorias, produtos e serviços autorizam o creditamento, falecendo competência às normas infraconstitucionais para proceder à distinção.

Em hipótese alguma foi outorgada ao legislador (complementar ou ordinário) competência para restringir as hipóteses autorizadoras do creditamento, elo indispensável e decisivo para a correta e perfeita aplicação do princípio constitucional.

Pode-se asseverar que o débito tem natureza tributária e que o crédito revela natureza financeira, porque trata-se de diversificadas categorias jurídicas, que desencadeiam relações jurídicas diferentes e independentes, nas quais credor e devedor se alternam.

Entretanto, a não cumulatividade circunscreve-se ao âmbito de extinção do crédito tributário, sendo parte integrante do ciclo operacional que vai do nascimento da obrigação tributária até a final satisfação da mesma pela entrega do dinheiro ao Erário.

Em suma, o agente realizador das operações sujeitas aos tributos não cumulativos não tem a faculdade de se creditar do tributo relativo às operações anteriores. Os dispositivos constitucionais mandam, impõem, e determinam que se faça a apropriação dos créditos para, com eles, proceder-se à compensação. É uma obrigação atribuída a cada um dos agentes partícipes do ciclo da circulação de mercadorias, produtos e prestação de serviços.

A própria Fiscalização tem o dever de conferir a exata aplicação da diretriz constitucional. Não é cabível que se alimente a cultura de que a não apropriação dos créditos melhora a receita tributária para os cofres públicos. O Estado não tem a disponibilidade sobre esses créditos, porque pertencem unicamente àqueles que adquirem os produtos, mercadorias e serviços.

2.4 Contribuições sociais

A sistemática de não cumulatividade concernente às contribuições foram basicamente previstas na legislação ordinária sem explícito amparo constitucional, a saber: a) *Lei federal 10.336, de 19.12.2001*, instituiu a contribuição incidente sobre operações com petróleo, gás natural (e seus derivados) e álcool combustível (CIDE-Combustível); b) *Lei federal 10.637, de 30.12.2002* (com suas alterações), tratou do PIS; c) *Lei federal 10.833, de 29.12.2003* (com alterações), dispôs sobre a COFINS; d) *Lei federal 10.865, de 30.4.2004* (alterada por diversas leis subsequentes), estabeleceu normas sobre o PIS e a COFINS na importação de bens estrangeiros e serviços.

Somente com a promulgação da Emenda 42, de 19.12.2003, é que a não cumulatividade, para determinadas contribuições destinadas à Seguridade Social (COFINS e Importação), passou a ter *status* constitucional (art. 195, § 12).

Considerando que o permissivo constitucional tratara de exceção ao princípio da isonomia, rigorosamente não estabelecera que as contribuições previstas no art. 195 da CF fossem pautadas pelo princípio da não cumulatividade. Por essa razão, percebeu-se que a não cumulatividade da COFINS não compreendera um verdadeiro princípio constitucional, mas, sim, mera sistemática de apuração da referida contribuição social.[34]

O caráter facultativo ou obrigatório da não cumulatividade defluirá da interpretação que seja dada ao preceito constitucional, porque poderá ser entendido que (a) a lei terá a faculdade de dispor (ou não) sobre tal sistemática; e, se o fizer, distinguirá os setores de atividade econômica para os fins de carga tributária diferenciada; ou (b) a lei deverá obrigatoriamente estatuir a não cumulatividade para as mencionadas contribuições, discriminando os setores aplicáveis.

Ao contrário do previsto para o IPI e ICMS, a legislação relativa às contribuições não prevê a emissão de notas fiscais e registro em livros nem a necessidade de o crédito ser apropriado de conformidade com notas fiscais emitidas por terceiros.

Sinteticamente, aponta-se que as contribuições sociais admitem a aplicação de regimes jurídicos próprios e únicos, compreendendo os adotados (1) pelas pessoas jurídicas optantes pelo lucro real; (2) pelas pessoas jurídicas e pelas receitas não sujeitas ao regime da cumulatividade; (3) pelas pessoas jurídicas sujeitas à não cumulatividade que auferam receitas cumulativas; (4) nas importações; (5) pelas pessoas jurídicas

---

34. Fábio Soares de Melo, "Contribuição para o Financiamento da Seguridade Social ('COFINS'). Ofensa ao art. 246 da Constituição Federal de 1988. Não cumulatividade. Princípio *versus* sistemática. Breves considerações", in Marcelo Magalhães Peixoto e Octávio Campos Fischer (coords.), *PIS/COFINS – Questões Atuais e Polêmicas*, p. 568.

sujeitas à incidência monofásica; e (6) pelas pessoas jurídicas optantes pelo regime especial.[35]

2.4.1 CIDE-Combustíveis

A Lei federal 10.336, de 19.12.2001, instituiu a contribuição incidente sobre a importação e a comercialização de petróleo (e seus derivados), gás natural (e seus derivados) e álcool etílico combustível, tendo como contribuintes o produtor, o formulador e o importador (pessoa física ou jurídica) dos combustíveis líquidos. Como *formulador* é considerada a pessoa jurídica, conforme definido pela Agência Nacional do Petróleo (ANP) (v. Capítulo 3, item 3.7).

A *não cumulatividade* da CIDE, aplicável na comercialização, no mercado interno, das gasolinas, *diesel*, querosenes, gás liquefeito de petróleo e álcool etílico combustível consistirá na dedução do valor da CIDE (a) paga na importação daqueles produtos e (b) incidente quando da aquisição daqueles produtos de outro contribuinte.

A dedução será efetuada pelo valor global da CIDE pago nas importações realizadas no mês, considerado o conjunto de produtos importados e comercializados, sendo desnecessária a segregação por espécie de produto.

Aplica-se a dedução às contribuições relativas a um mesmo período de apuração ou posteriores, ficando estabelecido que somente poderão ser deduzidos os valores efetivamente pagos a título de CIDE-Combustíveis (Instrução Normativa SRF-247, de 21.11.2002).

O contribuinte também poderá deduzir (*não acumular*) o valor da CIDE pago na importação ou na comercialização, no mercado interno, dos valores da contribuição para o PIS/PASEP e da COFINS devidos na comercialização, no mercado interno, dos produtos indicados no parágrafo anterior, até determinados limites.

O contribuinte da CIDE incidente sobre as correntes de hidrocarbonetos líquidos não destinados à formulação de gasolina ou diesel poderá deduzir o valor da CIDE pago na importação ou na comercialização no mercado interno dos valores da contribuição para o PIS/PASEP e da

---

35. Luiz Felipe Brandão Ozores, "COFINS e PIS 'não cumulativos'– Plataformas híbridas de incidência – Considerações sobre os respectivos mecanismos de crédito e a incidência monofásica sob o âmbito das Leis 10.833/2003 e 10.865/2004", in Marcelo Magalhães Peixoto e Octávio Campos Fischer (coords.), *PIS/COFINS – Questões Atuais e Polêmicas*, p. 640.

COFINS devidos na comercialização, no mercado interno, dos produtos referidos neste preceito.

2.4.2 PIS

A Lei federal 10.637, de 30.12.2002 (com alterações), dispôs no seu art. 3º, sobre a *não cumulatividade* na cobrança da contribuição ao PIS, na basicamente o seguinte:

> Do valor apurado na forma do art. 2º, a pessoa jurídica poderá descontar créditos calculados em relação a: I – bens adquiridos para revenda, exceto em relação às mercadorias e aos produtos referidos no inciso III do § 3º do art. 1º, e nos §§ 1º e 1º-A do art. 2º desta Lei (...); II – bens e serviços, utilizados como insumo na prestação de serviços e na produção ou fabricação de bens ou produtos destinados à venda, inclusive combustíveis e lubrificantes, salvo exceções específicas (...), IV – aluguéis de prédios, máquinas e equipamentos, pagos a pessoa jurídica, utilizados nas atividades da empresa; V – valor das contraprestações de operação de arrendamento mercantil de pessoa jurídica, exceto de optante pelo Sistema Integrado de Pagamento de Impostos e Contribuições das Microempresas e das Empresas de Pequeno Porte-SIMPLES; VI – máquinas, equipamentos e outros bens incorporados ao ativo imobilizado, adquiridos ou fabricados para locação a terceiros ou para utilização na produção de bens destinados à venda ou na prestação de serviços; VII – edificações e benfeitorias em imóveis de terceiros, quando o custo, inclusive de mão de obra, tenha sido suportado pela locatária; VIII – bens recebidos em devolução, cuja receita de venda tenha integrado faturamento do mês ou de mês anterior, e tributada conforme o disposto nesta Lei; IX – energia elétrica e energia térmica, inclusive sob a forma de vapor, consumidas nos estabelecimentos da pessoa jurídica; X – vale-transporte, vale-refeição ou vale-alimentação, fardamento ou uniforme fornecidos aos empregados por pessoa jurídica que explore as atividades de prestação de serviços de limpeza, conservação e manutenção; XI – bens incorporados ao ativo intangível, adquiridos para utilização na produção de bens destinados à venda ou na prestação de serviços.

O crédito será determinado mediante a aplicação da alíquota prevista no *caput* do art. 2º da lei, sobre o valor dos itens mencionados, adquiridos, conforme o caso.

Não dará crédito: I – o valor: de mão de obra paga a pessoa física; e II – da aquisição de bens ou serviços não sujeitos ao pagamento da contribuição, inclusive no caso de isenção, esse último quando revendidos ou utilizados como insumo em produtos ou serviços sujeitos à alíquota zero, isentos ou não alcançados pela contribuição.

O direito a crédito aplica-se, exclusivamente, em relação: I – aos bens e serviços adquiridos de pessoa jurídica domiciliada no País; II – aos custos e despesas incorridos, pagos ou creditados a pessoa jurídica domiciliada no País; III – aos bens e serviços adquiridos e aos custos e despesas incorridos a partir do mês em que se iniciar a aplicação do disposto na referida lei.

O crédito não aproveitado em determinado mês poderá sê-lo nos meses subsequentes.

Na hipótese de a pessoa jurídica sujeitar-se à incidência não cumulativa da contribuição para o PIS/PASEP em relação apenas a parte de suas receitas, o crédito será apurado exclusivamente em relação aos custos, despesas e encargos vinculados a essas receitas.

Na medida em que incide sobre o faturamento ou a receita bruta, distancia-se da técnica do IVA e

> não se aplica o *princípio de recuperação* porque nem o PIS/PASEP nem a COFINS cumprem itinerário que afete o consumidor final diretamente. Muito menos cabe falar em *efeito de recuperação*, pois é impossível fazer a compensação de créditos e débitos correspondentes a "outras receitas" (aluguéis de prédios, máquinas e equipamentos; em energia elétrica; combustíveis e lubrificantes) com os débitos referentes à venda de mercadorias (...).[36]

Argutamente se observa que:

> (...) enquanto o processo formativo de um produto aponta no sentido de eventos de caráter físico a ele relativos, o processo formativo de uma receita aponta na direção de todos os elementos (físicos ou funcionais) relevantes para sua obtenção. Vale dizer, o universo de elementos captáveis pela não cumulatividade de PIS/COFINS é mais amplo que aquele, por exemplo, do IPI.
>
> Embora a não cumulatividade seja uma ideia comum a IPI e a PIS/COFINS, a diferença de pressuposto de fato (produto industrializado *versus* receita) faz com que assuma dimensão e perfil distintos. Por esta razão, pretender aplicar na interpretação de normas de PIS/COFINS critérios ou formulações construídas em relação ao IPI é: a) desconsiderar

---

36. Ricardo Lobo Torres, "Anão cumulatividade no PIS/COFINS", in Marcelo Magalhães Peixoto e Octávio Campos Fischer (coords.), *PIS/COFINS – Questões Atuais e Polêmicas*, pp. 68-69.

os diferentes pressupostos constitucionais; b) agredir a racionalidade da incidência de PIS/COFINS; e c) contrariar a coerência interna da exigência, pois esta se forma a partir do pressuposto de "receita" e não "produto".[37]

Relativamente aos *insumos* (bens e serviços utilizados na prestação de serviços e na produção ou fabricação de bens) – para fins de fruição do direito de abatimento – deveriam ser considerados para efeito de PIS/PASEP e COFINS todos os fatores de produção, abrangendo capital e trabalho,[38] e quaisquer custos imputados à atividade, segundo a teoria contábil.[39]

A Instrução Normativa SRF-247/2002 (com alterações) dispôs o seguinte:

> Art. 66. A pessoa jurídica que apura o PIS/PASEP não cumulativo com a alíquota prevista no art. 60 pode descontar créditos, determinados mediante a aplicação da mesma alíquota, sobre os valores: (...) b) de bens e serviços, inclusive combustíveis e lubrificantes, utilizados como insumos: b.1) na fabricação de produtos destinados à venda; ou b.2) na prestação de serviços; (...).
>
> § 5º. Para os efeitos da alínea "b" do inciso I do *caput*, entende-se como *insumos* I – utilizados na fabricação ou produção de bens destinados à venda: a) as matérias-primas, os produtos intermediários, o material de embalagem e quaisquer outros bens que sofram alterações, tais como o desgaste, o dano ou a perda de propriedades físicas ou químicas, em função da ação diretamente exercida sobre o produto em fabricação, desde que não estejam incluídas no ativo imobilizado; b) os serviços prestados por pessoa jurídica domiciliada no País, aplicados ou consumidos na produção ou fabricação do produto; II – utilizados na prestação de serviços: a) os bens aplicados ou consumidos na prestação de serviços, desde que não estejam incluídos no ativo imobilizado; e b) os serviços prestados por pessoa jurídica domiciliada no País, aplicados ou consumidos na prestação do serviço.

Criticável a restrição contida em interpretação oficial relativa ao conceito de *insumos* (matérias-primas, produtos intermediários, emba-

---

37. Marco Aurélio Greco, *Não Cumulatividade do PIS/PASEP e da COFINS*, p. 109.

38. Marco Aurélio Greco, *Não Cumulatividade ...*, p. 113.

39. Natanael Martins, "O conceito de insumos na sistemática não cumulativa do PIS e da COFINS", in Marcelo Magalhães Peixoto e Octávio Campos Fischer (coords.), *PIS/COFINS – Questões Atuais e Polêmicas*, pp. 207-208.

lagens e bens que sofram alteração, como o desgaste, dano ou perda de propriedades físicas ou químicas, desde que não sejam incluídos no ativo imobilizado), sob o fundamento de que "tudo quanto esteja abrangido pela lista exaustiva de deduções permitidas deve ser abatido do valor a ser recolhido, devendo ser considerados os custos diretos e indiretos de produção, e despesas que não sejam registradas contabilmente a débito de custos, e que contribuam para a produção".[40]

Destaco diretrizes firmadas pela *Receita Federal*:

• Créditos – Produção de bens – Insumos – Serviços de manutenção de equipamentos.

Para efeito do inciso II do art. 3º da Lei n. 10.637, de 2002, o termo "insumo" não pode ser interpretado como todo e qualquer bem ou serviço necessário para a atividade da pessoa jurídica, intrínsecos à atividade, aplicados ou consumidos na fabricação do produto ou no serviço prestado. Portanto, as despesas efetuadas com a aquisição de partes e peças de reposição e com serviços de manutenção em veículos, máquinas e equipamentos empregados diretamente na prestação de serviços e na produção ou fabricação de bens ou produtos destinados à venda, pagas à pessoa jurídica domiciliada no País, a partir de 1º de dezembro de 2002, geram direito a créditos a serem descontados da contribuição para o PIS/PASEP, desde que tais partes e peças de reposição não estejam incluídas no ativo imobilizado.

Por outro lado, não geram direito a crédito os valores relativos a gastos com assistência médica, cesta básica, fretamento de produtos, nem tampouco com manutenção de *software* gerencial, manutenção de veículos comerciais e de expedição, por não configurarem pagamento de bens ou serviços enquadrados como insumos utilizados na fabricação ou produção de bens ou produtos destinados à venda ou na prestação de serviços.

Os valores referentes às despesas com telefonia também não geram direito ao crédito da contribuição para PIS/PASEP não cumulativo, por falta de previsão legal. (...). (Solução de Consulta 93, de 3.4.2009, Divisão de Tributação da DRF, *DOU*-1 6.5.2009, p. 18)

• Despesas com telefonia – Créditos – Impossibilidade.

Despesas incorridas com serviços de telefonia, ainda que necessários ao desempenho das atividades habituais da empresa, não geram direito a créditos da contribuição para o PIS. (Solução de Consulta

---

40. Ricardo Mariz de Oliveira, "Aspectos relacionados à 'não cumulatividade' da COFINS e da contribuição ao PIS", in Marcelo Magalhães Peixoto e Octávio Campos Fischer (coords.), *PIS/COFINS – Questões Atuais e Polêmicas*, pp. 45 e 47.

30, de 1.4.2009, Divisão de Tributação da DRF-Juiz de Fora, *DOU*-1 29.6.2009, p. 77)

• Honorários contábeis, combustíveis, lubrificantes, manutenção e depreciação de veículos. Inexistência do direito a crédito.

As despesas com honorários contábeis bem como os gastos com combustíveis, lubrificantes e com a manutenção e depreciação de veículos utilizados no transporte de mercadorias, realizadas por empresa que executa atividade comercial, não dão direito a crédito na sistemática não cumulativa da contribuição para o PIS/PASEP (...). (Solução de Consulta 314, de 18.8.2009, Divisão de Tributação da DRF-Joaçaba, *DOU*-1 11.9.2009, p. 17)

Na análise de atividades relativas à produção e à comercialização de pasta mecânica, celulose, papel, papelão e produtos conexos, desenvolvidas também com atividades preparatórias de florestamento e reflorestamento a RFB normatizou o entendimento seguinte:

Ementa: Não cumulatividade. Direito de creditamento. Diversos itens.

1. Na sistemática de apuração não cumulativa da Contribuição para o PIS/Pasep, a possibilidade de creditamento, na modalidade aquisição de insumos, deve ser apurada, tendo em conta o produto destinado à venda ou o serviço prestado ao público externo pela pessoa jurídica.

(...); nesse contexto, *permite-se*, entre outros, *creditamento* em relação a dispêndios com:

3.a) partes, peças de reposição, serviços de manutenção, combustíveis e lubrificantes utilizados em veículos que, no interior de um mesmo estabelecimento da pessoa jurídica, suprem, com insumos ou produtos em elaboração, as máquinas que promovem a produção de bens ou a prestação de serviços, desde que tais dispêndios não devam ser capitalizados ao valor do bem em manutenção;

3.b) combustíveis e lubrificantes consumidos em máquinas, equipamentos e veículos diretamente utilizados na produção de bens:

3.c) bens de pequeno valor (para fins de imobilização), como modelos e utensílios, ferramentas de consumo, tais como machos, bits, brocas, pontas montadas, rebolos, pastilhas, discos de corte e de desbaste, bicos de corte, eletrodos, arames de solda, oxigênio, acetileno, dióxido de carbono e materiais de solda empregados na manutenção ou funcionamento de máquinas e equipamentos utilizados diretamente na produção de bens para revenda;

4. Diferentemente, *não se permitem, entre outros, creditamento* em relação a dispêndios com:

4.a) partes, peças de reposição serviços de manutenção, combustíveis e lubrificantes utilizados em máquinas, equipamentos e veículos utilizados em florestamento e reflorestamento destinado a produzir matéria-prima para a produção de bens destinados à venda;

4.b) serviços de transporte suportados pelo adquirente de bens, pois a possibilidade de creditamento deve ser analisada em relação ao bem adquirido;

4.c) serviços de transporte, prestados por terceiros, de remessa e retorno de máquinas e equipamentos a empresas prestadoras de serviço de conserto e manutenção;

4.d) partes, peças de reposição, serviços de manutenção, combustíveis e lubrificantes utilizados em veículos no transporte de insumos no trajeto compreendido entre as instalações do fornecedor dos insumos e as instalações do adquirente;

4.e) combustíveis e lubrificantes consumidos em veículos utilizados no transporte de matéria-prima entre estabelecimentos da pessoa jurídica (unidades de produção);

4.f) bens de pequeno valor (para fins de imobilização, como modelos e utensílios, e ferramentas de consumo, tais como machos, bits, brocas, pontas montadas, rebolos, pastilhas, discos de corte e de desbaste, bicos de corte, eletrodos, arames de solda, oxigênio, acetileno, dióxido de carbono e materiais de solda empregados na manutenção ou funcionamento de máquinas e equipamentos utilizados nas atividades de florestamento e reflorestamento destinadas a produzir matéria-prima para a produção de bens destinados à venda;

4.g) serviços prestados por terceiros no corte e transporte de árvores e madeira das áreas de florestamentos e reflorestamentos destinados a produzir matéria-prima para a produção de bens destinados à venda;

4.g) óleo diesel consumido por geradores e por fontes de produção da energia elétrica consumida nas plantas industriais, bem como os gastos com a manutenção dessas máquinas e equipamentos. (Solução de Divergência COSIT n. 7, de 23.8.2016, publicada no *DOU* de 11.10.2016, p. 33)

A *jurisprudência administrativa* nem sempre prestigia o regime de abatimentos, como se colhe da análise de situações singulares:

• Crédito. Conceito de Insumos. Devem ser considerados insumos todos os bens e serviços empregados direta ou indiretamente na fabricação do bem e na prestação do serviço cuja subtração importe na impossibilidade da prestação do serviço ou da produção, isto é, cuja subtração obste a atividade da empresa, ou implique em substancial perda de qualidade do produto ou serviço daí resultantes. (Processo n.

11080.003538/2009-96, 2ª Câmara/2ª T., rel. Cons. Irene Souza da Trindade Torres, j. 24.1.2012)
• Contribuição para o PIS/PASEP. Creditamento. Prestação de Serviços. Conceito de Insumo. Abrangência. Rastreamento. Escolta. Seguro.
A expressão "insumo utilizado na prestação de serviços", na legislação que trata da Contribuição para o PIS/PASEP (e da COFINS) se refere aos bens aplicados ou consumidos na prestação de serviços (desde que não estejam incluídos no ativo imobilizado), e aos serviços prestados por pessoa jurídica domiciliada no País, aplicados ou consumidos na prestação de serviço. Tal conceito abarca as despesas com rastreamento e escolta, mas não as referentes a contrato de Seguro. (Processo n. 10.580.732654/201056, 4ª Câmara/3ª T. Ordinária, rel. Cons. Rosaldo Trevisan, j. 24.10.2012)
• As Instruções Normativas ns. 247/2002 e 404/2004, ao admitirem o creditamento apenas quando o insumo for efetivamente incorporado ao processo produtivo de fabricação e comercialização de bens ou prestação de serviços, aproximando-se da legislação do IPI, que traz critério demasiadamente restritivo, extrapolaram as disposições da legislação hierarquicamente superior ao ordenamento jurídico, a saber, as Leis ns. 10.637/2002 e 10.833/2003, e contrariaram frontalmente a finalidade da sistemática da não cumulatividade das contribuições ao PIS e da COFINS. Patente, portanto, a ilegalidade dos referidos atos normativos. (Acórdão n. 9303-004.192, da 3ª T. da CSRF, rel. Vanessa Marini Cecconcello, sessão de 6.7.2016)

A respeito das posturas fazendárias, o *Judiciário* perfilhou o entendimento seguinte:

Processual Civil e Tributário. PIS e COFINS. Creditamento. Leis ns. 10.637/2002 e 10.833/2003. Não cumulatividade. Art. 195, § 12, da CF. Matéria eminentemente constitucional. Instruções Normativas SRF 247/02 e SRF 404/04. Explicitação do conceito de insumo bens e serviços empregados ou utilizados diretamente no processo produtivo. Benefício fiscal. Interpretação extensiva. Impossibilidade. Art. 111 do CTN.
1. A análise do alcance do conceito de não cumulatividade, previsto no art. 195, § 12, da CF, é vedada neste Tribunal Superior, por se tratar de matéria eminentemente constitucional, sob pena de usurpação da competência do Supremo Tribunal Federal.
2. As Instruções Normativas SRF 247/02 e SRF 404/04 não restringem, mas apenas explicitam o conceito de insumo previsto nas Leis 10.637/02 e 10.833/03.
3. Possibilidade de creditamento de PIS e COFINS apenas em relação aos bens e serviços empregados ou utilizados diretamente sobre produto em fabricação.

4. Interpretação extensiva que não se admite nos casos de concessão de benefício fiscal (art. 111 do CTN). Precedentes: AgRg no REsp 1.335.014-CE, rel. Min. Castro Meira, 2ª T., DJe 8.2.2013 e REsp 1.140.723-RS, rela. Min. Eliana Calmon, 2ª T, DJe 22.9.2010). (REsp 1.020.991-RS, rel. Min. Sérgio Kukina, j. 9.4.2013, DJe 14.5.2013)

Registrem-se as *posturas oscilantes do Judiciário:*

• Tributário. PIS. COFINS. Lei n. 10.637/2002 e 10.833/2003. Não cumulatividade. Concessão discricionária do legislador. Ativo adquirido na Vigência do Sistema Cumulativo. Creditamento. Impossibilidade.

1. "O mecanismo da não cumulatividade, típico do ICMS e do IPI, não está previsto como obrigatório na Constituição Federal de 1988 para as contribuições ao PIS e à COFINS. Aliás, é da própria natureza de tais tributos que assim o seja, porque incidentes sobre a receita bruta e não sobre o valor individualizado de cada operação. Sendo assim, a concessão de benefício fiscal que produza efeito equivalente ou próximo à não cumulatividade típica ocorre sob a marca da discricionariedade do legislador positivo, de acordo com as orientações da política fiscal vigentes em cada época. Foi o que ocorreu, *v.g.*, com a publicação da Lei n. 10.833/2003 (COFINS), e da Lei n. 10.637/2002, com a extensão dada pelo art. 15, da Lei n. 10.833 (PIS/PASEP), que instituíram o regime denominado 'PIS/COFINS não cumulativo' (REsp 1.088.959-RS, rel. Min. Mauro Campbell Marques, 2ª T., j. 14.12.2010, *DJe* 10.2.2011)".

2. Indevida a pretensão da empresa em gerar créditos decorrentes de aquisições ocorridas antes da entrada em vigor do Sistema da não cumulatividade, porquanto adquiridas ao tempo em que vigoravam as alíquotas de 0,65% para o PIS e 3% para a COFINS e, quando da aquisição, compuseram o ativo da empresa àquela razão.

3. Isto porque, se o recolhimento referente ao PIS ou COFINS na etapa anterior se deu sob alíquotas menores do Sistema cumulativo, configuraria enriquecimento ilícito, para fins de creditamento, a utilização das novas alíquotas do sistema não cumulativo (7,6% da COFINS e 1,65% do PIS), previstas nas Leis n. 10.637/02 e 10.833/03. (REsp 1.239.472-RS, 2ª T., rel. Min. Humberto Martins, j. 1.9.2011, *DJe* 9.9.2011)

• Processual Civil. Tributário. Ausência de violação ao art. 535 do CPC [*de 1973*]. Violação ao art. 538, parágrafo único, do CPC. Incidência da Súmula n. 98/TJ. Contribuições ao PIS/PASEP e COFINS não cumulativas. Creditamento. Conceito de insumos. Art. 3º, II, da Lei n. 10.637/2002 e art. 3º, II, da Lei n. 10.833/2003. Ilegalidade das Instruções Normativas SRF n. 247/2002 e 404/2004. (...).

3. São ilegais o art. 66, § 5º, I, "a" e "b", da Instrução Normativa SRF n. 247/2002 – PIS/PASEP (alterada pela Instrução Normativa SRF

n. 358/2003) – e o art. 8º, § 4º, I, "a" e "b", da Instrução Normativa SRF n. 404/2004 – COFINS, que restringiram indevidamente o conceito de "insumos" previsto no art. 3º, II, das Leis ns. 10.637/2003 e 10.833/2003, respectivamente, para efeitos de creditamento na sistemática de não cumulatividade das ditas contribuições.

4. Conforme interpretação teleológica e sistemática do ordenamento jurídico em vigor, a conceituação de "insumos", para efeitos do art. 3º, II, da Lei n. 10.637/2002, e art. 3º, II, da Lei n. 10.833/2003, não se identifica com a conceituação adotada na legislação do Imposto sobre Produtos Industrializados – IPI, posto que excessivamente restritiva. Do mesmo modo, não corresponde exatamente aos conceitos de "Custos e Despesas Operacionais", utilizados na legislação do Imposto de Renda – IR, porque demasiadamente elasticidos.

5. *São "insumos" para efeitos do art. 3º, II, da Lei n. 10.637/2002, e art. 3º, II, da Lei n. 10.833/2003, todos aqueles bens e serviços pertinentes ao, ou que viabilizam o processo produtivo e a prestação de serviços que neles possam ser direta ou indiretamente empregados e cuja subtração importa na impossibilidade mesma na prestação do serviço ou da produção, isto é, cuja subtração obsta a atividade da empresa, ou implica em substancial perda de qualidade do produto ou serviço daí resultantes.*

6. Hipótese em que a recorrente é empresa fabricante de gêneros alimentícios, sujeita, portanto, a rígidas normas de higiene e limpeza. No ramo a que pertence, as exigências de condições sanitárias das instalações se não atendidas implicam na própria impossibilidade da produção e em substancial perda de qualidade do produto resultante. A assepsia é essencial e imprescindível ao desenvolvimento de suas atividades. Não houvesse os efeitos desinfetantes, haveria a proliferação de micro-organismos na maquinaria e no ambiente produtivo que agiriam sobre os alimentos, tornando-os impróprios para o consumo. Assim, *impõe-se considerar a abrangência do termo "insumo" para contemplar, no creditamento, os materiais de limpeza e desinfecção, bem como os serviços de dedetização quando aplicados no ambiente produtivo de empresa fabricante de gêneros alimentícios.* (REsp 1.246.317-MG, 2ª T., rel. Min. Mauro Campbell Marques, j. 19.5.2015, *DJe* 29.6.2015)

• Ementa. Tributário. PIS. COFINS. Regime não cumulativo. Distinção. Conteúdo. Leis ns. 10.637/2002 e 10.833/2003. Art. 3º. Inciso II. Lista exemplificativa.

1. A técnica empregada para concretizar a não cumulatividade de PIS e COFINS se dá por meio de apuração de uma série de créditos pelo próprio contribuinte, para dedução do valor a ser recolhido a título de PIS e de COFINS.

2. A coerência de um Sistema de não cumulatividade de tributo direto sobre a receita exige que se considere o universo de receitas e

o universo de despesas necessárias para obtê-las, considerados à luz da finalidade de evitar sobreposição das contribuições e, portanto, de eventuais ônus que a tal título já tenham sido suportados pelas empresas com quem se contratou.

3. Tratando-se de tributo direto que incide sobre a totalidade das receitas auferidas pela empresa, digam ou não respeito à atividade que constitui seu objeto social, os créditos devem ser apurados relativamente a todas as despesas realizadas junto a pessoas jurídicas sujeitas à contribuição, necessárias à obtenção da receita.

4. O crédito, em matéria de PIS e COFINS, não é um crédito meramente físico, que pressuponha, como no IPI, a integração do insumo ao produto final ou seu uso ou exaurimento no processo produtivo.

5. O rol de despesas que enseja creditamento, nos termos do art. 3º das Leis ns. 10.637/2002 e 10.833/2003, possui caráter meramente exemplificativo. Restritivas são as vedações expressamente estabelecidas por lei.

6. O art. 111 do CTN não se aplica no caso, porquanto não se trata de suspensão ou exclusão do crédito tributário, outorga de isenção ou dispensa de cumprimento de obrigações tributárias acessórias. (TRF da 4ª Região, Apelação Cível 0000007-25.2010.404.7200-SC, 1ª T., rel. Juiz Federal Leandro Paulsen, j. 16.6.2012, *DEJF* da 4ª Reg. de 4.7.2012, pp. 58-59)

A temática da não cumulatividade encontra-se sob apreciação do STF, objeto de repercussão geral reconhecida desde 13.8.2014 (tema n. 756), sob o enfoque seguinte: "Alcance do art. 195, § 12, da Constituição Federal, que prevê a aplicação do princípio da não cumulatividade, à Contribuição ao PIS e à COFINS" (RE 841.979).

Não se aplica a não cumulatividade a diversos contribuintes e atividades, tais como: pessoas tributadas com base no lucro presumido ou arbitrado; pessoas optantes pelo SIMPLES; imunes do imposto, órgãos públicos e as autarquias e fundações públicas; receitas decorrentes de operações com vendas de gasolina, óleo e gás natural, veículos etc., ou quaisquer outras submetidas à incidência monofásica; sujeitas à substituição tributária (âmbito do PIS/PASEP); e prestação de serviços de telecomunicações; as sociedades cooperativas, as receitas decorrentes de prestação de serviços das empresas jornalísticas e de radiodifusão sonora e de sons e imagens.

Evidenciam-se *injurídicas as restrições ao crédito* antes referidas, porque a não cumulatividade não poderá ser estabelecida de forma parcial, unilateral, de modo a implicar supressão de determinadas categorias profissionais, limitação a determinados negócios, e sistemáticas fiscais, e coibição do amplo direito de abatimento.

A discriminação tributária (vedação ao crédito para específicas pessoas jurídicas) significa violação ao princípio da isonomia, porquanto apenas compete à Constituição estatuir as diferenças tributárias relativas às contribuições interventivas e corporativas adstritas a determinados grupos e categorias profissionais.

Embora esta matéria seja amplamente examinada em item específico ("5. A isonomia tributária e as contribuições de diferentes setores de atividades econômicas"), há que se ponderar que o art. 195, I, da CF (na redação da Emenda Constitucional 20/1998) concerne às contribuições de Seguridade Social, não tendo condição de ser aplicado ao PIS, que tem fundamento distinto (art. 239).

Além disso, a apontada discriminação também é inadequada porque trata de elementos normativos diferentes, uma vez que a base de cálculo concerne ao valor da contribuição ("receita") e à alíquota (percentual aplicável à base de cálculo), que são componentes estranhos à não cumulatividade (créditos a serem descontados ou abatidos do montante da contribuição devida).

Na verdade, o rol de vedações ao direito à não cumulatividade atinge pessoas jurídicas que, por suas características naturais e legais – ao contrário –, deveriam estar abrangidas por esta sistemática, de modo a considerar o desconto dos créditos nos valores dos bens e dos serviços, com repercussão nos preços suportados pelos consumidores finais.

As *sociedades profissionais* são contempladas pela legislação do Imposto de Renda com carga favorecida (lucro presumido), pela circunstância de não evidenciarem um abrangente caráter mercantil, em face do que seria adequado, justo, equilibrado, isonômico, também minorar-se a carga do PIS, mediante a dedução dos respectivos créditos.

As pessoas *imunes* a impostos necessariamente deveriam estar imunes ao PIS, pela singela circunstância de que, estando as "receitas" desoneradas do Imposto de Renda, também as mesmas "receitas" não deveriam sofrer idêntico gravame tributário no âmbito da contribuição, por consistirem em sua base de cálculo.

Na medida em que as *entidades de direito público* e as referidas pessoas sejam integralmente oneradas pelo PIS, é óbvio que agravarão seu patrimônio, afetando sua capacidade econômica – o que impossibilita o desenvolvimento de suas atividades societárias.

Incompreensível punir as pessoas que são obrigadas a obedecer à sistemática da *substituição tributária* e operações com incidência monofásica, uma vez que o direito ao crédito (consoante tradicional sistemática constitucional do IPI e do ICMS) nasce com a prática de negócios jurídicos realizados por terceiros com o contribuinte e se operacionaliza mediante a compensação com débitos decorrentes de fatos geradores.

A concentração da incidência tributária num determinado momento do ciclo operacional não tem interferência alguma no âmbito da não cumulatividade, sendo certo que a incidência monofásica não afasta a apropriação de crédito (no caso presumido), a fim de ser evitada a superposição de cargas tributárias.

A parcialidade na concessão de créditos cria uma figura totalmente atípica, porque os princípios norteadores da não cumulatividade impõem o confronto da totalidade do montante de tributos suportados (contribuições incidentes nas aquisições de bens, serviços e dispêndios) *versus* a totalidade dos fatos geradores (montante do PIS, apurado em razão de receitas decorrentes das atividades societárias).

A permissão para a utilização restrita dos créditos atropela os princípios constitucionais diretivos da Economia, com comprometimento empresarial, uma vez que nem sempre é viável a respectiva transferência (embutida nos preços) a consumidores.

2.4.3 COFINS

A Lei federal 10.833, de 29.12.2003 (com alterações), dispôs que o contribuinte poderá *descontar créditos* exclusivamente com relação a:

I) bens adquiridos para revenda, exceto em relação às mercadorias e aos produtos específicos; II) bens e serviços, utilizados como insumo na prestação de serviços e na produção ou fabricação de bens ou produtos destinados à venda, inclusive combustíveis e lubrificantes; III) energia elétrica e energia térmica, inclusive sob a forma de vapor, consumidas nos estabelecimentos da pessoa jurídica; IV) aluguéis de prédios, máquinas e equipamentos, pagos a pessoa jurídica, utilizados nas atividades da empresa; V) o valor das contraprestações de operações de arrendamento mercantil de pessoa jurídica, exceto de optante pelo Sistema Integrado de Pagamento de Impostos e Contribuições das Microempresas e das Empresas de Pequeno Porte – SIMPLES; VI) máquinas, equipamentos e outros bens incorporados ao ativo imobilizado, adquiridos ou fabricados para locação a terceiros, ou para utilização na produção de bens destinados à venda ou na prestação de serviços; VII) edificações e benfeitorias em imóveis próprios ou de terceiros, utilizados nas atividades da empresa; VIII) bens recebidos em devolução cuja receita de venda tenha integrado faturamento do mês ou de mês anterior, e tributada conforme o disposto nesta Lei; IX) – armazenagem de mercadoria e frete na operação de venda, nos casos dos incisos I e II, quando o ônus for suportado pelo vendedor; X) vale-transporte, vale-refeição ou vale-alimentação, fardamento ou uniforme fornecidos aos empregados por pessoa jurídica que explore as atividades de prestação de serviços de limpeza, conservação e manutenção; e XI) bens incorporados ao ativo intangível, adquiridos para utilização na produção de bens destinados à venda ou na prestação de serviços.

Não darão direito a crédito (I) o valor de mão de obra paga a pessoa física e (II) a aquisição de bens ou serviços não sujeitos ao pagamento da contribuição, inclusive no caso de isenção, esse último quando revendidos ou utilizados como insumo em produtos ou serviços sujeitos à alíquota zero, isentos ou não alcançados pela contribuição.

O direito ao crédito aplica-se exclusivamente em relação: (I) aos bens e serviços adquiridos de pessoa jurídica domiciliada no país; (II) aos custos e despesas incorridos, pagos ou creditados a pessoa jurídica domiciliada no país; (III) aos bens e serviços adquiridos e aos custos e despesas incorridos a partir do mês em que se iniciar a aplicação do disposto na Lei 10.833/2003 (art. 3º, § 3º).

O crédito não aproveitado em determinado mês poderá sê-lo nos meses subsequentes (art. 3º, § 4º).

Na hipótese de a pessoa jurídica sujeitar-se à incidência não cumulativa da COFINS apenas em relação à parte de suas receitas, o crédito será apurado exclusivamente em relação aos custos, despesas e encargos vinculados a essas receitas. (art. 3º, § 7º).

O método eleito pela pessoa jurídica para determinação do crédito, na forma do § 8º, será aplicado consistentemente por todo o ano-calendário e, igualmente, adotado na apuração do crédito relativo à contribuição para o PIS/PASEP não cumulativa, observadas as normas da Secretaria da Receita Federal (art. 3º, § 9º).

As mesmas considerações, comentários e críticas oferecidas com relação ao PIS, no tocante às pessoas, valores etc., da não cumulatividade, aplicam-se às contribuições à COFINS, pelos fundamentos jurídicos apontados, salvo com relação à diferenciação prevista para os setores de atividade econômica, pelo fato de que a excepcionalidade da isonomia tem embasamento constitucional (Emenda 42, de 19.12.2003) relativamente a setores de atividade econômica.

Assim,

as discriminações anteriormente existentes e baseadas em outros critérios, ainda que válidas até então, foram revogadas com essa mutação constitucional. Mesma lógica deve ser empregada na análise das discriminações realizadas pela legislação superveniente – Leis 10.833/2003, 10.865/2004 e 10.925/2004. As diferenciações feitas com base em outros critérios que não o *setor da atividade econômica* seriam, portanto, incompatíveis com o princípio da igualdade.[41]

Ademais,

as referidas regras, longe de cumprir com o mandamento constitucional, mesclam diversos critérios que nada têm a ver com a qualidade de pertencer a um determinado setor da economia. Com efeito, continuam sujeitos à incidência cumulativa: as instituições financeiras e as cooperativas, estas com algumas exceções (setor da economia); as pessoas jurídicas que apuram o Imposto de Renda com base no lucro presumido ou arbitrado; pelo SIMPLES; as imunes a impostos; os órgãos públicos em geral (classes de contribuintes); e uma gama variada de receitas auferidas por uma série de pessoas jurídicas (tipos de receitas de classes de contribuintes), conforme observado.[42]

Relativamente à sistemática *não cumulativa* aplicam-se as regras básicas indicadas no âmbito do PIS (v. item 2.4.2), destacando-se *as diretrizes fazendárias* com relação aos créditos, a saber:

• COFINS-não cumulativa – Direito de crédito – Insumo.

Consideram-se *insumos*, para fins de desconto de créditos na apuração da COFINS não cumulativa, os bens e serviços adquiridos de pessoas jurídicas, aplicados ou consumidos diretamente na prestação de serviços ou na fabricação de bens destinados à venda.

O termo *insumo* não pode ser interpretado como todo e qualquer bem ou serviço que gera despesa necessária para a atividade da empresa, mas, sim, tão somente, como aqueles adquiridos de pessoa jurídica que, efetivamente, sejam aplicados ou consumidos diretamente na prestação de serviço, da atividade-fim ou na fabricação de bens destinados à venda; (...). (Solução de Consulta 337, de 1.10.2009, Divisão de Tributação da DRF-Taubaté, *DOU* 9.11.2009)

41. Octávio Campos Fischer, "PIS/COFINS, não cumulatividade e a Emenda Constitucional 42/2003", in Marcelo Magalhães Peixoto e Octávio Campos Fischer (coords.), *PIS/ COFINS – Questões Atuais e Polêmicas*, p. 196.

42. Heloísa Guarita Souza e Flávio Zanetti de Oliveira, "PIS/COFINS e o princípio da não cumulatividade", in Marcelo Magalhães Peixoto e Octávio Campos Fischer (coords.), *PIS/ COFINS – Questões Atuais e Polêmicas*, p. 604.

• COFINS – Despesas não vinculadas diretamente à fabricação de produtos – Créditos – Impossibilidade.

Para efeito de cálculo dos créditos da COFINS não cumulativa, somente são considerados *insumos* utilizados na fabricação de produtos os bens e os serviços aplicados ou consumidos diretamente no respectivo serviço prestado.

Excluem-se, portanto, desse conceito as despesas que se reflitam indiretamente na prestação do serviço, como, por exemplo, despesas com equipamentos de segurança; tratamento de efluentes; materiais de laboratório; vales-transporte; planos de saúde, uniforme e treinamento de pessoal; serviços de georreferenciamento e reposição florestal; exportação; comissões pagas a pessoas jurídicas no mercado nacional; seguros, publicidade e propaganda.

A energia elétrica produzida pelo contribuinte, para utilização em seu processo produtivo, não gera direito a crédito da COFINS, por não ter sido adquirida de pessoa jurídica em operação submetida à incidência da contribuição. (3ª Região Fiscal, *DOU*-1 25.3.2009)

• COFINS – Apuração não cumulativa – Créditos de despesas com fretes.

Por não integrar o conceito de *insumo* utilizado na produção e nem ser considerada operação de venda, os valores das despesas efetuadas com fretes contratados, ainda que pagos ou creditados a pessoas jurídicas domiciliadas no País para realização de transferências de mercadorias (produtos acabados) dos estabelecimentos industriais para os estabelecimentos distribuidores da mesma pessoa jurídica, não geram direito a créditos a serem descontados da COFINS (e do PIS) devida.

Somente os valores das despesas realizadas com fretes contratados para entrega de mercadorias diretamente aos clientes adquirentes, desde que o ônus tenha sido suportado pela pessoa jurídica vendedora, é que geram direito a créditos a serem descontados da COFINS (e do PIS) devida. (Solução de Divergência 11/2007 da COSIT).

• COFINS não cumulativa – Créditos – Insumos.

As despesas efetuadas com aquisição de partes e peças de reposição que sofram desgaste ou dano ou a perda de propriedades físicas ou químicas utilizadas em máquinas e equipamentos que efetivamente respondam diretamente por todo o processo de fabricação dos bens ou produtos destinados à venda, pagas à pessoa jurídica domiciliada no País, a partir de 1.2.2004, geram direito à apuração de crédito a serem descontados da COFINS, desde que as partes e peças de reposição não estejam obrigadas a serem incluídas no ativo imobilizado, nos termos da legislação vigente. (Solução de Divergência 35/2008 da COSIT)

Na análise de atividades relativas à *produção e comercialização de pasta mecânica e produtos conexos*, desenvolvidas também com atividades *preparatórias de floretamento e reflorestamento*, a RFB normatizou entendimento relativo à COFINS (Solução de Divergência 7 da COSIT, de 23.8.2016, publicada no *DOU* de 11.10.2016, p. 33), objeto de exame no capítulo pertinente ao PIS (item 2.4.2).

A *jurisprudência administrativa* tem se manifestado da forma seguinte:

> A inclusão no conceito de insumos das despesas com serviços contratados pela pessoa jurídica e com as aquisições de combustíveis e de lubrificantes denota que o legislador não quis restringir o creditamento da COFINS às aquisições de matérias-primas, produtos intermediários ou material de embalagens (alcance de insumos na legislação do IPI), utilizados, diretamente, na produção industrial, ao contrário, ampliou de modo a considerar insumos como sendo os gastos gerais que a pessoa jurídica precisa incorrer na produção de bens ou serviços por ela realizadas. Precedente da Câmara Superior de Recursos Fiscais. (Processo n. 10976.0000158/2008-71, rel. Cons. Daniela Maria Giudiño, j. 24.4.2012).

Expressivo julgado procurara estabelecer as premissas e orientações importantes para a apreciação da matéria, a saber:

> Assunto: Contribuição para o Financiamento da Seguridade Social (COFINS).
> Incidência não cumulativa. Base de Cálculo. Créditos. Insumos. Conceito.
> O conceito de insumo passível de crédito no Sistema não cumulativo não é equiparável a nenhum outro conceito, trata-se de definição própria. Para gerar crédito de PIS e COFINS não cumulativo o insumo deve ser utilizado direta ou indiretamente pelo contribuinte na sua atividade (produção ou prestação de serviços), ser indispensável para a formação daquele produto/serviço final, e estar relacionado ao objeto social do contribuinte.
> Créditos. Embalagem. Transporte.
> O custo com embalagens quaisquer que seja a embalagem, utilizada para o transporte ou para embalar o produto, para apresentação deve ser considerado para cálculo do crédito no Sistema não cumulativo de PIS e COFINS.
> Créditos. Despesas com Peças Diversas para Manutenção de Máquinas, Equipamentos, Veículos e Instalações.

Admite-se o crédito de despesas com peças e custos de manutenção de máquinas, veículos e equipamentos e instalações caso sejam utilizados na produção dos bens e serviços vendidos (...). (Processo n. 10.925.002970/200756, 3ª Câmara/2ª Turma Ordinária, rel. José Antonio Francisco, j. 22.8.2012).

2.4.4 PIS e COFINS-Importação

A Lei federal 10.865/2004 (art. 15) estabelece que as pessoas jurídicas, no cálculo das referidas contribuições, poderão abater os seguintes créditos para fins de sua determinação:

(I) bens adquiridos para revenda;

(II) bens e serviços utilizados como insumo na prestação de serviços e na produção ou fabricação de bens ou produtos destinados à venda, inclusive combustível e lubrificantes;

(III) energia elétrica consumida nos estabelecimentos da pessoa jurídica;

(IV) aluguéis e contraprestações de arrendamento mercantil de prédios, máquinas e equipamentos utilizados na atividade da empresa;

(V) máquinas, equipamentos e outros bens incorporados ao ativo imobilizado, adquiridos para utilização na produção de bens destinados à venda, ou na prestação de serviços.

O direito ao creditamento aplica-se em relação às contribuições efetivamente pagas quando da importação de bens e serviços; caso não seja possível o aproveitamento do crédito em determinado período, poderá o mesmo ser utilizado nos meses subsequentes.

Tratando-se de importação de máquinas, equipamentos e outros bens incorporados ao ativo imobilizado, adquiridos para utilização na produção de bens destinados à venda, ou na prestação de serviços, o crédito será obtido mediante a aplicação das alíquotas previstas no art. 2º das Leis 10.637/2002 e 10.833/2003, sobre o valor da depreciação ou amortização, contabilizada a cada mês.

Opcionalmente, o contribuinte poderá descontar o crédito relativo à importação de máquinas e equipamentos destinados ao ativo imobilizado, no prazo de quatro anos, mediante a aplicação, a cada mês, das alíquotas referidas no § 7º do art. 15 da Lei 10.865/2004, sobre o valor correspondente a 1/48 do valor de aquisição do bem, de acordo com regulamentação da Secretaria da Receita Federal.

É vedada a utilização dos créditos do PIS e da COFINS na importação nas hipóteses previstas (I) nos incisos III e IV do § 3º do art. 1º e no art. 8º da Lei 10.637/2002 e (II) nos incisos III e IV do § 3º do art. 1º e no art. 10 da Lei 10.833/2003. Implicitamente, também não se possibilita o crédito concernente aos serviços importados.

Relativamente à importação de específicos produtos (gás liquefeito de petróleo – GLP, querosene de aviação etc.), as pessoas jurídicas importadoras poderão descontar créditos quando destinados a revenda (ainda que ocorra na fase intermediária a mistura).

No caso da importação por conta e ordem de terceiros, os créditos serão aproveitados pelo encomendante.

Gera direito aos créditos a importação efetuada com isenção, exceto na hipótese de os produtos serem revendidos ou utilizados como insumos em produtos ou serviços sujeitos à alíquota zero, isentos ou não alcançados pela contribuição.

3. Anterioridade

O § 6º do art. 195 da CF estabelece que "as contribuições sociais de que trata este artigo só poderão ser exigidas após decorridos 90 dias da data da publicação da lei que as houver instituído ou modificado, não se lhes aplicando o disposto no art. 150, III, 'b'".

Para melhor compreensão do alcance da regra excepcional, aplicável às contribuições, torna-se imperioso verificar a diretriz genérica do mencionado preceito:

> Art. 150. Sem prejuízo de outras garantias asseguradas ao contribuinte, é vedado à União, aos Estados, ao Distrito Federal e aos Municípios: (...); III – cobrar tributos: (...); b) no mesmo exercício financeiro em que haja sido publicada a lei que os instituiu ou aumentou.

A anterioridade das normas jurídicas constitui um dos princípios básicos da atividade legislativa, iluminando as regras de edificação de normas de qualquer natureza, o procedimento da Administração Pública, as decisões judiciais e o comportamento dos seus destinatários.

A *segurança* e a *certeza do Direito* repousam na observância dos princípios e diretrizes constitucionais, integradores de uma sistemática plenamente aplicável ao direito tributário, "sendo o vetor dos vetores, princípio constitucional carregado de carga valorativa, de transcendental importância ao Estado de Direito, e atina, também e sobretudo, à imunização dos administrados contra as próprias leis: coarta a discricionariedade do legislador".[43]

As normas editadas pelo legislador ordinário devem haurir ou retirar seu fundamento de validade dos cânones constitucionais, onde se quadram os inúmeros princípios, evitando subversão de valores fundamentais.

O respeito ao direito adquirido, ao ato jurídico perfeito e à coisa julgada (art. 5º, XXXVI, e art. 6º, §§ 1º e 3º, da CF e LICC [*Lei de Introdução às Normas do Direito Brasileiro*], respectivamente) encerra máxima jurídica, sustentáculo do prestígio do Direito, enquanto instrumento regrador do comportamento humano, em consequência do que a legislação tributária (de natureza gravosa) só pode incidir sobre fatos que passam a existir a partir de sua vigência.[44]

Roque Carrazza ensina que

o princípio da anterioridade refere-se, pois, à *eficácia* das leis tributárias, e não à sua *vigência* ou *validade*. Assim, ele aponta o átimo a partir do qual a lei, já vigente – isto é, já integrada na ordem jurídica –, é suscetível de ser aplicada (o que ocorrerá, efetivamente, por meio da prática do lançamento).[45]

É por tal circunstância que o mesmo autor esclarece que "a lei, é a regra geral, ao entrar em vigor, fica com sua eficácia paralisada até o início do próximo exercício financeiro, quando, aí, sim, incidirá, ou seja, passará a produzir todos os efeitos, na ordem jurídica".[46]

Sempre oportuno recordar que a ciência do Direito distingue a "eficácia" da "existência" e da "validade".

Pontes de Miranda, tratando dos atos jurídicos em geral, dizia que

nenhum jurista de segura terminologia jurídica confunde os três planos: da existência, em que o fato jurídico, inclusive a regra jurídica como fato, é ou não é; o da validade, em que o fato jurídico vale ou não vale (é nulo ou anulável); o da eficácia, que é o da irradiação do fato jurídico.

---

43. Lúcia Valle Figueiredo, "Princípios de proteção ao contribuinte. Princípio da segurança jurídica", *RDTributário* 47/561.

44. V. nosso *O Imposto sobre Produtos Industrializados na Constituição de 1988*, p. 56.

45. *Curso de Direito Constitucional Tributário*, 31ª ed., pp. 224-225.

46. Roque Carrazza, *Princípios Constitucionais Tributários e Competência Tributária*, p. 73.

A eficácia supõe o ser: pois que, a despeito de ser, os sistemas jurídicos não apresentam casos de efeitos do ato jurídico nulo.[47]

A eficácia da lei tributária, segundo Geraldo Ataliba e Cléber Giardino, consiste na produção de efeitos sobre todos os fatos de algum modo relacionados com o fato imponível em sentido restrito, ou por ele pressupostos, a ele conducentes ou nele implicados, por sua materialidade ou dimensão.[48]

O princípio da anterioridade permite conferir aos contribuintes a certeza do *quantum* a ser recolhido aos cofres públicos, podendo planejar seus negócios ou atividades – princípio, esse, que não pode ser dissociado do postulado da irretroatividade inserto no art. 150, III, "a", da CF, que também proíbe às pessoas de direito público cobrar tributos em relação aos fatos geradores ocorridos antes do início da vigência da lei que os houver instituído ou aumentado.

Luciano da Silva Amaro observa que

> o princípio da anterioridade qualifica a irretroatividade da lei tributária, tendo ambos por embasamento comum a exclusão da surpresa fiscal, que implica a ciência prévia do sujeito passivo quanto aos efeitos jurídico-tributários que as suas atividades (ou situação patrimonial) no ano seguinte irão gerar. Esse objetivo não seria atingido se os tributos objeto do "aviso prévio" já estivessem gerados por fatos ou situações postas no ano anterior.[49]

A anterioridade também se traduz no dogma de que a lei tributária não pode retroagir em prejuízo do contribuinte, e nem atingir fato imponível que já teve seu início, ou que estava em formação.

De extremo rigor científico e calcado em superiores princípios constitucionais o estudo encetado por Geraldo Ataliba e Cléber Giardino anotando que:

> A anterioridade dos tributos como quase todos os princípios constitucionais é implicação lógica do magno princípio republicano, que o fecunda e lhe dá substância. Embora tenha larguíssima fecundação histórica e provectas raízes culturais, esse princípio (anterioridade dos

---

47. "Incidência e aplicação da lei", *Revista da Ordem dos Advogados de Pernambuco*, Ano I, p. 32.
48. "Segurança do Direito. Tributação e anterioridade", *RDTributário* 27-28/71.
49. "Imposto sobre Renda e Proventos de Qualquer Natureza", *Caderno de Pesquisas Tributárias* 11/371.

tributos) só pode ser compreendido em toda sua dimensão e significado juntamente com o princípio da legalidade.

A partir do princípio republicano surgem a representatividade, o consentimento dos tributos, a segurança dos direitos, a exclusão do arbítrio (Sainz de Bujanda), a legalidade, a relação de administração, a previsibilidade da ação estatal e a lealdade informadora da ação pública, como expressões de todas as manifestações estatais.[50]

E desenvolvem cada um desses itens para demonstrar que a tributação deve pautar-se pelo princípio da "segurança jurídica, valendo destacar o preciso pensamento: o Direito é, por excelência, e acima de tudo, instrumento de segurança. Ele é que assegura a governantes e governados os recíprocos direitos e deveres, tornando viável a vida social. Quanto mais segura uma sociedade, tanto mais civilizada. Seguras estão as pessoas que têm certeza de que o direito é objetivamente um e que os comportamentos do Estado, ou dos demais cidadãos, dele não discreparão". Há segurança jurídica – noção muito mais fecunda – onde haja "rigorosa delimitação das esferas jurídicas, e, sobretudo no campo do direito público, com uma estrita testada dos direitos subjetivos privados – liberdade e propriedade –, ela não poderia deixar de se apoiar num princípio que conferisse estabilidade às esferas dos cidadãos das áreas do contingente e do arbitrário".[51]

No atinente às contribuições sociais destinadas ao custeio da Seguridade Social, como visto, a Constituição estabelece o interstício de 90 dias, para que os contribuintes não sejam colhidos de surpresa, possam planejar suas atividades, até mesmo adotando procedimento de elisão tributária, objetivando uma lícita economia fiscal.

É o momento para se ponderar que:

> Ao contribuinte compete, de modo exclusivo, exercer discricionariamente seus negócios, gerir seu patrimônio respaldado no princípio da autonomia da vontade (liberdade contratual), e, desde que não extrapole os lindes legais, não sofre nenhuma limitação ou cerceamento no seu direito (ou faculdade de agir), podendo realizar (ou não) os mais diversos negócios jurídicos.
>
> É livre para adquirir um bem no país ou no Exterior, obtê-lo em razão de locação, troca ou empréstimo, (...) sem que lhe imponham restrições, peias ou amarras. A conveniência da prática de um desses atos fica

---

50. "Segurança do Direito...", *RDTributário* 27-28/55.
51. Idem, ibidem.

adstrita ao exclusivo e íntimo interesse do particular, sendo totalmente irrelevante perquirir-se acerca da real natureza desse interesse.[52]

A elisão fiscal (procedimento lícito tendente à obtenção de economia, realizado antes do fato gerador tributário) pode consistir no evitar operações (jurídicas) a fim de minimizar ou eliminar a carga tributária. E mantém íntima conexão com o princípio da anterioridade, na medida em que, por exemplo, antecipa um incremento de vendas, previsto para os próximos meses, a fim de não se sujeitar a uma alíquota mais gravosa, estabelecida para incidir a partir do 91º dia seguinte ao da publicação da norma de sua instituição ou majoração.

Os fatos futuros é que encaixar-se-ão à nova previsão normativa tributária, sendo que os atos e fatos jurídicos anteriores foram plasmados em legislação existente, válida e eficaz, tornando-se uma aberração jurídica a consideração de lei posterior a situações consumadas e perfeitas (v. nosso trabalho específico sobre a matéria).[53]

No mesmo estudo já havíamos mostrado que

trata-se de aplicação do princípio da anterioridade, que tem que necessariamente harmonizar-se com os demais princípios, inclusive com o da irretroatividade das normas, numa indiscutível coerência lógica, em absoluto resguardo dos demais direitos e garantias individuais, integradores do estatuto do contribuinte, constitucionalmente previsto.[54]

Misabel Derzi pondera que

só o saber antecipado e antecipatório pode conviver adequadamente com a livre iniciativa do sistema capitalista, possibilitando o planejamento empresarial eficaz, prevenido e consciente do custo total da atividade, no qual se incluem, sem dúvida, os encargos tributários.[55]

E argumenta a autora:

Antes do interstício de 90 dias não surgem deveres, direitos, obrigações. Pois, a partir do momento em que nascem, elas são exigíveis. Mas antes que nasçam não se pode exigir, cobrar; *não se pode aplicar a*

---

52. V. nosso "Elisão e evasão fiscal", *Caderno de Pesquisas Tributárias* 13/491-492.
53. José Eduardo Soares de Melo, "O fato gerador do Imposto sobre a Renda e Proventos de Qualquer Natureza", *Caderno de Pesquisas Tributárias* 11/323.
54. Idem, p. 329.
55. "Contribuição para o FINSOCIAL", *Caderno de Pesquisas Tributárias* 55/199.

lei. Compreensão diferente sobre a extensão do art. 195, § 6º, *reduziria o interstício de 90 dias a prazo de pagamento*, o que é não só amesquinhamento, mas anulação do princípio da não surpresa. Se o dever, a obrigação, enfim, a relação jurídica, se instalarem com a publicação da lei, o Texto Magno estaria a tratar de *prazo de pagamento*. Reduzir o princípio da não surpresa a *prazo de pagamento* é *dissolvê-lo*, perdendo a norma toda sua dignidade constitucional.[56]

Ives Gandra da Silva Martins registra que:

(...) o exigir não representa apenas cobrar, mas adequar a empresa às suas novas obrigações. Ora, no concernente aos fatos econômicos consumados e não modificáveis, os 90 dias seriam inúteis, visto que incapazes de alterar relações atingidas e sobre as quais não houvera previsão da nova exigência. Há de ser a lei, portanto, no disposto no art. 195, § 6º, na palavra "exigidas", a sequência, por força do art. 150, inciso III, letra "a", sobre os fatos geradores a ocorrerem a partir dos 90 dias, com que o prazo se justificaria e as empresas poderiam se adaptar à nova realidade.[57]

Sacha Calmon esclarece que

as contribuições previdenciárias novas só precisam de 90 dias para cobrarem eficácia, isto é, para produzirem os efeitos jurídicos que lhes forem próprios, como acabamos de ver na Constituição Federal. Com isso salvou-se o princípio axiológico da não surpresa do contribuinte, que informa no plano jurídico os seguintes princípios constitucionais: (a) anualidade; (b) anterioridade; (c) intercurso de tempo (período de adaptação).[58]

E prossegue:

As contribuições previdenciárias, novas ou não, realizam o princípio da não surpresa – pela adoção de um lapso de tempo de 90 dias, intertempo entre a publicação da lei e sua vigência com eficácia. Supuseram que o interregno era suficiente para não colher de surpresa a comunidade dos contribuintes. Entendemos válida a medida, pois o constituinte de 1988 alargou estupendamente as áreas de Previdência e da Seguridade, numa tentativa de amenizar a enorme dívida social que marca a sociedade brasileira, com fantásticas disparidades de renda e

56. Idem, ibidem.
57. *A Constituição Aplicada*, vol. 3 ("Contribuições Sociais"), pp. 24-25.
58. *Comentários à Constituição de 1988 – Sistema Tributário*, 3ª ed., pp. 165-166.

concentradora da riqueza em poucas mãos, em detrimento da maioria. Ora, precisando a Previdência Social de recursos, cuidou o constituinte de prover-lhe mais fontes de receitas fiscais, no menor prazo possível. O intertempo de 90 dias é adequado em lugar do princípio da anterioridade, que funciona por exercícios.[59]

Walter Barbosa Corrêa declara que "o princípio da anterioridade e o princípio nonagesimal contêm a mesma natureza e efeitos jurídicos, tendo como diferença apenas os seus termos finais. Isso equivale a dizer que, enquanto pendente o prazo de *vacatio legis*, a lei tributária não incide sobre as hipóteses de incidência descritas na lei. Os fatos verificados durante esse período não são atingidos pela norma jurídica. Esta, embora já publicada e existente no mundo do Direito, não tem ainda força para produzir efeitos de juridicizar os fatos ocorridos antes do termo final da *vacatio legis*".[60] E completa seu raciocínio:

(...) no direito constitucional tributário os verbos "instituir", "exigir" e "cobrar" têm sido utilizados no contexto sinonímico. (...) basta verificar a redação da nossa última Constituição (arts. 19, I, e 153, § 29) e da Constituição vigente (art. 150, II, III e VI, e art. 195, §§ 4º e 6º). Nesses preceitos constitucionais os verbos são utilizados sempre no sentido genérico de representar a incidência da norma tributária.[61]

O § 6º do art. 195 da CF não se refere, singelamente, a prazo de cobrança, mas a garantia constitucional limitativa do poder de tributar, traduzindo regra de anterioridade.

A mencionada perlenga jurídica foi solucionada pelo Supremo Tribunal Federal, destacando a razão de decidir:

A exigibilidade das contribuições sociais que o § 6º do art. 195 da Constituição só admite se dê após decorridos 90 dias da data da publicação da lei que as instituiu ou modificou não diz respeito à cobrança dessas contribuições, como sustenta a União, do mesmo modo que a ela não diz respeito o princípio constitucional da anterioridade, não obstante a vedação estabelecida pelo inciso III do art. 150 da Carta Magna se refira literalmente a "cobrar tributos". (Pleno, RE 146.733-9-SP, rel. Min. Moreira Alves, j. 29.6.1992)

O acórdão do Supremo Tribunal Federal sustenta sua argumentação na doutrina de Roque Carrazza:

---

59. Idem, p. 166.
60. In *Repertório IOB de Jurisprudência*, 2ª quinzena de março/1989.
61. Idem, ibidem.

(...) o princípio da anterioridade exige, evidentemente, que a lei que cria ou aumenta um tributo só venha a incidir sobre fatos ocorridos no exercício subsecutivo ao de sua entrada em vigor. Caso contrário a Administração Fazendária, por meio do ardil de retardar a cobrança do tributo até o exercício seguinte, com facilidade tornaria *letra morta* o art. 150, III, "b", da CF. Assim, *e.g.*, tributo criado em junho poderia incidir sobre fatos verificados em julho do mesmo ano, desde que o Fisco tivesse o cuidado de só realizar sua cobrança (mera providência administrativa) no exercício seguinte. Bem precário seria este direito constitucional acaso fosse tão fácil costeá-lo. Com verdade, a palavra "cobrar", inserta no artigo em foco, está, como tantas outras do texto constitucional, empregada num sentido laico, devendo o intérprete entendê-la sinônima de "exigir". Neste sentido, pelo menos, tem-se pronunciado a melhor doutrina.[62]

Destarte, todos os destinatários das normas concernentes às contribuições sociais destinadas ao custeio da Seguridade Social devem obedecer ao cânone da anterioridade, que impõe o prazo de 90 dias de sua edição (ou majoração) para incidir sobre os fatos tributários ocorridos após esse decurso de tempo.

Relativamente às demais contribuições sociais (gerais, interventivas e corporativas), previstas nos arts. 7º, III, 149, 149-A, 212, § 5º, e 240 da CF, tem aplicação o princípio genérico da anterioridade, ou seja, eficácia da norma (instituidora ou majoradora) a partir do primeiro dia do exercício seguinte ao de sua publicação.

Sob esse aspecto, o Supremo Tribunal Federal decidiu que as contribuições sociais instituídas pela Lei Complementar 110, de 29.6.2001, e atinentes ao FGTS não poderiam ser válidas a partir da noventena, mas somente a partir de janeiro/2002, suspendendo, com eficácia *ex tunc*, a cabeça do art. 14.[63]

4. Imunidade, isenção e não incidência

4.1 Imunidade. Conceito

A Emenda Constitucional 33/2001 dispôs que as contribuições sociais e de intervenção no domínio econômico não incidirão sobre as receitas decorrentes de exportação (preceito inserido no art. 149, § 2º, I, da CF).

---

62. *Curso...*, 31ª ed., p. 222.
63. Pleno, ADI 2.556-2 e 2.568-6-DF, j. 9.10.2002, *DJU*-1 17.10.2002, p. 1.

O § 7º do art. 195 da CF reza: "São isentas de contribuição para a Seguridade Social as entidades beneficentes de assistência social que atendam às exigências estabelecidas em lei".

Wagner Balera verifica que

cometeu um engano o constituinte, ao denominar de "isenções" os obstáculos que opôs à tributação de tais entidades. Trata-se, com efeito, de verdadeira imunidade, visto como é o legislador que se acha impedido de exercer a competência impositiva em matéria de contribuições, quanto a tais pessoas jurídicas.[64]

No mesmo diapasão Sacha Calmon: "Trata-se, em verdade, de uma imunidade, pois toda restrição ou constrição ou vedação ao poder de tributar com *habitat* constitucional traduz imunidade, nunca isenção, sempre veiculável por lei infraconstitucional".[65]

A preservação de valores de superior interesse nacional, como é o caso das instituições de Assistência Social, tem levado o legislador constitucional a evitar a imposição de cargas tributárias. Relativamente a tais tipos de instituições beneficentes é defesa, proibida, vedada – inconstitucional –, a atuação do legislador ordinário na instituição de impostos sobre os serviços de tais entidades sem finalidade lucrativa (art. 150, VI, "c", da CF).

A *imunidade* consiste na exclusão de competência das pessoas políticas de direito público para instituir tributos relativamente a determinados atos, fatos, pessoas, estados e situações expressamente previstos na Constituição Federal. Do mesmo modo que outorga competências para instituir tributos sobre determinadas materialidades, a própria Constituição Federal também estabelece outras específicas situações que são afastadas dos gravames tributários.

A temática da "imunidade constitucional" tem sido examinada por autores de nomeada como Gilberto de Ulhôa Canto, indicando ser a

impossibilidade de incidência, que decorre de uma proibição imanente porque constitucional, impossibilidade de um ente público dotado de poder impositivo exercê-lo em relação a certos fatos, atos ou pessoas. Portanto, é, tipicamente, uma limitação da competência tributária, que a União, os Estados, o Distrito Federal e os Municípios sofrem por força da Carta Magna, porque os setores a eles reservados na partilha da com-

---

64. *Seguridade Social na Constituição de 1988*, p. 71.
65. *Comentários à Constituição de 1988 – Sistema Tributário*, 3ª ed., pp. 41-42.

petência impositiva já lhes são confiados com exclusão desses fatos, atos ou pessoas.[66]

Na vigência da Constituição de 1967, Baleeiro realçava que "o art. 19, III, da CF estabelece imunidades, isto é, vedações absolutas ao poder de tributar certas pessoas (subjetivas) ou certos bens (objetivas), e, às vezes, uns e outros".[67]

Roque Carrazza assim se manifesta:

> Em boa técnica, não há limitações constitucionais às competências tributárias, mas, apenas, competências tributárias, com contornos perfeitos traçados pela Carta Fundamental. Sustentar o contrário equivale a aceitar que, num primeiro momento, a Constituição concedeu às pessoas políticas poderes tributários ilimitados e, num momento subsequente, limitou seu exercício. Assim não nos parece. A competência tributária da União, dos Estados e dos Municípios é o resultado (contido na Constituição) do poder tributário pleno e de suas limitações (ambos pré-constitucionais). A competência tributária nasce, portanto, limitada; é, se o desejarmos, a somatória da autorização e da limitação constitucional à instituição de tributos.[68]

A doutrina tem sido fecunda ao discorrer sobre as características essenciais dos preceitos imunitórios, valendo a pena trazer a lume ensinamentos de maior expressão, como é o caso de Pontes de Miranda, quando afirma que "a regra jurídica de imunidade é regra jurídica no plano da competência dos Poderes Públicos – obsta à atividade legislativa impositiva, retira ao corpo que cria impostos qualquer competência para pôr na espécie";[69] como Geraldo Ataliba, afirmando que "a imunidade é ontologicamente constitucional e que só a soberana Assembleia Constituinte pode estabelecer limitações e condições ao exercício do poder tributário".[70]

Paulo de Barros Carvalho elabora interessante estudo a respeito do tema, procedendo a uma avaliação crítica, submetendo as cláusulas ao conceito habitual do teste de congruência lógica. E, desse modo, examina os conceitos tradicionais, com elevado espírito crítico, que,

---

66. *Temas de Direito Tributário*, vol. III, p. 190.
67. *Direito Tributário Brasileiro*, 2ª ed., p. 184.
68. *Princípios Constitucionais Tributários e Competência Tributária*, p. 212.
69. *Questões Forenses*, t. III, p. 364; *Comentários à Constituição de 1946*, t. 2, p. 156.
70. *Natureza Jurídica da Contribuição de Melhoria*, p. 231.

devido à inovação do pensamento científico, torna necessária sua análise específica:

(a) *A imunidade é uma limitação constitucional* às *competências tributárias* – Entende que o raciocínio não procede, por inexistir cronologia justificadora da outorga de prerrogativas de inovar a ordem jurídica, pelo exercício de competências tributárias definidas pelo legislador constitucional, para, em momento subsequente, ser mutilada ou limitada pelo recurso da imunidade.

Concebe os dispositivos que consagram a imunidade como singelas regras que colaboram no desenho do quadro das competências por meio de esquemas sintáticos proibitivos ou vedatórios.

(b) *Imunidade como exclusão do poder tributário* – Observa que tal ideia hospeda idêntico absurdo, apresentado de modo mais grosseiro, posto que "excluir" pressupõe a expulsão de algo que estivera incluído, enquanto "suprimir" traz à mente o ato de eliminar.

É de sentir que cabe reunir e aglutinar princípios, segundo o critério associativo do entrelaçamento vertical (subordinação hierárquica) e horizontal (coordenação), para montar-se a arquitetura do sistema jurídico em vigor, descrevendo-o metodologicamente.

Louvando-se em Souto Maior Borges,[71] lembra que a competência já nasce constitucionalmente delimitada e que a imunidade não subtrai competência tributária, pois essa é apenas a soma das atribuições fiscais que a Constituição Federal outorgou ao poder tributante, e o campo material constitucionalmente imune nunca pertenceu à competência deste.

(c) *Imunidade como providência constitucional que impede a incidência tributária. Hipótese de incidência não constitucional qualificada* – Assinala que no plano constitucional o objeto da preocupação normativa é definir os campos de competência das entidades tributantes, não tendo sentido aludir às imunidades como barreiras, embaraços ou obstáculos às incidências dos tributos.

O importante é tomar em boa conta a palavra "incidência", meio pelo qual a proposição normativa qualifica pessoas, coisas e estado de coisas – bem como é "incidindo" que o sistema, como um todo, atinge a disciplina integral do relacionamento intersubjetivo.

(d) *A imunidade é sempre ampla e indivisível, não comportando fracionamentos* – Combate esta postura por não guardar desvelo neces-

---

71. *Elementos de Direito Tributário*, p. 134; e *Isenções Tributárias*, p. 18.

sário à construção científica, alicerçando-se em Becker[72] no capítulo intitulado "Sistema de Fundamentos Óbvios".

A incidência se dá, invariavelmente, de maneira automática e infalível, sendo provocada pela porta dos supostos normativos, sendo certo, ainda, que o fenômeno de "amplitude" e "indivisibilidade" não é atributo das imunidades, mas de todas as disposições prescritivas do direito positivo.

Após discorrer largamente sobre o processo de positivação das normas jurídicas (de aplicação e de construção) e o método para isolamento temático do instituto das imunidades, considerando as categorias de Norberto Bobbio, conclui as linhas básicas da figura jurídica em foco:

> É uma classe finita e imediatamente determinável de normas jurídicas, contidas na Constituição Federal, que estabelecem expressamente a incompetência das pessoas políticas de direito constitucional interno para expedir regras instituidoras de tributos que alcancem situações específicas e suficientemente caracterizadas.[73]

O Supremo Tribunal Federal firmou o entendimento seguinte:

> Mandado de segurança – Contribuição previdenciária – Quota patronal – Entidade de fins assistenciais, filantrópicos e educacionais – Imunidade (CF, art. 195, § 7º) – Recurso conhecido e provido.
>
> A Associação Paulista da Igreja Adventista do Sétimo Dia, por qualificar-se como entidade beneficente de assistência social – e por também atender, de modo integral, às exigências estabelecidas em lei –, tem direito irrecusável ao benefício extraordinário da imunidade subjetiva relativa às contribuições pertinentes à Seguridade Social.
>
> A cláusula inscrita no art. 195, § 7º, da Carta Política – não obstante referir-se impropriamente à isenção de contribuição para a Seguridade Social –, contemplou as entidades beneficentes de assistência social, com o favor constitucional da imunidade tributária, desde que por elas preenchidos os requisitos fixados em lei.
>
> *A jurisprudência constitucional do Supremo Tribunal Federal já identificou, na cláusula inscrita no art. 195, § 7º, da Constituição da República, a existência de uma típica garantia de imunidade (e não de simples isenção)* estabelecida em favor das entidades beneficentes de assistência social. Precedente: *RTJ* 137/965.

---

72. *Teoria Geral do Direito Tributário*, pp. 10-13.
73. Paulo de Barros Carvalho, "Limitações ao poder de tributar", *RDTributário* 46/146-150.

Tratando-se de imunidade – que decorre, em função de sua natureza mesma, do próprio texto constitucional –, revela-se evidente a absoluta impossibilidade jurídica de a autoridade executiva, mediante deliberação de índole administrativa, restringir a eficácia do preceito inscrito no art. 195, § 7º, da Carta Política para, em função de exegese que claramente distorce a teleologia da prerrogativa fundamental em referência, negar, à entidade beneficente de assistência social que satisfaz os requisitos da lei, o benefício que lhe é assegurado no mais elevado plano normativo. (1ª T., RE 22.192-9, rel. Min. Celso de Mello, j. 28.11.1995, *DJU* 19.12.1996, p. 51.802) (grifei)

4.2 Imunidade. Requisitos

Entendo que as desonerações das contribuições sociais destinadas à Seguridade Social deveriam ser qualificadas como *imunidades*, observando as diretrizes básicas previstas para a imunidade referente aos impostos.

A expressão "entidades beneficentes *de assistência social*" não apresenta peculiaridades e distinções para as finalidades imunitórias, compreendendo o Terceiro Setor, que "corresponde às instituições com preocupações e práticas sociais, sem fins lucrativos, que geram bens e serviços de caráter público, tais como: ONGs, instituições religiosas, clubes de serviços, entidades beneficentes, centros sociais, organizações de voluntariado etc."[74] – como é o caso das fundações privadas (arts. 62 e ss. do CC), das associações civis (art. 44 do CC) e das cooperativas sociais (Lei federal 9.867, de 10.11.1999).

A Constituição Federal preceitua o seguinte:

Art. 203. A assistência social será prestada a quem dela necessitar, independentemente de contribuição à Seguridade Social, e tem por objetivos: I – a proteção à família, à maternidade, à infância, à adolescência e à velhice; II – o amparo às crianças e adolescentes carentes; III – a promoção da integração ao mercado de trabalho; IV – a habilitação e reabilitação das pessoas portadoras de deficiência e a promoção de sua integração à vida comunitária; V – a garantia de um salário mínimo de benefício mensal à pessoa portadora de deficiência e ao idoso que comprovem não possuir meios de prover à própria manutenção ou de tê-la provida por sua família, conforme dispuser a lei.

74. Laís Vieira Cardoso, "Imunidade e o Terceiro Setor", in Marcelo Magalhães Peixoto e Cristiano Carvalho (coords.), *Imunidade Tributária*, p. 216.

A *assistência social* pode significar o atendimento aos direitos sociais enumerados no art. 6º da CF (a educação, a saúde, o trabalho, o lazer, a segurança, a previdência social, a proteção à maternidade e à infância e a assistência aos desamparados), sendo de responsabilidade do Estado e da sociedade.[75]

Categoricamente, a Constituição Federal de 1988 deferiu à lei complementar a competência para regular as limitações constitucionais ao poder de tributar (art. 146, II), que constitui matéria pertinente às imunidades (Seção I do Capítulo I do Título VI da CF), tendo o Código Tributário Nacional (art. 14, com a redação da Lei Complementar 104, de 10.1.2001) estabelecido os requisitos seguintes:

> I – não distribuírem qualquer parcela de seu patrimônio ou de suas rendas, a qualquer título; II – aplicarem integralmente, no país, os seus recursos na manutenção dos seus objetivos institucionais; III – manterem escrituração de suas receitas e despesas em livros revestidos de formalidades capazes de assegurar sua exatidão.

E o § 1º do art. 14 do CTN dispõe que tais entidades não ficam desobrigadas de promover a retenção de tributos na fonte, na qualidade de responsáveis, sendo os benefícios tributários exclusivos aos diretamente relacionados com os objetivos institucionais, previstos em seus atos constitutivos.

Justifica-se considerar a exclusividade da *lei complementar* no regramento da imunidade, uma vez que, constituindo a competência tributária matéria estritamente constitucional, é lógico que a exclusão da competência – como se configura a imunidade – só pode ser veiculada por norma (lei complementar) que deva ser considerada pelas pessoas políticas, a teor do art. 146, II, da Constituição Federal.

Se ao legislador ordinário fosse possibilitado instituir regras próprias de imunidade, as normas complementares poderiam ser alteradas, desprezadas ou suprimidas, eliminando-se, obliquamente, as limitações para tributar; que, a seu turno, consubstanciam irremovíveis direitos e garantias individuais.

No caso das *contribuições sociais* (incidentes sobre a cota patronal, folha de pagamento, receita, faturamento, lucro, concurso de prognósticos, seguro de acidente do trabalho, importação), a lei complementar deveria constituir o único instrumento hábil para implementar o requisito

---

75. Leandro Marins de Souza, *Tributação do Terceiro Setor no Brasil*, p. 165.

imunitório, em que pese à lei federal também originar-se do mesmo produtor normativo (Congresso Nacional).

Curiosa a afirmativa de que

> pode-se cogitar de uma situação intermediária, onde a lei complementar (CF, art. 146, III) e a lei "ordinária" (CF, art. 150, VI, "c") conviveriam, harmonicamente, em campos próprios e compatíveis, de sorte a preservar, de um lado, o real e efetivo significado do instituto da imunidade e, de outro, os também respeitáveis interesses do Erário, que merecem ser tutelados, desde que isto se dê sem atropelo aos direitos e garantias fundamentais.[76]

A questão suscitada não representa mera indagação acadêmica, de cunho teórico; ao revés, revela superior importância e aplicação prática, especialmente à luz da Lei federal 9.532, de 11.12.1997, que pretendeu introduzir preceitos próprios no âmbito da imunidade, modificando as diretrizes encartadas no Código Tributário Nacional, e até mesmo os superiores princípios constitucionais.

Nesse contexto normativo, o Supremo Tribunal Federal decidiu:

> *Ementa:* (...). II – Imunidade tributária (CF, arts. 150, VI, "c", e 146, II) – Instituições de educação e de assistência social, sem fins lucrativos, atendidos os requisitos da lei – Delimitação dos âmbitos da matéria, reservada, no ponto, à intermediação da lei complementar e da lei ordinária – Análise, a partir daí, dos preceitos impugnados (Lei n. 9.532/1997, arts. 12 a 14) – Cautelar parcialmente deferida.
>
> Conforme precedente no Supremo Tribunal Federal (RE n. 93.770, Muñoz, *RTJ* 102/304) e na linha da melhor doutrina, o que a Constituição remete à lei ordinária, no tocante à imunidade tributária considerada, é a fixação de normas sobre a constituição e o funcionamento da entidade educacional ou assistencial imune: não o que diga respeito aos lindes da imunidade, o que, quando suscetíveis de disciplina infraconstitucional, ficou reservado à lei complementar. (Pleno, ADI 1.802-3-DF, rel. Min. Sepúlveda Pertence, j. 27.8.1998, *DJU*-1 13.2.2004, p. 10)

A proibição de finalidade lucrativa deve ser compreendida no sentido de que seus objetivos institucionais não perseguem o lucro, implicador de posterior repasse ou distribuição aos seus sócios.

---

76. Eduardo Bottallo, "Imunidades de instituições de educação e de assistência social e lei ordinária – Um intrincado confronto", in *Imposto de Renda – Alterações Fundamentais*, vol. 2º, pp. 53-63.

É lógico que as instituições de beneficência, como quaisquer outras entidades de natureza assemelhada, colimam sempre um resultado positivo de suas atividades para poderem, então, aprimorar e incrementar seus serviços.

Também a aplicação dos recursos deve sempre manter relação com as finalidades beneficentes, embora nem sempre ocorra de forma direta, como é o caso de aquisição de remédios, alimentos etc. Realmente, por vezes é conveniente utilizar os resultados de forma imediata, momentaneamente mais interessante para a preservação de seus patrimônios, como é o caso de aplicações no sistema financeiro, aquisição de imóveis, protegendo-se da desvalorização da moeda e permitindo, no futuro, o atendimento direto às finalidades assistenciais.

A finalidade de tais investimentos consiste na manutenção dos bens da entidade, razão pela qual atendem aos benefícios da imunidade os resultados percebidos em aplicações financeiras, os aluguéis de imóveis de sua propriedade etc., uma vez que estas entidades não estão concorrendo com terceiros, sequer praticando atividades especulativas.

Posteriormente a estudo por mim realizado,[77] foi editada a Lei federal 9.532, de 10.12.1997, disciplinando a imunidade, destacando-se as regras seguintes:

> Art. 12. Para efeito do disposto no art. 150, VI, alínea "c", da Constituição, considera-se imune a instituição de educação ou de assistência social que preste os serviços para os quais houver sido instituída e os coloque à disposição da população em geral, em caráter complementar às atividades do Estado, sem fins lucrativos.

Deve ser levado em conta o significado do vocábulo "educação", amplamente referido na Constituição Federal (arts. 205, 208 e 214). Pugna-se pela interpretação ampla do conceito de "instituição de educação", que não é apenas a de caráter estritamente didático, mas toda aquela que aproveita à cultura em geral, como laboratório, instituto, centro de pesquisas, o museu, o *atelier* de pintura ou escultura, o ginásio de desportos, as academias de letras, artes e ciências.[78]

Inexiste previsão constitucional de as entidades estarem abertas à população em geral, pois podem atender exclusivamente aos seus asso-

---

77. José Eduardo Soares de Melo, "A imunidade das entidades beneficentes às contribuições sociais", *RDDT* 18/40-46.
78. Aliomar Baleeiro, *Limitações Constitucionais ao Poder de Tributar*, 7ª ed., pp. 314-315.

ciados, complementando atividades precípuas do Estado (ensino, serviços médicos, hospitalares, previdenciários etc.). Embora, num primeiro relance, tais entidades possam aparentar um caráter restrito e exclusivo (como é o caso dos serviços direcionados aos empregados de uma entidade que faça parte integrante de um grupo empresarial), em realidade, abrangem um número significativo de pessoas.

Para tanto, basta constatar que a prestação exclusiva a tais beneficiários (empregados e seus dependentes) muitas vezes chega a alcançar 50 mil pessoas – isto é, um universo mais amplo que a população de diversos Municípios[79] –, não havendo pacificação jurisprudencial no tocante a clientelas restritas.[80]

A proibição de finalidade lucrativa deve ser compreendida no sentido de que os objetivos institucionais não perseguem o lucro – implicador de caráter comercial –, que, naturalmente, possa acarretar o posterior repasse ou distribuição aos seus sócios. É normal e compreensível que as instituições de beneficência colimem sempre um resultado positivo de suas atividades, para poderem aprimorar e incrementar os serviços.

§ 1º. Não estão abrangidos pela imunidade os rendimentos e ganhos de capital auferidos em aplicações financeiras de renda fixa ou de renda variável.

O Superior Tribunal de Justiça entendeu positivada a inconstitucionalidade formal e material da exclusão questionada, porque a norma atinente à delimitação do objeto da imunidade supera a alçada da lei ordinária e se reserva – segundo o parâmetro do precedente acolhido – à lei complementar.

Ademais, os referidos rendimentos e ganhos caracterizam "renda", alcançados pela imunidade constitucional quando beneficiária dela a instituição imune – e, portanto, não subtraíveis, sequer por lei complementar, do âmbito da vedação constitucional de tributar, motivo que decretou a suspensão do referido preceito.[81]

§ 2º. Para o gozo da imunidade, as instituições a que se refere este artigo estão obrigadas a atender aos seguintes requisitos: a) não remunerar, por qualquer forma, seus dirigentes pelos serviços prestados; (...).

79. STF, RE 60.384, *RTJ* 65/145.
80. RE 115.970, *RTJ* 126/347, e RE 193.775.
81. Pleno, ADI 1.802-3-DF, rel. Min. Sepúlveda Pertence, j. 27.8.1998, *DJU*-1 13.2.2004, p. 10.

Além de esta vedação não encontrar correspondência em qualquer requisito no Código Tributário Nacional, é imperioso convir que o pagamento a diretor ou qualquer administrador das instituições imunes não representa violação alguma aos preceitos básicos das imunidades.

A própria Administração Federal já havia tomado na devida conta a questão remuneratória no sentido de que:

> Nada obsta, contudo, a que a instituição imune remunere os serviços necessários à sua manutenção, sobrevivência e funcionamento como os realizados por administradores, professores e funcionários. Esses pagamentos não desfiguram ou prejudicam o gozo da imunidade, visto não serem vedados por lei, mas é de se exigir, rigorosamente, que a remuneração seja paga tão somente como contraprestação pela realização de serviços ou execução de trabalhos, sem dar margem a se traduzir tal pagamento em distribuição de parcela ou das rendas da instituição (Parecer Normativo CST-71/1973 do Ministério da Fazenda).

É evidente que as relações de direito privado se assentam e decorrem do princípio da autonomia da vontade, conferindo às partes a faculdade de pactuar a remuneração pelos valores que entenderem adequados. Entretanto, na peculiar situação, a contraprestação do serviço tem que corresponder razoavelmente aos valores de mercado, a fim de não se vislumbrar a condenável prática de distribuição disfarçada de lucros.

Sensível a tal problemática, a Consultoria Jurídica do Ministério da Previdência exarou parecer relativo à desoneração de contribuição previdenciária, para o que examinou o princípio do livre exercício profissional (art. 5º, XIII, da CF) – mediante o desempenho de uma atividade específica, com atribuições distintas e compatíveis com sua habilitação (caso do médico) – e o conceito de filantropia.

§ 3º. Considera-se entidade sem fins lucrativos a que não apresente superávit em suas contas ou, caso o apresente em determinado exercício, destine referido resultado, integralmente, à manutenção e ao desenvolvimento dos seus objetivos sociais.

Estranho o conceito formulado, porque a existência de superávit não significa que a entidade tenha fins lucrativos, pela singela razão de que tal situação econômica é própria de qualquer atividade ao buscar resultado positivo, pois não é concebível admitir-se intenção em sentido oposto (resultado negativo, prejuízo, situação deficitária). Cabe como luva a proposição seguinte:

É imune, pois, a impostos a instituição assistencial sem fins lucrativos. (...)

Também são havidas por instituições assistenciais as *instituições fechadas* e *de previdência privada*, também chamadas de "fundos de pensão", que, por sua natureza orgânica e finalidades, estão abrangidas pelo benefício constitucional, já que: a) não têm *animus distribuendi* (embora, por vezes, tenham *animus lucrandi*); b) preenchem o requisito da *universalidade* (*generalidade*), ainda que restrita a uma categoria de pessoas (*v.g.*, os funcionários de uma grande empresa); e c) miram o interesse público. Desde que atendam aos requisitos estabelecidos na lei complementar ou do ato normativo que lhe faça as vezes (art. 14, I a III, do CTN), têm jus à imunidade.[82]

Nesse passo, também as entidades de previdência privada deveriam ser consideradas imunes. Mas o Supremo Tribunal Federal consolidou a diretriz seguinte:

Recurso extraordinário – Constitucional – Previdência privada – Imunidade tributária – Inexistência.

1. Entidade fechada de previdência privada – Concessão de benefício aos filiados mediante recolhimento das contribuições pactuadas – Imunidade tributária – Inexistência, dada a ausência das características de universalidade e generalidade da prestação, próprias dos órgãos de assistência social.

2. As instituições de assistência social, que trazem ínsitas em suas finalidades a observância ao princípio da universalidade, da generalidade e concedem benefícios a toda a coletividade, independentemente de contraprestação, não se confundem e não podem ser comparadas com as entidades fechadas de previdência privada, que, em decorrência da relação contratual firmada, apenas contemplam uma categoria específica, ficando o gozo dos benefícios previstos em seu estatuto social dependente do recolhimento das contribuições avençadas, *conditio sine qua non* para a respectiva integração no sistema.

Recurso extraordinário conhecido e provido. (Pleno, RE 202.700-6-DF, rel. Min. Maurício Corrêa, j. 8.11.2001, *DJU* 1.3.2002)

Retomando a análise do tema, também é injurídica a obrigação relativa à destinação do superávit (utilização no ativo imobilizado), porque cria obrigação não prevista no Código Tributário Nacional, acrescido da circunstância de que o administrador pode realizar diferentes tipos de

---

82. Roque Carrazza, *Curso de Direito Constitucional Tributário*, 31ª ed., pp. 936-937.

aplicação, desde que esteja vinculada à manutenção dos seus objetivos. Parece razoável a utilização do superávit para fazer face às despesas com professores, médicos, enfermagens, cursos de especialização etc.

Outrossim, o preceito (§ 4º do art. 150 da CF) que estabelece que "as vedações expressas no inciso VI, alíneas 'b' e 'c', compreendem somente o patrimônio, a renda e os serviços relacionados com as finalidades essenciais das entidades nelas mencionadas" também é questionável.

Tem-se discutido a respeito da receita proveniente de estacionamento de veículos,[83] *bonbonnières*, bares, refeitórios, lojas de vestuários e cinemas pertencentes à própria entidade assistencial, que integram seu estabelecimento, com o exclusivo objetivo de prestar atendimento complementar às pessoas que são beneficiárias de seus serviços.

A aplicação dos recursos nem sempre pode, ou mesmo deve, ser realizada de modo preferencial ou exclusivo para as atividades básicas da entidade, como é o caso de equipamentos cirúrgicos, ambulâncias, salários de médicos, enfermeiras (assistência social).

Por vezes é conveniente utilizar os valores financeiros de forma indireta, momentaneamente mais adequada para a preservação dos patrimônios, ou mesmo em investimentos imobiliários (compra, alienação, locação de bens), com o objetivo precípuo de evitar a perda e a desvalorização da moeda, de modo a permitir futura reaplicação direta em suas finalidades assistenciais.

Confira-se o julgado seguinte:

> A renda, de qualquer natureza, inclusive a obtida em *overnight*, *open*, Bolsa de Valores e quejandos, das entidades fechadas da previdência social é imune à incidência do Imposto de Renda. (TRF-1ª Região, 3ª T., AC 96.01.17302-1-DF, rel. Juiz Tourinho Neto, j. 23.8.1996, *Caderno de Direito Tributário e Finanças Públicas* 19/280, São Paulo, Ed. RT, abril-junho/1997, p. 280)

Inconstitucionais, portanto, são os preceitos da Lei 9.532/1997 que excluem da imunidade os rendimentos e ganhos de capital auferidos em aplicações financeiras de renda fixa ou de renda variável (arts. 12, § 1º, e 35); que tratam da incidência do Imposto de Renda sobre os rendimentos decorrentes de aplicações em fundos de investimentos (art. 28).

Oportuno destacar a postura firmada pelo Superior Tribunal de Justiça:

---

83. 1ª T., STJ, REsp 24.531-SP, rel. Min. Demócrito Reinaldo, j. 20.6.1996, *DJU*-1 26.8.1996, p. 29.638.

Mandado de segurança – Tributário – Medida liminar – Imunidade tributária – Filantropia – Certificado de Entidade Beneficente – Decreto n. 752/1993 – Direito adquirido.

As entidades beneficentes de assistência social reconhecidas como de utilidade pública federal de acordo com a legislação pertinente e anteriormente à promulgação do Decreto-lei n. 1.577/1977 têm direito adquirido à imunidade tributária prevista no art. 195, § 7º, da CF.

A Lei n. 8.212/1991, por intermédio do art. 55, § 1º, resguarda, expressamente, o benefício fiscal concedido sob a égide da legislação anterior.

Evidencia-se o *periculum in mora* quando a prevalência do ato coator tiver efeito de embaraçar o normal desenvolvimento das atividades beneficentes a cargo da impetrante. (1ª S., AgRg no MS 9.271-DF, rel. Min. Francisco Falcão, j. 11.2.2004, *DJU*-1 12.4.2004, p. 182)

4.3 Operações com energia elétrica, serviços de telecomunicações, petróleo, combustíveis e minerais

O art. 155, § 3º, da CF estabelece que, à exceção dos impostos de que tratavam o inciso II do *caput* desse artigo e o art. 153, I e II, nenhum outro tributo poderá incidir sobre as operações e prestações de serviços mencionadas. Assim, somente teriam aplicação o ICMS, o Imposto de Importação (de produtos estrangeiros) e o Imposto sobre Exportação (de produtos nacionais ou nacionalizados).

Tem sido ressaltado que

as vendas de derivados de petróleo, de combustíveis e de minerais do país são, induvidosamente, operações com tais mercadorias. É evidente, portanto, que essas vendas, cujo somatório constitui o faturamento, ou receita bruta da empresa, estão abrangidas pela imunidade prescrita pelo § 3º do art. 155 da CF, e por isto não compõem o suporte fático da incidência da COFINS, ou de qualquer outro tributo.[84]

Também já se ponderou que

não é preciso termos conhecimentos econômicos mais sólidos para sabermos que o *consumidor final* é quem sofre, pelo mecanismo dos preços, a transferência da carga financeira suportada nestas operações e prestações. Tal transferência, embora não seja tributariamente relevante,

---

84. Hugo de Brito Machado, "A COFINS e a imunidade do art. 155, § 3º, da Constituição", *Repertório IOB de Jurisprudência* 2/37-38.

assume invulgar destaque no que concerne à política fiscal, que orientou o constituinte na concessão do benefício de que aqui se cogita.[85]

Roque Carrazza também elucida que,

na medida em que o PIS e a COFINS incidem sobre o *faturamento* (*receita bruta*) das empresas, aquelas que praticam as operações ou realizam as prestações de que aqui cogitamos estão a salvo destes dois tributos, a teor do art. 155, § 3º, da Carta Constitucional.[86]

Em polo oposto foi observado que não há vedação constitucional para a incidência das contribuições sociais sobre o faturamento das empresas do setor em causa, como imperativo ao princípio constitucional da universalidade do custeio da Seguridade Social, que tem prevalência e convivência harmônica com a regra imunizante do § 3º do art. 155, ora enfocado.[87]

O Supremo Tribunal Federal manifestou-se da forma seguinte:

Constitucional – Tributário – COFINS – Distribuidoras de derivados de petróleo, mineradoras, distribuidoras de energia elétrica e executoras de serviços de telecomunicações – CF, art. 155, § 3º; Lei Complementar n. 70, de 1991.
I – Legítima a incidência da COFINS sobre o faturamento da empresa – Inteligência do disposto no § 3º do art. 155 da CF, em harmonia com a disposição do art. 195, *caput*, da mesma Carta – Precedente do STF: RE n. 144.971-DF, Velloso, 2ª T., *RTJ* 162/1.075.
II – Recurso extraordinário conhecido e provido. (Pleno, RE 227.832-1-PR, rel. Min. Carlos Velloso, j. 10.7.1999, *DJU*-1 28.6.2002, p. 93)

Essa orientação foi aplicada ao FINSOCIAL[88] e ao PIS.[89]

A Emenda 33, de 11.12.2001, passou a estabelecer que,

à exceção dos impostos de que tratam o inciso II do *caput* deste artigo e o art. 153, I e II, nenhum outro imposto poderá incidir sobre operações

---

85. Roque Carrazza, *ICMS*, 17ª ed., p. 693.
86. Idem, p. 695.
87. José Antônio Minatel, "Incidência das contribuições sociais (COFINS e PIS) e a imunidade prevista no art. 153, § 3º, da Constituição Federal", in *Grandes Questões Atuais do Direito Tributário*, vol. 2º, p. 215.
88. STF, Ag no RE 205.355.
89. STF, RE 230.337.

relativas a energia elétrica, serviços de telecomunicações, derivados de petróleo, combustíveis e minerais do país (art. 155, § 3º).

Dessa forma, a mudança do vocábulo "tributo" para "impostos" implicou o direito de exigir as contribuições relativamente aos negócios efetuados com os mencionados produtos.

O Supremo Tribunal Federal cristalizou o entendimento de que:

> É legítima a cobrança da COFINS, do PIS e do FINSOCIAL sobre as operações relativas a energia elétrica, serviços de telecomunicações, derivados de petróleo, combustíveis e minerais do país. (Súmula 659)

4.4 Isenção

A Lei federal 12.101, de 27.11.2009, dispôs sobre a certificação das entidades beneficentes de assistência social; regulou os procedimentos de *isenção de contribuições para a Seguridade*, alterando a respectiva sistemática previdenciária.

Destacam-se os pontos seguintes:

I – A *certificação das entidades beneficentes* de assistência social e a *isenção de contribuições* serão concedidas às pessoas jurídicas de direito privado, sem fins lucrativos, reconhecidas como entidades beneficentes de assistência social com a finalidade de prestação de serviços nas áreas de Assistência Social, Saúde ou Educação, atendidas as condições legais.

II – As referidas entidades deverão obedecer ao princípio da universalidade do atendimento, sendo vedado dirigir suas atividades exclusivamente a seus associados ou a categoria profissional.

III – A certificação ou sua renovação será concedida à entidade beneficente que demonstre, no exercício fiscal anterior ao do requerimento, observado o período mínimo de 12 meses de constituição da entidade, o cumprimento de específicos requisitos, de acordo com as respectivas áreas de atuação, e cumpra, cumulativamente, o seguinte:

a) seja constituída como pessoa jurídica; e

b) preveja, em seus atos constitutivos, em caso de dissolução ou extinção, a destinação do eventual patrimônio remanescente a entidades sem fins lucrativos congêneres ou a entidades públicas.

IV – Para ser considerada beneficente e fazer jus à certificação, a *entidade de saúde* deverá observar o seguinte:

a) comprovar o cumprimento das metas estabelecidas em convênio ou instrumento congênere celebrado com o gestor local do SUS (Sistema Único de Saúde);

b) ofertar a prestação de serviços ao SUS no percentual mínimo de 60%, como regra geral;

c) comprovar, anualmente, a prestação dos serviços indicada na alínea anterior, com base no somatório das internações realizadas e dos atendimentos ambulatoriais prestados.

V – A certificação ou sua renovação concedida à *entidade de educação* obriga à aplicação anual em gratuidade de pelo menos 20% da receita anual efetivamente recebida (nos termos da Lei 9.870, de 23.11.1999), observadas as condições seguintes:

a) demonstrar adequação às diretrizes e metas estabelecidas no Plano Nacional de Educação – PNE (art. 214 da CF);

b) atender a padrões mínimos de qualidade, aferidos pelos processos de avaliação conduzidos pelo Ministério da Educação; e

c) oferecer bolsas de estudos segundo específicas proporções, sendo vedada qualquer discriminação ou diferença de tratamento entre alunos bolsistas e pagantes.

VI – A certificação ou sua renovação será concedida à *entidade de assistência social* que presta serviços ou realiza ações assistenciais, e forma gratuita, continuada e planejada, para os usuários e a quem deles necessitar, sem qualquer discriminação (observada a Lei 8.742, de 7.12.1993), observados os requisitos seguintes:

a) estar inscrita no respectivo Conselho Municipal de Assistência Social ou no Conselho de Assistência Social do Distrito Federal (art. 9º da Lei 8.742/1993); e

b) integrar o cadastro nacional de entidades e organizações de assistência social (inciso XI do art. 19 da Lei 8.742/1993).

VII – O prazo de validade da certificação será fixado em regulamento, observadas as especificidades de cada uma das áreas e o prazo mínimo de um ano e máximo de cinco anos. O requerimento de renovação da certificação deverá ser protocolado com antecedência mínima de seis meses do termo final de sua validade.

VIII – A entidade beneficente certificada fará jus à isenção do pagamento das contribuições de que tratam os arts. 22 e 23 da Lei 8.212, de 24.7.1991 (relativa à remuneração de empregados, avulsos, riscos ambientais, contribuintes individuais, cooperativas, faturamento e lucro), desde que atenda, cumulativamente, aos seguintes requisitos:

a) não percebam seus diretores, conselheiros, sócios, instituidores ou benfeitores remuneração, vantagens ou benefícios, direta ou indiretamente, por qualquer forma ou título, em razão das competências, funções ou atividades que lhes sejam atribuídas pelos respectivos atos constitutivos;

b) aplique suas rendas, seus recursos e eventual superávit integralmente no território nacional, na manutenção e desenvolvimento de seus objetivos institucionais;

c) apresente certidão negativa ou certidão positiva com efeito de negativa de débitos relativos aos tributos administrados pela Secretaria da Receita Federal do Brasil e certificado de regularidade do Fundo de Garantia por Tempo de Serviços (FGTS);

d) mantenha escrituração contábil regular que registre as receitas e despesas, bem como a aplicação em gratuidade de forma segregada, em consonância com as normas emanadas do Conselho Federal de Contabilidade;

e) não distribua resultados, dividendos, bonificações, participações ou parcelas do seu patrimônio, sob qualquer forma ou pretexto;

f) conserve em boa ordem pelo prazo de 10 anos, contado da data da emissão, os documentos que comprovem a origem e a aplicação de seus recursos e os relativos a atos ou operações realizados que impliquem modificação da situação patrimonial;

g) cumpra as obrigações acessórias estabelecidas na legislação tributária;

h) apresente as demonstrações contábeis e financeiras devidamente auditadas por auditor independente legalmente habilitado nos Conselhos Regionais de Contabilidade quando a receita bruta anual auferida for superior ao limite fixado pela Lei Complementar 123, de 14.12.2006.

IX – A isenção não se estende a entidade com personalidade jurídica própria constituída e mantida pela entidade à qual a isenção foi concedida.

X – O direito à isenção das contribuições sociais poderá ser exercido pela entidade a contar da data da publicação da concessão de sua certificação, desde que atenda aos requisitos previstos nas alíneas do inciso VIII.

Relativamente às *instituições filantrópicas, comunitárias e confessionais,* a Constituição Federal preceitua:

Art. 213. Os recursos públicos serão destinados às escolas públicas, podendo ser dirigidos a escolas comunitárias, confessionais ou filantrópicas, definidas em lei, que:

I – comprovem finalidade não lucrativa e apliquem seus excedentes financeiros em educação;

II – assegurem a destinação de seu patrimônio a outra escola comunitária, filantrópica ou confessional, ou ao Poder Público, no caso de encerramento de suas atividades.

§ 1º. Os recursos de que trata este artigo poderão ser destinados a bolsas de estudo para o ensino fundamental e médio, na forma da lei, para os que demonstrarem insuficiência de recursos, quando houver falta de vagas e cursos regulares da rede pública na localidade da residência do educando, ficando o Poder Público obrigado a investir prioritariamente na expansão de sua rede na localidade.

§ 2º. As atividades de pesquisa, de extensão e de estímulo e fomento à inovação realizadas por universidades e/ou por instituições de educação profissional e tecnológica poderão receber apoio financeiro do Poder Público.

Trata-se de norma programática referida ao Poder Público, refletindo valores prestigiados pela Constituição Federal, pertinente à distribuição de recursos de modo justo, compatível e adequado ao atendimento da coletividade carente. Podem enquadrar-se como despesas sociais, na medida em que se destinam a finalidade lucrativa.

As mencionadas instituições enquadram-se no Terceiro Setor – distinto dos âmbitos do Primeiro Setor (Estado) e do Segundo Setor (mercado) –, de natureza não lucrativa e não governamental, interagindo entre as esferas públicas e privadas, destacando-se as características seguintes: (a) finalidades não coercitivas; (b) entidades não estatais; (c) finalidades não lucrativas; (d) entidades fora do mercado; (e) visam a atender a necessidades coletivas; (f) visam a atender a necessidades públicas; (g) são organizações estruturadas; (h) são organizações autogovernadas; (i) contam com expressivo serviço voluntário; (j) são organizações da sociedade civil; (k) são expressão das práticas de caridade, filantropia, mecenato; (l) são forma de exercício de cidadania; e (m) vinculação ao conceito de solidariedade.[90]

As *Organizações Sociais* (OS), previstas na Lei federal 9.637, de 15.5.1998, têm por objetivo proporcionar o desenvolvimento, através de contrato de gestão firmado entre a entidade e o Poder Público, de

---

90. Leandro Marins de Souza, *Tributação do Terceiro Setor no Brasil* p. 72.

atividades dirigidas ao ensino, à pesquisa científica, ao desenvolvimento tecnológico, à proteção e preservação do meio ambiente, à cultura e à saúde.

As *Organizações da Sociedade Civil de Interesse Públicos* (OSCIPs), previstas na Lei federal 9.790, de 23.3.1999 (regulamentada pelo Decreto 3.100, de 30.6.1999), compreendem as pessoas jurídicas de direito privado, sem fins lucrativos, desde que os respectivos objetivos sociais e normas estatutárias atendam à promoção (I) da assistência social, (II) da cultura, defesa e conservação do patrimônio histórico e artístico, (III) da educação gratuita, (IV) da saúde gratuita, (V) da segurança alimentar e nutricional, (VI) da defesa, preservação e conservação do meio ambiente e desenvolvimento sustentável, (VII) do voluntariado, (VIII) do desenvolvimento econômico e social e combate à pobreza, (IX) da experimentação, não lucrativa, de novos modelos socioprodutivos e de sistemas alternativos de produção, comércio, emprego e crédito, (X) de direitos estabelecidos, construção de novos direitos e assessoria jurídica gratuita de interesse suplementar, (XI) da ética, da paz, da cidadania, dos direitos humanos, da democracia e de outros valores universais, (XII) de estudos e pesquisas, desenvolvimento de tecnologias alternativas, produção e divulgação de informações e conhecimentos técnicos e científicos que digam respeito às atividades mencionadas.

As *Organizações Não Governamentais* (ONGs) constituem associações (ou fundações) de natureza privada, sem finalidade lucrativa e mantidas por intermédio de doações, convênios com entidades de natureza pública ou privada e prestação de serviços, que podem desempenhar atividades que se enquadram nos conceitos de educação ou de assistência social.[91]

A qualificação das referidas entidades decorre do atendimento a diversos requisitos pertinentes a ausência de lucro, utilidade pública, aplicação de recursos em seus objetivos institucionais, manutenção de escrituração etc.

De conformidade com o ordenamento jurídico e as diretrizes jurisprudenciais, é possível vislumbrar as distinções seguintes:

a) *Escolas comunitárias* – aquelas "que são instituídas por grupo de pessoas físicas ou por uma ou mais pessoas jurídicas, inclusive cooperativas educacionais, sem fins lucrativos, que incluam na sua entidade mantenedora representantes da comunidade" (art. 20, II, da Lei federal

---

91. Leandro Marins de Souza, *Imunidade Tributária – Entidades de Educação & Assistência Social*, p. 139.

9.394, de 20.12.1996, que estabelece as diretrizes e bases da educação nacional, na redação da Lei 11.183/2005).

b) *Escolas confessionais* – aquelas "que são instituídas por grupos de pessoas físicas ou por uma ou mais pessoas jurídicas que atendem a orientação confessional e ideologia específicas e ao disposto no inciso anterior" (art. 20, III, da Lei federal 9.394, de 20.12.1996, que estabelece as diretrizes e bases da educação nacional, na redação da Lei 11.183/2005).

Elucida-se que o "confessionalismo" é o princípio doutrinário segundo o qual uma igreja ou religião deve ter como base um credo, confissão ou profissão de fé, explicitamente formulados.[92]

Assinalo que o requisito previsto no item V (obrigação da entidade de educação de aplicar em gratuidade pelo menos 20% da receita anual recebida) guarda consonância com postura firmada pelo Judiciário:

Ementa: Processual civil e previdenciário – Entidade de assistência social – Isenção – Imunidade – CEBAS – Direito adquirido – Inexistência – Dilação probatória – Impossibilidade.

1. O entendimento do STJ é de que: a) inexiste direito adquirido a regime jurídico-fiscal, de modo que a imunidade da contribuição previdenciária patronal assegurada às entidades filantrópicas, prevista no art. 195, § 7º, da Constituição, tem sua manutenção subordinada ao atendimento das condições previstas na legislação superveniente; b) legítima a exigência prevista no art. 3º, VI, do Decreto n. 2.536/1998 no que se refere à demonstração de aplicação de um mínimo de 20% da receita bruta anual em gratuidade – Precedentes do STJ. (...). (1ª S., AgRg no MS 10.290-DF, rel. Min. Herman Benjamim, j. 27.8.2008, *DJe* 2.2.2009)

O Superior Tribunal de Justiça firmou o entendimento seguinte:

A obtenção ou a renovação do Certificado de Entidade Beneficente de Assistência Social (CEBAS) não exime a entidade do cumprimento dos requisitos legais supervenientes. (Súmula 352)

Ressalto que os serviços desenvolvidos pelas entidades beneficentes suplementam as atividades essenciais do Estado no que concerne à assistência médica, hospitalar, farmacêutica, dentária, educacional. É induvidosa a insuficiência da Administração Pública na prestação de tais serviços – motivo que certamente inspirou o legislador constitucional a

92. *Dicionário Houaiss da Língua Portuguesa*, São Paulo, Objetiva, 2001, p. 795.

desonerar a carga tributária desses particulares no que tange a esta atividade complementar do Poder Público.

As atividades executadas por tais entidades traduzem manifesta utilidade pública, razão pela qual as manifestações formais, oficiais e unilaterais por parte das autoridades governamentais representam simples atos declaratórios, sem efetiva natureza constitutiva.

Nesse sentido, decidira o Supremo Tribunal Federal:

> Certificado de Filantropia – Isenção da contribuição patronal à Previdência.
>
> A expedição do Certificado de Filantropia tem caráter declaratório e como tal gera efeitos *ex tunc*. Se a entidade requereu o Certificado antes da determinação administrativa que arquivou os processos respectivos, mas veio a tê-lo deferido anos depois, quando revogada a medida, o seu direito às vantagens conferidas pela lei retroage à data do requerimento, inclusive o da isenção da quota patronal da contribuição previdenciária – Recurso conhecido e provido. (2ª T., REsp 115.610-8, rel. Min. Carlos Madeira, j. 18.9.1988, *DJU* 11.11.1998, p. 39.311)

Argutamente ponderou-se que

> é despropositado pretender que os serviços prestados por instituições de Educação e de Assistência Social sejam sempre gratuitos. Esse despropósito fica mais visível se tomarmos em conta fato singelo: se os serviços prestados por essas instituições fossem (sempre) todos gratuitos, de nada valeria a imunidade. Fossem gratuitos, não teriam preço; não tivessem preço, jamais poderiam ser objeto de tributação por via de impostos, porque não haveria qualquer manifestação de capacidade contributiva (...).[93]

Também é criticado o apontado requisito "exigência de gratuidade integral e exclusiva", que implica a circunstância de que as

> escolas e outras entidades assistenciais que prestam relevantes serviços à Nação estejam impedidas de cobrar por quaisquer de seus serviços, condição impossível de ser cumprida. Confunde a norma, deliberadamente, gratuidade com ausência de finalidade lucrativa, de modo a temerariamente frustrar a aplicação da Constituição.[94]

---

93. Aires Barreto e Paulo Ayres Barreto, *Imunidades Tributárias: Limitações Constitucionais ao Poder de Tributar*, p. 63.
94. James Marins, "Imunidade tributária das instituições de Educação e Assistência Social", in *Grandes Questões Atuais do Direito Tributário*, vol. 3º, p. 156.

Em ação direta de inconstitucionalidade proposta pela Confederação Nacional de Saúde – Hospitais, Estabelecimentos e Serviços (CNS) o Supremo Tribunal Federal deferiu liminar para suspender a eficácia do art. 1º na parte em que alterou a redação do art. 55, III, da Lei 8.212/1991 e acrescentou-lhe os §§ 3º, 4º e 5º, bem como dos arts. 4º, 5º e 7º da Lei 9.732/1998.[95]

4.5 Não incidência

A Lei federal 10.637, de 30.12.2002, estabeleceu o seguinte:

> Art. 5º. *A contribuição para o PIS/PASEP não incidirá* sobre as receitas decorrentes das operações de: I – exportação de mercadorias para o exterior; II – prestação de serviços para pessoa física ou jurídica residente ou domiciliada no exterior, cujo pagamento represente ingresso de divisas; III – vendas a empresa comercial exportadora com o fim específico de exportação.

A Lei federal 10.833, de 29.12.2003 (art. 6º), também estabeleceu a mesma espécie de não incidência relativamente às contribuições para a COFINS.

A incidência de PIS e de COFINS sobre receitas decorrentes de *variações cambiais positivas* deve ser afastada, em face da regra de imunidade do art. 149, § 2º, I, da CF, estimuladora da atividade de exportação (AgRg no REsp 1.143.779-SC, rel. Min. Benedito Gonçalves, 1ª T.), conforme julgado do STJ (AgRg no Agravo em REsp 23.033-RS, 1ª T., rel. Min. Arnaldo Esteves Lima, j. 1.12.2011, *DJe* 12.12.2011).

O STF também entendera o seguinte:

> Receita decorrente de variação cambial positiva em operações de exportação de produtos: inconstitucional a incidência da contribuição ao PIS e à COFINS (RE 627.815).

5. *A isonomia tributária e as contribuições de diferentes setores de atividades econômicas*

O princípio da isonomia representa um dos fundamentos da tributação, como corolário dos princípios da capacidade contributiva e da vedação de confisco, verdadeiros sinônimos da justiça fiscal.

---

95. ADI 2.028-5, despacho do Min. Marco Aurélio, em 14.7.1999, *DJU*-1 2.8.1999, pp. 47-48, referendado pelo Tribunal, rel. Min. Moreira Alves, em 11.11.1999, *DJU*-1-E 16.6.2000, p. 30.

O aforisma de que "a regra da igualdade não consiste senão em aquinhoar desigualmente os desiguais, na mesma medida em que se desigualam",[96] não constitui mero jogo de palavras, ou simples recomendação ao legislador como norma programática, mas um postulado obrigatório, imprescindível para o exercício da atividade tributária, levado até as últimas consequências.

A lei não deve ser fonte de privilégios ou perseguições, mas instrumento regulador da vida social que necessita tratar equitativamente todos os cidadãos. Este é o conteúdo político-ideológico absorvido pelo princípio da isonomia e juridicizado pelos textos constitucionais em geral, ou de todo modo assimilado pelos sistemas normativos vigentes.

Em suma: dúvida não padece de que, ao se cumprir uma lei, todos os abrangidos por ela hão de receber tratamento parificado, sendo certo, ainda, que ao próprio ditame legal é interdito deferir disciplinas diversas para situações equivalentes.[97]

Por decorrência, "há ofensa ao preceito constitucional da isonomia quando: I – a norma singulariza atual e definitivamente um destinatário determinado, ao invés de abranger uma categoria de pessoas, ou pessoa futura e indeterminada".[98]

Como preconiza Geraldo Ataliba:

> A igualdade é, assim, a primeira base de todos os princípios constitucionais e condiciona a própria função legislativa, que é a mais nobre, alta e ampla de quantas funções o povo, republicanamente, decidiu criar. A isonomia há de se expressar, portanto, em todas as manifestações do Estado, as quais, na sua maioria, se traduzem concretamente em atos de aplicação da lei, ou seu desdobramento. Não há ato ou forma de expressão estatal que possa escapar ou subtrair-se às exigências da igualdade.

E prossegue:

> (...) a legalidade, tal como plasmada pelo nosso Texto Magno – na consonância dos postulados do moderno Constitucionalismo –, é a mais alta e perfeita expressão do antiarbítrio, o que tecnicamente se obtém pela correta observância (pelo legislador e pelos aplicadores) do princípio da isonomia como critério de legislação e de aplicação da lei.[99]

---

96. Rui Barbosa, "Oração aos moços", in *Escritos e Discursos Seletos*, p. 685.
97. Celso Antônio Bandeira de Mello, *O Conteúdo Jurídico do Princípio da Igualdade*, 3ª ed., 25ª tir., p. 10.
98. Idem, ibidem, p. 47.
99. *República e Constituição*, 3ª ed., pp. 159 e 160.

E entrelaça-se com o princípio da segurança jurídica, que,

no direito tributário brasileiro, determina que cada ato concreto da Fazenda Pública que reconheça a existência de um tributo (lançamento) encontre respaldo numa lei ordinária. Não basta isto, porém, para que a segurança assome triunfante. Para que tal ocorra, é preciso, ainda, que a lei que descreve a ação-tipo tributária valha para todos igualmente, isto é, seja aplicada a seus destinatários (pelo Judiciário ou pela Administração Fazendária), de acordo com o princípio da isonomia (art. 5º, I, da CF). Só assim os contribuintes terão segurança jurídica, em seus contatos com o Fisco.[100]

Prossegue Ataliba:

Como, essencialmente, a ação do Estado reduz-se a editar a lei, ou dar-lhe aplicação, o fulcro da questão jurídica postulada pela isonomia substancia-se na necessidade de que as leis sejam isônomas e que sua interpretação (pelo Executivo e pelo Judiciário) leve tais postulados até suas últimas consequências no plano concreto da aplicação.[101]

Seabra Fagundes decreta que,

ao elaborar a lei, deve reger, com iguais disposições – os mesmos ônus e as mesmas vantagens –, situações idênticas, e, reciprocamente, distinguir, na repartição de encargos e benefícios, as situações que sejam entre si distintas, de sorte a aquinhoá-las ou gravá-las em proporção às suas diversidades.[102]

O eminente constitucionalista Francisco Campos registra, mesmo, que o legislador é "o destinatário principal do princípio, pois se ele pudesse criar normas distintivas de pessoas, coisas ou fatos, que devessem ser tratados com igualdade, o mandamento constitucional se tornaria inteiramente inútil"; concluindo que nos sistemas constitucionais do tipo do nosso não cabe dúvida quanto ao principal destinatário do princípio constitucional da igualdade perante a lei.[103]

Preleciona José Afonso da Silva que

---

100. Roque Carrazza, *Princípios Constitucionais Tributários e Competência Tributária*, p. 142.

101. *República...*, 3ª ed., p. 157.

102. *O Princípio Constitucional da Igualdade perante a Lei e o Poder Legislativo*, p. 235.

103. "Igualdade perante a lei", *Direito Constitucional*, 1ª ed., vol. II, p. 16.

o princípio não pode ser entendido em sentido individualista, que não leve em conta as diferenças entre grupos. Quando se diz que o legislador não pode distinguir, isso não significa que a lei deva tratar todos abstratamente iguais, pois o tratamento igual – esclarece Petzold – não se dirige a pessoas integralmente iguais entre si, mas àquelas que são iguais sob os aspectos tomados em consideração pela norma, o que implica que os "iguais" podem diferir totalmente sob outros aspectos ignorados ou considerados como irrelevantes pelo legislador. Este julga, assim, como "essenciais" ou "relevantes" certos aspectos ou características das pessoas, das circunstâncias ou das situações nas quais essas pessoas se encontram, e funda sobre esses aspectos ou elementos as categorias estabelecidas pelas normas jurídicas; por consequência, as pessoas que apresentam os aspectos "essenciais" previstos por essas normas são consideradas encontrar-se nas "situações idênticas", ainda que possam diferir por outros aspectos ignorados ou julgados irrelevantes pelo legislador; vale dizer que as pessoas ou situações são iguais ou desiguais de modo relativo, ou seja, sob certos aspectos.[104]

E, lapidarmente, Seabra Fagundes assinala que "os conceitos de igualdade e desigualdade são relativos, impõem a confrontação e o contraste entre duas ou várias situações, pelo que onde uma só existe não é possível indagar de tratamento igual ou discriminatório".[105]

Antônio Roberto Sampaio Dória anota que

devem, portanto, ser considerados, na análise sobre se a lei tributária obedece ao requisito da igualdade, os seguintes fatores: (a) razoabilidade da discriminação, baseada em diferenças reais entre as pessoas ou objetos taxados; (b) existência de objetivo que justifique a discriminação; (c) nexo lógico entre o objetivo perseguido e a discriminação que permitirá alcançá-lo.[106]

Na mesma linha Celso Bastos:

À medida que se ascenda um nível de abstração todas as coisas e pessoas vão se parificando. O conteúdo do princípio isonômico reside principalmente nisto: na determinação do nível de abstratividade que deve ter o elemento diacrítico para que ele atinja as finalidades a que a lei se preordena. É que o princípio da isonomia pode ser lesado tanto

---

104. *Curso de Direito Constitucional Positivo*, 40ª ed., p. 218.
105. *O Princípio...*, p. 235.
106. *Princípios Constitucionais Tributários e a Cláusula "Due Process of Law"*, pp. 195-196.

pelo fato de incluir na norma pessoas que nela não deveriam estar, como também pelo fato de não colher outras que deveriam sê-lo.[107]

E, segundo Tércio Sampaio Ferraz, a isonomia,

como conteúdo axiológico de direito, deve ser tomada num sentido negativo, como direito de não ser discriminado, cujo conteúdo é o dever (do Estado e dos demais concidadãos) de omitir discriminações. Num sentido positivo é também um direito ao máximo de condições e oportunidades e de participação nos benefícios, cujo conteúdo é o dever (do Estado e dos demais concidadãos) de agir de modo a propiciá-los.[108]

Além de dispor sobre a isonomia genérica (art. 5º, I), a Constituição Federal, no campo tributário, é categórica, vedando à União, Estados, Distrito Federal e Municípios "instituir tratamento desigual entre contribuintes que se encontrem em situação equivalente, proibida qualquer distinção em razão de ocupação profissional ou função por eles exercida, independentemente da denominação jurídica dos rendimentos, títulos ou direitos" (art. 150, II).

Especificamente – em abono e prestígio do postulado da igualdade – o art. 151, I, da CF veda à União

instituir tributo que não seja uniforme em todo o território nacional ou que implique distinção ou preferência em relação a Estado, ao Distrito Federal ou a Município, em detrimento de outro, admitida a concessão de incentivos fiscais destinados a promover o equilíbrio do desenvolvimento socioeconômico entre as diferentes regiões do país.

Tantos conceitos doutrinários e regras constitucionais servem para demonstrar que o conteúdo da igualdade merece receber sério tratamento (jurídico), devido à sua importância em todos os ramos do Direito, inclusive – e especialmente na área tributária.

O art. 195, que atribui competência à União para instituir contribuições destinadas ao custeio da Seguridade Social, não determina expressa observância ao princípio da igualdade, e sequer se reporta ao inciso II do art. 150, que trata da isonomia tributária. Não vejo necessidade de o texto constitucional referir-se às contribuições para se aplicar o postulado da igualdade, porquanto constitui o verdadeiro sinônimo da justiça fiscal.

---

107. *Curso de Direito Constitucional*, p. 167.
108. *Constituição de 1988 – Legitimidade, Vigência e Eficácia – Supremacia*, p. 32.

Com engenho, Ives Gandra da Silva Martins registra que

a técnica das repetições enfáticas, fartamente utilizada pelo constituinte, não pode levar o intérprete a entender que, além dos dispositivos mencionados, nenhum outro dispositivo do sistema poderia ser utilizado. E a resposta definitiva encontra-se na própria redação do § 6º do art. 195, o dizer na decisão final "não se lhes aplicando o disposto no art. 150, III, *b*". Ora, ao dizer que, dos princípios do sistema tributário, não se aplica o art. 150, III, *b*, à evidência, declarou o constituinte que todos os demais lhe são aplicáveis. O princípio da isonomia é, portanto, inerente ao regime jurídico das contribuições sociais.[109]

A desigualdade econômica é uma realidade, patente, razão pela qual nas dobras da Constituição encontra-se consubstanciado implicitamente o cânone da igualdade jurídica, com irradiação no direito tributário. A realidade fiscal demonstra que diversos instrumentos jurídicos têm desnivelado determinados tipos de contribuintes, setores econômicos etc., nos casos de imunidades, isenções, reduções de bases de cálculo, incentivos, flexionamento de alíquotas, tributação gravosa (proteção alfandegária, função social da propriedade etc.).

A desigualdade tributária é clara e insofismável.

Sacha Calmon, com acuidade, adverte que:

(...) o dispositivo olha com maior brilho para o Imposto de Renda. A própria redação do artigo trai a direção nesse olhar. Ao falar em proibição de tratamento desigual entre contribuintes que se encontrem em "situação equivalente", vedada qualquer distinção em razão de "ocupação profissional ou função por eles exercida", independentemente da "denominação jurídica dos rendimentos, títulos ou direitos" – a conjectura é do comentarista –, estava o constituinte a pensar nos lucros bursáteis, nos militares, nos legisladores, nos juízes, nos fazendeiros, nas sociedades de profissionais liberais e outros, desenganadamente beneficiados pela não incidência do IR ou incidência mitigada deste sobre os seus ganhos.[110]

No entanto, ainda que se colha essa louvável linha doutrinária, penso que a restrição ao Imposto de Renda só poderia alcançar as pessoas físicas, em razão de o texto referir-se a "ocupação profissional" ou a "função", que não são pertinentes às empresas, adstritas (mais adequadamente) a setores da atividade econômica.

109. "Contribuições sociais", *Caderno de Pesquisas Tributárias* 17/23.
110. *Comentários* à *Constituição de 1988 – Sistema Tributário*, 3ª ed., p. 223.

Consoante Misabel Derzi:

> O espírito da Constituição é de buscar equilíbrio entre os fatores capital e trabalho e a igualdade entre as empresas, no custeio da Seguridade. Quanto maior o lucro ou faturamento, frente ao baixo valor da folha de salários, mais elevada poderá ser a alíquota incidente sobre o capital. Em contrapartida, se a mão de obra é onerosa em uma empresa de baixos lucros ou faturamento proporcionalmente menos expressivo, menor a alíquota. Portanto, as alíquotas podem variar em uma contribuição única que leve em conta a equidade entre salários, o lucro ou faturamento. Mas de forma integrada e relacional, nunca em contribuições desconexas e múltiplas.[111]

Palmilhando por esta trilha, Geraldo Ataliba realça que a contribuição dos empregadores de que cuida o art. 195, I,

> é uma só contribuição, com uma só base de cálculo, resultante da combinação da folha, faturamento e lucro. Porque: (a) cada base isolada viola o art. 150, II. É impossível tratar igualmente os contribuintes, se se tomar isoladamente essa grandeza; (b) cada base isolada configura claramente a natureza de impostos; (c) lucro e faturamento são bases de impostos já previstos: Imposto de Renda e ICM e ISS. Entre entender que (a) o art. 195, I, não duplica incidência, nem prevê superposições, ou (b) que ilogicamente o faz, o intérprete deve optar por "a", deve atribuir racionalidade ao sistema; (d) sendo base da contribuição de empregadores a combinação dos três dados numéricos (art. 195, I), todos contribuirão e será equânime (isônoma) a repartição dos encargos por todos os contribuintes.[112]

Mostra o autor que "qualquer das grandezas mencionadas no art. 195, I, isoladamente considerada leva inexoravelmente à quebra da isonomia, com frontal violação das exigências do art. 150, II, da Constituição".[113]

Demonstra o fundamento de sua teoria:

> (...) a admissão de um imposto sobre a folha de salários, isoladamente considerada, vulnera esses dois preceitos (art. 150, II, e § 1º do art. 145), porque os gastos com pessoal nada dizem do tamanho de uma empresa, nem de sua capacidade econômica: uma modesta indústria de juta, do

---

111. "Contribuições sociais", *Caderno de Pesquisas Tributárias* 17/148.
112. "FINSOCIAL. Contribuições sociais", *Folha de S. Paulo* 27.10.1992, p. 2-2.
113. Idem, ibidem.

Nordeste, pode ter enorme folha de salários e ser insignificante economicamente e, ao mesmo tempo, outra portentosa empresa, que gira com vultosas quantias, pode ser toda mecanizada, robotizada e computadorizada e ter poucos empregados. Há inclusive inúmeras empresas (por exemplo, de corretagem) que nem sequer têm empregados e que possuem faturamentos gigantescos.[114]

E conclui: o art. 195, I,

só pode ser interpretado como prevendo uma só contribuição, com base de cálculo que combine, concilie e articule reciprocamente folha de salários, lucro e faturamento das empresas, de modo a criar empregos, incentivar o desenvolvimento, aumentar a produtividade nacional e reduzir desigualdades, tudo num clima isônomo que exclua todo arbítrio (...)"; "(...) 10) a lei – para satisfazer a Constituição – deverá combinar, equilibrando o peso relativo de cada fator, essas três grandezas. Tarefa difícil, que, entretanto, os economistas, contabilistas e especialistas em Ciência das Finanças saberão resolver com equilíbrio".[115]

A equidade, para Antônio Carlos Rodrigues do Amaral, constitui o aspecto fundamental, ao acentuar que

não parece macular o ordenamento constitucional a instituição de alíquotas diferenciadas, segundo se dê a composição, para cada categoria de contribuinte, da base de cálculo escolhida pelo legislador supremo para incidência de contribuições sociais. Isto é, na medida em que o princípio da equidade impõe participação equilibrada na subvenção da Seguridade Social, procura, a título exemplificativo, a tributação da Contribuição Social sobre o Lucro, para as entidades financeiras, ser superior à incidência que se deu sobre as empresas comerciais, pois que estas últimas, quando se tratar de contribuição social sobre o faturamento, pagarão muito mais que as primeiras, que, tecnicamente, não possuem faturamento, ou é o mesmo absolutamente irrisório na composição de suas receitas.

(...) longe de ferir o princípio da isonomia, a estipulação das alíquotas diferenciadas representa, na verdade, no caso das contribuições sociais, sua conformação, permitindo a participação equitativa das diversas classes de contribuintes na subvenção da Seguridade Social.[116]

Enfocando a questão no âmbito das financeiras, tal consideração, contudo, obriga a efetiva apuração em cada caso concreto, pois nem

---

114. Idem, ibidem.
115. Idem, ibidem.
116. "Contribuições sociais", *Caderno de Pesquisas Tributárias* 17/383.

sempre as instituições creditícias revelam alto lucro/baixo faturamento, existindo as notórias situações de insolvência.

Gilberto de Ulhôa Canto fere o tema:

Mas, apenas pelo fato de certas atividades econômicas serem relativamente mais lucrativas que outras, não nos parece que se possa discriminar as contribuições devidas por empregadores incluídos numas e em outras se o custo (inclusive o correspondente ao montante indicado pelo cálculo atuarial como necessário à manutenção da atividade) for o mesmo.[117]

O que encontra apoio em Hamílton Dias de Souza:

(...) a circunstância de uma empresa ser instituição financeira, por si, não implica qualquer relação com o regime dos benefícios para a Seguridade Social assegurados aos seus empregados que justifique uma contribuição adicional, pois não têm eles regime previdenciário diverso do assegurado aos empregados das demais empresas.[118]

Gustavo Miguéz de Melo é incisivo:

(...) é juridicamente impossível a aplicação de alíquotas diferenciadas para diferentes setores da atividade econômica em situações iguais, pois é evidente que a diferença de setor não representa por si mesma diferença de capacidade econômica. Comparando-se empresa de setores econômicos diversos ocorre frequentemente que em ambos há contribuintes de pequena e contribuintes de grande capacidade econômica. A igualdade tributária tem de prevalecer entre contribuintes em geral, e não apenas entre contribuintes de determinado setor econômico. A discriminação de alíquotas, no caso arbitrária, decorre de critério subalterno e é, portanto, inconstitucional.[119]

Num esquema intermediário, conciliador, cauteloso, Marçal Justen Filho sublinha que

o tratamento mais severo, no plano da contribuição de Seguridade Social, dependeria de um evento relevante que justificasse a disparidade de tratamento. Assim, por exemplo, uma certa categoria poderia apresentar uma necessidade mais intensa de acesso aos benefícios de Seguridade

---

117. "Contribuições sociais", *Caderno de Pesquisas Tributárias* 17/66-67.
118. "Contribuições sociais", *Caderno de Pesquisas Tributárias* 17/458.
119. "Contribuições sociais", *Caderno de Pesquisas Tributárias* 17/510-511.

Social. Se pretender diferenciar, haveria de adotar critérios de discriminação que sejam (a) compatíveis com a real diferenciação entre os objetos diferenciados e (b) consentâneos com as finalidades que justificam a diferenciação.[120]

Como quer o autor,

todas as contribuições acima acarretam a imperiosa necessidade de o princípio da capacidade contributiva orientar a instituição legislativa das contribuições. Portanto, seria admissível a instituição de alíquotas diferenciadas em função da capacidade contributiva. Porém, não seria constitucional que a distinção se efetivasse em função do setor da atividade econômica desenvolvida. Tratar-se uma instituição financeira de modo mais gravoso do que uma empresa industrial representa uma distinção incompatível com o sistema constitucional desde que a distinção derive, exclusivamente, de um contribuinte ser caracterizado como "instituição financeira" e outro, não.[121]

O *XVII Simpósio Nacional de Direito Tributário* examinou a questão seguinte: "Havendo identidade de benefícios, é constitucional a previsão de alíquotas mais elevadas para a Contribuição sobre o Lucro e sobre a folha de salários devida por contribuintes pertencentes a determinados setores da atividade econômica?".

Tendo oferecido a seguinte resposta:

É inconstitucional, por mais de um fundamento. Primeiro porque juridicamente impossível a aplicação de alíquotas diferenciadas para diferentes setores da atividade econômica em situações iguais, pois é evidente que a diferença de setor não representa, por si mesma, diferença de capacidade econômica. A discriminação de alíquota, no caso arbitrária, decorre de critério subalterno e é, portanto, inconstitucional.[122]

Penso, todavia, que o princípio constitucional da igualdade impõe tributação diferenciada em razão de desigualdades econômicas, como reflexo do princípio da capacidade contributiva. A circunstância de o art. 195 da CF (que trata das contribuições destinadas ao custeio da Seguridade Social) não referir-se ao art. 150, II, é irrelevante para a consideração da isonomia tributária, por constituir postulado implícito nas dobras da Constituição.

120. "Contribuições sociais", *Caderno de Pesquisas Tributárias* 17/167.
121. Idem, p. 169.
122. "Princípios constitucionais tributários", *Caderno de Pesquisas Tributárias* 18/652 (1993).

Não me atenho, propriamente, ao fato de existir mais lucro do que faturamento (ou vice-versa), mas ao tipo de atividade (financeira, comercial, prestadora de serviço etc.).

A Emenda Constitucional 20/1998 modificou o art. 195 da CF, para acrescentar o preceito seguinte: "§ 9º. As contribuições sociais previstas no inciso I deste artigo poderão ter alíquotas ou bases de cálculo diferenciadas, em razão da atividade econômica ou da utilização intensiva de mão de obra".

Sempre existira certa razoabilidade no argumento de previsão de alíquotas distintas em face da capacidade econômica atrelada ao princípio da capacidade contributiva.

Entretanto, a nova diretriz constitucionaliza a apontada falta de uniformidade tributária no tocante às alíquotas e bases de cálculo, o que permitiu a edição de norma (Medida Provisória 2.158-35, de 24.8.2001) operando nesse sentido, *verbis*:

> Art. 6º. A Contribuição Social sobre o Lucro Líquido – CSLL, instituída pela Lei n. 7.689, de 15 de dezembro de 1988, será cobrada com o adicional: I – de quatro pontos percentuais, relativamente aos fatos geradores ocorridos de 1º de maio de 1999 a 31 de janeiro de 2000; II – de um ponto percentual, relativamente aos fatos geradores ocorridos de 1º de fevereiro de 2000 a 31 de dezembro de 2002.
>
> Parágrafo único. O adicional a que se refere este artigo aplica-se, inclusive, na hipótese do pagamento mensal por estimativa, previsto no art. 30 da Lei n. 9.430, de 27 de dezembro de 1996, bem assim às pessoas jurídicas tributadas com base no lucro presumido ou arbitrado.
>
> Art. 7º. A alíquota da CSLL, devida pelas pessoas jurídicas referidas no art. 1º, fica reduzida para oito por cento em relação aos fatos geradores ocorridos a partir de 1º de janeiro de 1999, sem prejuízo da aplicação do disposto no artigo anterior.

A Emenda Constitucional 42/2003 (art. 195, § 12) dispôs que a lei definirá os setores de atividade econômica para os quais as contribuições incidentes sobre a receita ou faturamento e sobre o importador serão não cumulativas, tratando de mais um caso de exceção ao princípio da isonomia.

A Emenda Constitucional 47, de 5.7.2005 (modificando o § 9º do art. 195 da CF), ampliou a redação da Emenda 20/1998, passando a dispor que "as contribuições sociais previstas no inciso I do *caput* deste artigo poderão ter alíquotas ou bases de cálculo diferenciadas, em razão da atividade econômica, da utilização intensiva de mão de obra, do porte da empresa ou da condição estrutural do mercado de trabalho".

Tratando-se de conceitos genéricos e imprecisos, é necessária a edição de normas disciplinando e regulando o alcance de cada uma das referidas circunstâncias, para que sua aferição não ocorra de modo arbitrário, prejudicial à segurança da exigência tributária.

6. Categoria especial de contribuinte

O art. 195, § 8º, da CF, na sua redação original, dispunha que "o produtor, o parceiro, o meeiro e o arrendatário rurais, o garimpeiro e o pescador artesanal, bem como os respectivos cônjuges, que exerçam suas atividades em regime de economia familiar, sem empregados permanentes, contribuirão para a Seguridade Social mediante a aplicação de uma alíquota sobre o resultado da comercialização da produção e farão jus aos benefícios nos termos da lei". Na redação dada pela Emenda Constitucional 20/1998 foi suprimida a figura do "garimpeiro".

Wagner Balera constata que "a subsunção do trabalhador a essa espécie de contribuição pressupõe que o mesmo realiza suas atividades num regime de economia familiar, vale dizer, sem qualquer estrutura formal de empresa"; esclarecendo, outrossim, que "o constituinte deveria ter utilizado o termo genérico 'prestações', e não o específico 'benefícios', o que levaria, numa interpretação meramente gramatical, à exclusão dessa categoria de contribuintes do rol dos beneficiários dos serviços".[123]

O mandamento constitucional indica os contribuintes e respectivos fatos geradores (hauridos de negócios mercantis ou civis, de conformidade com a legislação privada respectiva) e, implicitamente, as bases de cálculo das contribuições (preços). Parece evidente tratar-se, ademais, de "lei complementar" para instituir o encargo previdenciário.

E, no tocante à alíquota, o legislador deverá pautar-se pelo critério da razoabilidade, a fim de não prejudicar tais contribuintes (classes desfavorecidas), suas próprias atividades e subsistência familiar (além do patente confisco).

O atual Regulamento da Previdência Social enquadra como contribuinte individual

a pessoa física, proprietária ou não, que explora atividade agropecuária, a qualquer título, em caráter permanente ou temporário, em área, con-

---

123. *Seguridade Social na Constituição de 1988*, p. 72.

tínua ou descontínua, superior a quatro módulos fiscais; ou, quando em área igual ou inferior a quatro módulos fiscais ou atividade pesqueira ou extrativista, com auxílio de empregados ou por intermédio de prepostos; ou ainda nas hipóteses dos §§ 8o e 23 deste artigo; (art. 9º, V, "a").

Também enquadra como "segurado especial"

a pessoa física residente no imóvel rural ou em aglomerado urbano ou rural próximo que, individualmente ou em regime de economia familiar, ainda que com o auxílio eventual de terceiros, na condição de: a) produtor, seja ele proprietário, usufrutuário, possuidor, assentado, parceiro ou meeiro outorgados, comodatário ou arrendatário rurais, que explore atividade: 1. agropecuária em área contínua ou não de até quatro módulos fiscais; ou 2. de seringueiro ou extrativista vegetal na coleta e extração, de modo sustentável, de recursos naturais renováveis, e faça dessas atividades o principal meio de vida; b) pescador artesanal ou a este assemelhado, que faça da pesca profissão habitual ou principal meio de vida; e c) cônjuge ou companheiro, bem como filho maior de dezesseis anos de idade ou a este equiparado, do segurado de que tratam as alíneas "a" e "b" deste inciso, que, comprovadamente, tenham participação ativa nas atividades rurais ou pesqueiras artesanais, respectivamente, do grupo familiar (art. 9º, VII).

A contribuição do produtor rural pessoa física e do segurado especial referidos, incidente sobre a receita bruta da comercialização da produção rural, é de (I) 2% para a Seguridade Social e (II) 0,1% para o financiamento dos benefícios concedidos em razão do grau de incidência de incapacidade laborativa decorrente dos riscos ambientais do trabalho.

Para o cálculo da contribuição (art. 200, § 4º) será considerada a receita bruta (valor recebido ou creditado pela comercialização da produção, assim entendida a operação de venda ou consignação), observados os processamentos praticados nos produtos de origem animal ou vegetal (§ 5º), os elementos que são excluídos da base de cálculo (§ 6º) e as respectivas responsabilidades no tocante à obrigação de recolhimento (§§ 7º e 8º).

Capítulo 5
CONCLUSÕES

1. O tributo é obrigação *ex lege*, de caráter compulsório, auferido do patrimônio dos contribuintes, pertinente às materialidades, finalidades e respectivas competências constitucionais, pautadas por princípios conformadores de seu peculiar regime jurídico.

2. O sistema escalonado de normas, como se apresenta o ordenamento jurídico nacional, compreende a preeminência dos princípios que representam pautas de valores e apontam os rumos a serem trilhados na edição das normas tributárias.

3. A simples denominação conferida aos tributos pela norma jurídica não constitui elemento fundamental para moldar o tipo tributário e o consequente regime.

4. A linguagem normativa carece, usualmente, de precisão técnica e científica, competindo ao hermeneuta interpretar o preceito para apurar as notas características do tributo, revelando-lhe a essência, de conformidade com a sistemática constitucional.

5. A caracterização do tributo é obtida pela conjugação da materialidade com a respectiva base de cálculo, numa adequada correlação lógica, sendo, em regra, irrelevante a destinação dos valores tributários.

6. A afetação da receita tem o condão de tipificar a exação tributária nas hipóteses em que haja expressa previsão constitucional.

7. Imposto é o tributo cuja materialidade concerne a um negócio, fato ou situação pertinente ao contribuinte, não vinculado a uma atividade estatal específica.

8. O princípio da capacidade contributiva, que se entrelaça com o princípio da vedação de confisco, deve sempre respaldar a norma instituidora do imposto e de específicas taxas e contribuições sociais.

CONCLUSÕES

9. Taxa é o tributo relativo à remuneração de uma atividade vinculada a serviço público, específico e divisível, efetivo ou potencial, prestado ao contribuinte ou colocado à sua disposição, compreendendo o exercício do poder de polícia, regendo-se pelo princípio da retributividade.

10. O pedágio é uma taxa em razão dos serviços de conservação de estradas, abrangendo a utilização de um bem da coletividade, e prestados sob regime de direito público.

11. Os preços remuneram serviços prestados sob regime de direito privado, segundo esquemas contratuais e sem quaisquer privilégios, ou pertinentes a atividades monopolizadas, não revestindo natureza tributária.

12. Empréstimo compulsório é tributo, por constituir prestação em dinheiro exigida compulsoriamente pela União, podendo revestir a natureza de qualquer espécie tributária.

13. A restituição do valor mutuado não representa dado exclusivamente financeiro, porque a norma deve estabelecer todas as condições para operar-se o legítimo e integral ressarcimento, sob pena de inconstitucionalidade.

14. A contribuição de melhoria é um tributo que tem por hipótese de incidência a valorização imobiliária causada por obra pública, sendo norteada pelo princípio da proporcionalidade ao benefício especial auferido pelo proprietário do imóvel.

15. As contribuições previstas nos arts. 7º, III, 149, 149-A, 195, 212, § 5º, 239 e 240 e Emendas Constitucionais 20/1998, 33/2001, 39/2002 42/2003 e 47/2005 constituem tributos, em razão de suas essências jurídicas, sendo irrelevantes a inaplicabilidade de todos os princípios constitucionais e sua localização topográfica na Constituição. Não se confundem com a contribuição confederativa (art. 8º, IV, da CF), que apresenta natureza contratual.

16. As contribuições sociais genéricas e da Seguridade Social, interventivas no domínio econômico e de interesse das categorias profissionais e econômicas, devem vincular-se a entidades e grupos específicos, e acarretar especial benefício aos contribuintes.

17. As contribuições sociais genéricas compreendem o Adicional ao Fundo de Garantia por Tempo de Serviço – FGTS (art. 7º, III, da CF), o Serviço de Custeio de Iluminação Pública (art. 149-A), o Salário-Educação (art. 212, § 5º, da CF), e os Serviços Sociais Autônomos (art. 240 da CF).

18. As contribuições de intervenção no domínio econômico (CIDE) concernem ao Adicional ao Frete para a Renovação da Marinha Mercante (AFRMM); à contribuição ao Instituto do Açúcar e do Álcool (IAA); ao Fundo de Universalização dos Serviços de Telecomunicações (FUST); ao Fundo para o Desenvolvimento Tecnológico das Telecomunicações (FUNTTEL); ao Programa de Estímulo à Interação Universidade/Empresa para Apoio à Inovação; às operações com petróleo, gás natural (e seus derivados) e álcool combustível; à Contribuição para o Desenvolvimento da Indústria Cinematográfica (CONDECINE); à pesquisa e desenvolvimento do setor elétrico e para o programa de eficiência energética no uso final; e ao SEBRAE.

19. O elemento financeiro representa nota fundamental e característica das contribuições previstas no art. 195 da CF, porque deve integrar o orçamento dos órgãos de Assistência Social (art. 165, § 5º, III, da CF).

20. A circunstância de a Constituição haver moldado as contribuições às materialidades de impostos e taxas apenas significa a obrigação de respeitar seus princípios diretivos, não implicando desnaturação como tipo tributário.

21. A parafiscalidade circunscreve-se à figura da capacidade tributária, concernente à titularidade outorgada à pessoa política de direito público para exigir, arrecadar e fiscalizar as receitas tributárias.

22. A Constituição expressa as situações de parafiscalidade obrigatória (contribuições em geral), devendo a lei contemplar o legítimo titular do direito à sua percepção, observando o peculiar regime tributário.

23. As classificações das normas tributárias devem tomar como ponto de partida a Constituição Federal, tendo como objetivo oferecer critérios seguros e úteis para a aplicação do referido regime.

24. Os tributos são vinculados e não vinculados à atividade estatal, abrangendo tanto os impostos, taxas e contribuições de melhoria como os empréstimos compulsórios e as demais contribuições, em razão de específicas características.

25. A titularidade da competência tributária é indelegável, estando atribuído à União, Municípios e Distrito Federal (caráter excepcional) o direito de instituir as contribuições sociais destinadas a fundos e órgãos. A capacidade é conferida exclusivamente às entidades destinatárias dessas verbas, tendo a Constituição Federal estabelecido específico orçamento da Seguridade Social.

26. Os sujeitos passivos das contribuições destinadas à Seguridade Social são o empregador, a empresa e a entidade a ela equiparada na forma da lei (art. 195, I, da CF, com a redação da Emenda Constitucional 20/1998), que, além de manterem íntima vinculação com as referidas materialidades (folha de salários, rendimentos do trabalho, faturamento, receita e lucro), possuem ligação indireta com o benefício assistencial.

27. É inconstitucional a imputação de responsabilidade por contribuição devida por terceiro, por ser incabível a substituição tributária, mormente quando se tratar de progressividade que considera o fato gerador presumido.

28. O faturamento e a receita, pertinentes à realização de operações jurídicas (civis e mercantis) pelos empregadores, empresas e entidades a elas equiparadas, independentemente de amparo documental, constituem bases de cálculo da COFINS (art. 195, I, da CF, com a redação da Emenda Constitucional 20/1998).

29. O PIS é contribuição com plena natureza tributária. A Lei Complementar 7/1970 – expressamente referida no art. 239 da CF – não fora recepcionada pela Emenda Constitucional 8/1977, em consequência do que se impunha a emissão de lei complementar para dar-lhe eficácia, devido à sua nova fisionomia jurídica.

30. O Supremo Tribunal Federal decidiu que o art. 239 da CF é norma de eficácia plena e imediata, recebendo a legislação anterior regradora do PIS, excepcionando-se os Decretos-leis 2.445 e 2.449/1988, julgados inconstitucionais.

31. O "lucro" gerador da contribuição social (art. 195, I, "c", da CF) é o resultado positivo das atividades empresariais de um determinado período, apurado segundo a técnica contábil, não se confundindo, necessariamente, com o lucro sujeito ao Imposto de Renda, em decorrência de ajustes determinados pela legislação ordinária.

32. As contribuições incidentes sobre a "folha de salários", "demais rendimentos do trabalho", "faturamento", "receita" e "lucro" constituem exações pertinentes à atividade do próprio contribuinte, e, por essa causa, deve ser observado o princípio da capacidade contributiva.

33. As contribuições assistenciais dos trabalhadores e demais segurados (art. 195, II, da CF, na redação da Emenda Constitucional 20/1998) revestem a fisionomia de taxas, porque se correlacionam com o desempenho de atividades previdenciárias, direta e especificamente referidas a essas categorias de contribuintes.

34. A receita de concurso de prognósticos (art. 195, III, da CF) corresponde a receita pública originária, estranha ao sistema constitucional tributário.

35. O Adicional ao FGTS, o Salário-Educação e o Seguro de Acidentes do Trabalho (SAT) caracterizam-se como autênticas contribuições sociais genéricas, em razão do que devem observar o respectivo regime jurídico-tributário.

36. A expressão "lei", contida no § 4º do art. 195 da CF (possibilidade de instituição de novas fontes de custeio da Seguridade Social), significa "lei complementar", não só porque deflui da obrigatória remissão ao art. 154, I, da CF – que faz referência expressa a esse instrumento normativo – mas, também, porque não se justifica tratamento diferenciado no tocante à competência residual da União relativa a impostos, que impõe a edição de lei complementar.

37. Medida provisória (art. 62 da CF) não possuiria juridicidade para criar ou aumentar contribuições, por falta de adequação ao princípio da anterioridade e pela circunstância de que os casos de relevância e urgência já estão delimitados pela Constituição. O Supremo Tribunal Federal, entretanto, legitimou a utilização desse veículo normativo.

38. A não cumulatividade das novas contribuições tem por objetivo evitar a superposição das cargas tributárias, que ocorre em ciclo operacional multifásico.

39. As novas contribuições não podem ocasionar bitributação, entendida como a incidência sobre o mesmo fato gerador tributário (no caso da União), e como invasão de competência relativamente a tributos exclusivos dos Estados, Municípios e Distrito Federal.

40. A anterioridade da norma constitui um dos princípios basilares da atividade legislativa (no plano da eficácia), prestigiando a segurança e a certeza do Direito, uma vez que os contribuintes têm que conhecer com antecedência os tributos a que estão sujeitos, para que possam planejar seus negócios, evitando surpresa fiscal.

41. A anterioridade significa que a lei tributária não pode retroagir em prejuízo do contribuinte e nem atingir fato jurídico que já teve seu início, ou que estava em formação. A lei deve ter eficácia antes do fato tributário.

42. A lei que institui ou modifica as contribuições genéricas, interventivas e de interesse de categorias profissionais sujeita-se, à anterioridade ao exercício financeiro, considerado o período nonagesimal. As contribuições destinadas à Seguridade Social só podem incidir sobre fatos que vierem a ocorrer 90 dias após sua publicação (§ 6º do art. 195 da CF), em obediência ao princípio da irretroatividade das normas jurídicas.

CONCLUSÕES

43. A preservação de valores de superior interesse nacional tem conduzido o legislador constitucional a fazer com que a competência das pessoas políticas já nasça limitada, razão pela qual justifica-se a imunidade tributária sobre o patrimônio, a renda e os serviços das instituições de Assistência Social sem fins lucrativos, bem como sobre a receita de exportações.

44. A desoneração tributária prevista no § 7º do art. 195 da CF, que se refere às contribuições das entidades beneficentes, não pode significar "isenção", mas "imunidade", por se tratar de matéria radicada na Constituição.

45. A lei complementar (CTN, art. 14) já estabelece os requisitos para a fruição da imunidade por parte das entidades de Assistência no que concerne aos impostos, razão pela qual também devem ser considerados para as contribuições.

46. As operações relativas a energia elétrica, serviços de telecomunicações, derivados de petróleo, combustíveis e minerais do país acarretam a incidência das contribuições (art. 155, § 3º, da CF, com a redação da Emenda Constitucional 33, de 11.12.2001).

47. O princípio da isonomia (inciso II do art. 150 da CF) representa um dos fundamentos da tributação, o corolário lógico dos princípios da capacidade contributiva e da vedação de confisco, como verdadeiros sinônimos da justiça fiscal.

48. A Constituição Federal (art. 195, I, na redação da Emenda Constitucional 20/1998) possibilita a consideração de alíquotas ou bases de cálculo diferenciadas relativamente às contribuições para a Seguridade Social, em razão da atividade econômica ou da utilização intensiva de mão de obra.

49. As contribuições devidas pelos trabalhadores em regime de economia familiar, contempladas no § 8º do art. 195 da CF, implicam a edição de lei complementar, que deve estabelecer alíquotas compatíveis com o critério de razoabilidade (modicidade), a fim de não prejudicar a subsistência dos contribuintes.

50. As contribuições destinadas às entidades privadas (art. 240 da CF) foram expressamente recepcionadas pelo novo ordenamento constitucional e se amoldam às contribuições previstas no art. 149 da CF.

51. Incidem o PIS e a COFINS sobre a importação de produtos estrangeiros e serviços (art. 149, § 2º, II, e art. 195, IV, da CF, na redação da Emenda Constitucional 42/2003).

BIBLIOGRAFIA

ALCKMIN, José Geraldo Rodrigues de. *Os Tributos e sua Classificação*. 1ª ed. São Paulo, Resenha Tributária, 1975.

ALMEIDA JÚNIOR, Fernando Osório de. "As contribuições sociais destinadas à 'cobertura dos riscos ambientais do trabalho' e à 'aposentadoria especial': análise da suposta instituição de 'nova fonte de custeio' para a Seguridade Social". *Revista Dialética de Direito Tributário* (*RDDT*) 50. São Paulo, Dialética.

ALVES JÚNIOR, Luís Carlos Martins, ROLIM, João Dácio, e GODÓI, Marciano Seabra. "Da prorrogação da CPMF via Emenda Constitucional 21/1999". *Repertório IOB de Jurisprudência* 12. São Paulo, IOB, 2ª quinzena de junho/1999. Caderno 1.

AMARAL, Antônio Carlos Rodrigues do. "Contribuições sociais". *Caderno de Pesquisas Tributárias* 17. São Paulo, Resenha Tributária, 1992.

AMARAL, Antônio Carlos Rodrigues do, e YAMASHITA, Douglas. "PIS e COFINS sobre a importação de produtos: ilegalidades e inconstitucionalidades". In: PEIXOTO, Marcelo Magalhães, e FISCHER, Octávio Campos (coords.). *PIS e COFINS – Questões Atuais e Polêmicas*. São Paulo, Quartier Latin, 2005.

AMARO, Luciano da Silva. "Conceito e classificação de tributos". *RDTributário* 55.

_____. *Direito Tributário Atual*, n. 5, vol. 3. São Paulo, José Bushatsky Editor, 1977.

_____. *Direito Tributário Brasileiro*. São Paulo, Saraiva, 1997.

_____. "Imposto sobre a Renda e Proventos de Qualquer Natureza". *Caderno de Pesquisas Tributárias* 11. São Paulo, Resenha Tributária.

ANAN JÚNIOR, Pedro, BRAGA, Régis Fernando de Ribeiro, MARREY JÚNIOR, Pedro Luciano, e FRASCINO, Gláucia Maria Lauletta. *IRPJ e Contribuições Sociais sobre o Lucro – Sistemática de Apuração e Recolhimento para 1995 e 1996*. São Paulo, Rumo Gráfica Editora, 1995.

ANJOS, Guilherme dos. "Elementos de uma teoria da parafiscalidade". *RDA* 33 (trad.).

ARZUA, Heron. *Contribuição ao Estudo dos Tributos Parafiscais*. São Paulo, Resenha Tributária, 1954.

ARZUA, Heron, e GALDINO, Dirceu. "A contribuição ao INCRA e a Constituição de 1988". *RDDT* 16. São Paulo, Dialética.

ATALIBA, Geraldo. *Apontamentos de Ciência das Finanças, Direito Financeiro e Tributário*. São Paulo, Ed. RT, 1969.

_____. "FINSOCIAL, contribuições sociais". *Folha de S. Paulo* 27.10.1992 e Separata da *RDTributário* setembro/1992. São Paulo, Malheiros Editores.

_____. "FUNRURAL". *RDTributário* 3.

_____. *Hipótese de Incidência Tributária*. 6ª ed., 16ª tir. São Paulo, Malheiros Editores, 2016.

_____. *Lei Complementar na Constituição*. São Paulo, Ed. RT, 1971.

_____. *Natureza Jurídica da Contribuição de Melhoria*. São Paulo, Ed. RT, 1964.

_____. "Normas gerais de direito financeiro". *RDP* 10.

_____. *O Decreto-lei na Constituição de 1967*. São Paulo, Ed. RT, 1971.

_____. "Regime constitucional da parafiscalidade". *RDA* 86.

_____. *República e Constituição*. 3ª ed., São Paulo, Malheiros Editores, 2011.

_____. *Sistema Constitucional Tributário Brasileiro*. São Paulo, Ed. RT, 1968.

ATALIBA, Geraldo, e BARRETO, Aires Fernandino. "Pedágio federal". *RDTributário* 46.

_____. "Serviço tributável". *X Curso de Especialização em Direito Tributário*. São Paulo, Resenha Tributária, 1983.

_____. "Única contribuição social do empregador (art. 195, I, da CF de 1988) – Proposta para pacificar a problemática do financiamento à Seguridade Social". *RDTributário* 77. São Paulo, Malheiros Editores.

ATALIBA, Geraldo, e GIARDINO, Cléber. "Núcleo da definição constitucional de ICM. Operações, circulação e saída". *RDTributário* 25-26.

_____. "PIS. Exclusão do ICM de sua base de cálculo". *RDTributário* 35.

_____. "PIS. Inexigibilidade. Hipóteses de cabimento do Imposto Único sobre Lubrificantes e Combustíveis". *Revista da AJUFE* (Associação dos Juízes Federais do Brasil) 7.

_____. "Segurança do Direito. Tributação e anterioridade". *RDTributário* 27-28.

_____. "Substituição e responsabilidade tributária". *RDTributário* 49.

ATALIBA, Geraldo, e GONÇALVES, José Arthur Lima. "Contribuição social na Constituição de 1988". *RDTributário* 49.

AYALA, José Luis Pérez de, e GONZÁLEZ, Eusebio García. *Curso de Derecho Tributario*. 1ª ed., vol. I. Madri, Edersa, 1975.

BALEEIRO, Aliomar. *Direito Tributário Brasileiro*. 2ª ed. Rio de Janeiro, Forense, 1970.

_____. *Limitações Constitucionais ao Poder de Tributar*. 6ª ed. Rio de Janeiro, Forense, 1985; 7ª ed. Rio de Janeiro, Forense, 1997.

_____. *Uma Introdução à Ciência das Finanças*, vol. II. 2ª ed. Rio de Janeiro, Forense, 1958.

_____. *A Natureza Jurídica das Custas Judiciais*.

BALERA, Wagner. "Contribuições sociais". *Caderno de Pesquisas Tributárias* 17. São Paulo, Resenha Tributária, 1992.

_____. *Seguridade Social na Constituição de 1988*. São Paulo, Ed. RT, 1989.

BANDEIRA DE MELLO, Celso Antônio. "Abastecimento de água. Serviço público. Regime jurídico das taxas". *RDP* 55-56.

_____. *Curso de Direito Administrativo*. 33ª ed., 2ª tir. São Paulo, Malheiros Editores, 2017.

_____. "Natureza jurídica do Pedágio: Taxa? Preço?". *RTDP* 32. São Paulo, Malheiros Editores, 2000.

_____. *Natureza e Regime Jurídico das Autarquias*. São Paulo, Ed. RT, 1968.

_____. *O Conteúdo Jurídico do Princípio da Igualdade*. 3ª ed., 25ª tir. São Paulo, Malheiros Editores, 2017.

_____. *Prestação de Serviços Públicos e Administração Indireta*. 2ª ed. São Paulo, Ed. RT, 1979.

BARBOSA, Ruy. "Oração aos moços". *Escritos e Discursos Seletos*. Rio de Janeiro, Ed. José Aguilar, 1960.

BARRETO, Aires Fernandino. "As contribuições no sistema constitucional tributário". *Caderno de Pesquisas Tributárias* 2. 2ª tir. São Paulo, Resenha Tributária, 1991.

_____. "Atividade-meio e serviço-fim". *RDDT* 5. São Paulo, Dialética.

_____. *Base de Cálculo, Alíquota e Princípios Constitucionais*. São Paulo, Ed. RT, 1987.

_____. "Contribuições especiais Fundo PIS/PASEP". *Caderno de Pesquisas Tributárias* 2. São Paulo, Resenha Tributária.

BARRETO, Aires Fernandino, e ATALIBA, Geraldo. "Pedágio federal". *RDTributário* 46.

_____. "Serviço tributável". *X Curso de Especialização em Direito Tributário*. São Paulo, Resenha Tributária, 1983.

_____. "Única contribuição social do empregador (art. 195, I, da CF de 1988) – Proposta para pacificar a problemática do financiamento à Seguridade Social". *RDTributário* 77.

BARRETO, Aires Fernandino, e BARRETO, Paulo Ayres. *Imunidades Tributárias: Limitações Constitucionais ao Poder de Tributar*. São Paulo, Dialética, 1999.

BARRETO, Paulo Aires. *Contribuições – Regime Jurídico, Destinação e Controle*. São Paulo, Noeses, 2006.

BASTOS, Celso Ribeiro. *Curso de Direito Constitucional*. São Paulo, Saraiva, 1988/1990; 18ª ed., 1997; 22ª ed. São Paulo, Malheiros Editores, 2010.

_____. *Curso de Direito Financeiro e de Direito Tributário*. Rio de Janeiro, Forense, 1991.

BASTOS, Celso Ribeiro, e BRITO, Carlos Ayres. *Interpretação e Aplicação das Normas Constitucionais*. São Paulo, Saraiva, 1982.

BASTOS, Celso Ribeiro, e MARTINS, Ives Gandra da Silva. *Comentários à Constituição do Brasil, Promulgada em 5 de Outubro de 1988*, vol. I. São Paulo, Saraiva, 1989.

BECKER, Alfredo Augusto. *Teoria Geral do Direito Tributário*. São Paulo, Saraiva, 1963.

BERLIRI, Antonio. *Principii di Diritto Tributario*, vol. 2. Milão, Giuffrè Editore, 1967.

_____. *Principios de Derecho Tributario*, vol. I. Trad. de Narciso A. Rica e Eusebio González García. Madri, Editorial de Derecho Financiero, 1971.

BIELSA, Rafael. *Los Conceptos Jurídicos y su Terminología*. 3ª ed. Buenos Aires, Depalma, 1987.

BORGES, José Souto Maior. "Contribuição para o IAA". *RDTributário* 55.

_____. *Elementos de Direito Tributário*. São Paulo, Ed. RT, 1978.

_____. *Isenções Tributárias*. São Paulo, Sugestões Literárias, 1980.

_____. *Lei Complementar Tributária*. São Paulo, Ed. RT, 1975.

BORRÁS, Giampetro. *Las Tasas en la Hacienda Pública*. 1ª ed. Montevidéu, Facultad de Derecho y Ciencias Sociales, 1959.

BOTTALLO, Eduardo D. "A Contribuição para o Custeio do Serviço de Iluminação Pública". *RDTributário* 87. São Paulo, Ed. RT.

_____. "Base imponível do ISS e das contribuições para o PIS e COFINS". *Repertório IOB de Jurisprudência* 23. São Paulo, IOB, 1ª quinzena de dezembro/1999. Caderno 1.

_____. "Imunidades de instituições de educação e de assistência social e lei ordinária – Um intrincado confronto". *Imposto de Renda – Alterações Fundamentais*, vol. 2º. São Paulo, Dialética, 1998.

BOTTALLO, Eduardo D., e CARRAZZA, Roque Antônio. "Contribuições para a COFINS, a Lei 9.718/1998 e a Emenda Constitucional 20/1998". *RDTributário* 75.

_____. "Inconstitucionalidade da contribuição interventiva instituída pela Lei 10.336/2001". *Repertório IOB de Jurisprudência* 14. São Paulo, IOB, 2ª quinzena de julho/2002.

BRAGA, Régis Fernando de Ribeiro, ANAN JÚNIOR, Pedro, MARREY JÚNIOR, Pedro Luciano, e FRASCINO, Gláucia Maria Lauletta. *IRPJ e Contribuições Sociais sobre o Lucro – Sistemática de Apuração e Recolhimento para 1995 e 1996*. São Paulo, Rumo Gráfica Editora, 1995.

BRITO, Carlos Ayres, e BASTOS, Celso Ribeiro. *Interpretação e Aplicação das Normas Constitucionais*. São Paulo, Saraiva, 1982.

BUJANDA, Fernando Sainz de. "Estructura jurídica del sistema tributario". *Revista de Derecho Financiero y de Hacienda Pública* IX. Madri.
_____. "Poder financiero". *Notas de Derecho Financiero*, t. I, vol. 2º. Universidad de Madrid (Seção de Publicações e Intercâmbio), 1967.
CAMPOS, Francisco. "Igualdade perante a lei". *Direito Constitucional*, vol. II. 1ª ed. Rio de Janeiro, Freitas Bastos, 1956.
CANTO, Gilberto de Ulhôa. "Adicional ao Frete para Renovação da Marinha Mercante (AFRMM), natureza jurídica, face à Constituição Federal de 1988. Contribuições de intervenção econômica. ICMS, prestação de serviços de transporte interestadual e intermunicipal". *Direito Tributário Aplicado, Pareceres*. 1ª ed. Rio de Janeiro, Forense Universitária, 1992.
_____. "Taxa e preço público". *Caderno de Pesquisas Tributárias* 10. São Paulo, Resenha Tributária, 1985.
_____. *Temas de Direito Tributário*, vol. III. Rio de Janeiro, Alba, 1964.
CANTO, Gilberto de Ulhôa, SOUZA, Antônio Carlos Garcia, e FONSECA, Marcelo Beltrão. "Contribuições sociais". *Caderno de Pesquisas Tributárias* 17. São Paulo, Resenha Tributária, 1992.
CARDOSO, Laís Vieira. "Imunidade e o Terceiro Setor". In: PEIXOTO, Marcelo Magalhães, e CARVALHO, Cristiano (coords.). *Imunidade Tributária*. São Paulo, MP/APET, 2005.
CARRAZZA, Elisabeth Nazar. "Natureza 'não cumulativa' do ISS". *RDTributário* 19-20.
CARRAZZA, Roque Antônio. "Contribuição denominada 'seguro de acidentes do trabalho (SAT)' – Sua natureza tributária – Alíquotas majoradas por meio de decreto – Inviabilidade – Questões conexas". *RDTributário* 70.
_____. *Curso de Direito Constitucional Tributário*. 20ª ed. São Paulo, Malheiros Editores, 2004; 26ª ed., 2010; 31ª ed., 2017.
_____. "Empréstimo compulsório". *RDTributário* 27-28.
_____. *ICMS*. 17ª ed. São Paulo, Malheiros Editores, 2015.
_____. *O Regulamento no Direito Tributário Brasileiro*. São Paulo, Ed. RT, 1981.
_____. *O Sujeito Ativo da Obrigação Tributária*. São Paulo, Ed. RT, 1977.
_____. *Princípios Constitucionais Tributários e Competência Tributária*. São Paulo, Ed. RT, 1986.
CARRAZZA, Roque Antônio, e BOTTALLO, Eduardo D. "Contribuições para a COFINS, a Lei 9.718/1998 e a Emenda Constitucional 20/1998". *RDTributário* 75.
_____. "Inconstitucionalidade da contribuição interventiva instituída pela Lei 10.336/2001". *Repertório IOB de Jurisprudência* 14. São Paulo, IOB, 2ª quinzena de julho/2002.
CARRIÓ, Genaro. *Derecho y Lenguaje*. 1ª ed., reimpr. Buenos Aires, Abeledo-Perrot, 1973 (2ª ed., 1979).
_____. *Notas sobre Derecho y Lenguaje*. 2ª ed. 1979.

CARVALHO, Cristiano, e PEIXOTO, Marcelo Magalhães (coords.). *Imunidade Tributária*. São Paulo, MP/APET, 2005.

CARVALHO, Dora Martins de. "A contribuição de acidente do trabalho". *RDDT* 39. São Paulo, Dialética.

CARVALHO, Paulo de Barros. *A Regra-Matriz do ICM*. Tese apresentada para obtenção do título de Livre-Docente na PUC/SP, 1981 (inédito).

_____. "COFINS – A Lei 9.718/1998 e a Emenda Constitucional 20/1998". *RDTributário* 75.

_____. *Curso de Direito Tributário*. 19ª ed. São Paulo, Saraiva, 2007.

_____. "Limitações ao poder de tributar". *RDTributário* 46.

_____. "Sobre os princípios constitucionais tributários". *RDTributário* 55.

CARVALHO DE MENDONÇA, J. X. *Tratado de Direito Comercial*. Rio de Janeiro, Freitas Bastos, 1938.

CARVALHO FILHO, José dos Santos. "A legitimidade das contribuições para o SENAI e SESI". *Suplemento Trabalhista LTr* 21. São Paulo, LTr, 1992.

CASSONE, Vittorio. "COFINS – Isenção – Sociedades civis de profissão regulamentada do Decreto-lei 2.397/1987 – Crítica ao Parecer Normativo COSIT-3/1994". *Caderno de Direito Tributário e de Finanças Públicas* 8. São Paulo, Ed. RT, 1994.

_____. "COFINS e as empresas imobiliárias". *Caderno de Direito Tributário e de Finanças Públicas* 4. São Paulo, Ed. RT.

CATÃO, Marcos André Vinhas. "Incompatibilidade da Contribuição de Intervenção no Domínio Econômico CIDE-Tecnologia (Lei 10.168/2000), a partir da instituição do PIS/COFINS-Importação/Serviços (Lei 10.865/2004). Violação das regras do GATT e GATS". *RDDT* 115. São Paulo, Dialética.

CAVALCANTE JÚNIOR, Manuel de Freitas. "Contribuições para o SEST, o SENAT e o SEBRAE. Seriam elas outras aberrações jurídicas do sistema 'S'?". *RDDT* 82. São Paulo, Dialética.

COCIVERA, Benedetto. *Principii di Diritto Tributario*. 1ª ed., vol. I. Milão, Giuffrè Editore, 1959.

COELHO, Luís Fernando. *Lógica Jurídica e Interpretação das Leis*. Rio de Janeiro, Forense, 1979.

COÊLHO, Sacha Calmon Navarro. "COFINS nas operações com imóveis e empresas construtoras". *IV Simpósio IOB Nacional de Direito Tributário*. São Paulo, IOB, 1995.

_____. *Comentários à Constituição de 1988 – Sistema Tributário*. 3ª ed. Rio de Janeiro, Forense, 1991.

_____. "Estudo doutrinário e jurisprudencial sobre o tributo denominado Adicional de Frete para a Renovação da Marinha Mercante". *Caderno de Direito Tributário e Finanças Públicas* 8. São Paulo, Ed. RT.

COÊLHO, Sacha Calmon Navarro, e MOREIRA, André Mendes. "Inconstitucionalidade da Contribuição de Intervenção no Domínio Econômico incidente sobre remessas ao exterior – CIDE-*Royalties*". *RDDT* 89. São Paulo, Dialética.

COIMBRA, Marcelo de Aguiar. "A inexigibilidade das contribuições destinada ao SESC e ao SENAC em relação às empresas prestadoras de serviços". *RDDT* 17. São Paulo, Dialética.

CORRÊA, Walter Barbosa. In: *Repertório IOB de Jurisprudência*. São Paulo, IOB, 2ª quinzena de março/1989.

COSTA, Alcides Jorge. "ICM. Tributação dos produtos semielaborados". *RDTributário* 47.

_____. "Natureza jurídica dos empréstimos compulsórios". *RDA* 70.

DANTAS, San Tiago. *Problemas de Direito Positivo – Estudos e Pareceres*. Rio de Janeiro, Forense, 1958.

DE LA GARZA, Sergio Francisco. *Derecho Financiero Mexicano*. 4ª ed. México, Editorial Porrúa, 1969.

DERZI, Misabel Abreu Machado. "Contribuição para o FINSOCIAL". *RDTributário* 55.

_____. "Contribuições sociais". *Caderno de Pesquisas Tributárias* 17. São Paulo, Resenha Tributária, 1992.

_____. "Contribuições". *RDTributário* 48.

_____. "Medidas provisórias. Sua absoluta inadequação à instituição e majoração de tributos". *RDTributário* 45.

_____ (coord.). *Construindo o Direito Tributário na Constituição – Uma Análise da Obra do Ministro Carlos Mário Velloso*. Belo Horizonte, Del Rey, 2004.

DIAS, Eduardo Rocha. "Contribuição para o SAT – Seguro contra Acidentes do Trabalho: ausência de inconstitucionalidade". *RDDT* 45. São Paulo, Dialética.

DICIONÁRIO Houaiss da Língua Portuguesa. 1ª ed. Rio de Janeiro, Objetiva, 2001.

DINIZ, Maria Helena. *Norma Constitucional e seus Efeitos*. 2ª ed. São Paulo, Saraiva, 1992.

DÓRIA, Antônio Roberto Sampaio. "A incidência da contribuição social prevista na Constituição de 1988 sobre lucros com isenção condicionada de Imposto de Renda. Inconstitucionalidade". *RDTributário* 50.

_____. "A incidência das contribuições sociais e compensação de prejuízos acumulados". *RDTributário* 53.

_____. *Princípios Constitucionais Tributários e a Cláusula "Due Process of Law"*. São Paulo, Resenha Tributária, 1964.

EINAUDI, Luigi. *Corso di Scienza delle Finanze*. Turim.

_____. *Principios de Hacienda Pública*. Madri, Aguillar, 1968.

FAGUNDES, Miguel Seabra. *O Princípio Constitucional da Igualdade perante a Lei e o Poder Judiciário*. São Paulo, Resenha Tributária.

FALCÃO, Amílcar de Araújo. "Empréstimo compulsório é tributo restituível. Sujeição ao regime jurídico tributário". *RDP* 6.

_____. *Introdução ao Direito Tributário*. Financeiras, 1976.

_____. "Natureza jurídica do empréstimo compulsório e empréstimo compulsório no Direito Comparado. Experiência brasileira". *RDP* 4.

_____. *Sistema Tributário Brasileiro*. Financeiras, 1965.

FARIA, Sylvio dos Santos. *Aspectos da Parafiscalidade*. Livraria Progresso, 1955.

FERNANDES, Édison Carlos, e PEIXOTO, Marcelo Magalhães (coords.). *Tributação, Justiça e Liberdade – Homenagem a Ives Gandra da Silva Martins*. APET/ Juruá Editora, 2005.

FERRAZ, Roberto Botelho. "Contribuições de intervenção no domínio econômico". In: MARTINS, Ives Gandra da Silva (coord.). *Contribuições de Intervenção no Domínio Econômico. Pesquisas Tributárias – Nova Série 8*. São Paulo, Centro de Extensão Universitária/Ed. RT, 2002.

FERRAZ JÚNIOR, Tércio Sampaio. *Constituição de 1988 – Legitimidade, Vigência e Eficácia – Supremacia*. São Paulo, Atlas, 1989.

_____. *Introdução ao Estudo do Direito. Técnica, Decisão, Dominação*. São Paulo, Atlas, 1990.

FERRAZ JÚNIOR, Tércio Sampaio, e SOUZA, Hamílton Dias de. "Contribuições de intervenção no domínio econômico e a Federação". In: MARTINS, Ives Gandra da Silva (coord.). *Contribuições de Intervenção no Domínio Econômico. Pesquisas Tributárias – Nova Série 8*. São Paulo, Centro de Extensão Universitária/Ed. RT, 2002.

FERREIRA, Pinto. "Estado de Direito – Conceito e características". *RDP* 45.

_____. "Princípio da supremacia da Constituição e controle da constitucionalidade das leis". *RDP* 17.

_____. *Princípios Gerais de Direito Constitucional Moderno*. 5ª ed., vol. 1. São Paulo, Ed. RT, 1971.

FERREIRA FILHO, Manoel Gonçalves. *Comentários à Constituição Brasileira de 1988*, vol. 2. São Paulo, Saraiva, 1992.

_____. *O Poder Constituinte*. 2ª ed. São Paulo, Saraiva, 1985.

FIGUEIREDO, Lúcia Valle. "Princípios de proteção ao contribuinte. Princípio da segurança jurídica". *RDTributário* 47.

_____. "Reflexões sobre a intervenção do Estado no domínio econômico e as contribuições interventivas". *RDDT* 81. São Paulo, Dialética.

FISCHER, Octávio Campos. *A Contribuição ao PIS*. São Paulo, Dialética, 1999.

_____. "PIS-COFINS, não cumulatividade e a Emenda Constitucional n. 42/2003". In: PEIXOTO, Marcelo Magalhães, e FISCHER, Octávio Campos (coords.). *PIS-COFINS – Questões Atuais e Polêmicas*. São Paulo, Quartier Latin, 2005.

FISCHER, Octávio Campos, e PEIXOTO, Marcelo Magalhães (coords.). *PIS--COFINS – Questões Atuais e Polêmicas*. São Paulo, Quartier Latin, 2005.

FONROUGE, C. M. Giuliani. *Conceitos de Direito Tributário*. Trad. de Geraldo Ataliba e Marco Aurélio Greco. São Paulo, Lael, 1973.

_____. *Derecho Financiero*. 1ª ed., vol. I. Buenos Aires, Depalma, 1962.

FONSECA, Marcelo Beltrão, CANTO, Gilberto de Ulhôa, e SOUZA, Antônio Carlos Garcia. "Contribuições sociais". *Caderno de Pesquisas Tributárias* 17. São Paulo, Resenha Tributária, 1992.

FORTES, Simone Barbisan, e PAULSEN, Leandro. *Direito da Seguridade Social – Prestações e Custeio da Previdência, Assistência e Saúde*. Porto Alegre, Livraria do Advogado e ESMAFE, 2005.

FRASCINO, Gláucia Maria Lauletta, BRAGA, Régis Fernando de Ribeiro, ANAN JÚNIOR, Pedro, e MARREY JÚNIOR, Pedro Luciano. *IRPJ e Contribuições Sociais sobre o Lucro – Sistemática de Apuração e Recolhimento para 1995 e 1996*. São Paulo, Rumo Gráfica Editora, 1995.

FREIRE, Geraldo de Castilho. "Contribuições pelas guias do INSS em favor de 'terceiros'. Exigência que somente pode ser feita por lei complementar, como determina a Constituição Federal em vigor. Impugnação das leis ordinárias que instituíram os tributos. Riscos". *Suplemento Trabalhista LTr* 12. São Paulo, LTr, 1991.

GALDINO, Dirceu, e ARZUA, Heron. "A contribuição ao INCRA e a Constituição de 1988". *RDDT* 16. São Paulo, Dialética.

GAMA, Tácio Lacerda. *Contribuição de Intervenção no Domínio Econômico*. São Paulo, Quartier Latin, 2003.

GARCIA, Patrícia Fernandes de Souza, e SOUZA, Fátima Fernandes Rodrigues de. "Nova amplitude do conceito de 'domínio econômico'". In: GRECO, Marco Aurélio (coord.). *Contribuições de Intervenção no Domínio Econômico e Figuras Afins*. São Paulo, Dialética, 2001.

GARCÍA DE ENTERRÍA, Eduardo. *Diritto Costituzionale*. 3ª ed. Milão, Giuffrè Editore.

GIANNINI, Achille Donato. *Istituzioni di Diritto Tributario*. 8ª ed. Milão, Giuffrè Editore, 1960 e 1965.

GIARDINO, Cléber, e ATALIBA, Geraldo. "Núcleo da definição constitucional do ICM. Operações, circulação e saída". *RDTributário* 25-26.

_____. "PIS. Exclusão do ICM de sua base de cálculo". *RDTributário* 35.

_____. "PIS. Inexigibilidade. Hipóteses de cabimento do Imposto Único sobre Lubrificantes e Combustíveis". *Revista da AJUFE* (Associação dos Juízes Federais do Brasil) 7.

_____. "Segurança do Direito. Tributação e anterioridade". *RDTributário* 27-28.

_____. "Substituição e responsabilidade tributária". *RDTributário* 49.

GODÓI, Marciano Seabra, e ROLIM, João Dácio. "Aumento da COFINS e compensação com a CSLL: considerações sobre sua possível ilegitimidade". *Contribuições Sociais – Problemas Jurídicos*. São Paulo, Dialética, 1999.

GODÓI, Marciano Seabra, ROLIM, João Dácio, e ALVES JÚNIOR, Luís Carlos Martins. "Da prorrogação da CPMF via Emenda Constitucional 21/1999". *Repertório IOB de Jurisprudência* 12. São Paulo, IOB, 2ª quinzena de junho/1999. Caderno 1.

GOMES, Orlando. *Introdução ao Direito Civil.* 9ª ed. Rio de Janeiro, Forense, 1987.

GONÇALVES, José Arthur Lima. "COFINS – Alíquota aumentada – Compensação com a CSLL – Isonomia – Inconstitucionalidade". *RDDT* 46. São Paulo, Dialética.

GONÇALVES, José Arthur Lima, e ATALIBA, Geraldo. "Contribuição social na Constituição de 1988". *RDTributário* 49.

GONTIJO, Paulo César. *A Parafiscalidade.* Publicação do antigo Instituto Brasileiro de Direito Financeiro, 1958.

GONZÁLEZ, Eusebio García, e AYALA, José Luis Pérez de. *Curso de Derecho Tributario*, vol. I. 1ª ed. Madri, EDERSA, 1975.

GORDILLO, Agustín. *Introducción al Derecho Administrativo*, vol. I. 2ª ed. Buenos Aires, Abeledo-Perrot, 1966.

_____. *Princípios Gerais de Direito Público.* Trad. de Marco Aurélio Greco. São Paulo, Ed. RT, 1976.

GRAU, Eros Roberto. *A Ordem Econômica na Constituição de 1988 (Interpretação e Crítica).* 18ª ed. São Paulo, Malheiros Editores, 2017.

_____. "IAA. Contribuição de intervenção no domínio econômico". *RDTributário* 53.

GRAZIANI, Augusto. *Istituzioni di Scienza delle Finanze.* Turim, 1897 e 1929.

GRECO, Marco Aurélio. "A chamada 'contribuição previdenciária'". *RDP* 19.

_____. "Alteração da alíquota da Contribuição Social sobre o Lucro por medida provisória". *RDDT* 43. São Paulo, Dialética.

_____. "COFINS na venda de imóveis". *RDD* 51. São Paulo, Dialética.

_____. "Contribuição de intervenção no domínio econômico – Parâmetros para sua criação". In: GRECO, Marco Aurélio (coord.). *Contribuição de Intervenção no Domínio Econômico e Figuras Afins.* São Paulo, Dialética, 2001.

_____. "Contribuição de intervenção no domínio econômico sobre *royalties*". *RDDT* 99. São Paulo, Dialética.

_____. *Exposição em Seminário da Academia Brasileira de Direito Tributário.* São Paulo, 22.11.1991 (inédito).

_____. *Não Cumulatividade do PIS/PASEP e da COFINS.* Instituto de Estudos Tributários/Thomson IOB, 2004.

_____. "Taxa e preço público". *Caderno de Pesquisas Tributárias* 10. São Paulo, Resenha Tributária, 1985.

_____ (coord.). *Contribuições de Intervenção no Domínio Econômico e Figuras Afins.* São Paulo, Dialética, 2001.

_____. In: *Solidariedade Social e Tributação.* São Paulo, Dialética, 2005.

GRECO, Marco Aurélio, e SOUZA, Hamílton Dias de. *A Natureza Jurídica das Custas Judiciais*. São Paulo, Resenha Tributária/OAB, 1983.
GRIZIOTTI, B. *Principios de Política, Derecho y Ciencia de la Hacienda*. Madri, Reus, 1958.
GUERREIRO, Reinaldo; NAVARRETE, José Antonio. *Manual de Normas Internacionais de Contabilidade – IRFS x Normas Brasileiras*. São Paulo, Atlas.

HOFFMANN, Suzy Gomes. *Contribuições no Sistema Constitucional Tributário*. Copola Editora, 1996.
HORVATH, Estevão. *Contribuições de Intervenção no Domínio Econômico*. São Paulo, Quartier Latin, 2009.

ICHIHARA, Yoshiaki. "Perfil da contribuição de melhoria". *Caderno de Direito Tributário e Finanças Públicas* 8. São Paulo, Ed. RT, 1994.

JARACH, Dino. "Aspectos da hipótese de incidência tributária". *RDP* 17. JARDIM, Eduardo Marcial Ferreira. "Inconstitucionalidades que permeiam a contribuição social para o Seguro de Acidentes do Trabalho – SAT". *RDDT* 31. São Paulo, Dialética.
_____. *Instituições de Direito Tributário*. Gráfica Editora Aquarela, 1988.
JUSTEN FILHO, Marçal. "Capacidade contributiva". *Caderno de Pesquisas Tributária* 14. São Paulo, Resenha Tributária, 1989.
_____. "Contribuições sociais". *Caderno de Pesquisas Tributárias* 17. São Paulo, Resenha Tributária, 1992.
_____. "Princípios constitucionais tributários". *Caderno de Pesquisas Tributárias* 18. São Paulo, Resenha Tributária.

LACOMBE, Américo Masset. "A inconstitucionalidade da contribuição para o FINSOCIAL". *RDTributário* 23-24.
_____. "Contribuições". *RDTributário* 48.
_____. "Contribuições no direito tributário brasileiro". *RDTributário* 47.
_____. "Decreto-lei como norma tributária e as deduções da cédula 'D'". *RDP* 18.
_____. *Imposto de Importação*. São Paulo, Ed. RT, 1979.
_____. "Taxa e preço público". *Caderno de Pesquisas Tributárias* 10. São Paulo, Resenha Tributária, 1985.
LAPATZA, José Juan Ferreiro. *Curso de Derecho Financiero Español*. 7ª ed. Madri, 1971.
_____. "Tasas y precios". *RDTributário* 55.
LARENZ, Karl. *Metodologia da Ciência do Direito*. 2ª ed., trad. de José Lamego. Lisboa, Fundação Calouste Gulbenkian, 1989.

LAUFENBURGER, Henry. "À propos du point de vue théorique de la parafiscalité". *Revue de Science et de Législation Financières* 43. 1951.
LEAL, Víctor Nunes. "Leis complementares na Constituição". *RDA* 7.
LIMA, Ruy Cirne. *Princípios de Direito Administrativo*. 5ª ed. São Paulo, Ed. RT, 1982; 7ª ed., São Paulo, Malheiros Editores, 2007.
LIPPO, Luís Francisco, e MELO, José Eduardo Soares de. *A Não Cumulatividade Tributária – ICMS, IPI, ISS, PIS e COFINS*. 3ª ed. São Paulo, Dialética, 2008.
_____. *Solidariedade Social e Tributação*. São Paulo, Dialética, 2005.

MACHADO, Brandão. *Direito Tributário Atual*. São Paulo, IBDT/Resenha Tributária, 1987 e 1988.
_____. *Princípios no Direito Brasileiro e Comparado – Estudos em Homenagem a Gilberto de Ulhôa Canto*. Rio de Janeiro, Forense, 1988.
MACHADO, Hugo de Brito. "A COFINS e a imunidade do art. 155, § 3º, da Constituição". *Repertório IOB de Jurisprudência* 2. São Paulo, IOB, 1995.
_____. "A COFINS e as sociedades de profissionais". *Caderno de Direito Tributário e Finanças Públicas* 7. São Paulo, Ed. RT, abril-junho/1994.
_____. "COFINS. Ampliação da base de cálculo e compensação do aumento de alíquota". *Contribuições Sociais – Problemas Jurídicos*. São Paulo, Dialética, 1999.
_____. "Contribuição Social sobre o Lucro das pessoas jurídicas". *Repertório IOB de Jurisprudência* 18. São Paulo, IOB, setembro/1989.
_____. "Contribuições previdenciárias". *Repertório IOB de Jurisprudência*. São Paulo, IOB, 2ª quinzena de março/1990.
_____. "Contribuições sociais". *Caderno de Pesquisas Tributárias* 17. São Paulo, Resenha Tributária, 1992.
_____. *O Conceito de Tributo no Direito Brasileiro*. Rio de Janeiro, Forense, 1987.
_____. *Os Princípios Jurídicos da Tributação na Constituição de 1988*. 5ª ed. São Paulo, Ed. RT, 2004.
_____. "Responsabilidade tributária e retenção na fonte de contribuição ao INSS na locação de mão de obra". *Grandes Questões Atuais do Direito Tributário*, vol. 3. São Paulo, Dialética, 1999.
_____. "Salário-Educação: inconstitucionalidade formal da Lei 9.424/1996". *RDDT* 27. São Paulo, Dialética.
_____. "Sujeito ativo da contribuição de Seguridade Social". *Repertório IOB de Jurisprudência* 13. São Paulo, IOB, 1ª quinzena de junho/1991.
_____. "Voto proferido no TRF-5ª Região na AMS 976, sessão de 12.5.90, Pleno". *Arguições de Inconstitucionalidades do TRF-5ª Região* (pp. 125 e ss.).
MACHADO, Hugo de Brito, e MACHADO SEGUNDO, Hugo de Brito. "Contribuições incidentes sobre o faturamento. PIS e COFINS. Descontos

obtidos de fornecedores. Fato gerador. Inocorrência". *RDDT* 113. São Paulo, Dialética.

MAGANO, Otávio Bueno. *Manual de Direito do Trabalho*, vol. II. 2ª ed. São Paulo, LTr, 1986.

MALERBI, Diva. "Segurança jurídica e tributação". *RDTributário* 47.

_____. *Perfil Constitucional das Contribuições Sociais* (inédito).

_____. Voto proferido no TRF-3ª Região no AI 38.950-SP, 12.12.91.

MANAUTOU, Emilio Margai. *Introducción al Estudio del Derecho Tributario Mexicano*. 2ª ed. 1969.

MANEIRA, Eduardo. In: DERZI, Misabel Abreu Machado (coord.). *Construindo o Direito Tributário na Constituição – Uma Análise da Obra do Ministro Carlos Mário Velloso*. Belo Horizonte, Del Rey, 2004.

MANGABEIRA, João. *Contribuição de Melhoria*.

_____. "Empréstimo compulsório é tributo e deve obedecer ao regime tributário". *RDP* 19.

MARINS, James. "Imunidade tributária das instituições de Educação e Assistência Social". *Grandes Questões Atuais do Direito Tributário*, vol. 3º. São Paulo, Dialética, 1999.

MARREY JÚNIOR, Pedro Luciano, ANAN JÚNIOR, Pedro, BRAGA, Régis Fernando de Ribeiro, e FRASCINO, Gláucia Maria Lauletta. *IRPJ e Contribuições Sociais sobre o Lucro, Sistemática de Apuração e Recolhimento para 1995 e 1996*. São Paulo, Rumo Gráfica Editora, 1995.

MARTINI, Paulo. "CPMF e ilegalidades". *Repertório IOB de Jurisprudência* 12. São Paulo, IOB, 2ª quinzena de junho/1999. Caderno 1.

MARTINS, Eliseu. *Contabilidade de Custos*. 6ª ed. São Paulo, Atlas, 1998.

MARTINS, Ives Gandra da Silva. *A Constituição Aplicada*, vol. 3 ("Contribuições Sociais"). CEJUP, 1991.

_____. "As contribuições de intervenção no domínio econômico e a Constituição". *X Simpósio Nacional IOB de Direito Tributário*. São Paulo, IOB, 2001.

_____. *As Contribuições Especiais numa Divisão Quinquipartida dos Tributos*. São Paulo, Resenha Tributária, 1976.

_____. "Contribuições sociais". *Caderno de Pesquisas Tributárias* 17. São Paulo, Resenha Tributária, 1992.

_____. "Contribuições sociais para o Sistema 'S' – Constitucionalização da imposição por força do art. 240 da Lei Suprema – Recepção pela nova ordem do art. 577 da CLT". *RDTributário* 57.

_____. *O FINSOCIAL na Lei de Custeio da Previdência*. São Paulo, Resenha Tributária, 1992.

_____. "O perfil da 'receita' e do 'faturamento' na Emenda Constitucional 20/1998". *Contribuições Sociais – Problemas Jurídicos*. São Paulo, Dialética, 1999.

_____. *Sistema Tributário na Constituição de 1988*. 3ª ed. São Paulo, Saraiva, 1991.

_____ (coord.). *Contribuições de Intervenção no Domínio Econômico. Pesquisas Tributárias – Nova Série 8.* São Paulo, Centro de Extensão Universitária/ Ed. RT, 2002.

MARTINS, Ives Gandra da Silva, e BASTOS, Celso Ribeiro. *Comentários à Constituição do Brasil, Promulgada em 5 de Outubro de 1988*, vol. I. São Paulo, Saraiva, 1989.

MARTINS, Ives Gandra da Silva, e SOUZA, Fátima Fernandes Rodrigues de. "PIS/PASEP e COFINS-Importação – Inconstitucionalidades". In: PEIXOTO, Marcelo Magalhães, e FISCHER, Octávio Campos (coords.). *PIS-COFINS – Questões Atuais e Polêmicas.* São Paulo, Quartier Latin, 2005.

MARTINS, Natanael. "As contribuições ao FUST e ao FUNTTEL". In: GRECO, Marco Aurélio (coord.). *Contribuições de Intervenção no Domínio Econômico e Figuras Afins.* São Paulo, Dialética, 2001.

_____. "O conceito de insumos na sistemática não cumulativa do PIS e da COFINS" In: PEIXOTO, Marcelo Magalhães, e FISCHER, Octávio Campos (coords.). *PIS-COFINS – Questões Atuais e Polêmicas*. São Paulo, Quartier Latin, 2005.

MARTINS, Ricardo Lacaz. "A Lei 9.711/1998 e a responsabilidade tributária na construção civil". *RDDT* 46. São Paulo, Dialética.

MARTINS, Rogério Vidal Gandra da Silva. "A contribuição de melhoria e seu perfil no Direito Brasileiro". *Caderno de Direito Tributário e Finanças Públicas* 2. São Paulo, Ed. RT, 1993.

MATTOS, Aroldo Gomes de. "As contribuições sociais para os 'riscos ambientais do trabalho' e para a 'aposentadoria especial'". *RDDT* 47. São Paulo, Dialética.

MAXIMILIANO, Carlos. *Comentários à Constituição Brasileira.* 2ª ed. 1923.

_____. *Hermenêutica e Aplicação do Direito*. Rio de Janeiro, Freitas Bastos, 1941.

MEIRELLES, Hely Lopes. "Autarquias e entidades paraestatais". *RT* 322. São Paulo, Ed. RT.

MÉLEGA, Luiz. "A inconstitucionalidade da Emenda Constitucional 21/1999". *RDDT* 48. São Paulo, Dialética.

_____. "Algumas reflexões sobre o regime jurídico das contribuições na Carta Política de 1988". *Direito Tributário Atual*, vols. 11-12. São Paulo, IBDT/Resenha Tributária, 1992.

MELO, Fábio Soares de. "Contribuição para o Financiamento da Seguridade Social ('COFINS'). Ofensa ao art. 246 da Constituição Federal de 1988. Não cumulatividade. Princípio *versus* sistemática. Breves considerações". In: PEIXOTO, Marcelo Magalhães, e FISCHER, Octávio Campos (coords.). *PIS-COFINS – Questões Atuais e Polêmicas*. São Paulo, Quartier Latin, 2005.

MELO, Gustavo Miguéz de. "Contribuições sociais". *Caderno de Pesquisas Tributárias* 17. São Paulo, Resenha Tributária, 1992.

MELO, José Eduardo Soares de. "A imunidade das entidades beneficentes às contribuições sociais". *RDDT* 18. São Paulo, Dialética.

_____. "Base de cálculo". *Caderno de Pesquisas Tributárias* 17. São Paulo, Resenha Tributária, 1992.

_____. "Capacidade contributiva". *Caderno de Pesquisas Tributárias* 14. São Paulo, Resenha Tributária, 1989.

_____. "Contribuições". *VI Congresso Brasileiro de Direito Tributário*.

_____. "Contribuições sociais". *Caderno de Pesquisas Tributárias* 17. São Paulo, Resenha Tributária, 1992.

_____. *Contribuições Sociais, Questões Polêmicas*. São Paulo, Dialética, 1995.

_____. "Elisão e evasão fiscal". *Caderno de Pesquisas Tributárias* 13. São Paulo, Resenha Tributária, 1988.

_____. *ICMS – Teoria e Prática*. São Paulo.

_____. "IPTU – A função social da propriedade e a progressividade das alíquotas". *RDDT* 1. São Paulo, Dialética.

_____. "Lei complementar tributária". *Caderno de Pesquisas Tributárias* 15. São Paulo, Resenha Tributária, 1990.

_____. "O fato gerador do Imposto sobre a Renda e Proventos de Qualquer Natureza". *Caderno de Pesquisas Tributárias* 11. São Paulo, Resenha Tributária, 1986.

_____. *O Imposto sobre Produtos Industrializados na Constituição de 1988*. São Paulo, Ed. RT, 1991.

_____. "PIS – Base de cálculo e semestralidade". *Repertório IOB de Jurisprudência* 14. São Paulo, IOB, 2ª quinzena de julho/1998. Caderno 1.

_____. "Princípio da não cumulatividade dos tributos". *RDTributário* 49.

_____. "Substituição tributária progressiva e a Emenda Constitucional 3/1993". *RDTributário* 63.

_____. "Taxa e preço público". *Caderno de Pesquisas Tributárias* 10. São Paulo, Resenha Tributária, 1985.

_____. "O AFRMM e a relação conflituosa com o ICMS na Constituição de 1988". *RDDT* 1. São Paulo, Dialética.

_____. *VI Congresso Brasileiro de Direito Tributário*. Separata da *RDTributário*. São Paulo, Malheiros Editores, 1992.

MELO, José Eduardo Soares de, e LIPPO, Luís Francisco. *A Não Cumulatividade Tributária – ICMS, IPI, ISS, PIS e COFINS*. 3ª ed. São Paulo, Dialética, 2008.

_____. *Solidariedade Social e Tributação*. São Paulo, Dialética, 2005.

MERIGOT, Jean Guy. "Éléments d'une théorie de la parafiscalité". *Revue de Science et de Législation Financières* 43, 1951 ("Elementos de uma teoria da parafiscalidade", *RDA* 33. Trad. de Guilherme dos Anjos).

MICHELI, Gian Antonio. *Corso de Diritto Tributario*. Turim, UTET, 1972.

MINATEL, José Antônio. "Incidência das contribuições sociais (COFINS e PIS) e a imunidade prevista no art. 153, § 3º, da Constituição Federal". *Grandes Questões Atuais do Direito Tributário*, vol. 2º. São Paulo, Dialética, 1998.

MORAES, Bernardo Ribeiro de. *Doutrina e Prática do ISS*. São Paulo, Ed. RT, 1984.

_____. "A transferência do pedágio – Uma injusta e ilegítima concessão", *RDT* 12.

MORATO, Francisco. *Conteúdo do Conceito de Receita e Regime Jurídico para sua Tributação*. São Paulo, MP/APET, 2005.

_____. "Do lançamento, sob falso nome, de um tributo municipal". *Miscelânea Jurídica I*. São Paulo, Saraiva, 1945.

MOREIRA, André Mendes, e COÊLHO, Sacha Calmon Navarro. "Inconstitucionalidade da Contribuição de Intervenção no Domínio Econômico Incidente sobre Remessas ao Exterior – CIDE-*Royalties*". *RDDT* 89. São Paulo, Dialética.

MOREIRA NETO, Diogo de Figueiredo. *Curso de Direito Administrativo*. 11ª ed. Rio de Janeiro, Forense, 1996.

MORSELLI, Emanuele. "Le point de vue théorique de la parafiscalité". *Revue de Science et de Législation Financières* 43. 1951.

_____. *Parafiscalidade e seu Controle*. Rio de Janeiro, Instituto de Direito Financeiro, 1954.

_____. "Une réplique". *Revue de Science et de Législation Financières* 43. 1951.

NAVARRETE, José Antonio; GUERREIRO, Reinaldo. *Manual de Normas Internacionais de Contabilidade – IRFS x Normas Brasileiras*. Editora Atlas.

NOGUEIRA, Ruy Barbosa. "Contribuições parafiscais". *RT* 321. São Paulo, Ed. RT.

_____. *Curso de Direito Tributário*. São Paulo, Saraiva, 1989 e 1990.

_____. In: *Repertório IOB de Jurisprudência*. São Paulo, IOB, 1ª quinzena de janeiro/1990.

NOVELLI, Flávio Bauer. "Taxa. Apontamentos sobre seu conceito jurídico". *RDTributário* 59.

OLIVEIRA, Flávio Zanetti, e SOUZA, Heloísa Guarita. "PIS/COFINS e o princípio da não cumulatividade". In: PEIXOTO, Marcelo Magalhães, e FISCHER, Octávio Campos (coords.). *PIS-COFINS – Questões Atuais e Polêmicas*. São Paulo, Quartier Latin, 2005.

OLIVEIRA, José Marcos Domingues de. "Contribuição ao SEBRAE – Questões polêmicas e recentes desdobramentos jurisprudenciais". In: GRECO, Marco Aurélio (coord.). *Contribuições de Intervenção no Domínio Econômico e Figuras Afins*. São Paulo, Dialética, 2001.

_____. "A chamada Contribuição de Iluminação Pública – Emenda Constitucional 39, de 2003". In: PEIXOTO, Marcelo Magalhães, e FERNANDES, Édison Carlos (coords.). *Tributação, Justiça e Liberdade – Homenagem a Ives Gandra da Silva Martins*. APET/Juruá Editora, 2005.

OLIVEIRA, Régis Fernandes de. *Taxa de Polícia*. São Paulo, Ed. RT, 1980.

OLIVEIRA, Ricardo Mariz de. "Aspectos relacionados à 'não cumulatividade' da COFINS e da contribuição ao PIS". In: PEIXOTO, Marcelo Magalhães, e FISCHER, Octávio Campos (coords.). *PIS-COFINS – Questões Atuais e Polêmicas*. São Paulo, Quartier Latin, 2005.

_____. "COFINS nas operações com imóveis e empresas construtoras". *IV Simpósio Nacional IOB de Direito Tributário*. São Paulo, IOB, 1995.

_____. "Conceito de receita como hipótese de incidência das contribuições para a Seguridade Social (para efeito da COFINS e da contribuição ao PIS)". *Repertório IOB de Jurisprudência* 1. São Paulo, IOB, 1ª quinzena de janeiro/2001, Caderno 1.

_____. "Contribuições de intervenção no domínio econômico, concessionárias, permissionárias e autorizadas de energia elétrica – Aplicação obrigatória dos recursos (Lei 9991)". In: GRECO, Marco Aurélio (coord.). *Contribuições de Intervenção no Domínio Econômico e Figuras Afins*. São Paulo, Dialética, 2001.

_____. *Guia IOB Imposto de Renda de Pessoa Jurídica*, vol. 3, atualizável. 2002 (Procedimento XV.1).

OZORES, Luiz Felipe Brandão. "COFINS e PIS 'não cumulativos' – Plataformas híbridas de incidência – Considerações sobre os respectivos mecanismos de crédito e a incidência monofásica sob o âmbito das Leis 10.833/2003 e 10.865/2004". In: PEIXOTO, Marcelo Magalhães, e FISCHER, Octávio Campos (coords.). *PIS-COFINS – Questões Atuais e Polêmicas*. São Paulo, Quartier Latin, 2005.

PACHECO, Cláudio. *Tratado das Constituições Brasileiras*, vol. III. Rio de Janeiro, Freitas Bastos, 1965.

PAULA JÚNIOR, Aldo de. "O perfil da retenção na fonte da COFINS, do PIS e da CSLL instituídos pela Lei 10.833/2003 – Natureza e efeitos". In: PEIXOTO, Marcelo Magalhães, e FISCHER, Octávio Campos (coords.). *PIS-COFINS – Questões Atuais e Polêmicas*. São Paulo, Quartier Latin, 2005.

PAULSEN, Leandro, e FORTES, Simone Barbisan. *Direito da Seguridade Social – Prestações e Custeio da Previdência, Assistência e Saúde*. Porto Alegre, Livraria do Advogado e ESMAFE, 2005.

PAVAN, Cláudia Fonseca Morato. "A contribuição destinada ao Fundo para o Desenvolvimento Tecnológico das Telecomunicações – FUNTTEL". *Tributação nas Telecomunicações – Tributação Setorial*. São Paulo, IPT/Quartier Latin, 2005.

PAVAN, Cláudia Fonseca Morato, e SOUZA, Fátima Fernandes Rodrigues. "Contribuições de intervenção no domínio econômico". In: MARTINS, Ives Gandra da Silva (coord.). *Contribuições de Intervenção no Domínio Econômico. Pesquisas Tributárias – Nova Série 8*. São Paulo, Centro de Extensão Universitária/Ed. RT, 2002.

PEDREIRA, Bulhões. *Imposto de Renda*. JUSTEC, 1971.

PEITRY, Rodrigo Caramori. *Contribuições de Interesse de Categorias Profissionais ou Econômicas: Limites Constitucionais*. Tese de Doutorado.

Faculdade de Direito da Pontifícia Universidade Católica de São Paulo. Novembro de 2016.

PEIXOTO, Édison de Araújo. "Contribuição parafiscal de Seguridade Social – Adicional do Seguro de Acidente do Trabalho (SAT) – Natureza tributária – Observância do 'nexo etiológico entre o dano em potencial e a atividade laboral', para o correto e perfeito enquadramento da 'empresa' (*sic*) no correspondente grau de risco (leve, médio ou grave) – Relação de pertinência – Autonomia e independência jurídica dos estabelecimentos – Proporcionalidade da exigência tributária com o potencial de risco". *RDTributário* 70.

PEIXOTO, Marcelo Magalhães, e CARVALHO, Cristiano (coords.). *Imunidade Tributária*. São Paulo, MP/APET, 2005.

PEIXOTO, Marcelo Magalhães, e FERNANDES, Édison Carlos (coords.). *Tributação, Justiça e Liberdade – Homenagem a Ives Gandra da Silva Martins*. APET/ Juruá Editora, 2005.

PEIXOTO, Marcelo Magalhães, e FISCHER, Octávio Campos (coords.). *PIS-COFINS – Questões Atuais e Polêmicas*. São Paulo, Quartier Latin, 2005.

PIMENTA, Paulo Roberto Lyrio. *Contribuições de Intervenção no Domínio Econômico*. São Paulo, Dialética, 2002.

PINCELLI, Eduardo Pugliese. "A CIDE-Tecnologia e os contratos de interconexão internacional de telecomunicações". *Tributação nas Telecomunicações – Tributação Setorial*. São Paulo, IPT/Quartier Latin, 2005.

PONTES DE MIRANDA, Francisco Cavalcanti. *Comentários à Constituição de 1946*. 3ª ed., t. V. Rio de Janeiro, Borsói, 1960.

_____. *Comentários à Constituição de 1967*, t. V. São Paulo, Ed. RT, 1970.

_____. *Comentários à Constituição de 1969*, vol. II. 3ª ed. Rio de Janeiro, Forense, 1987.

_____. "Incidência e aplicação da lei". *Revista da Ordem dos Advogados de Pernambuco*. Ano I.

_____. *Questões Forenses*, t. III. Rio de Janeiro, Borsói, 1957.

QUEIRÓ, Afonso Rodrigues. *Reflexões sobre a Teoria do Desvio do Poder em Direito Administrativo*. Coimbra, Coimbra Editora, 1940.

RAMOS, Elival da Silva. *A Inconstitucionalidade das Leis. Vício e Sanção*. São Paulo, Saraiva, 1994.

REALE, Miguel. *Aplicações da Constituição de 1988*. Rio de Janeiro, Forense, 1990.

_____. "ICM. Semielaborados". *RDTributário* 48.

RICA, Narciso Amorós. *Derecho Tributario*. 2ª ed. Madri, Editorial de Derecho Financiero, 1970.

ROCHA, Valdir de Oliveira. "Contribuições de Seguridade Social sobre o faturamento – Incidência e não incidência". *Repertório IOB de Jurisprudência* 23. São Paulo, IOB, 1ª quinzena de dezembro/1993. Caderno 1.

ROLIM, João Dácio, e GODÓI, Marciano Seabra. "Aumento da COFINS e compensação com a CSLL: considerações sobre sua possível ilegitimidade". *Contribuições Sociais – Problemas Jurídicos*. São Paulo, Dialética, 1999.

ROLIM, João Dácio, GODÓI, Marciano Seabra, e ALVES JÚNIOR, Luís Carlos Martins. "Da prorrogação da CPMF via Emenda Constitucional 21/1999". *Repertório IOB de Jurisprudência* 12. São Paulo, IOB, 2ª quinzena de junho/1999. Caderno 1.

ROSAS, Roberto. "Empréstimo compulsório na Emenda Constitucional 1 à Constituição de 1967". *RDP* 11.

SAAD, Eduardo Gabriel. "A Constituição Federal, o SESI, SENAI e SENAC". *Suplemento Trabalhista LTr* 17. São Paulo, LTr, 1992.

SAMPAIO, Nélson de Souza. "Estado de Direito. Conceito e características". *RDP* 45-46.

SANTOS, Cláudio. "As contribuições sociais na Constituição". *Caderno de Pesquisas Tributárias* 2. São Paulo, Resenha Tributária.

_____. "Contribuições sociais". *Caderno de Pesquisas Tributárias* 17. São Paulo, Resenha Tributária, 1992.

SARAIVA FILHO, Oswaldo Othon Pontes. "COFINS nas operações sobre imóveis". *RDDT* 1. São Paulo, Dialética, 1995.

SCHOUERI, Luís Eduardo. "Algumas considerações sobre a contribuição de intervenção no domínio econômico no sistema constitucional brasileiro. A contribuição ao Programa Universidade/Empresa". In: GRECO, Marco Aurélio (coord.). *Contribuições de Intervenção no Domínio Econômico e Figuras Afins*. São Paulo, Dialética, 2001.

SILVA, De Plácido e. *Vocabulário Jurídico*. 1ª ed., vol. II. Rio de Janeiro, Forense, 1963.

SILVA, José Afonso da. *Aplicabilidade das Normas Constitucionais*. 8ª ed., 2ª tir. São Paulo, Malheiros Editores, 2015.

_____. *Curso de Direito Constitucional Positivo*. 41ª ed. São Paulo, Malheiros Editores, 2018.

_____. *Sistema Tributário Nacional*. São Paulo, Resenha Tributária, 1975.

SOUSA, Rubens Gomes de. "A Previdência Social e os Municípios". *RDP* 24.

_____. *Compêndio de Legislação Tributária*. Ed. póstuma. São Paulo, Resenha Tributária, 1975.

_____. "Natureza tributária das contribuições ao FGTS". *RDP* 17 e *RDA* 111.

_____. "Palestra". *Curso de Direito Financeiro*. Publicação do Instituto Financeiro, 1958.

_____. "Sujeito passivo das taxas". *RDP* 16.

SOUZA, Antônio Carlos Garcia, CANTO, Gilberto de Ulhôa, e FONSECA, Marcelo Beltrão. "Contribuições sociais". *Caderno de Pesquisas Tributárias* 17. São Paulo, Resenha Tributária, 1992.

SOUZA, Fátima Fernandes Rodrigues de, e GARCIA, Patrícia Fernandes de Souza. "Nova amplitude do conceito de domínio econômico". In: GRECO, Marco Aurélio (coord.). *Contribuições de Intervenção no Domínio Econômico e Figuras Afins*. São Paulo, Dialética, 2001.

SOUZA, Fátima Fernandes Rodrigues de, e MARTINS, Ives Gandra da Silva. "PIS/PASEP e COFINS-Importação – Inconstitucionalidades". In: PEIXOTO, Marcelo Magalhães, e FISCHER, Octávio Campos (coords.). *PIS-COFINS – Questões Atuais e Polêmicas*. São Paulo, Quartier Latin, 2005.

SOUZA, Fátima Fernandes Rodrigues de, e PAVAN, Cláudia Fonseca Morato. "Contribuições de intervenção no domínio econômico". In: MARTINS, Ives Gandra da Silva (coord.). *Contribuições de Intervenção no Domínio Econômico. Pesquisas Tributárias – Nova Série 8*. Centro de Extensão Universitária/Ed. RT, 2002.

SOUZA, Hamílton Dias de. "Contribuições de intervenção no domínio econômico". *X Simpósio Nacional IOB de Direito Tributário*. São Paulo, IOB, 2001.

_____. "Contribuições sociais". *Caderno de Pesquisas Tributárias* 17. São Paulo, Resenha Tributária, 1992.

SOUZA, Hamilton Dias de, e FERRAZ JÚNIOR, Tércio Sampaio. "Contribuições de intervenção no domínio econômico e a Federação". In: MARTINS, Ives Gandra da Silva (coord.). *Contribuições de Intervenção no Domínio Econômico. Pesquisas Tributárias – Nova Série 8*. Centro de Extensão Universitária/Ed. RT, 2002.

SOUZA, Hamílton Dias de, e GRECO, Marco Aurélio. A *Natureza Jurídica das Custas Judiciais*. São Paulo, Resenha Tributária/OAB, 1983.

SOUZA, Heloísa Guarita, e OLIVEIRA, Flávio Zanetti. "PIS/COFINS e o princípio da não cumulatividade". In: PEIXOTO, Marcelo Magalhães, e FISCHER, Octávio Campos (coords.). *PIS-COFINS – Questões Atuais e Polêmicas*. São Paulo, Quartier Latin, 2005.

SOUZA, Leandro Marins de. *Imunidade Tributária – Entidades de Educação & Assistência Social*. Curitiba, Juruá, 2001.

_____. *Tributação do Terceiro Setor no Brasil*. São Paulo, Dialética, 2004.

TÁCITO, Caio. "Taxa, imposto e preço público". *RDA* 44.

TEMER, Michel. *Elementos de Direito Constitucional*. 24ª ed., 4ª tir. São Paulo, Malheiros Editores, 2017.

TILBERY, Henry. "A pretensão do INSS à cobrança da contribuição das empresas, destinada à Previdência Social, sobre a remuneração paga aos empregadores e autônomos". *Repertório IOB de Jurisprudência* 20. São Paulo, IOB, 2ª quinzena de outubro/1991.

TOLEDO, Gastão Alves de. "Contribuição incidente sobre *royalties* – Lei federal 10.168, de 29.12.2000, e Medida Provisória 2.062-63/2001". In: GRECO, Marco Aurélio (coord.). *Contribuição de Intervenção no Domínio Econômico e Figuras Afins*. São Paulo, Dialética, 2001.

TOMÉ, Fabiana Del Padre. "Natureza jurídica da não cumulatividade da contribuição ao PIS/PASEP e da COFINS: Consequências e aplicabilidade". In: PEIXOTO, Marcelo Magalhães, e FISCHER, Octávio Campos (coords.). *PIS-COFINS – Questões Atuais e Polêmicas*. São Paulo, Quartier Latin, 2005.

TORRES, Heleno Taveira. "Prorrogação da CPMF pela Emenda Constitucional 21/1999: efeitos da ausência de procedimento na validade das normas jurídicas". *RDDT* 47. São Paulo, Dialética.

TORRES, Ricardo Lobo. "A não cumulatividade no PIS/COFINS". In: PEIXOTO, Marcelo Magalhães, e FISCHER, Octávio Campos (coords.). *PIS--COFINS – Questões Atuais e Polêmicas*. São Paulo, Quartier Latin, 2005.

_____. "Existe um princípio estrutural da solidariedade?". In: *Solidariedade Social e Tributação*. São Paulo, Dialética, 2005.

_____. *Normas de Interpretação e Integração do Direito Tributário*. Rio de Janeiro, Forense, 1991.

_____. "O princípio da não cumulatividade e o IVA no Direito Comparado". In: MARTINS, Ives Gandra da Silva (coord.). *Pesquisas Tributárias – Nova Série 10*. São Paulo, Centro de Extensão Universitária/Ed. RT, 2004.

TROIANELLI, Gabriel Lacerda. "O conceito der faturamento e a COFINS exigida das sociedades seguradoras". *Contribuições Sociais – Problemas Jurídicos*. São Paulo, Dialética, 1999.

TROTABAS, Louis. *Précis de Science et Législation Financières*. 11ª ed. Paris, Dalloz, 1953.

VERLI, Fabiano. *Taxas e Preços Públicos*. São Paulo, Ed. RT, 2004.

VILLANOVA, Lourival. *Sobre o Conceito de Direito*. Recife, Imprensa Oficial, 1947.

VILLEGAS, Héctor. *Curso de Direito Tributário*. Trad. de Roque Antônio Carrazza. São Paulo, Ed. RT, 1980.

_____. *Curso de Finanzas, Derecho Financiero y Tributario*. Buenos Aires, Depalma, 1990.

WALD, Arnoldo. "As contribuições para o SENAC e as prestadoras de serviços". *RDTributário* 82.

XAVIER, Alberto. *Manual de Direito Fiscal*, vol. I. Lisboa, Livraria Almedina, 1974.

_____. *Os Princípios da Legalidade e da Tipicidade da Tributação*. São Paulo, Ed. RT, 1978.

_____. *Temas de Direito Tributário*. Rio de Janeiro, Lumen Juris, 1991.

YAMASHITA, Douglas. "Contribuições de intervenção no domínio econômico". In: MARTINS, Ives Gandra da Silva (coord.). *Contribuições de*

Intervenção no Domínio Econômico. Pesquisas Tributárias – Nova Série 8. Centro de Extensão Universitária/Ed. RT, 2002.

YAMASHITA, Douglas, e AMARAL, Antônio Carlos Rodrigues do. "PIS e COFINS sobre a importação de produtos: ilegalidades e inconstitucionalidades". In: PEIXOTO, Marcelo Magalhães, e FISCHER, Octávio Campos (coords.). *PIS-COFINS – Questões Atuais e Polêmicas*. São Paulo, Quartier Latin, 2005.

* * *